Neuer Stuttgarter Kommentar
– Altes Testament 3 –

W0094254

Neuer Stuttgarter Kommentar
– Altes Testament 3 –

Herausgegeben von
Christoph Dohmen

Thomas Staubli

Die Bücher
Levitikus
Numeri

Verlag Katholisches Bibelwerk GmbH, Stuttgart

Die Deutsche Bibliothek – CIP-Einheitsaufnahme

Neuer Stuttgarter Kommentar. – Stuttgart: Verl. Kath. Bibelwerk
Altes Testament / hrsg. von Christoph Dohmen.
NE: Dohmen, Christoph [Hrsg.]

3. Staubli, Thomas: Die Bücher Levitikus, Numeri – 1996

Staubli, Thomas:
Die Bücher Levitikus, Numeri / Thomas Staubli. – Stuttgart:
Verl. Kath. Bibelwerk, 1996
(Neuer Stuttgarter Kommentar : Altes Testament ; 3)
ISBN 3-460-07031-5

ISBN 3-460-07031-5
© 1996 Verlag Katholisches Bibelwerk GmbH, Stuttgart
Druck: Druckerei Neubert, Bayreuth

Inhaltsverzeichnis

ZWEITER TEIL: KOMMENTAR

DAS BUCH LEVITIKUS

DRITTER TEIL: ANHANG

VERZEICHNIS DER EXKURSE

I. Was ist ein Opfer?, 42 – II. Frau und Kult im Israel des ersten Tempels und eine feministische Kritik, 74 – III. »rein/unrein« - »heilig/profan«, 89 – IV. Das christliche Nachleben von Lev 12 in der kirchlichen »Aussegnung« der Frauen nach der Geburt, 110 – V. Unreinheit, Schuld, Sühne und Versöhnung, 137 – VI. Das Levitentum, 216 – VII. Die Sünde des Mose und der Monotheismus, 279 – VIII. Die Bileam-Inschrift vom tell der allah, 302 – IX. Kalender und Feste im Ersten Testament, 321

Vorwort

Was bewegt einen christlichen Mitteleuropäer an der Schwelle zum 21. Jh., sich über längere Zeit mit dem dritten und vierten Buch Mose zu beschäftigen? Wahrscheinlich ist es diese merkwürdige Gefühlsmischung aus Verwunderung, Faszination, Distanz und Neid, die mich unglücklichen Postmodernen befällt, wenn ich in einer total zerstückelten Gesellschaft, in der sich die Nachbarn kaum kennen, weil sie im Fernseher die ganze Welt vor sich haben, diese unglaubliche Synthese des kollektiven Gedächtnisses des jüdischen Volkes lese. Verwundert bin ich etwa über die Grenzziehung zwischen rein und unrein, verboten und erlaubt, heilig und profan, aber auch über die unabsehbare Wirkung dieser Gebote durch alle Zeiten. Faszination erfaßt mich angesichts der Fülle der literarischen Formen und der Präzision der Texte, die in einem bunten, dichten Gewebe die Vielfalt des Lebens abbilden und kunstvoll strukturieren. In Distanz gehe ich, wenn der Ton zu herrisch, zu militärisch oder zu klerikal wird und sich im Schafspelz der Befreiungsbotschaft die einstigen Herrscher zu Wort melden. Neidvoll frage ich mich, wie es uns heute gelingen könnte, die Gottesfurcht der Menschen zu wecken, ohne in Fundamentalismen abzugleiten. So versteht es sich von selbst, daß dieser kleine Kommentar nicht bloß aus Klärungen und Erklärungen besteht, sondern auch aus Fragen und Provokationen, die der Text bei mir auslöst und die ich gerne an Sie, liebe Leserin und lieber Leser der Bibel, weitergebe.

Danken möchte ich dem Herausgeber und dem Lektor für das Zugeständnis, den gebotenen Buchumfang überschreiten zu dürfen.

War die Zusammenfassung von Lev/Num innerhalb der Reihe in einem Band ein Zeichen des leider nach wie vor geringen Stellenwertes dieser Bücher bei christlichen BibelleserInnen, so dieses Entgegenkommen eines des hoffentlich wachsenden Interesses an der Tora. Danken möchte ich auch verschiedenen Männern und Frauen, die mich mit Material für den Kommentar beliefert haben: Thomas Egloff, Ulrike Henkenmeier, Othmar Keel, Martin Klöckener, Adrian Schenker und meiner Frau Silvia Schroer. Ihr und meiner Mutter danke ich außerdem für die vielen zusätzlichen Kinderhütestunden, die sie der Fertigstellung des Manuskripts geopfert haben. Unbekannterweise danke ich schließlich Jacob Milgrom. Seinen während eines ganzen Lebens entstandenen Abhandlungen und Kommentaren zu Lev/Num verdanke ich besonders viel an Belehrung, Anregung und Horizonterweiterung.

Köniz, Pfingsten 1996   Thomas Staubli

ERSTER TEIL

Einleitung

»Jemandem die Leviten lesen« hat im Deutschen einen denkbar schlechten Klang. Daß Sie sich trotzdem eingehender mit den Büchern Levitikus (Lev) und Numeri (Num) beschäftigen wollen, verdient deshalb allen Respekt. Sie werden es nicht bereuen, denn die Bücher enthalten einen großen Teil des Schatzes, der die jüdische und christliche Kultur geprägt hat. Leider hat sich das Christentum in den letzten Jahrhunderten kaum um diesen Schatz bemüht. Diese Gleichgültigkeit ist Teil einer säkularen Weltauffassung, die dazu führt, daß sich Alltag und Religion in rasender Geschwindigkeit voneinander entfernen. Diese Grundhaltung ist der Tora und damit auch Lev/Num zutiefst fremd. Die Religion ist hier Teil des Alltags und der Alltag Teil der Religion. Diese Gleichgültigkeit ist aber auch das Resultat einer tendenziell torafeindlichen christlichen Lektüre der Bibel, die die Bergpredigt Jesu als Gegenprogramm zu den fünf Büchern des Mose mißversteht und das Evangelium dem Gesetz gegenüberstellt. Die Beschäftigung mit Lev/Num führt uns deshalb notwendig in die kritische Auseinandersetzung mit unserer Gesellschaft und unserem Glauben.

Wer die Bibel liest, tut dies meistens aus Interesse an den Geschichten, die sich zwischen Gott und den Menschen ereigneten, im Bewußtsein, selbst ein Teil dieser Geschichte zu sein. Diesem Hauptinteresse trägt der erste Teil dieser Einleitung Rechnung, in dem einige theologische und anthropologische Hauptlinien in Lev/Num nachgezeichnet werden. Der zweite Teil widmet sich der Frage: Wer hat Lev/Num geschrieben? Es ist die neugierige und auch etwas vorwitzige Frage der historischen Kritik, die mehr wissen will, als der Text selber von sich aus preiszugeben bereit ist.

Es ist auch eine verständliche Frage nach allen – teilweise schwierigen – Erfahrungen, die das lesende Gottesvolk mit religiösen Texten hinter sich hat. Durch die Reihenfolge dieser beiden Hinführungen zum Text setzen wir zugleich ein Zeichen für die Weise, wie dieser Kommentar zu verstehen ist. Es geht uns in erster Linie um ein Verstehen der Handlungen und inneren Bezüge des Textes in seiner Endgestalt (auch Redaktionskritik genannt). Die hypothetische historische Fragestellung hat Hilfscharakter, und zwar deshalb, weil wir der Überzeugung sind, daß diese biblischen Texte auch noch *zu uns* sprechen und nicht nur *Objekt* einer wissenschaftlichen Untersuchung sind. Der Text ist auch Anrede, nicht bloß Rede! – Was wäre das für ein Verhalten gegenüber meiner Mutter oder meinem Vater, wenn ich ihre Rede an mich nur mit einer Analyse, nicht aber mit einer Antwort, der etwas Persönliches innewohnt, quittieren würde? Wir lassen uns von den biblischen Texten auch zu Zu- und Widerspruch provozieren. Mit anderen Worten: Wir führen das unendliche Gespräch im Rahmen der Bewegung, die vom Leben zur Bibel und von der Bibel zum Leben führt, fort.

I. Dramatis Personae:
Gott und Menschen in Lev/Num

Die Bücher Lev/Num sind Teil des großen Dramas, das Tora
(Weisungen) oder Pentateuch (»Fünf Gefäße«) oder »Die fünf
Bücher des Mose« heißt, das mit der Schöpfung beginnt und mit
dem Tod Moses unmittelbar vor der Eroberung des Gelobten
Landes durch die IsraelitInnen *nicht* aufhört. Das Buch Levitikus
ist die Mitte dieser großen Komposition und besteht fast nur aus
Gesetzessammlungen, die am Sinai von Gott an Mose ergehen. Das
Buch Numeri erzählt von der Wanderung der IsraelitInnen
Richtung Gelobtes Land. Sein hebräischer Titel heißt: »In der
Wüste« (*bömidbar*).

1. Jahwe: Urteilsfindung und Segensmacht

Unzählige Male spricht Jahwe in Lev/Num zu Mose, in seltenen
Fällen auch zu Aaron, nie jedoch direkt zu den IsraelitInnen, die die
Stimme Gottes nicht aushalten würden (vgl. Ex 20,19). Diese
Adressatenangaben sind nicht nur als Gliederungsprinzip des Textes
äußerst wichtig, Jahwe dient auch der göttlichen Sanktion des
israelitischen Rechts. Er ist das Siegel am Ende eines Rechtsfindungs-
prozesses, der mit einem »Fall« beginnt, der »vor Jahwe« gebracht
wird. Im göttlichen Orakel ergeht die Antwort an Mose, der für ihre
Durchsetzung besorgt sein muß. Einige narrative Passagen stellen
diesen juristischen Prozeß anschaulich dar (Lev 10; 24,10-23; Num
9,6-14; 15,32-36). Was »vor« oder »bei« Jahwe geschieht, lassen die
Texte allerdings im Dunkeln. Tatsächlich dürfte es aber auch heute
nicht leicht fallen, den eigentlichen Prozeß der *Urteilsfindung* (!)
anders als in theologischen Kategorien zu beschreiben. Das undurch-
dringliche Ineinander von gesellschaftlicher Meinung, Lobby-Inter-
essen, Erfahrung, Weisheit und Gewissensstimme tritt uns im rechts-
gültigen Urteil endlich in Worten gegenüber, die den Charakter einer
Neuschöpfung haben. »Jahwe sprach« bezeichnet demnach nicht
einen mirakulösen Sprechakt eines Deus ex machina, sondern das
Resultat eines vielschichtigen Vernehmlassungs- und Entscheidungs-
prozesses unter den verantwortlichen und verantwortungsbewußten
Männern und Frauen der israelitischen Sippen.

Jahwe ist darüber hinaus die in der Frucht der Erde, dem Frieden des Landes und den Nachkommen des Volkes leibhaft gewordene *Segensmacht*, die sich in besonderer – und hier wohl auch mystisch zu verstehender – Weise im Heiligtum konzentriert (Lev 26,3-13). Da wohnt Gott in seinem Haus, inmitten des Volkes. Sein Wohnen in diesem Ort ist gleichsam die Garantie für das Wirken seiner Segensmacht im Land. Hinter der Idee des Heiligtums steht die Institution des Vaterhauses (*bet av*) als Keimzelle der orientalischen Gesellschaften, die im Gotteshaus überfamiliäre Dimension annimmt, bzw. mehrere Sippen oder Stämme zu einer Familie verbindet. Das Leben, das sich in diesem Haus abspielt, bezeichnen wir als Kult. Da Gott inmitten des Volkes wohnt, ist das Leben aller IsraelitInnen Teil dieses Kultes. Doch die heilige Ordnung der Welt, die Hierarchie, unterscheidet heilige von profanen Bereichen (vgl. Exkurs III). Die Hauptaufgabe der Priester als Handlungs- träger des Kultes im engeren Sinne ist es, die Reinheit des Heiligtums und damit den Verbleib Gottes, der Segensmacht, im Heiligtum zu garantieren. Dies geschieht im Heiligtum selber durch das Darbringen von Opfern, die Gott ernähren und Verunreinigungen und Sünden sühnen (vgl. Exkurs I; Lev 1-5; 16). Nach außen hin geschieht es durch die Lehre von rein und unrein (vgl. Exkurs III), die vor Verunreinigung durch Unkenntnis und unsachgemäße Reaktion schützen soll. Der vorschriftsgemäße Kult im (auch das zivile Recht!) umfassenden Sinn garantiert den Schutz, die Sympathie und das Wohlergehen (Num 6,22-27) der Segens- macht. Jahwe erweist sich als barmherziger Gott, der immer wieder bereit ist, Verunreinigungen und Sünden zu vergeben. Die disziplinlose Vernachlässigung des Kultes oder gar die offene Rebellion (Num 11f; 16f) reizen dagegen den Zorn Gottes. Dann zeigt sich seine gefährliche Seite. Er schlägt einzelne Frevler (Lev 10,1ff) oder das ganze Volk. Im Extremfall verläßt er das Heiligtum und überläßt den *Mächten des Fluches* Heiligtum und Land (Lev 26,14ff).

Die eben dargestellte Theologie der Segensmacht im Heiligtum hat Israel mit allen umliegenden Völkern geteilt. Als typisch – wenn auch nicht in jedem Fall ausschließlich israelitisch – können folgende Elemente bezeichnet werden: Jahwe wird in seinem Heiligtum allein und ohne Kultbild verehrt, und dieses Heiligtum ist beweglich. Diese Theologie ist das Resultat eines langen Prozesses (vgl. NSK-AT 29, 264ff). Sie wird wird in Lev/Num an vielen Orten vorausgesetzt oder dominiert andere, unter der Oberfläche durchschimmernde Vorstellungen. Die *Alleinverehrung* schlägt sich im Heiligkeitsgesetz (Lev 17-26) nieder, wo einerseits gegen die Verehrung anderer Götter, Nichtse genannt, polemisiert wird, andererseits mit einer gewissen Penetranz Jahwe als sprechendes Ich genannt wird. Sie wird ausdrücklich anläßlich des Abfalls der Israeliten zu Baal-Pegor (Num 25) thematisiert, wo die fremde Frau (die Midianiterin) als Feindin dieses Konzepts dargestellt wird. Die *Bildlosigkeit* Jahwes wird ebenfalls im Heiligkeitsgesetz zum Thema gemacht, wird aber auch dem Ritual des Versöhnungstages (Lev 16) und der Notiz über die Art der Kommunikation Gottes mit Mose (Num 7,89) zugrundegelegt. Allerdings zeigt sich in diesem Punkt eine gewisse Ambivalenz, denn bei aller Bildlosigkeit ist Jahwe doch auf eine sichtbare Präsenz angewiesen. Diese zeigt sich einerseits in der uneindeutigen Konzeption der *kapporät*, des Sühnmales (Lev 16; Num 7,89), das sich über der Lade befindet, die andernorts selber als Ort der göttlichen Präsenz gilt (10,35f), andererseits in der Wolke über dem Heiligtum, die auch nachts sichtbar ist, weil sie leuchtet (9,15ff). Das geschnitzte oder gemeißelte Kultbild wird also durch verschiedene andere Gottesvergegenwärtigungen ersetzt, denen eigen ist, daß sie weniger eindeutig faßbar und schon gar nicht menschengestaltig sind und die somit den transzendentalen Charakter Gottes betonen. Die mit der Bildlosigkeit eng verknüpfte *Beweglichkeit* Gottes mit seinem Heiligtum, das ja der Wolke, bzw. der Lade folgt, hat vielleicht die eigenartigsten Folgen gezeitigt. In Lev/Num schlägt sie sich insbesondere in der Konzeption der Marschordnung und der Leviten als Träger des Heiligtums (Num 2f; 7) nieder. Dem Modell gelingt es, alte Überlieferungen eines Zeltheiligtums (vgl. Fig. 5) mit einer Theologie der Beweglichkeit Gottes zu verknüpfen, die für die Juden und Jüdinnen mit dem Exil an Brisanz gewinnt und den Weg bahnt für eine Universalisierung des jüdischen Gottes. Zu den problematischen Seiten des biblischen Monotheismus vgl. Exkurs VII.

2. Mose: Held und Institution

Das moderne *Mosebild* wurde bei den Intellektuellen durch Sigmund Freud geprägt: Mose als sozial-religiöser Reformer, als verdrängter und in Form des monotheistischen Gottes wiedergekehrter Übervater Israels; beim Volk durch Hollywood-Filme: Mose, der souveräne, gewaltige, bärtige Patriarch mit dem wundertätigen Stab. Diese tendenziöse Charakterisierung Moses als Übermensch kann sich durchaus auf die Bibel berufen: In Lev/Num ist Mose der Stifter des priesterlichen (Lev 1-16) und zivilen (Lev 17-27) Gesetzes, der Priester im Ausnahmefall (Lev 8), Organisator (Num 1; 20,22-29; 27,12-23), erfolgreicher Heerführer (Num 21; 31), Vermittler unter den Stämmen (Num 32). Vor allem verkörpert Mose den Propheten, den Mittler Gottes beim Volk und den Fürbitter des Volkes bei Gott. Er ist der starke Mensch, der selbst der Versuchung widersteht, auf das Angebot Gottes einzugehen, der ihm ein großes Volk aus seiner Nachkommenschaft anbietet, weil er Israel vernichten möchte (Num 14,12). Diese Stärke macht ihn zur Mauer für Israel:»Da faßte er (Gott) einen Plan, und er hätte sie vernichtet, wäre nicht Mose, sein Erwählter, für sie in die Bresche gesprungen, so daß Gott sie im Zorn nicht vertilgte« (Ps 106,23; vgl. Ez 22,30). Bei alledem wird Mose als der demütigste aller Menschen auf Erden beschrieben (Num 12,3). Trotz aller Verdienste und Fähigkeiten des Mannes scheut sich die Tora aber nicht, Mose als einen Menschen mit Selbstzweifeln (Num 11,14), Selbstmitleid (Num 11,11.15), ja Gotteszweifeln (Num 11,21f) zu zeichnen, dessen Ärger die Vernunft besiegt und ihn gar dazu verleitet, sich selbst ein Wunder Gottes zuzuschreiben (Num 20,10f), und der wegen dieses Ungehorsams das Gelobte Land selber nicht betreten darf. Daß sogar Mose an den Ansprüchen des Jahwe-Monotheismus gescheitert ist, gibt in Exkurs VII noch zu reden.

Für die Darstellung eines *historischen Mannes* namens Mose werfen die biblischen Quellen in Lev/Num (anders in Ex) kaum etwas ab. Die Biographie des Mannes Mose kann nicht geschrieben werden. Gerade deshalb ist zu fragen: Wer oder was ist denn mit Mose gemeint? Offensichtlich bindet die Tora Fragen des Rechts, die über Jahrhunderte diskutiert und entschieden wurden, an diese

Gestalt. Die Frage nach Mose ist deshalb als Frage nach der Rechtsorganisation Israels neu zu stellen. Welche Rechtsinstanz ist es, die mit der Autorität des in den Raum der Wüste und die Zeit vor Israels Landnahme versetzten Mose spricht? Nach Mt 23,2 sitzen auf dem Stuhl des Mose die Schriftgelehrten und Pharisäer. Damit dürfte wohl der *Sanhedrin*, in hellenistischer Zeit *Gerusia* genannt (vgl. Flavius Josephus, Ant. 4,138ff; 2 Makk 11,27), gemeint sein. Er war die höchste politische, religiöse und rechtliche Instanz der Juden und Jüdinnen, Ansprechpartner fremder Könige und Entscheidungsinstanz in strittigen Fragen, bestehend aus 71 Männern. Seine biblische Grundlage sind die Einsetzung der 70 Ältesten nach Num 11 (vgl. Ex 18; Dtn 1,9ff), aber auch das Zentralgericht nach Dtn 17 (vgl. Flavius Josephus, Ant. 4,218). In nachexilischer Zeit wurde Esra (vgl. Esra 7) mit Zügen des Mose ausgestattet, allerdings immer in engem Bezug zum Volk, das die Entscheide mittragen mußte (vgl. Esra 10,7ff). Im Exil hatte das Volk, die Gemeinde, die Aufgabe des Mose selber zu tragen. Vor dem Exil war es das *Jerusalemer Obergericht*, das mit der Kompetenz und der Autorität des Mose Entscheidungen fällte, wenn die lokalen Gerichte einen Fall nicht lösen konnten und damit zugleich als Legislative neues Recht schuf (Dtn 17; 2 Chr 19). Dieses Gericht bestand aus Leviten, Priestern und Familienoberhäuptern und wurde, der Chronik zufolge, von König Joschafat zusammen mit den lokalen Torgerichten (vgl. dazu NSK-AT 6, Exkurs, 125ff) institutionalisiert.

3. Aaron und seine Söhne: Repräsentant des Volkes und kultisches Fachpersonal

Etwa die Hälfte aller Belege für Aaron und seine Söhne entfällt auf Lev und Num. Wir erfahren von ihrer Weihe durch Mose in Lev 8. Die Zeremonie hebt Aaron durch Einkleidung und Salbung seines Hauptes als *Hohenpriester* deutlich von seinen Söhnen ab. Er repräsentiert im Kult das Volk vor Gott. Von daher erklärt sich seine wichtige sühnende Funktion durch die Darbringung von Opfern bei der Kultinauguration (Lev 9), beim Sündopfer (Lev 4) und am Versöhnungstag (Lev 16). In Ausnahmefällen kann der Hohepriester durch Räuchern (Num 17,6-14) oder einen spontanen

Akt der Gewalt gegenüber den Sündern (Num 25,7f) Sühne bewirken. Seine Urim- und Tumim-Lose spielen für die Frage, ob das Volk in einen Jahwe-Krieg ziehen soll oder nicht, die entscheidende Rolle (27,21). Das Öl, mit dem er gesalbt wurde, macht ihn zu einem leibhaftigen Zeichen der Lebensfülle Israels (vgl. Ps 133,2). Jede äußere Form der Trauer ist ihm geradezu verboten, sogar, wenn seine engsten Angehörigen betroffen sind (Lev 21,10-12), und er darf nur eine Jungfrau seines Stammes heiraten (Lev 21,13-15). Mit seinem Tod wird deshalb auch das Blut der unabsichtlich getöteten IsraelitInnen gesühnt (Num 35,25).

Die *Priester* sind das kultische Fachpersonal des Heiligtums. Sie überwachen den Opferbetrieb, insbesondere die rituell saubere Schlachtung der Opfertiere, und führen einige Handlungen selber aus, so die verschiedenen Blutriten (Lev 1,5), das Weihrauchopfer als Teil des Speiseopfers (Lev 2,2), die Verbrennung der Brandopfer (Lev 1,9) oder der Fettstücke des Heilsopfers (Lev 3,5), kurz: alle Handlungen auf dem Altar selber, also auch das Feuermachen (Lev 1,7). Die andere Aufgabe der Priester ist die Unterscheidung und Lehre von rein und unrein in Bezug auf Tiere, Wöchnerinnen, Aussätzige, Ausflüssige und solche, die mit einer Leiche, bzw. Aas in Berührung gekommen sind (Lev 11 – 15; Num 19). In all diesen Fällen führen sie auch die notwendigen Reinigungsrituale durch. Wegen ihrer Bindung an die Sphäre des Heiligen haben sie auf besondere Reinheit und Unversehrtheit ihres Körpers zu achten. Ihr Kontakt mit Leichen ist eingeschränkt. Es ist ihnen verboten, zu einer Dirne zu gehen. Bestimmte körperliche Schäden machen sie für ihr Amt untauglich (Lev 21). Auch ist ihnen Grundbesitz untersagt (Num 18,20ff). Andererseits stehen die Priester im Genuß verschiedener Privilegien. Sie erhalten vom Heilsopfer bestimmte Teile als Abgaben und sind als einzige befugt, Speise- und Sündopferspeisen (Lev 6f) sowie die Schaubrote (Lev 24,9) zu essen, die als hochheilig gelten. Ferner stehen ihnen die Erstlinge aller Art zu (Num 18,12ff). Von den Leviten erhalten sie den Zehnten des Zehnten (Num 18,25). Schließlich profitieren sie von Weihegaben und Banngut, die dem Besitz des Heiligtums verfallen (Lev 27).

Die *aaronitische Priesterschaft* wird einerseits gegenüber den Leviten (s. dort) bevorzugt, wie es besonders die Episode vom Aaronstab zum Ausdruck bringt (Num 17,1ff), andererseits fällt auf, daß Aaron konsequent Mose untergeordnet wird. Nur gerade in zwei Fällen spricht Gott direkt zu Aaron (Lev 10,8 und Num 18,1.8.20), und ebenfalls nur in zwei Fällen ergreift Aaron selbst gegenüber Mose das Wort: einmal um die Priester (10,19ff) zu verteidigen, und einmal, um für seine Schwester Mirjam Fürbitte zu leisten (Num 12,11). In beiden Fällen handelt es sich um Reaktionen Aarons auf göttliche Sanktionen gegenüber Priester-Innen. Alles in allem ist Aaron aber der loyale klerikale Arm der Rechtsinstitution Israels. Er verkörpert das ihr gefällige Priestertum (Jerusalems?), wie die Geschichte vom Aufstand der Rotte Korachs (Num 16f) mit einer Deutlichkeit zeigt, die nichts zu wünschen übrigläßt.

4. Mirjam (und ihre Töchter): Die verdrängte Seite von Kult und Recht in Israel

Mirjam gehört auf's Ganze gesehen zu den Nebenfiguren in Num (in Lev wird sie nicht genannt), trotzdem wird sie in keinem anderen biblischen Buch öfter erwähnt als in diesem. Sie kommt nur in der Geschichte der Auflehnung Aarons und Mirjams gegen Mose vor (Num 12), also in einer negativen Rolle. Für ihr Verhalten wird sie im Gegensatz zu ihrem Bruder mit Aussatz bestraft. In Num 20,1 wird lakonisch ihr Tod – vor dem ihrer beiden Brüder! – in Kadesch vermerkt. Im Rahmen der zweiten Volkszählung erscheint sie innerhalb eines levitischen Stammbaumes als drittes Kind Amrams und der Levitochter Jochebed (Num 26,59). Gerade die Tatsache, daß Mirjam die Schwester der beiden Übergrößen Aaron und Mose war, mit denen zusammen sie schon vom Propheten Micha (8. Jh. v. Chr.) als Führerin (!) erwähnt wird (Mi 6,4), zeigt, daß ihre Nebenrolle die gesellschaftliche Funktion der Frauen für Recht, Kult und Führung nicht gerecht abbildet. Es besteht der dringende Verdacht, daß, so wie Mose das Obergericht und Aaron und seine Söhne die zadokische Priesterschaft repräsentieren, Mirjam *die in Kult, Prophetie und Rechtssprechung tätigen Frauen* verkörpert. Ihre Geschichte der Maßregelung ist demnach auch die der Gruppe, die sie repräsentiert. Mehr dazu in Exkurs II.

5. LevitInnen: Der Schatten dessen, was sie waren

Während die LevitInnen in Lev, entgegen dem Titel, nicht vorkommen, spielen sie in Num eine bedeutende Rolle. Sie werden separat vom Volk gezählt (Num 3-4; 26,57-62). Als Ladenträger (Num 7,6-9; 10,17.21) und Wächter des Heiligtums (Num 8,23-28) sind sie wichtig für das Funktionieren des Kultes. Die Bewachung ist deshalb so wichtig, weil eine Verunreinigung des Heiligtums Gott aus dem Heiligtum vertreiben könnte, was den Verlust des Segens für ganz Israel zur Folge hätte. Wie die Priester müssen sie für ihr Amt gereinigt werden (Num 8,5-22). Ihre Beamtung am Heiligtum wird als Ersatzopfer für die männliche Erstgeburt der IsraelitInnen verstanden (Num 8,16). Sie leben, da sie dem Dienstleistungssektor angehören, ohne eigenen Grundbesitz, in 48 Städten Israels, von denen sechs als Asylstädte für unabsichtliche Mörder dienen (Num 35,6.9-15). Ihren Unterhalt bestreiten sie mit dem Zehnten der IsraelitInnen (Num 18,1-6.21-24). Das Bild der Leviten, das uns das Buch Num vermittelt, ist widersprüchlich. Sie genießen das Privileg des Zehnten in Israel, andererseits steht ihnen aber nur die Ausübung untergeordneter Hilfsdienste am Heiligtum zu. Es kommt ihnen die theologische Ehre zu, als Ersatz für die männliche Erstgeburt der IsraelitInnen Gott am Heiligtum zu dienen, doch in der Korachgeschichte werden sie als Rebellen geschildert, als solche, die sich zu viel herausnehmen (Num 16,7). Es ist offensichtlich, daß die Konzeption des Levitentums im Buche Num nicht die Voraussetzung, sondern die Folge eines Machtkampfes im israelitischen Klerus ist. Näherhin handelt es sich um die Entmachtung des im Volke verwurzelten lokalen Priestertums, das in Israel durch die Mitglieder eines landlosen Pariastammes gestellt wurde, durch die zadokidischen Priester Jerusalems im Rahmen ihrer Kultreformation unter dem Motto »Ein Gott – Ein Tempel«. Zur Geschichte des Levitentums s. Exkurs VI.

6. Die »Söhne Israels«: Die Töchter standen auch am Sinai

Auf dem Weg von der Sklaverei in die Freiheit spielt das Volk meistens die Rolle des retardierenden Momentes: es murrt, zweifelt, will zurück nach Ägypten oder wünscht sich den Tod. Genau betrachtet, trifft dies aber nur für die *Generation des Auszugs* zu, die dafür mit dem frühzeitigen Tod bestraft wird. Die *Generation der Landnahme* wird demgegenüber als treu, folgsam, zuversichtlich und siegreich dargestellt. Die Überwindung der Wüstendepression ist somit ein übergreifendes Hauptthema des Buches Num, das durch die beiden Volkszählungen, die das Aussterben der murrenden Generation dokumentieren, hervorgehoben wird.

Die Frage nach dem Volk ist aber vor allem eine Frage nach dem *Geschlecht derer, die die Tora ansprechen will.* Der Sprachgebrauch der Tora verrät durchaus ein waches Bewußtsein für diese Frage. Weisungen, die sich ausschließlich an Männer richten, werden anders eingeleitet als solche, die Männer und Frauen betreffen (vgl. z.B. Lev 17). Es gibt Weisungen, die sich nur an Frauen richten (Lev 12; 15,19-30). Frauen können auch selber vor Gericht vorsprechen, wie der Fall der Töchter Zelofhads (Num 27,1-11) beweist. Andererseits läßt die Perspektive und Formulierung der Weisungen keinen Zweifel daran, daß die gesetzgebenden Gremien Israels rein männlich waren und die Frau primär als Teil des männlichen Haushaltes verstanden wurde. Dies zeigt sich besonders deutlich bei den genitalen Ausflüssen (Lev 15), im Sexualrecht des Heiligkeitsgesetzes (Lev 18; 20), im sog. Eifersuchtsordal (Num 5,11-31) und in der Gelübdeverordnung (Num 30). Im Zusammenhang mit der zentralen Fremdgötterthematik findet sich sogar eine ausdrücklich frauenfeindliche Äußerung, die die fremden (midianitischen) Frauen als Hauptübel des Abfalls brandmarkt (Num 31,16; zum weisheitlichen Topos der verführerischen fremden Frau vgl. auch Spr 1-9 passim). Doch: »Der patriarchale Charakter der Bibel hebt die durchgängige Betonung der sozialen Natur menschlicher und göttlicher Existenz nicht auf« (Judith Plaskow). Als christliche LeserInnen der Tora im ausgehenden 20. Jh. mit seinem fast zwanghaften Individualismus und Pluralismus in den wohlhabenden Gesellschaften sollten wir uns immer wieder vor Augen führen, daß sich die Tora an eine Gemeinschaft, an ein Volk, und nicht an Individuen richtet (vgl. noch Mt 18,20). Jüdische und christliche Frauen, die in ihrem Leben von den Auswirkungen der patriarchalen Perspektive der Tora betroffen sind, fordern deshalb zu Recht, daß sie nicht bloß als die andern (Simone de Beauvoir) wahrgenommen werden, sondern daß Israel – in dem je eigenen

Verständnis dieses Namens – als Ort der Freude an der Verschiedenheit in der Gemeinschaft verstanden wird.

Bei allen Defiziten, die die Konzeption des Volkes nach der Tora gegenüber dem aufklärerischen Ideal einer herrschaftsfreien Kommunikationsgemeinschaft aufweisen mag und die unsere modernen Gesellschaften gerade in sexistischer Hinsicht noch immer in erschreckendem Maße aufweisen, ist nicht zu übersehen, daß die Tora hinsichtlich der *Entscheidungsfindung*, der *Verteilung von Macht* und der *gewaltlosen Bewältigung von Konflikten* Erstaunliches leistet. Gott, Mose, Aaron, die Leviten und prophetische Stimmen bilden ein komplexes Gefüge von Autoritäten, die um Entscheidungen ringen. Sündopfer (Lev 4,1-5,13), Schuldopfer (Lev 5,14-26), Verhandlungen zwischen Streitparteien (Num 32) und der Versöhnungstag (Lev 16) formen ein Netz sühnender Institutionen. Die genuinen Kräfte, die solches ermöglichen, sind das traditionalistische, gegenüber Zentralinstanzen skeptische Stammesdenken Israels (Num 1f; 26), die im Volk verwurzelte charismatische Religiosität, die sich im Nasiräertum (Num 6,1-21) ebenso zeigt wie im prophetischen Anspruch des Volkes (Num 11,29), und die monotheistische Konzeption des Kultes, die faktisch die Macht der Priesterschaft relativiert.

7. Kleine Rollen

Um zu zeigen, daß es die biblischen Schriftgelehrten verstanden, den trockenen Stoff von Lev/Num zu würzen, seien hier die wichtigsten Nebenrollen zumindest aufgezählt: Nadab und Abihu, zwei Söhne Aarons, die fast nur als Tote eine Rolle spielen (Lev 10,1); ein namentlich unbekannter Halbägypter, der in einer Schlägerei mit einem Israeliten Jahwe lästert, was er besser unterlassen hätte, wie Exemplum zeigt (Lev 24,10ff); die Kundschafter, die zwar von ihrer Exkursion eine gigantische Traube mitbringen, aber behaupten, im Land gäbe es Riesen (Num 13); Kaleb und Josua, die beiden unverbesserlichen Optimisten, die das Volk aber vergeblich aufzumuntern versuchen (Num 14); ein Mann, der ausgerechnet am Sabbat Holz sammelt, was er später nie mehr tat (Num 15,32-36); Sihon und Og, zwei mächtige Könige, die Israel das Fürchten lehrt (Num 21); Bileam, ein ausländischer Seher, der auf einer klugen Eselin reitet und zum Ärger seines königlichen Auftraggebers Balak die IsraelitInnen segnet, statt verflucht (Num 22ff); Simri und Kosbi, ein Liebespaar, das skandalöserweise auf dem Hochzeitsbett von einem religiösen Fanatiker niedergemacht wird, der – noch skandalöser – in gewisser Weise heilig gesprochen wird (Num 25); die Töchter Zelofhads, die zuguterletzt beweisen, wie wichtig die Frauen für die israelitischen Sippen sind (Num 27; 36).

II. Ort und Zeit: Wer hat Lev/Num geschrieben?

Wenn wir es bloß wüßten! An dieser Frage nach dem Sitz im Leben und der Entstehungsgeschichte der biblischen Texte zerbrechen sich europäische und amerikanische Juden und Jüdinnen, Christen und Christinnen seit ca. vierhundert Jahren die Köpfe.

1. Knappe Geschichte der Erforschung der Tora

Jahrhundertelang wurde die Tora im naiven Glauben gelesen, daß Mose ihr Verfasser ist. Gnostische, jüdische, christliche oder muslimische KritikerInnen dieser Ansicht wie Ptolemäus in seinem Brief an Flora, Chiwi al-Balkhi oder Ibn Chazm blieben absolute und als HäretikerInnen verschriene AußenseiterInnen. Vor allem bei jüdischen Bibelinterpreten des Mittelalters meldet sich ein Bewußtsein für die Schichtung der Tora an. Abraham Ibn Esra (1089-1164) aus Tudela (Spanien) stellt die Autorschaft Moses in seinen umfassenden Kommentaren öfters in Frage und gilt vielen als der Vater der historischen Kritik. Diese explodiert geradezu mit der Bibelrenaissance der Reformationszeit und dem gleichzeitig aufkommenden Humanismus. Baruch Spinoza (1670), Richard Simon (1678), Jean le Clerc (1685), Wilhelm Martin Leberecht de Wette (1807) und viele andere entwickeln ihre je eigene Theorie über die Entstehung der Tora. Diese Entwicklung gipfelt in Julius Wellhausens (1878) Modell der sog. »neueren Urkundenhypothese«, dessen Ansatz auf Hermann Hupfeld (1853) zurückgeht. Nach diesem Modell werden fast alle Texte in Lev/Num der »*Priesterschrift*« zugeordnet, die als letzte Quelle in nachexilischer Zeit (6./5. Jh. v.Chr.) entstanden sei. Archäologische Ausgrabungen, die Entdeckung der Bedeutung der literarischen Formen durch Hermann Gunkel (1895) und des deuteronomistischen Geschichtswerkes durch Martin Noth (1943), sowie viele linguistische und traditionsgeschichtliche Einzelbeobachtungen haben zu einer ständigen Modifizierung, ja Infragestellung dieses Modells geführt. Viele wenden sich deshalb heute von der Quellenscheidung ab und redaktionskritischen Modellen, wie sie vor allem Rolf Rendtorff (1976) angeregt hat, oder der Endtextinterpretation zu. Für die

Mehrheit insbesonders deutscher ForscherInnen gilt aber ausgesprochen oder unausgesprochen noch immer die Ansicht Wellhausens als Dogma: Die »Priesterschrift« stellt die letzte Stufe in der Entwicklung des altisraelitischen Rechts dar. Mit ihr wurde die Komposition des Pentateuchs abgeschlossen. Diese Ansicht wurde zuletzt von Erhard Blum (1990) und in etwas modifizierter Weise von Frank Crüsemann (1992) in eindrücklichen entwicklungsgschichtlichen Aufrissen dargestellt. Doch auch sie setzen sich nur am Rande mit einem ganz anderen Ansatz auseinander, der von Yeheskel Kaufmann (Geschichte der israelitischen Religion, 1937-56) grundgelegt wurde und der vor allem von jüdischen Forschern der hebräischen Universität in Jerusalem (Menahem Haran, Israel Knohl, Avi Hurvitz, Meir Paran) und in den Vereinigten Staaten (Jacob Milgrom, Moshe Weinfeld) weiterentwickelt wird. Nach diesem Modell sind die meisten priesterlichen Schriften und die darin beschriebenen Institutionen (die Stadt der Erwählung und das Lager, die Feste, das Zelt der Begegnung, der Hohepriester und die Gemeinde, *tenufah/terumah*, Erstlinge, Zehnter, Levitenzehnter) älter als die des Deuteronomiums und der Deuteronomisten.

Aus verschiedenen Gründen wollen wir in diesem allgemeinverständlichen Kommentar die Überlegungen dieser Schule ebenfalls berücksichtigen: 1. Die Diskussion der priesterlichen Themen im wörtlichen, nicht allegorischen Sinne blieb im Judentum im Gegensatz zum Christentum durch alle Jahrhunderte hindurch lebendig, ja sie steht im Zentrum der jüdischen Exegese. Entsprechend hoch ist das Niveau. 2. Die jüdischen Interpreten sind hervorragende Kenner der althebräischen Sprache. Sie haben auch ein Gefühl für die Sprache, die in der Liturgie weiterverwendet wird, und demzufolge auch für die Texte, das europäischen und amerikanischen Gelehrten oft abgeht. 3. Die Weiterentwicklungen und Relativierungen der Positionen Kaufmanns und Wellhausens in ihren jeweiligen Schulen nähern sich in vielen Punkten an. Sehen die einen, daß die Priesterschrift bis in nachexilische Zeit hinein kommentiert und verändert wurde, so geben die anderen zu, daß die Priesterschrift nicht nur in nachexilischer Zeit verfaßt wurde, sondern viel vorexilisches Material enthält. 4. Es mag einem populärwissenschaftlichen Büchlein wie diesem die Narrenfreiheit vorbehalten sein, mit quasi dogmatischen Hypothesen der Exegese zu brechen.

Im Vordergrund des Kommentars stehen aber – wie schon eingangs betont – inhaltliche Wort- und Sachklärungen, die den Leser und die Leserin der Bibel primär interessieren und die zu einem guten Teil unabhängig von der Datierungsfrage beantwortet werden können. Dazu das Fazit eines Historikers, der sich zeitlebens mit dem Sitz im Leben der hier zu kommentierenden Texte beschäftigt hat:»Die Pentateuchquellen haben als Fixierungen und theologische Bearbeitungen der alten Überlieferung eben kaum ein unmittelbares Verhältnis zur jeweiligen Zeitgeschichte; darum ist ihre Datierung so schwierig, aber für ihr Verständnis auch einigermaßen belanglos« (Martin Noth).

2. »P« wie Priesterkodex: Esoterisches Priesterwissen wird öffentlich

Wer einen heute noch fast vollständig erhaltenen altägyptischen Tempel wie denjenigen von Edfu betritt, wird, kaum ist die immer noch stehende Tempelumfassungsmauer durchschritten, erfaßt von der besonderen Atmosphäre dieses Ortes, auch wenn heute die Farben, Fahnen und Festumzüge fehlen und stattdessen ein Wärter die Eintrittskarte kontrolliert. Von Vorhalle zu Vorhalle, von Tempelkammer zu Tempelkammer wird man hineingenommen in die Sphäre des Heiligen, welche die ägyptischen Architekten so unübertroffen zu inszenieren verstanden, und kaum einE TouristIn betritt ohne eine gewisse Ehrfurcht den innersten Raum, in dem einst die Götterbarke und der Schrein der Gottheit standen, und die vielen kleinen Seitenkammern, die über und über sorgfältigst mit rituellen Texten und Rezepten beschriftet sind. Auch wer Hieroglyphen nicht zu lesen versteht, begreift aufgrund der sich wiederholenden Zeichen und der symmetrischen Anordnung, daß es sich um Listen und Formeln handelt und daß Text und Raum, heiliger Ort und heilige Schrift eine enge Symbiose eingehen.

Stünde der salomonische Tempel Jahwes in Jerusalem noch, so käme er uns neben demjenigen des Horus in Edfu wahrscheinlich klein und schäbig vor. Aber alle wichtigen Elemente, die Umfassungsmauer, der Altar, die Treppe, das Heiligtum mit einer Vorhalle, einer Halle und dem Allerheiligsten wären vorhanden, umgeben von Kammern und Hallen, in denen Priester und Tempelpropheten sich auf ihren Dienst vorbereiten, die nächste Generation

unterweisen, Schätze aufbewahren und Gäste empfangen (Jer 35,2).
In diesen Räumen hätten uns die Priester des Heiligtums wohl
bereits einen Teil jener Texte zeigen können, die wir nun in den
Büchern Lev und Num lesen, sei es, daß sie auf Buchrollen
aufgeschrieben waren, wie es der Prophet Jeremia mit seinen
Sprüchen machen ließ (Jer 36), sei es, daß sie auf den Mauern
standen, wie wir es vom *tell der ʿallah* im heute jordanischen
Jordantal wissen (s. Exkurs VIII). In diesen Texten geht es um
konkrete Anweisungen für die einzelnen Opferhandlungen und
Reinigungsvorschriften. Sie bieten Vorschriften, Fallstudien, Listen.
Polemische Passagen, insbesondere gegen das private Räuchern, und
der ziemlich konsequente Versuch, nur Jahwe als göttliche Wirk-
kraft vorauszusetzen, also ein *monotheistisches Konzept kultischer
Religiosität*, weist auf die Zeit nach Hiskija. Unter diesem judäischen
König (716-687 v.Chr.) entging Jerusalem knapp der Eroberung und
Zerstörung durch das Heer des assyrischen Großkönigs Sanherib.
Diese unerwartete Wendung der Ereignisse wurde von priesterlichen Kreisen Jerusalems als einzigartige Rettungstat Jahwes
verstanden und führte zur erstmaligen Formulierung eines monotheistischen Glaubensbekenntnisses (2 Kön 19,15).
    Diese Schriften interessierten nur Priester und waren wohl auch
nur ihnen bekannt. Was davon alle IsraelitInnen anging, gaben sie
in mündlicher Lehre weiter. Dies änderte sich erst in nachexilischer
Zeit. Vor der Zerstörung Jerusalems durch Nebukadnezzar (586/87
v.Chr.) wurden die kultischen Gebrauchstexte der Priester auf
Papyrusrollen zu einem *Priesterkodex* »P« zusammengestellt und
nach Babylon mitgenommen. Der priesterliche Prophet Ezechiel
hat auf der Basis dieser Schriften sein reaktionäres Modell eines
künftigen neuen Tempels entworfen. Gerade der Vergleich mit
seinem Entwurf zeigt, daß der Priesterkodex »P« älter sein muß.
Denn er greift weder die Sprache Ezechiels auf, noch wurde er in
der nachexilischen Sprache eines Esra, Nehemia oder Chronisten
abgefaßt. Vielmehr bietet »P«:
a) eine Reihe von Begriffen, die in nachexilischen Dokumenten
    fehlen oder ersetzt werden. Z.B.: Der Begriff ʿ*edah* für
    Gemeinde wird durch *qahal* ersetzt.
b) einige Begriffe mit einer Bedeutung, die in nachexilischer Zeit
    nicht mehr belegt ist, z.B. der Ausdruck »lieblicher Duft« für ein

Gott wohlgefälliges Opfer (Lev 26,31f; Num 28,3-6.11-13.16-24) wird im und nach dem Exil nur für Gott ungefällige Opfer von Fremdkulten verwendet (Ez 6,13; 16,17ff; 20,28).

c) eine Fülle von Eigennamen, die noch nicht den ab Jesaja typischen Jahwenamen enthalten (vgl. bes. Num 1,5-15).

d) eine Reihe von Institutionen, die für die Zeit des Zweiten Tempels in dieser Form nicht mehr belegt sind (z.B. die Lade; Urim und Tummim; der Zehnte).

e) Beschreibungen von Gegenständen, die in nachexilischer Zeit ihr Aussehen ändern, z.B. die Lampe des Heiligtums (Num 8,1-4).

f) ein kultisches Verständnis von Unreinheit, das noch nicht den nachexilischen Beigeschmack von Sünde hat.

Die »P«-Texte werden aber andererseits bei ihrer Einbettung in die Tora mit Vorstellungen ergänzt, die nicht alt sein können. Dies ist etwa für die Aspekte des Levitentums der Fall, die von Ezechiel abhängig zu sein scheinen (vgl. Exkurs VI). Es gilt demnach festzuhalten: »P« ist *weder eine (alte) Quelle noch eine (junge) Redaktion,* sondern der Stoff einer Schule von Priestern, der spätestens seit der Reform Hiskijas schriftlich und mündlich überliefert, bereits in Ansätzen kommentiert und im Hinblick auf seine Einfügung in die Tora mit ihrem weiten Kreis von AdressatInnen überarbeitet wurde.

3. »D« wie Deuteronomist: Die Reform des Landvolkes wird Schrift

Ein wichtiger Schritt Richtung Demokratisierung des Kultes geschieht durch die Reformen unter König *Joschija* (638-609 v.Chr.), der noch als Minderjähriger von der jahwefrommen Landaristokratie Judas zum König gemacht wird und zeitlebens ihre Interessen vertritt. Seine Propheten und Beamten kreieren eine Theologie, die Jahwe nach dem Bilde assyrischer Herrscher gestaltet und Jerusalem zum alleinigen Kultort erklärt. »D« setzt also durchaus in radikalisierter Weise die Themen der hiskijanischen Reform und damit von »P« fort. Die Kultreform hatte jedoch zur Folge, daß die arbeitslos gewordenen Landpriester nach Jerusalem zogen und am dortigen Heiligtum versorgt werden mußten. Deshalb hält »P« fest, daß die den Priestern zustehenden

Opfergaben nicht nur dem amtierenden Priester gehören, sondern unter allen Priestern des Tempels verteilt werden müssen (Lev 2,10). Der Vielfalt der im Volk lebendigen Gottesbilder, Kult- und Frömmigkeitsformen wird ein Ende gemacht. Das fünfte Buch Mose ist teils Grundlage dieser Reformer (vgl. 2 Kön 22), welche auch die Geschichte Israels aus ihrem Gesichtspunkt geschrieben haben (Dtn – 2 Kön), teils Resultat der Reformen. Die priesterlichen Weisungen müssen ihnen bekannt gewesen sein. Da sie, bedingt durch die *Kultzentralisation*, die *Profanschlachtung* von Opfertieren erlauben müssen, wird es z.B. nötig, die Lehre von der Unterscheidung zwischen reinen und unreinen Tieren dem Volk zuzumuten. Dtn 14 ist deshalb als vereinfachende deuteronomistische Überarbeitung der entsprechenden priesterlichen Weisung (Lev 11) zu verstehen. Umgekehrt hat sich deuteronomistisches Gedankengut in Lev/Num über »H« niedergeschlagen (s.u.). »D« fördert jene priesterlichen Kreise, die wahrscheinlich schon unter dem Einfluß der Kultkritik eines Hosea, Jesaja oder Micha angefangen haben, die priesterlichen Weisungen im Hinblick auf ihre Praktikabilität durch das Volk zu kommentieren: die sog. Heiligkeitsschule »H«. Die Tatsache, daß das deuteronomistische Konzept innerhalb der Tora als ein großer Epilog des Mose verstanden wird, also nicht Teil der erlebten israelitischen Geschichte ist, sondern Erinnerung und Vermächtnis eines einzelnen, zeigt, daß man dieses Rechtskorpus als etwas Eigenes, als einen utopischen Entwurf, betrachtet hat.

4. »H« wie Heiligkeitsschule: Der Priesterkodex wird demokratisiert

Die Texte der Heiligkeitsschule »H« sind, darin jenen von »D« ähnlich, leicht an ihrer charakteristischen, formelhaften Sprache zu erkennen. Bereits diese eindringliche Rhetorik ist ein Indiz dafür, daß es den Autoren um die Belehrung des Volkes ging. Vielleicht ist dieser von »P« völlig verschiedene Umgang mit der Sprache sogar eine direkte Reaktion auf das erfolgreiche Programm von »D«. Jedenfalls kommentiert »H« die esoterischen Texte von »P« so, daß für das Volk deutlich wird, welche liturgische und praktisch-ethische Relevanz sie haben, und greift dabei die Kritik der vorexilischen Prophetie auf. Dabei wird die kultisch präzise Sprache oft erweitert und ungenau:

Begriff	Bedeutung für »P«	Bedeutung für »H«
ma'al	Sakrileg	Rebellion
niddah	Menstruationsunreinheit	Unreinheit
schiqqez	zu essen verboten	verboten
timm'e	zu berühren verboten	verboten
hillel	entheiligen	auch für verunreinigen
chuqqah	Gesetz	Gesetz/Schuldpflicht
choq	Schuldpflicht	Gesetz/Schuldpflicht

Kommentare zu »P« finden sich innerhalb der »P«-Gesetze von
Lev 1 – 16 an folgenden Stellen: 3,16b-17; 6,12-18a; 7,22-29a.38b (?);
9,17b; 11,43-45; 12,8; 14,34-53 (?).54-57 (?); 15,31; 16,26b.29-34a.
Kern der Produktion von »H« ist aber das sog. *Heiligkeitsgesetz*
(Lev 17 – 26). Ein weiteres popularisierendes Charakteristikum ist
die narrative Einführung von neuen Gesetzen (vgl. Lev 24,10-23;
Num 9,6-14; 15,32-36). Das Leitmotiv von »H« heißt *Heiligung*:
So, wie sich Jahwe an Israel als heilig erweist, soll sich Israel Jahwe
gegenüber als heilig erweisen. Die Dialektik zwischen Gott und
Israel findet in dieser Theologie ihren Höhepunkt. Die ursprünglich priesterliche Theologie wird so weit wie möglich *demokratisiert:* Die Unterscheidung reiner und unreiner Tiere wird zu
einem für das Volk identitätsstiftenden Sakrament (Lev 11); der
Sabbat gewinnt gegenüber den Opfern an Gewicht und wird eng
mit dem Festkalender verzahnt (Lev 23; vgl. Exkurs IX), die
deuteronomistische Schlachtungspraxis in das System integriert
(Lev 17); in der Mitte des Heiligkeitsgesetzes steht ein volksnahes
Kompendium der Tora (Lev 19), gerahmt von Gesetzen, die
familiäre Beziehungen im Blick haben (Lev 18; 20). Die Tatsache
allein, daß das Heiligkeitsgesetz den Ehrenplatz der Tora, nämlich
ihre Mitte, einnimmt, zeigt, daß die »H«-Schule bei der Gestaltung
der Tora eine wichtige Rolle spielte. Ihr Umgang mit den alten
Stoffen wurde für das Judentum prägend. Das Prinzip der
Heiligung oder der *imitatio Dei* liegt auch dem PharisäerInnentum
zugrunde. Aber auch methodisch führen die PharisäerInnen das
sich selbst kommentierende Prinzip der Tora, das den Weg zu
einem Teil des Ziels macht, fort. Vielmehr als mit Brüchen ist also
mit Kontinuität zu rechnen.

5. Alte und neue Überlieferungen werden zur Tora

129/8 v.Chr. trennen sich die Samaritaner, die den Pentateuch ebenfalls als ihre Heilige Schrift betrachten, nach Verfolgungen durch Johannes Hyrkan endgültig von den Juden. In der Mitte des 3. Jh. v.Chr. liegt bereits die erste vollständige griechische Bibelübersetzung, die Septuaginta, vor. Die Schrift mußte damals bereits eine gewisse Zeit der Kanonizität hinter sich haben. Daraufhin weist auch die Tatsache, daß sich mit Ausnahme von Num 24,24 (s. dort) und Dtn 32,43 in der Tora keine Hinweise auf die Ankunft der Griechen im Orient ausmachen lassen. Die Tora muß demnach nach dem Exil, z.Z. des persischen Großreiches entstanden sein. Die Politik des persischen Reiches war es, örtliches Recht durch großkönigliche Edikte anzuerkennen und als bindend festzuschreiben. Die religiösen Parteien Palästinas mußten sich zu einem gesetzlichen *Kompromiß* zusammenfinden. Dieser Prozeß wird in Bezug auf Juda durch den aramäischen Artaxerxesbrief in Esra 7,11-26 ätiologisch erklärt. Was dabei herausgekommen ist, dürfte zu einem guten Teil dem entsprechen, was spätestens ab dem 2. Jh. v. Chr. als Tora bekannt war (vgl. zu historischen Details NSK-AT 29, 171ff). Die Versuchung ist groß, die letzte Aktualisierung der priesterlichen Quellen bei der schriftlichen Fixierung als Tora durch die Chronisten (»C«) als die Zeit ihrer Entstehung zu verstehen. Tatsächlich zeigt dies aber nur, wie lebendig die Auslegung dieser Schriften geblieben ist. Die Inhalte selber deshalb alle als nachexilisch zu betrachten, wäre eine fataler Rückschluß, der mehr Fragen aufwirft als löst.

Die Einheit der Tora, bzw. des Hexateuch (Gen–Jos), zeigt sich rein formal in ihrem (nicht streng!) konzentrischen Aufbau. Ihre Mitte bildet die Gesetzgebung am Sinai. Das Schema (vgl. S. 33) zeigt auch den Ort der Bücher Lev/Num im Rahmen dieses Gebildes.

So entsteht die Tora, einem kunstvollen Patchwork vergleichbar: je näher wir herantreten, umso deutlicher werden die Strukturen, die Farben und Schönheiten der einzelnen Stoffteile; je weiter wir zurücktreten, desto mehr verschmelzen die Farbflecken zu einem Farbton, die einzelnen Strukturen zu einer umfassenden Form, die Stoffteile zu einem ganzen Bild, die Fragmente zu einer Aussage. Mit den Worten des Theologen und Dichters Kurt Marti (*1926):

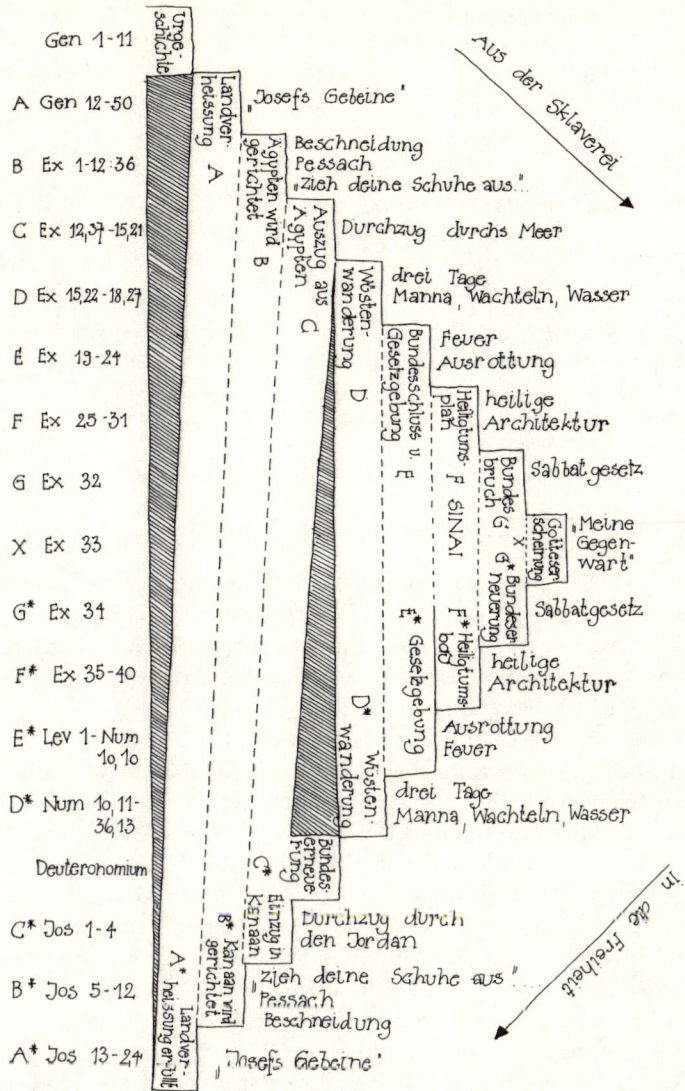

Fig. 1: *Die konzentrische Theologie des Hexateuch [nach einer Vorlage von Milgrom/Newing (Milgrom J., Numbers, Philadelphia-New York 1990) gezeichnet von Gabriela Zumstein].*

Allmählich entstand so:
ein Bücherbuch vieler Stimmen,
die nacheinander,
nebeneinander,
durcheinander,
gegeneinander,
miteinander
reden, singen, murmeln, beten.

Dissonanzen? Jede Menge.
Widersprüche? Noch und noch.
Kein ausgeklügelt Buch.
Hundert-Stimmen-Strom
(selbst Schriftgelehrte ermessen ihn nicht) -.
wohin will er tragen?
Über Schwellen, Klippen, Katarakte
heimzu, heilzu (hoff ich).

6. Das jüdische Fortleben der Tora: Die mündliche Tora

Was hier als Nacheinander aufgelistet werden mußte, ist in Tat und
Wahrheit ein Mit-, Neben- und Gegeneinander verschiedener
Schulen. Daß es solche Schulen gab und auch Konflikte zwischen
ihnen, beweist nichts besser als die Geschichten der Schwierigkeiten und Widerstände im Buch Numeri (11f; 16f; vgl.
Kommentar). »H« kann als früher Kommentar zu »P« mit einer
eigenständigen Fortführung, dem Heiligkeitsgesetz, unter
historisch neuen Bedingungen verstanden werden. Trotzdem ist es
gut möglich, daß weiterhin im Stile von »P« theologisiert wurde.
Der Fall der Tempel- und der Kriegsrolle der *Qumran-Essener,*
einer priesterlichen Sekte mit Hauptsitz am Toten Meer, beweist,
daß noch im 1. Jh. n. Chr. die Realität anhand der uralten Modelle
von Wüstenheiligtum und Militärlager im Sinne der »P«-Schriften
gedeutet wurde. »H« und »D« sind außerdem als zwei Schulen zu
betrachten, die beide die »P«-Schriften auf ihre Weise
kommentierten: »H« durch Einfügungen, »D« durch einen Anhang
in Gestalt einer riesigen Abschiedsrede Moses. Beide Schulen
hatten das Exil zu verarbeiten. Ihnen ist die theologische Überwindung dieser Krise zu verdanken. Sie leben in steter Wandlung in
den *rabbinischen Schulen* weiter, die die Tora kommentierten und

die wir in unserem Kommentar wiederum zitieren, um mit ihrer Hilfe zu verstehen, was mit den alten Gesetzen gemeint war. Das gewaltige Schrifttum, das dabei entstand, hat sich in der *Mischna* (»*Wiederholtes*«), dem Torakommentar der Meister vor dem Untergang des Zweiten Tempels (70 n. Chr.), und der *Gemara* (»*Vollendung*«), der Diskussion dieses Kommentars durch die Meister nach dem Zweiten Tempel, niedergeschlagen. Diese zusammen bilden den *Talmud* (»*Lehre*«). Darüber hinaus haben sich unzählige Auslegungen mit homiletischem Charakter erhalten, die *Midrasche* (»*Auslegungen*«) genannt werden. Es versteht sich für das Judentum von selbst, daß dieses Schrifttum wiederum durch das ganze Mittelalter hindurch bis in die neueste Zeit kommentiert und damit lebendig erhalten wurde.

7. Das christliche Fortleben der Tora: Evangelium statt Gesetz?

Ist das Fortleben der Tora im Judentum somit von einer beeindruckenden Kontinuität gekennzeichnet, so im Christentum von einer ständigen Gefährdung. Die jesuanische und paulinische Kritik am vorherrschenden Toraverständnis ihrer Zeit, im Hinblick auf eine Öffnung dieser Tora für die Völker, wurde zu einem Gegensatz stilisiert, der in den Begriffen *Gesetz* und *Evangelium* auf den Punkt gebracht wurde. Das Erste Testament wurde zum Alten und damit für viele zum veralteten Testament. Man las es nur im Hinblick auf das Neue. Weil dies im historischen Sinne redlicherweise nicht möglich war, wendete man die allegorische Methode an, deren intellektuelle Verspieltheit fast jedes Türchen offenließ. Oft genug verkam das Alte Testament zur Negativfolie, auf der man das Neue umso mehr erstrahlen ließ. Das Gesetz wurde nur sehr punktuell aufgegriffen (Zehn Gebote, Nächstenliebe). Viele brisante und aktuelle Themen der Tora (Königsrecht, Naturschutz, Jubeljahr) traten bisher kaum ins christliche Bewußtsein, von den in diesem Kommentar zu behandelnden Themenkreisen (Opfer, Reinheitsgesetze, Heiligtumskonzeption) ganz zu schweigen. Dennoch wurde in den nichtreformatorischen Kirchen, die den Kult ins Zentrum ihrer Aufmerksamkeit stellen, mehr Alttestamentliches fortgeführt, als sie sich selber bewußt sind. Schließlich ist aber auch zu sagen, daß die christliche Freiheit im Umgang mit der Tora neue Horizonte geöffnet hat. Eine christologische Lektüre im Sinne von Sympathie mit den Opfern der Geschichte und eine trinitarische Lektüre im Sinne von Offenheit für die Kräfte Gottes jenseits kirchlicher Systeme kann uns in ein neues, spannendes Gespräch mit der Tora bringen. Somit ergeben sich für eine *christliche Lektüre von Lev/Num* folgende Schwerpunkte:

1. Es soll gezeigt werden, daß und wie sich die Schriften des Neuen Testamentes auf Stellen aus Lev/Num beziehen und ohne sie nicht verständlich sind. Der deutsche Exeget Martin Noth hat mitten im Zweiten Weltkrieg den unauflöslichen Zusammenhang von Tora und Bund eindringlich aufgezeigt und für eine theologische Ethik gefordert, daß sie sowohl die alt- wie die neutestamentliche Erscheinung des Gesetzes zur Grundlage ihrer Arbeit macht.

2. Es kann entdeckt werden, wie Institutionen aus Lev/Num in christlichen Anschauungen und Brauchtum fortleben. Einerseits geschieht dies aus religionsgeschichtlichem Interesse, andererseits um den Blick für die einseitige Wirkungsgeschichte und oft fragwürdige und unsachgemäße Akzentsetzungen mangels einer ernsthaften Auseinandersetzung mit der eigenen Wurzel zu schärfen.

3. Eine befreiende christologische und trinitarische Lektüre von Lev/Num kann den Blick für unterdrückende Herrschaftsformen im Christentum und in der Welt schärfen. Da viele Erscheinungsformen täglicher Gewalt durch Rückgriffe auf den patriarchalen Monotheismus legitimiert werden, wird, angeregt durch die feministische Theologie, der kritische Dialog mit diesem religiösen Phänomen gesucht.

4. Nähe und Distanz zur Tora soll unsere Phantasie zu einem künftigen christlichen Leben *mit* der Tora beflügeln. »Weder ist eine Entfernung Israels aus der Tora möglich, noch kann die Christenheit sich an die Stelle Israels setzen. Das damit gegebene Dilemma kann seine Lösung nur in einer christlichen Torarezeption finden, die sich auf die nicht für die Kirche, sondern für Israel formulierte Tora einläßt, also die Einheit von Gott, Tora und Israel zu der Grundlage macht, von der alle konkrete Auslegung ausgeht« (Frank Crüsemann).

5. Zunächst aber und als notwendige Grundlage für all das geht es um ein Kennenlernen eines weitgehend unbekannten Teils der Bibel und ein Staunen über die Weisheit, die sich darin findet.

ZWEITER TEIL

Kommentar

DAS BUCH LEVITIKUS

Das Buch *Levitikus* hat nichts mit den Leviten zu tun. Sie werden im ganzen Buch – ganz im Gegensatz zum Buch Numeri – nicht einmal erwähnt. Die Septuaginta und, ihr folgend, die Vulgata haben mit dem Ausdruck (griech. *leviticon biblion*, bzw. lat. *leviticus*) die unter Rabbinen übliche Bezeichnung »Priesterweisung« (hebr. *torat kohanim*), bzw. »Buch der Priester« (aram. *sipr'a dekahana*) übersetzt. Tatsächlich beschäftigt sich der erste Teil des Buches (1,1-16,34) fast ausschließlich mit priesterlicher Materie; nämlich mit Fragen des Opfers und der kultischen Reinheit, wofür die Priester zuständig sind (vgl. 10,10; 14,57; 15,31). Andererseits richtet sich nur gerade ein Abschnitt des Buches direkt an Aaron (10,8-15). Oft sind alle IsraelitInnen die AdressatInnen. Insbesondere im zweiten Teil des Buches, in den Weisungen der Heiligkeitsschule (17,1-26,46), tritt diese Tendenz, ganz Israel als ein Volk von PriesterInnen zu betrachten, noch deutlicher zutage. Anfang und Ende des Buches Levitikus ergeben sich aus der Logik der Wüstenwanderungserzählung. In Exodus werden die statischen Elemente des Kultes beschrieben, die Zeltkonstruktion und sein Inventar an Gebrauchsgegenständen und Priestergewändern. Levitikus hat dagegen den *lebendigen Kult* zum Thema, die Opfer und die priesterliche Lehre. Numeri beschäftigt sich mit dem Lager und dem Kult in bezug auf das Unterwegssein. Für die Rabbinen war Levitikus, das über die Hälfte der 613 jüdischen Gesetze enthält und sich außer in Lev 26 ausschließlich mit Weisungen beschäftigt, *das* Buch schlechthin. Nicht zufällig steht es ja in der Mitte der Tora. Diese besondere Stellung innerhalb des Kanons schlug sich auch im rabbinischen Lehrplan nieder, der mit Levitikus eröffnet wird: »Rabbi Asi sagte: Warum fängt man den Schriftunterricht für die Kinder mit der Priestertora (Levitikus) an und nicht mit Bereschit (Genesis)? Weil die Kinder rein sind und die Opfer rein sind, so mögen die Reinen kommen und sich mit den Reinen beschäftigen« (M.LR 7,3). Christlicherseits findet das Buch dagegen kaum Beachtung (vgl. etwa die röm-kath. Leseordnung im Anhang), obwohl die in Levitikus entfaltete Opfertheologie das Neue Testament durch und durch geprägt hat. Die frühchristlichen AutorInnen interpretieren Jesu Tod im Lichte dieser Konzeption (vgl. dazu Exkurs V). Aber auch die kultischen Reinheitsvorstellungen wirken in den christlichen Kulturen, besonders hinsichtlich der patriarchalen Disziplinierung der Frauen, stärker nach, als es die jesuanische und frühkirchliche Kritik zunächst vermuten lassen. Am ungebrochensten wurde wohl das Gebot der Nächstenliebe (19,17f) rezipiert, weil es in den Evangelien ausdrücklich, mehrmals und an zentralen Stellen zitiert wird (Mt 5,43; 19,19; 22,39; Mk 12,31.33; Lk 10,27; Röm 12,9; 13,9; Gal 5,14; Jak 2,8).

A. Die Priesterlichen Weisungen (1,1 – 16,34)

Die Kapitel 1-16 gehen auf die »P«-Redaktion zurück und gipfeln im Ritual für den Versöhnungstag (16,1-34). Nur sehr vereinzelt wurde von der »H«-Redaktion etwas eingefügt. Während sich ein zweiter Teil mit Weisungen über »rein« und »unrein« (11,1-15,33) beschäftigt, werden in einem ersten Teil die Weisungen über die Opfer (1,1-10,20) systematisch dargelegt.

I. Die Weisungen über die Opfer (1,1-10,20)

Dieser Teil beginnt mit den freiwilligen *Feueropfern*, jenen Opfern, bei denen die ganzen Opfergaben oder Teile derselben zur Speisung Gottes verbrannt werden. Dazu gehören das Brand-, Speise- und Heilsopfer (1,2-3,17). Es folgen die im angezeigten Fall notwendigen, reinigenden Opfer: das Sünd- und Schuldopfer (4,1-5,26). Dann wird eine Liste wichtiger Ausführungsbestimmungen für jedes Opfer, insbesondere für die Priester geboten (6,1-7,38), gefolgt von einer ausführlichen Ritualbeschreibung der Priester- und Hohepriesterweihe (8,1-9,24). Mit einem Anhang, bestehend aus allgemeinen Geboten und Verboten zum Thema Opfer, wird dieser Teil beschlossen (10,1-20).

I. Was ist ein Opfer?

Das Opfer ist eine sehr wichtige Form der Kommunikation zwischen Mensch und Gott. Im Opferkult wird ein unsichtbares Innen zu einem sichtbaren Außen. Der religiöse Glaube wird sichtbar. Aber auch umgekehrt: Der vergegenständlichte Ausdruck des Glaubens im Opferkult aktiviert die religiöse Phantasie, die Spiritualität der Gläubigen. Im Opfer wird etwas Profanes heilig gemacht (lat. *sacrificere*). Dies geschieht mit unterschiedlichsten Wesen und Dingen in einem asketischen Akt der Hingabe und des Verzichts. Grundsätzlich können wir zwischen blutigen Opfern, bei denen ein Lebewesen getötet wird, und unblutigen Opfern, Gaben, bei denen etwas verschenkt wird, unterscheiden. Blut spielt deshalb eine so wichtige Rolle, weil es das Leben verkörpert (vgl. 3,17; 7,22-27; 17,10-14). Das Opfer symbolisiert in drastischer Weise den Übergang von der zeitlichen, unvollkommenen, zur ewigen, vollkommenen Welt. Nach einer alten christlichen Deutung gibt Jesus im Opfertod sein Leben hin, um Leben zu ermöglichen. Jesus stirbt (geht zum Vater), damit die Menschen Leben in Fülle haben und der Paraklet/Mutmacher kommen kann (vgl. Joh 14). Im Opferritual verschmelzen die Welten, das Heilige und das Profane, für kurze Zeit und »gleichzeitig« in Ewigkeit: Sinn wird gestiftet.

Fig. 2: Eine ausschließlich männliche Priesterschaft bringt ein Stieropfer dar. Frisuren, Kleider, Saumverzierungen, Kopfbedeckungen und Haarfrisuren bringen die strenge Hierarchie der Priesterschaft zum Ausdruck. Am rang-niedrigsten ist der Priester, der als Metzger das Opfertier zu schlachten und auszunehmen hat. Der Hohepriester oder König bringt ein Trankopfer (Libation) dar. Die Flüssigkeit wird in einem großen, kostbaren Becken auf-gefangen. Daneben steht ein Räucherständer, auf dem Weihrauch ver-brannt wird. Dem Heiligtum am nächsten befindet sich ein Vorlegetisch mit Gebäck und Kuchen. Im erhöhten Heiligtum werden Gott, der auf einem Thron mit Schemel sitzt, mit erhobenem Finger Gebete dargebracht [Keel, O., Die Welt der altorientalischen Bildsymbolik, Zürich-Einsiedeln-Köln 1980, 252, Abb. 373].

Fig. 3: Die Gottheit und ihr Verehrer trinken aus demselben Krug, in den ein Priester Flüssigkeit nachgießt. Altsyrisches Rollsiegel, um 1800 v. Chr. [Keel, O., Die Welt der altorientalischen Bildsymbolik, Zürich-Einsiedeln-Köln 1980, 126, Abb. 192].

Was *gehört* zu einem Opfer? Die wichtigsten Elemente eines für den Vorderen Orient typischen Opfers sind auf diesem Ausschnitt vom Weißen Obelisk, einem zu Beginn des neuassyrischen Reiches (11. Jh. v. Chr.) entstandenen Kunstwerk aus Ninive, vereinigt (vgl. Fig. 2 auf S. 43):

Was *bedeutet* das Opfer? Es gibt unter den unzähligen sechs klassische Antworten:

1. Opfer sind *Nahrung* für die *Gottheit*. So wird zum Beispiel das Opfer Gideons dargestellt. Auf wundersame Weise werden die Gaben Gideons verzehrt (Ri 6,19-21; vgl. Lev 21,22; Num 28,2):

Gideon ging (ins Haus) hinein und bereitete ein Ziegenböckchen zu sowie ungesäuerte Brote von einem Efa Mehl. Er legte das Fleisch in einen Korb, tat die Brühe in einen Topf, brachte beides zu ihm hinaus unter die Eiche und setzte es ihm vor. Da sagte der Engel Gottes zu ihm: Nimm das Fleisch und die Brote, und leg sie hier auf den Felsen, die Brühe aber gieß weg! Gideon tat es. Der Engel des Herrn streckte den Stab aus, den er in der Hand hatte, und berührte mit seiner Spitze das Fleisch und die Brote. Da stieg Feuer von dem Felsblock auf und verzehrte das Fleisch und die Brote.

Es gibt natürlich auch eine kultkritische Tradition, die diese Vorstellung verwirft (vgl. Ps 50,12).

2. Im Opfer nehmen die KultteilnehmerInnen die *Eigenschaft des Geopferten* angleichend oder vertilgend auf. Im Ersten Testament wird diese Deutung nicht ausdrücklich gegeben. Sie ist aber vorauszusetzen, wenn etwa die Priester die als Sündopfer dargebrachten Ziegenböcke verzehren (6,19).

3. Im Opfer *vereinigen* sich die KultteilnehmerInnen mit der *Gottheit*. Diese Vorstellung ist in jenen christlichen Kreisen ganz präsent, wo die Kommunion der Eucharistie eng mit der Christusnachfolge verknüpft wird (vgl. Fig. 3 auf S. 43).

4. Das Opfer ist ein *Geschenk* für die hilfreiche Gottheit. Diese Deutung des Opfers als »do ut des« (ich gebe, damit du [auch] geben mögest) ist biblisch am besten belegt (z.B. Ps 50,14f). So wie der Mann der Frau ein Böcklein gibt, um ihrer Liebesdienste willen (vgl. Gen 38,16f; Ri 15,1), schenkt der Mensch Gott Opfertiere um seiner Liebesdienste, insbesondere der Befruchtung der Erde mit Regen, willen (vgl. das Opfer auf dem Karmel, 1 Kön 18) (vgl. Fig. 4 auf S. 47).

5. Das Tieropfer ist *Ersatz* für das *Menschenopfer*. Nach einer heute besonders intensiv diskutierten These von René Girard ist das Opfer eine domestizierte und institutionell beglaubigte Form der Gewalt. Ein geschichtlich sehr wirkungsvolles Beispiel ist die Auslösung Isaaks durch einen Widder (Gen 22; vgl. Lev 18,21). Es begründet den Anfang vom Ende des Menschenopfers. Im Islam gedenkt man des Ereignisses im »großen Fest« am Ende des Fastenmonats.

6. Im Opferkult *kompensieren* die Menschen ihre *Schuldgefühle* gegenüber dem getöteten Tier. Makellose Zuchttiere – im Gegensatz zu fehlerhaften Tieren und Wild – wurden in Israel bis zur Reform Joschijas ausschließlich im Rahmen eines Heilsopfers für den Genuß zubereitet. Die Beziehung zum Tier, die anders ist als die Beziehung zu einer Sache, findet einen kultischen Ausdruck. Dasselbe gilt für das Tabu, das Böcklein in der Milch seiner Mutter zu kochen (22,26-28).

Das Opfer erfüllt demnach ganz verschiedene *Funktionen*:

1. In *psycho-religiöser* Hinsicht suchen Menschen im Opfer Versöhnung, Ordnung, Gemeinschaft, Schutz, Freude, Friede. Das Unerwünschte wird im Opfer abreagiert, das Erwünschte darin zur Darstellung gebracht. Beispiele: Als Sigmund Freud die Nachricht erhält, daß seine älteste Tochter nach einer schweren Operation in Todesgefahr schwebt, zerschlägt er in einem Spontanopfer eine teure Venusstatue aus Marmor. – KatholikInnen, die verzweifelt etwas Verlorenes suchen, versprechen dem hl. Antonius von Padua ein Geldopfer. Fast in jeder katholischen Kirche steht ein Antoniusopferstock.

2. In *gesellschaftlich-politischer* Hinsicht drücken die Menschen im Opferkult ihre freiwillige, opportunistische oder erzwungene Zugehörigkeit zu einer nach bestimmter Weise geordneten Gesellschaft aus. Diese heilige Ordnung (Hierarchie) wird im Opferkult gespiegelt. Beispiele: Die Benutzung von Autobahnen ist für FahrradfahrerInnen verboten. Lastwagen müssen die Schleichspur benutzen. Freie Fahrt hat der Personenwagen als König der Straße im Kult der Mobilität. Der schnellere Wagen darf die Überholspur in Anspruch nehmen. Geopfert wird die Bedächtigkeit und die Umwelt, mitunter auch

Menschen, der (Göttin) Geschwindigkeit und dem (Gott) Profit. – Der Opferkult der röm.-kath. Kirche spiegelt eine, neuerdings als unfehlbar gelehrte, patriarchale »heilige Ordnung« der Kirche, in der dem ausschließlich männlichen Priestertum z.B. das Privileg zukommt, das Brot der Eucharistie zu konsekrieren.

3. In *ökonomisch-kultureller* Hinsicht finden die Menschen im Opfer eine Formel für den Tausch und die menschliche Gemeinschaft im Teilen. Beispiele: Der bedrängte Minister opfert sein Kabinett, indem er die MinisterInnen entläßt und andere einstellt. Der Austausch soll den Konsens der kulturellen Gemeinschaft aufrechterhalten. – Verlobte Paare opfern viel Zeit und Geld für die Organisation und Gestaltung ihres Hochzeitsfestes. Die geladenen Gäste bringen ihrerseits die Verbundenheit mit dem Paar durch Wert und Art des Hochzeitsgeschenks zum Ausdruck. Die gemeinsame Feier dient dem Tausch und der Stärkung der Gemeinschaftsbande.

Die Beispiele machen deutlich, daß das Opfer als religiöses Phänomen auch in Kontexten anzutreffen ist, wo es nicht bewußt und schon gar nicht in religiösen Kategorien vollzogen wird. Das fehlende Bewußtsein in der säkularen abendländischen Kultur beweist aber keineswegs das tatsächliche Nichtmehrvorhandensein der Opfer.

Literatur: *Burkert, Walter*, Anthropologie des religiösen Opfers. Die Sakralisierung der Gewalt (Carl Friedrich Siemens Stiftung•Themen XI), München 1984; *Cassirer, Ernst*, Kultus und Opfer, in: Philosophie der symbolischen Formen. Zweiter Teil: Das mythische Denken, 9. Aufl. 1994, 262-277; *Girard, René*, Das Heilige und die Gewalt, Zürich 1987. *Leach, Edmund*, The Logic of Sacrifice, in: *Lang, B. (Ed.)*, Anthropological Approaches to the Old Testament, Philadelphia-London 1985, 136-150; *Mauss, Marcel*, Die Gabe. Form und Funktion des Austauschs in archaischen Gesellschaften (stw 743), Frankfurt a.M.1990; *Milgrom, Jacob*, Leviticus 1 – 16, (AB 3) New York u.a. 1991, 440-443; *Touré, Abdou/Konaté, Yacouba*, Sacrifices dans la ville. Le citadin chez le devin en Côte d'Ivoire, Abidjan 1990.

Fig. 4: Ein Mensch bringt dem Regengott und der Fruchtbarkeitsgöttin (Erde, Vegetation) ein Ziegenböcklein dar. Altbabylonisches Rollsiegel (um 1800 v.Chr.) [WINTER, U., Frau und Göttin, Fribourg-Göttingen 1983, Abb. 90.]

1. Der Herr rief (1,1-2b)

Die hebräische Buchbezeichnung für »Levitikus« lautet »und er rief« *(wajikra)*. Warum ruft Jahwe? Weil Mose weit weg steht und sich fürchtet. Nach den Rabbinen ist es nicht nur Mose, sondern das ganze Volk. Aber nur Mose hört Gott zu.

Der Vers schließt an Ex 40,35 an. Nur hier spricht Jahwe aus dem Offenbarungszelt, während man sich Mose im Hof des Zeltes stehend vorstellen muß. Ansonsten steht bei göttlichen Verlautbarungen Mose im Zelt, und Gottes Stimme ertönt von der Lade her: Mose verkehrt mit Gott von Angesicht zu Angesicht (Ex 33,11; Dtn 34,10), resp. von Mund zu Mund (Num 12,8). Warum diese Ausnahme von der Regel? Es geht im folgenden nicht um allgemeine ethische Weisungen, sondern um Anweisungen, die den *Kult* betreffen, der sich zum größten Teil im Hof des Heiligtums abspielt. Gleichzeitig werden die Regeln für den Alltag über die Regeln des Kultes gestellt, denn der Hof bezeichnet in der Hierarchie der Heiligkeit (Lade – Vorhang – Zelt – Eingang – Altar – Hof – Lager – außerhalb des Lagers; vgl. Fig. 5) eine niedrigere Stufe.

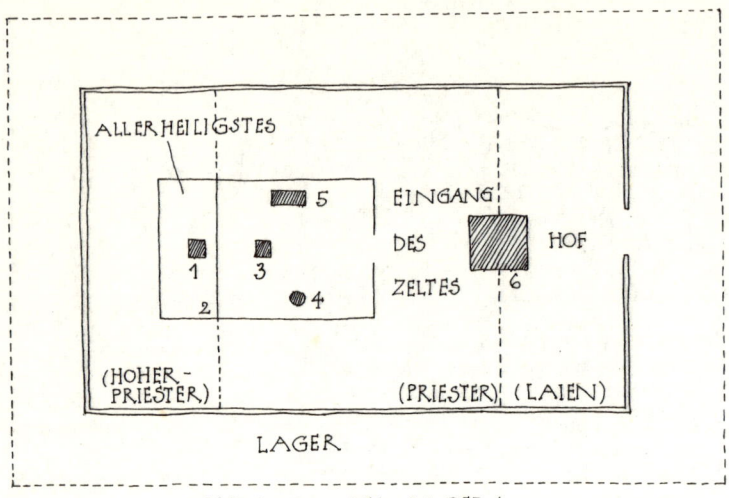

AUSSERHALB DES LAGERS

1 Bundeslade   2 Vorhang   3 Räucheraltar   4 Leuchter
5 Schaubrottisch   6 Brandopferaltar

Fig. 5: Das Heiligtum der IsraelitInnen in der Wüste in schematischer Darstellung [gezeichnet von Gabriela Zumstein].

Welches *Offenbarungszelt* ist eigentlich gemeint? Nach der kultischen Tradition (Num 2,17.38) stand es in der Mitte des Lagers. Nach der epischen Tradition stand es am Rande des Lagers (Num 11,24-27; 12,4f). Die Rabbinen haben daraus zwei Zelte gemacht: eines für den Kult in der Mitte und eines für Orakel am Rande. Es ist aber nur ein Zelt gemeint, nämlich der Tempel von Jerusalem in seiner transportablen Variante. Ob es tatsächlich je ein solches Zelt gegeben hat, oder ob es sich um eine archaisierende Rückprojektion priesterlicher Kreise in eine fiktive Vergangenheit handelt, ist umstritten. Jedenfalls haben Ausgrabungen in Timna, ca. 30 km nördlich von Elat, ein ägyptisch-midianitisches Heiligtum freigelegt, das mit einer Zeltplane überdacht worden war (Abb. 1). Wörtlich heißt das Offenbarungszelt (EÜ) »Zelt der Begegnung«. Es handelt sich um die israelitisch-monotheistische Variante des Zeltes

der Götterversammlungen, das häufig in ugaritischen Mythen vorkommt, wo es sich auf einem Berg, über den Quellwassern befindet.
Das Aufstellen von Zelten für große Versammlungen und Feste ist
im arabischen Raum noch heute sehr beliebt. Der Friedensvertrag
zwischen Jordanien und Israel (1995 n.Chr.) wurde in der Araba,
unter modernen Zelten, unterzeichnet.

In typisch bäuerlich-israelitischer, antiesoterischer und antielitä-
rer Weise richten sich die Weisungen für die Opfer an alle Israelit-
Innen (V. 2a). Es handelt sich nicht mehr (s. Einleitung) um religiöses Geheimwissen für Priester, sondern eher um Anweisungen und
Rezepte für Metzger und Köchinnen in einem selbstverständlichen
kultisch-religiösen Rahmen.

2. Das Brandopfer (1,2b-17)

Die Weisungen für das Brandopfer werden nach der Art der Opfergabe in drei Kapitel unterteilt: Zwei Sorten Herdentiere (EÜ:
»Haustiere« ist falsch, weil im Orient die Tauben auch zu den
Haustieren gehören) und Geflügel. Bei den Herdentieren wird zwischen Rindern und Kleinvieh, gemeint sind Schafe und Ziegen,
unterschieden. Unter Geflügel werden hier zwei Taubensorten verstanden. Die Unterfälle werden jeweils durch »wenn« eingeleitet
(hebr. *im*). »Opfergabe« (EÜ) bedeutet wörtlich Annäherung (an
Gott). Buber und Rosenzweig übersetzen deshalb: »IHM eine
Nahung darnahen«.

Das Rinderopfer (1,3-9): Die wertloseren, männlichen Tiere werden geopfert. Sie liefern weder Milch noch Jungtiere. Sie müssen
aber »*ohne Fehler*« sein, ein kultischer Fachausdruck, den heutigen
Fleischgütesiegeln entsprechend, der eigentlich »vollständig, ganz«
bedeutet. Die Prüfung des Tieres ist nur beim Brand- und Heilsopfer erforderlich, da es hier in erster Linie um die gefällige Annahme des Tieres und nicht um seine sühnende Funktion wie bei Sünd-
und Schuldopfer geht. Sie ereignet sich zwischen Altar und Zelt,
jenem Bereich, der als »Eingang« bezeichnet wird, also dem heiligeren Bereich des Hofes. In Joël 2,17 wird dieser Raum eigens für
einen Klageritus von Priestern umrissen. Im Hof des Jahwetempels
von Arad wurde er durch eine Stufe von dem den Laien zugängli-
chen Hofteil *vor* dem Altar unterschieden. Für den nun folgenden

einhändigen Hand*aufstemmungs*ritus (nicht die für Weiherituale reservierte Hand*auflegung*; EÜ übersetzt falsch!) darf der Raum offenbar von den das Opfer darbringenden Laien betreten werden. Dabei geht es, im Gegensatz zur zweihändigen Handaufstemmung beim Sündenbockritual (16,21), nicht um eine Sündenübertragung, sondern um eine Eigentümerschaftserklärung: Vor Gott wird deutlich gemacht, wer das Opfer darbringt. Allerdings hat das Brandopfer auch eine gewisse sühnende Wirkung (vgl. 9,7; 14,20; 16,24; Ijob 1,5; 42,8), wie gleich hinzugefügt wird. Es wird vermutet, daß sich das Sündopfer als spezielle Form aus dem Brandopfer heraus entwickelt hat. Nun wird das Rind *geschächtet* (Abb. 2). Das aus dem Jiddischen stammende Wort gibt die Lautung des hebräischen Fachausdrucks wieder. Es handelt sich um eine rituelle Schlachtung (für die profane wird ein anderes Wort verwendet), bei der dem Tier, ausgerichtet gegen den Altar, die Halsschlagader aufgeschnitten wird. Diese bei fachmännischer Ausführung schonungsvolle Tötungsweise erlaubt es, das Blut, Sitz des Lebens, dessen Konsum mehrfach tabuisiert wird, aufzufangen. Die Technik des Schlachtens ist im Judentum bis heute genau festgelegt. Entscheidend ist ein absolut einwandfreies, scharfes Messer. Fünf Fehler (Pause beim Schnitt, Pressen, Graben, Schneiden an unerlaubter Stelle und Herausziehen der Blutgefäße) machen das Fleisch unrein (Schulchan aruch, Joreh De'ah, 18; 23). Im folgenden *Blutritus* wird von den Priestern in einer kleinen Prozession aus den Auffangbehältern Blut an die Seiten des Altares gesprengt. Dazu waren allein schon deshalb mehrere Priester erforderlich, weil das Blut rasch gerinnt und deshalb ständig gerührt werden muß. Während die Schächtung, Häutung und Zerlegung offenbar vom Opfernden selber ausgeführt werden darf, ist es Aufgabe der Priester, das Holz auf den Altar zu schichten und es in Brand zu setzen, denn der Altar darf niemals von Laien berührt oder betreten werden, es sei denn, es handle sich um Asylsuchende (Ex 21,13). Dann werden nacheinander die (gehäuteten und zerlegten) Stücke, der Kopf, das Fett (evtl. ist damit das Leberfett gemeint), dann die eigens gewaschenen Eingeweide und die (ungehäuteten) Beine auf das Holz geschichtet und vollständig verbrannt. Der Begriff, der dafür gebraucht wird, heißt *»in Rauch aufgehen lassen«*. Die Opfermaterie soll offenbar nicht den Mund, sondern die Nase Gottes ansprechen, den Sitz des Zor-

nes, der ja im Schnauben zum Ausdruck kommen kann. Ihr Zweck
ist es, die Gottheit in eine ruhige, zufriedene Stimmung zu verset-
zen. Maimonides ist da allerdings skeptisch: »Die Verbrennung
konnte dem Herrn keinen lieblichen Duft bereiten, im Gegenteil:
ich denke, da war ein unappetitlicher und schrecklicher Gestank«
(Führer der Unwissenden 3,46.67f). Außerdem schafft der aufstei-
gende Rauch eine sichtbare Verbindung zwischen unten und oben.
Zur allegorischen Deutung dieser Passage durch Origenes s. S. 357.

Das Kleinviehopfer (1,10-13): Während die großen und wohl
etwas wilderen Rinder überall im Hof, wo Platz war, geschlachtet
werden konnten, müssen die Schafe und Ziegen im Norden des
Altares geschlachtet werden, denn im Süden ist die Treppe, die auf
den Altar führt, im Westen werden die Tiere gewaschen, und im
Osten wird die Asche deponiert. Im übrigen erfolgt die Opferung
wie bei den Rindern.

Das Taubenopfer (1,14-17): Das Taubenopfer ist das Opfer der
armen Leute. Nach einem Midrasch ließ König Agrippa an einem
Tag tausend Brandopfer darbringen und alle anderen Brandopfer an
jenem Tag verbieten. Da kam ein armer Mann und brachte zwei
Turteltauben von vieren, die er gefangen hatte für die Opferung,
damit er die beiden anderen in Frieden essen konnte. Agrippa sah
die Bedeutung des Opfers für den Armen ein und ließ den Priester
gewähren (M. LR. 3,5). Tauben wurden z.Z. des zweiten Tempels
in den Vorhöfen feilgeboten (Mt 21,22f; Joh 2,14). 1,14 nennt zwei
Arten, die opferbar waren: Hebr. *tor*; EÜ: Turteltaube, lat. *Streptopelia turtur arenicola*, kann sich auch auf die Türkentaube, lat.
Streptopelia decaocto beziehen. Hebr. *jonah*, EÜ: junge Taube,
wohl aufgrund der schon in Lk 2,24 mißverstandenen Übersetzung,
bezeichnet die Felsentaube, lat. *Columba livia palaestina* (Abb. 3).
Die Tauben werden durch einen gezielten Schnitt mit dem Finger-
nagel des Daumens durch die Luft- und Speiseröhre unterhalb des
Kopfes getötet, worauf der Kopf ganz abgetrennt wird. Der Kropf
über dem Anus soll *durch* die Federn *hindurch* erfaßt werden, da
sich an ihm die ganzen Eingeweide herausziehen lassen (EÜ: *mit*
den Federn; macht keinen Sinn).
Das *Brandopfer ('olah)* ist wörtlich das Hinaufgesandte, die »Dar-
höhung« (Buber/Rosenzweig). Manchmal wird es auch Ganzopfer
genannt (6,16; Dtn 33,10; 1 Sam 7,9; Ps 51,21 als Hendiadys zusam-

men mit Brandopfer), weil alles, außer der Haut, die dem opfernden Priester gehört, verbrannt wird. Gr.-lat. heißt es deshalb *holocaustum*, das Ganzverbrannte. Im Englischen wird dieses Wort, *holocaust*, auch für »Massenmord« verwendet. Von da ist es als Bezeichnung für den Massenmord an den Juden in Nazideutschland in den deutschen Sprachgebrauch eingewandert. Wegen der religiösen Konnotation ist es aber – zumindest im Munde der Nichtjuden – ein problematisches Wort, das durch das hebr. *schoah* ersetzt werden sollte. Das Brandopfer ist nach den einen eine sehr alte, auch in der Umwelt Israels bekannte Opferart (vgl. z.B. Num 23,15). Andern zufolge löst es die Götterspeisung ab, ist also eher jüngeren Datums. Wie aber diese Götterspeisung funktioniert haben soll, wird in dieser Theorie nicht gesagt. Weil alles verbrannt wird, ist es das intensivste und damit ehrwürdigste Opfer. Es eröffnet deshalb den Reigen der Opfer. Das Brandopfer wird bei großen, feierlichen Anlässen durchgeführt (Jos 8,31; 1 Kön 3,4) und kann eine riesige Freude oder inständige Bitte zum Ausdruck bringen (Ri 20,26; 1 Sam 13,12; 2 Sam 24,21-25). Auch die Opferung Isaaks durch Abraham (Gen 22) war als Brandopfer gedacht. Die ursprünglich sühnende Wirkung des Opfers wird durch die spezielleren Sünd- und Schuldopfer abgelöst. Aus diesem Grunde wird die für jene Opfer bevorzugte Ziege beim Brandopfer eher gemieden. Meistens wird es zusammen mit Heilsopfern durchgeführt, da ja beim Brandopfer nichts zum Essen übrigbleibt. In nachexilischer Zeit war das ständige Tamid-Brandopfer das Markenzeichen und Privileg des Tempels. Seine Unterbrechung durch Antiochos IV. Epiphanes erschreckte die JüdInnen so sehr, daß es zur makkabäischen Revolte kam.

3. Das Speiseopfer (2,1-16)

Die Weisungen zum Speiseopfer bieten fünf Opfervarianten: Mehl-, Brot-, Fladen-, Grützen- und Erstlingsgrützenopfer. Das Opfer wird im Gegensatz zum Brandopfer mit dem Fachausdruck *nefesch*, Person, Seele (EÜ: jemand) eingeleitet. Im Talmud wird diese Eigentümlichkeit hinsichtlich der Bedeutung des Speiseopfers als Armenopfer gedeutet: »Warum wird beim Speiseopfer der Begriff *nefesch* verwendet? Weil der Heilige – gesegnet sei er – sagte: Wer bringt gewöhnlich ein Speiseopfer dar? Es ist der arme

Mann. Ich betrachte es, als hätte er seine eigene Seele (*nefesch*) dargebracht« (b. Menach 104b).

Das Mehlopfer (2,1-3): Feinmehl (EÜ) in unserem Sinne dürfte es in der Antike kaum gegeben haben. Was beim Mahlen des Getreides mit der Handmühle entsteht, ist *Gries* und *Kleie.* Nach rabbinischer Auslegung ist hier letzteres gemeint. Weizen gilt als doppelt so wertvoll wie Gerste (2 Kön 7,16). Das Gries oder die Kleie wird mit *Öl* übergossen, das in Palästina wie Butter verwendet wird (1 Kön 17,12-16). Für das Speiseopfer genügt das Öl zweiter oder dritter Pressung. Es muß nicht »extra virgine« sein. Öl ist ein klassisches Element der Freude, mit dem man sich salbte (Ps 23,5; 45,8), was man in Trauerzeiten zu unterlassen hat (2 Sam 14,2). Die Beigabe von *Weihrauch* (s. dazu NSK-AT 29, 147f) war für Arme freiwillig. Möglicherweise dient der Weihrauch hier zur Unterscheidung des eigenständigen Speiseopfers vom Speiseopfer im Zusammenhang mit dem Blutopfer (6,14). Die Spitze des mit Öl getränkten Gries- oder Kleiebergleins, auf dem sich der Weihrauch befand, wurde von den Priestern mit den Händen genommen und als Gedächtnisanteil (EÜ) auf dem Altar verbrannt. Andere übersetzen mit Anrufungsanteil, da diese Zeremonie wahrscheinlich der Sitz im Leben von Klage- und Bittgebeten war (vgl. die Überschriften von Pss 38; 70). Der Rest wird von den Priestern als etwas »*Hochheiliges*« gegessen. Als hochheilig gelten die Brand-, Speise, Sünd- und Schuldopfer im Gegensatz zu den Heilsopfern und Erstlingsfrüchten, die auch von Laien konsumiert werden dürfen.

Das Brotopfer (2,4): Brote wurden in einem Ofen (Abb. 4) gebacken, der teilweise in den Boden eingelassen war. Ein Luftloch, das in eine benachbarte Grube führte, sorgte für guten Luftabzug. Nach Verbrennung des Heizmaterials (getrockneter Viehdung, Oliven- und Traubentrester, soweit vorhanden Holz) wurden die Brote an die Seitenwände geklatscht (Fladen?) oder auf die heißen Bodensteine (Kuchen?) gelegt.

Das Fladenopfer (2,5-6): Fladen wurden auf einer flachen oder gewölbten tönernen Platte (Abb. 5), die von Steinen gestützt über das offene Feuer gelegt wurde, gebacken. Die hauchdünnen Fladenbrote der Drusen werden bis heute in dieser Weise hergestellt, jetzt aber auf eisernen Platten. Diese Fladen werden vor der Opferung zerrissen und mit Öl übergossen.

Das Grützenopfer (2,7): Grütze wird in Kochtöpfen gekocht, wie sie in Palästina und anderswo zu den Alltagsgegenständen auch der ärmsten Familien gehörten (Abb. 6).

Allg. Opferanweisungen (2,8-10): Warum wird gesagt, daß die Speise zum Herrn gebracht werden soll, was für ein Opfer doch selbstverständlich ist? Getreideprodukte wurden im Gegensatz zum Vieh fast ausschließlich von Frauen dargebracht. Sie stellten sie in der patriarchalen Gesellschaft Altisraels ja auch her. Noch in der späten Königszeit zogen die Frauen ein häusliches Backopfer für die *Himmelskönigin* (Abb. 7), das sie selber durchführten, dem von Männern kontrollierten Opfer im Jahwekult vor. Das verrät uns die zweifache Polemik Jeremias gegen den Kult der Himmelskönigin (Jer 7,17f; 44,19). Diese Weisung schärft den Frauen und ihren Männern ein, das Getreideopfer auch ja im Jahwetempel zu Jerusalem, »*vor dem Herrn*«, zu opfern, setzt also voraus, das es nicht selbstverständlich war. Noch ein weiteres Indiz deutet darauf hin, daß die Weisungen zum Speiseopfer gegen den Kult der Himmelskönigin gerichtet sind. Es fällt auf, daß die einfachste Brotform, das Glutaschenbrot, das in der offenen Glut gebacken wird, keine Erwähnung findet. Genau gegen dieses, heute noch von Nomaden hergestellte Brot, richtet sich Jeremias Kritik wahrscheinlich. Es wurde auch in Assur, woher der Kult für die Himmelskönigin kommt, in archaischer Weise für die Göttin hergestellt.

Eine möglicherweise späte Glosse betont ferner, daß der Rest des Speiseopfers von Aaron und seinen Söhnen, also von der *ganzen* Priesterschaft und nicht bloß vom *amtierenden* Priester, gegessen werden soll, wie es die Ausführungsbestimmungen vorsehen (7,9). Die Regelung setzt wahrscheinlich voraus, daß es im Heiligtum zu Jerusalem von Priestern wimmelt. Die waren durch die joschijanische Kultreform, die die Schließung der Landheiligtümer zur Folge hatte, arbeitslos geworden. Ihr Unterhalt in Jerusalem sollte durch diese Anweisung gesichert werden.

Tabu für Gesäuertes/Salzgebot(2,11-13): Für die Zubereitung von Speiseopfern wird die Verwendung von Stoffen, die eine Gärung verursachen, ausdrücklich verboten. Dazu gehören der *Sauerteig* für feste Nahrung und der *Fruchtsirup* (EÜ: Honig im Sinn von Bienenhonig ist falsch) für Flüssigkeiten. Die zersetzende Wirkung symbolisiert normalerweise Korruption (Mk 8,15;

Lk 12,1), ja Bosheit (1 Kor 5,8). Die positive Deutung im Sinne not-
wendiger Subversion bei Jesus von Nazaret (Mt 13,33; Lk 13,20f) ist
die Ausnahme. Gesäuertes darf nur als Erstlingsopfer dargebracht
werden, jedoch nicht durch Verbrennung auf dem Altar. Geboten
wird dagegen das Salzen der Speiseopfer. *Salz* ist das wichtigste
Konservierungsmittel der Antike. Somit konnte es auch zum Bundeszeichen werden: »Es ist Salz zwischen uns« ist ein Ausdruck für
das gegenseitige Hilfebündnis zwischen Nomaden oder zwischen
Herrscher und Vasall (vgl. Esra 4,14). Die Loyalität gegenüber der
Herrschermacht wurde in persischer und hellenistischer Zeit in der
Salzsteuer zum Ausdruck gebracht. Das Verbot der Säuerung und
das Gebot der Salzung zeigt, wie wichtig die symbolische Ebene des
Opfers ist. Was Beständigkeit, Dauer und Ordnung garantiert, wird
dem göttlichen Bereich zugeordnet, was zersetzt und ins Chaos
führt, davon ferngehalten.

Das Erstlingsgrützenopfer (2,14-16): Dieser Anhang bezieht sich
auf die Darbringung der ersten Gerstenernte, des ersten Getreides
überhaupt im Jahr. Kurz vor der vollständigen Reife wechselt die
Farbe des Gerstenkorns von grün zu gelb. Dieses sog. Milchkorn wird
in einer gewissen Menge geerntet und wie bei heutigen Nomaden
ganz geröstet. Es entsteht so etwas wie Popkorn. Die Übersetzung
muß demnach lauten: »...du sollst geröstete Milchkörner, Grütze der
frischen Ähren, als Speiseopfer deiner Erstlingsfrüchte darbringen«.

Das *Speiseopfer (minchah)* ist nach den Rabbinen nichts anderes als
die Fortsetzung der Brandopfer für jene, die nicht einmal Tauben
vermögen – und nicht nur das: es darf zudem noch auf zwei Tage
verteilt werden – und nicht nur das: wer es darbringt, den sieht die
Schrift (eine Anspielung auf Mal 1,11) so an, als hätte er ein Opfer
von einem Ende der Welt bis zum andern gebracht (M. LR. 8,4).
Die Interpretation der kleinen Opfer der kleinen Leute als große
Opfer großer Leute in den Augen Gottes ist für die Bibel zentral
(vgl. das Scherflein der Witwe Mk 12,41-44; Lk 21,1-4). Das Speiseopfer ist also nicht bloß ein Begleitopfer der Blutopfer (Num
15,4), sondern auch ein eigenständiges, allen zugängliches Opfer.
Ursprünglich konnte es jede Art der Gottesspeisung bezeichnen
(vgl. die Opfer von Kain und Abel, Gen 4,3-4, und die in Schilo dargebrachten Heilsopfer, 1 Sam 2,17.29). *minchah* bedeutet Gabe,

Geschenk. Es ist ein Freundschaftserweis gegenüber Gott, dessen Freundschaft die Opfernden sich wünschen. Das Wort wird auch im profanen Bereich in diesem Sinne gebraucht. Mit Geschenken wollen Josefs Brüder die ägyptischen Beamten für sich gnädig stimmen (Gen 43,11ff). Mit einem Geschenk erweist der assyrische Beamte Merodach-Baladan dem kranken Hiskija seine Referenz (2 Kön 20,12). Die Verweigerung des Geschenkes bedeutet umgekehrt nichts Gutes (1 Sam 10,27).

Die Vielfalt der Brote auf ägyptischen Opfertischen (Abb. 8) bezeugt eindrücklich die Bedeutung des Brotes als Grundnahrungsmittel in der biblischen Umwelt. Das »Brot der Syrer«, *qemchu*, galt in Ägypten sogar als Spezialität. Entsprechend häufig kommt denn das Speiseopfer auch zur Anwendung: als Dankopfer (7,12-14), bei der Priesterweihe (8,26f), bei der Nasiräerweihe (Num 6,19ff), beim Reinigungsopfer der Armen (5,11), beim Eifersuchtsordal (5,15-26), beim täglichen Opfer des Hohepriesters (6,12-16). Außerdem werden auf einem Tisch im Heiligtum Schaubrote aufgestellt (24,5-9). Das Brot ist somit als Nahrung par exellence ständig vor Gott gegenwärtig. Im opferlosen Gottesdienst der Synagoge nach der Zerstörung des Zweiten Tempels wurde aus dem *minchah*-Opfer das *minchah*-Gebet, das am Nachmittag gebetet wird und von den nicht am Opferkult beteiligten frommen JüdInnen schon früher zu dieser Zeit gebetet wurde.

4. Das Heilsopfer (3,1-17)

Die Weisungen für das Heilsopfer behandeln drei Opfervarianten: das Rinder-, das Schaf- und das Ziegenopfer. Die Art der die Fälle einleitenden Präpositionen deutet darauf hin, daß das Opfer als dem Brandopfer untergeordnet verstanden wurde. Beim Heilsopfer wird es freigestellt, ob männliche oder die kostbareren weiblichen Tiere geschlachtet werden.

Das Rinderopfer (3,1-5): Zunächst wird dem Tier vom Opfernden zur Deklaration der Eigentümerschaft die Hand aufgestemmt (EÜ: aufgelegt ist falsch; s.o.), danach wird es am Eingang des Offenbarungszeltes, also im heiligeren Teil des Hofes, hinter dem Altar, geschlachtet. Der beim Brandopfer beschriebene Ablauf wird offenbar vorausgesetzt, ein Hinweis darauf, daß die Weisungen zu den Opfern *einer* Hand entstammen oder zumindest sehr sorgfältig redigiert worden sind. Die Priester haben den Blutritus zu vollziehen. Da das Opfer von den Darbringenden für den eigenen Genuß zubereitet wird, konzentriert sich die Weisung auf die exakte Beschreibung jener Teile, die für Jahwe auf dem Altar, wo während des Tages auch das Brandopfer dargebracht wird, verbrannt werden müssen. Es handelt sich um das *Fett*, welches die Eingeweide bedeckt, das Fett, das die Eingeweide direkt umgibt, das sog. Gekröse, und das Fett über den Nieren, d.h. über den dortigen Sehnen (EÜ: Lenden). Daß das Fett als Gott gebührende Delikatesse gilt, ist für eine Gesellschaft, die nicht Überkonsum durch Light-Produkte kompensieren mußte, nicht verwunderlich. Hingegen ist es bewundernswert, daß die Menschen bereit waren, das zu opfern, wovon sie selber nicht im Überfluß hatten. Schließlich soll zusammen mit den *Nieren* auch der *Leberlappen* (lat. *lobus caudatus, resp. processus pyramidalis*) für die Opferung abgetrennt werden. Warum gerade diese Eingeweide(teile)? Mit den Eingeweiden des Bauches verbindet die altorientalische Anthropologie die Gefühle (vgl. noch: »das ging ihr an die Nieren«; »eine Laus kroch ihm über die Leber«). Die Nieren können als Teil für alle Eingeweide stehen, etwa wenn es heißt, daß Gott den Menschen auf Herz (Verstand) und Nieren (Gefühl) prüft (Ps 26,2). Die Leber ist das spezifisch schwerste der inneren Organe. Sie heißt denn in den semitischen Sprachen auch »die Gewichtige«. Entsprechend wichtig war ihre Bedeutung bei der *Eingeweideschau*, die weitgehend eine Leberschau war. Jeder Teil der Leber hatte einen bestimmten Namen, wie aus tönernen Lebermodellen für Priesteramtskandidaten, die auch in Israel gefunden wurden, hervorgeht (Abb. 9). Der Leberlappen als auffälligster Teil der Leber spielte dabei eine besonders wichtige Rolle. Wir haben es bei dieser Opferanweisung also mit einem Relikt der Leberschau zu tun, die zwar nicht ausdrücklich verlangt, aber auch nirgends ausdrücklich verboten wird. Pss 5,4 und 86,17 scheinen sie vorauszusetzen. Die Einrichtung von besonderen Altären unter dem assyrerfreundlichen König Manasse (2 Kön 21,5) diente möglicherweise der dort sehr beliebten Leberschau.

Das Schafopfer (3,7-11): Bei Schafen wird die Opferung in derselben Weise vollzogen, nur, daß zusätzlich noch der *Fettschwanz*, den die Zuchtschafe Syriens und Palästinas meistens aufweisen

(Abb. 10), verbrannt wird. Dieser hat zu Lebzeiten des Tieres dieselbe Vorratsfunktion wie der Fettbuckel des Kamels. Er kann bei Widdern bis zu 10kg schwer werden und gilt den Menschen als Delikatesse (vgl. 1 Sam 9,24).

Das Ziegenopfer (3,12-16): Die Ausführungen bringen nichts Neues. Wahrscheinlich werden sie wiederholt, weil bei der Ziege der Fettschwanz fehlt (Abb. 10).

Das Fett- und Bluttabu (3,17): Mit einer abschließenden Formel, die dem Wortlaut zufolge von »H« stammen dürfte, wird das Fett- und Bluttabu am Ende der Feueropfer nochmals eingeschärft. Die Regel wurde von der deuteronomischen Kultreform, die die allgemeine Profanschlachtung erlaubt, relativiert. Sie verbietet zwar nach wie vor den Blutgenuß, sagt aber nichts gegen den Fettkonsum, sondern geht davon aus, daß selbiges wie beim Wild gegessen wird (Dtn 12,15f.20-24).»H« setzt also voraus, daß es lokale Altäre für die Schlachtungen gibt. Anders sehen es die Rabbinen und viele moderne Exegeten, die »an allen euren Wohnstätten« auf die Diaspora beziehen (vgl. aber Num 15,2 und Ez 6,6). Wie soll man in einer Situation ohne Tempelkult die Regel halten? Die Rabbinen antworten: durch Fasten; dabei verliert der Mensch Fett und Blut.

Das *Heilsopfer (söbach schölamim)* ist das letzte der drei freiwilligen Opfer. Im Gegensatz zu den beiden anderen gilt es nicht als hochheilig, sondern nur als heilig, da es vorab von den Opfernden selber und nicht in erster Linie von Gott oder den Priestern verzehrt wird. Beiden werden jedoch Anteile des Opfers abgegeben (7,14). Das Opferfleisch wird von der Opfergemeinschaft auf dem Tempelgelände in Kammern oder Hallen oder unter freiem Himmel gegessen, wobei fröhliche Psalmen rezitiert oder gesungen werden (z.B. Pss 30; 118,5-9; 138). 1 Sam 2,13-17 illustriert die Szenerie eines Heilsopfers sehr anschaulich. Der Anlaß für ein Heilsopfer ist, wie es der Name zum Ausdruck bringt, immer freudig, so z.B. die Priesterprimiz (9,4), das Wochenfest (23,19), alle Feste, wo mit der Trompete geblasen wird (2 Kön 11,14; Ps 98,6), die Überführung der Lade (1 Chr 16,6.42), die Tempelweihe oder -wiedereinweihung (1 Kön 8,64; 2 Chr 5,12f; 15,8-15), die Tempelreinigung (2 Chr 29,27), die Mauerweihe (Num 12,35) etc.

»Heilsopfer« ist ein priesterlicher Kunstbegriff. Er umfaßt alle Arten von Schlachtungsopfern, die zur Nahrungsaufnahme durchgeführt werden: Danksagungsopfer (12,29; Pss 107,22; 116,17), Jahresopfer (1 Sam 1,21), Sippenopfer (1 Sam 20,29), Weiheopfer (2 Sam 15,7f), freiwillige Opfer (Num 15,3) und Pessachopfer (Ex 12,23; 23,18; 34,25; Dtn 16,2-4). Am wichtigsten ist das Danksagungsopfer, das nach den Rabbinen nach einer gelungenen Seereise, nach einem glücklich verlaufenen Wüstenaufenthalt, nach Genesung von Krankheit oder nach der Entlassung aus dem Gefängnis gefeiert wird (b.Ber 54b; vgl. den Dankpsalm Hiskijas nach seiner Genesung Jes 38,10-20 und Jonas Dankgebet nach überstandener Reise im Fisch, Jona 2,3-9). Fleischgenuß, soviel wird deutlich, ist eng an Freude und Gemeinschaftserfahrung gebunden. Im hebräischen Wort für Heilsopfer steckt der Begriff »Schalom«: das Opfer war eine sakramentale Erfahrung von Friede, Heil und Wohlergehen in einer solidarischen Gemeinschaft unter Gottes Flügeln.

5. Das Sündopfer (4,1-5,13)

Daß nach den Feueropfern eine neue Kategorie von Opfern folgt, wird durch den Neueinsatz der Gottesrede an Mose kenntlich gemacht (4,1). Es geht nun um reinigende Opfer zur Tilgung eines *unvorsätzlichen*, also unabsichtlichen Vergehens gegen ein *Verbot* (4,2). »Ohne Vorsatz« ist ein äußerst wichtiger Fachbegriff der israelitischen Rechtsprechung. »Mit der priesterlichen Unterscheidung von vorsätzlichen und unvorsätzlichen Sünden wird aber der Grund gelegt für weitreichende und bis heute nicht abgeschlossene Reflexionen auf das Schuldbewußtsein und auf die Frage, was Schuld eigentlich ist« (Frank Crüsemann). Und zwar handelt es sich um Sünden gegen Weisungen, *mizwot*, (EÜ: Gebote), die nur von Gott eingefordert werden können, weil es sich um göttliches Recht (lat. *fas*) und nicht menschliches (hebr. *mischpat*; lat. *ius*) handelt. Sie sind deshalb so schlimm, weil sie den Fortbestand der Volksgemeinschaft gefährden können und müssen deshalb durch ein Opfer gutgemacht werden, weil sie kultisch verunreinigen.

Dieses und das folgende Kapitel sind naturgemäß die schwierigsten in Levitikus. Die eminente Bedeutung der Frage, wie Sühnung erreicht werden kann, wird schon rein formal durch eine symmetrische Struktur des Kapitels angezeigt, die sich leider durch die nivellierende EÜ nicht nachvollziehen läßt. Nach dem einleitenden Kopf folgen fünf Unterfälle, wobei der mittlere durch seine Stellung und eine andere Konjunktion als Hauptfall hervorgehoben wird:

Wenn *(näfäsch ki)* einer ohne Vorsatz sündigt... (4,2)
Falls ('*im*; EÜ: wenn) es ein gesalbter Priester ist, der sündigt... (4,3)
Falls ('*im*; EÜ: wenn) die ganze Gemeinde Israels irrt (EÜ: sündigt)... (4,13)
    Angenommen *(aschär)*, ein Sippenhaupt sündigt... (4,22)
Falls ('*im*; EÜ: wenn) jemand aus dem Volk ohne Vorsatz sündigt... (4,27)
Falls ('*im*; EÜ: -) einer zum Sündopfer ein Schaf als Opfergabe bringen will.. (4,32)

Das Priestersündopfer (4,3-12): Nach »P« ist mit dem *gesalbten* Priester der Hohepriester gemeint. Seine Sünde besteht darin, daß er durch eine Handlung dem Volk geschadet hat (EÜ: Schuld auf das Volk lädt). Der Hohepriester hat für seine Sünde einen fehlerlosen Jungtier darzubringen. Er ist der einzige, der das Sündopfer für sich selber darbringen muß, da es keinen gibt, der für ihn vermitteln könnte. Die Schlachtung erfolgt wie bei den Feueropfern, nur, daß das Blut des Stiers nun siebenmal mit dem Finger gegen den Vorhang im Offenbarungszelt gespritzt und an die Hörner des Rauchopferaltares (Abb. 11) gestrichen wird, bevor der Rest am Sockel des Brandopferaltars ausgegossen wird. Die Riten haben apotropäischen (das Böse abwendenden) Charakter. Die Hand wird gegen Orte erhoben, die im Verdacht stehen, von Dämonen bewohnt zu werden (Zef 2,15). Jesus vertreibt die Dämonen statt mit Beelzebub mit dem Finger Gottes (Lk 11,20). Genauere Parallelen finden sich aber auf Bildern. Auf einem syrischen Rollsiegel ist zu sehen, wie ein Gefangener vom siegreichen Fürsten am Schopf gepackt wird und der Göttin präsentiert wird. Um das Schlimmste, nämlich die Todesstrafe, abzuwenden, erhebt der Gefangene den *Finger* der rechten Hand (Abb. 12). Ein in Israel gefundenes Elfenbeinfragment zeigt deutlich einen Mann mit diesem Abwehrgestus (Abb. 13). Das *Blut* des Pessachlammes wird von den HebräerInnen in Ägypten an die Türstürze gestrichen, um den Todesengel, der umgeht, um die Erstgeburt der ÄgypterInnen zu töten, abzuwenden (Ex 12,12f.23). Die *Zahl sieben* hat magischen Charakter. Sie beschwört den heilvollen Charakter des siebten Tages (Sabbat), des siebten Jahres (Sabbatjahr), des sieben mal siebten Jahres (Jubeljahr), des Siebenerfestes (Wochenfest). Der *Vorhang* ist der nächste Bereich Jahwes, dem sich die Priester nahen dürfen. Einzige Ausnahme bildet das Ritual des Versöhnungstages (Kap. 16). Die *Hörner* des Altares (Abb. 14) sind Symbole der Macht und Potenz, wie zu allen Zeiten im Vorderen Orient. Sie verkörpern den machtvollsten Bereich des Altares. Sie sind das Ziel der Prozessionen (Ps 118,27) und die Schutzmacht des Asylsuchenden (1 Kön 1,50). Der *Sockel* des Brandopferaltares war vielleicht mit einem Trog ausgestattet, der das Blut aufnahm (vgl. Ez 43,13.17). Dieses Blutritual scheint das Wichtigste am Sündopfer zu sein. Auf dem Brandopferaltar verbrannt werden nur diejenigen Fettteile, die schon das Heilsopfer zur Verbrennung vorschreibt. Der ganze Rest des Tieres wird auf einem Platz außerhalb des Lagers – in Jerusalem befand er sich unten im Kidrontal (Jer 31,40) – verbrannt. Dieser Ort wird trotz der nicht besonders reinlichen Tätigkeit als rein bezeichnet. Nichts könnte besser zeigen, daß »rein« ein kultischer Fachbegriff ist, der soviel wie »Gott genehm« bedeutet.

Das Gemeindesündopfer (4,13-21): Dieses Opfer verläuft analog zum Priestersündopfer. Alle Mitglieder der Gemeinde haben beim Handaufstemmungsritus die Hand aufzulegen. Der abschließende Satz: »Das ist das Sündopfer für die Gemeinde« (V. 21b), der beim Priesteropfer fehlt, wird mitunter so gedeutet, daß Priester- und Gemeindeopfer sich gegenseitig bedingen und nie für sich ausgeführt werden.

Das Sippenhauptsündopfer (4,22-26): Die einleitende Konjunktion, EÜ: »angenommen« *(aschär)*, hebt diesen mittleren Fall heraus. Große Sühneaktionen, bei denen die Gemeinde und der Hohepriester außerhalb des jährlich sich wiederholenden Versöhnungstages sich kultisch reinigten, dürften sehr selten gewesen sein. Viel häufiger kam es wohl vor, daß ein Sippenoberhaupt für seine eigenen Vergehen oder die seiner Sippe Sühne leisten mußte. Für die Psychohygiene einer Gesellschaft, in der das kollektive Bewußtsein eine so wichtige Rolle spielte, war dies ein bedeutender Akt. Er wird gegenüber dem Sündopfer der Gemeinde und des Priesters dadurch abgestuft, daß nicht die Hörner des Rauchopferaltares *im* Offenbarungszelt, sondern nur jene des Brandopferaltares *vor* dem

Offenbarungszelt mit Blut bestrichen werden. Auch auf ein Bespritzen des Vorhangs vor dem Allerheiligsten wird verzichtet. Das Opfertier ist auch nicht ein Jungstier, sondern der viel billigere Ziegenbock. Daß beim Sündopfer nicht das Schaf, sondern die Ziege bevorzugt wird, hängt mit ihrem dämonisch-haarigen und lebensstrotzenden Charakter zusammen, (vgl. Lev 16,20ff mit Abb. 22). Das Wort »*Sippenoberhaupt*« *(nasi'i)* tritt vor allem in Listen auf (Num 1,5-16; 13,1-15; 34,16-28) und wird gerne für nomadische Sippenhäupter, Ismaeliter (Gen 17,20; 25,12) und Midianiter (Num 25,8) verwendet. Es betont demnach die stammesmäßige Verfassung, noch in einer Zeit, wo sie vielleicht schon nicht mehr intakt war, und wird einen gewissen altehrwürdigen, feierlichen Klang gehabt haben. In der Zeit des Zweiten Tempels beanspruchten die jüdischen Könige diesen Titel. Bar Kochba ließ ihn sogar auf seine Münzen prägen. Nach der Zerstörung des Tempels führte das Oberhaupt des Sanhedrin, das die Interessen der JüdInnen auch nach außen hin vertrat, den Ehrentitel. Dasselbe gilt für verschiedene Exilarchen der jüdischen Diaspora bis in neuere Zeit. Heute führt der israelische Staatspräsident den Titel Nasi.

Das Landvolksündopfer (4,27-31): Unter dem Landvolk (*amha'arez*; EÜ: Volk) versteht man die grundbesitzende Schicht des judäischen Landes, die David an die Macht brachte und seine Dynastie stützte. Das judäische Königtum existierte in einer bäuerlich-föderalistischen Gesellschaft nur durch des Landvolks Gnaden. Die ProphetInnen waren oft die InteressenwalterInnen des Landvolkes in Jerusalem. Dieses Opfer wird von einzelnen dargebracht, und zwar von Mann oder Frau (EÜ:»Mann« in V. 31 steht nicht im Text!). Es wird gegenüber dem Sippenoberhauptsopfer dadurch abgestuft, daß nicht ein Bock, sondern eine weibliche Ziege dargebracht werden muß. Diese war zwar wirtschaftlich gesehen als Milchlieferantin und Gebärerin von jungen Ziegen mehr wert, gilt aber in der Opferhierarchie weniger, weil sie in der Herde häufiger war. Die Böcke wurden meistens schon klein für Heilsopfer geschlachtet. Nur wenige hielt man sich für die Zucht.

Das Schafsündopfer (4,32-35): Die Darbringung eines (weiblichen) Schafes als Sündopfer wird nicht ausgeschlossen, aber deutlich hintenangestellt. Mit dieser etwas künstlichen, weil eigentlich überflüssigen vollständigen Wiederholung für das Schaf, das

zusammen mit der Ziege hätte erwähnt werden können, erreicht
»P« die beabsichtigte konzentrische Struktur des Kapitels.

Das *Sündopfer (chattat)* dient der *Reinigung* des Heiligtums und
heiliger Geräte. Da die Tat unabsichtlich begangen und, nachdem
sie zur Kenntnis genommen wurde, vom Täter oder der Täterin
bereut wurde, bedarf er oder sie keiner Sühnung, wohl aber das
Heiligtum einer Reinigung. Unreinheit wurde nämlich als etwas
Materielles und Ansteckendes empfunden, die, wenn sie nicht
beseitigt wurde, weiter um sich griff und schlimmer wurde. Grob
gesagt: Das Heiligtum muß gereinigt werden, weil es Gott sonst mit
der Zeit stinkt und er den Ort verläßt, der damit seiner Segensmacht
verlustig geht. Dies hätte für die Gläubigen fatale Folgen. Sie wären
nun dem Fluch und damit der Gewalt des Heiligen schutzlos ausgeliefert.

Der traditionellerweise Sündopfer genannte Akt ist also ein *Reinigungsopfer*. Das Wort Sünde verweist im Deutschen auf eine
moralische Schuld, für die die *chattat*-Zeremonie aber im Gegensatz zum Schuldopfer nicht zuständig ist. Ein Sündopfer muß z.B.
ein Nasiräer darbringen, der unversehens, also unabsichtlich, mit
einer Leiche in Kontakt kam (vgl. Num 6,9-11), oder eine Wöchnerin am vierzigsten Tag nach ihrer Entbindung (V. 12), oder Menschen, die einen Altar einweihen (8,15).

Dem Sündopfer liegt ein radikales *Modell kollektiver Verantwortung* für die Aufrechterhaltung der gesellschaftlichen Ordnung,
die göttlichen Ursprungs ist, zugrunde. Die ProphetInnen suchen
die Ursachen der Unordnung in der Unmoral der Menschen, also
im Innern der einzelnen. Die Priester gehen nicht so weit, weil die
Zumutung der ProphetInnen von den Menschen vielfach nicht
angenommen werden kann. Sie versuchen die Ordnung im Ritual
auf der äußerlichen Ebene, ohne moralische Kategorien, wiederher-
zustellen. Die Sünde hat nicht zu tragen, wer sie verursacht, sondern das Heiligtum und damit das Kollektiv. Die für die Prophet-
Innen und die Weisheit so drängende Frage der Theodizee »Wie
kann es Gott zulassen, daß jene, die Unrecht tun, ungestraft weiter-
leben?« oder »Wie kann es Gott zulassen, daß die Gerechten
zusammen mit den Ungerechten Strafe erleiden?«, die einige sogar
dazu verführt hat, den Teufel zu erfinden, bedrängte die Priester

Israels nicht. Für sie war klar, daß auch die sog. Guten die Folgen der Verunreinigung des Heiligtums mitzutragen hatten, da sie Teil des menschlichen Kollektivs sind, das die Verunreinigung verursacht.

Ein modernes Beispiel:»Der Zweite Weltkrieg hätte die Priester des Alten Israel theologisch nicht in die Klemme gebracht. Mit Hohn hätten sie unsere modernen Theologen zurückgewiesen, die erklärt haben: 'Gott ist tot'. Statt das Schweigen Gottes zu beklagen, hätten sie mit dem Finger der Anklage auf die menschlichen Missetäter gezeigt, die unabsichtlichen Sünder, die 'schweigende Mehrheit' – die Deutschen, welche die Nazis mit Wahlen an die Macht brachten und die Menschen der freien Welt, welche sich der Annexion des Saarlandes, Österreichs und des Sudetenlandes fügten, während sie gleichzeitig die Tore für die Flüchtlinge schlossen, die zu fliehen versuchten« (Jacob Milgrom).

6. Das abgestufte Sündopfer (5,1-13)

In einem Anhang zum Sündopfer folgen vier Sonderfälle, die ein spezielles Sündopfer verlangen. Zunächst werden die Fälle dargestellt, danach das notwendige Reinigungsritual beschrieben.

Die Fälle (5,1-4): 1. Die *vernachlässigte Zeugenschaft* wird durch einen Midrasch anschaulich:»Ruben hat Simeon bestohlen, und Levi weiß davon. Zeige mich nicht an, spricht er zu demselben, ich gebe dir die Hälfte davon. Am andern Tage gehen sie in die Synagoge und hören da den Aufseher bekannt machen: Wer hat den Simeon bestohlen? Levi stand dort« (M. LR. 6,2). Komplizenschaft macht mitschuldig. Levi verschweigt vor versammelter Gemeinde und Gott seine Zeugenschaft. In der öffentlichen Verfluchung wird gleichsam Gott als Anwalt der betrogenen Person bemüht. Ri 17,1 ist es Michas Mutter, die öffentlich einen Fluch auf den ausstößt, der ihr elftausend Silberstücke gestohlen hat, worauf ihr Sohn Micha, der den Fluch gehört hat, das gestohlene Geld zurückgibt und sie ihren Sohn segnet. Neben der Komplizenschaft können auch Freundschaft, Furcht oder Gleichgültigkeit Gründe für die bewußt vernachlässigte Zeugenschaft sein. Wer geschuldete Zeugenschaft vernachlässigt, muß die Strafe seines Nichthandelns tragen (EÜ:»lädt Schuld auf sich«), weil durch sie Unheil vielleicht hätte verhindert werden können. Denn: »Wenn irgendeiner den Tod eines Menschen verursacht, rechnet es ihm die Schrift an, als hätte er den Tod der ganzen Welt verursacht; und wenn irgendeiner ein einziges Menschenleben rettet, rechnet es ihm die Schrift an, als hätte er die ganze Welt gerettet... « (m.Sanh 4,5) Und: »Vierzig Tage vor der Hinrichtung Jesu ging ein Herold vor ihm her und rief (...): Wenn jemand etwas zugunsten seines Freispruches weiß, komme er und bringe es vor« (m.Sanh 43a). Es kann auch gute Gründe geben, die Zeugenschaft schuldig zu bleiben, um sich oder Verwandte nicht in Gefahr zu bringen. In diesem Fall erhält das geleistete Opfer sakramentale Lösungsfunktion. – 2. Die *entgangene Verunreinigung durch Aas* behandelt den Fall, wo jemand durch die Berührung von Aas eines unreinen Tieres unrein wird, es jedoch vergißt und nicht innerhalb des vorgeschriebenen Tages (vgl. 11,28.31-40) die notwendige Reinigung vornimmt (EÜ: »bemerkt es nicht und merkt es dann« ist grotesk). Durch die vergehende Zeit wächst die Unreinheit wie eine Eiterwunde, die nicht behandelt wird. Sobald der nachlässigen Person die Unterlassung bewußt wird, ist sie zum Sündopfer verpflichtet. – 3. Die *entgangene Verunreinigung durch menschliche Unreinheit* bezieht sich auf sekundäre Verunreinigungen (z.B. Berührung einer Frau während ihrer Menstruation oder eines Mannes, der nachts Samenfluß hatte), denn primäre Verunreinigungen (z.B. Samenfluß oder Menstruation) sind immer bewußt. – 4. Der *nichterfüllte Schwur* bedarf der Sühne, weil durch ihn Gott als Zeuge und Garant in die Sache der schwörenden Person verwickelt wurde. Die Angelegenheit blamiert, wenn sie nicht geregelt wird, Gott. Mit dem Schwur hat sich der oder die Schwörende selber unter die Strafe Gottes gestellt (vgl. die Formeln in 1 Sam 3,17; 14,44; 2 Sam 3,35; 1 Kön 2,23; Pss 7,46; 137,5f; Rut 1,17). Das für diesen Fall vorgesehene Sündopfer hätte es Jiftach ermöglicht, sein verhängnisvolles Versprechen zu sühnen statt seine Tochter zu opfern (Ri 11,35f). Offenbar war die Weisung zu Jiftachs Zeiten noch nicht bekannt. Schlimme volkstümliche Geschichten warnten das einfache Volk vor unbesonnenen Schwüren. Nach einem Midrasch buk eine Frau zusammen mit einer andern Kuchen. Um besser arbeiten zu können, nimmt sie die drei Denare aus ihrem Ärmel und legt sie auf das Schweißtuch. Versehentlich geraten die Münzen in den Teig. Zuhause fragt der Mann die Frau nach den drei Denaren. Sie geht und verlangt sie von der Nachbarin, die drei Kinder hat. »Möge mir mein Sohn begraben sein, wenn ich etwas von ihnen weiß!« antwortet sie. Sie verursacht damit, daß ihr Kind begraben wird. Durch den Tod des Kindes in ihrem Verdacht bestärkt, verlangt die Frau ein zweites und ein drittes Mal die vermißten Denare von der Frau, worauf die andere Frau ihre Schwüre bekräftigt und alle ihre Kinder sterben. Um sie zu trösten, bringt ihr die Frau schließlich die gebackenen Kuchen. Wie sie sie aufschneiden, fallen ihnen die Denare entgegen (M. LR. 6). Die Essener (Flav. Josephus, Der jüd. Krieg, 2.8.6.) und Jesus (Mt 5,33-37) verbieten deshalb die Schwüre kurzerhand.

Bekenntnis und Wiedergutmachung (5,5f): Bedingung für die Durchführbarkeit des Rituals ist das *Bekenntnis* der Verschuldung (vgl. 16,21; 26,40; Num 5,6f), die naturgemäß nur der schuldigen Person bekannt ist. Die Herzenszerknirschung allein reicht in diesen Fällen nicht aus. Erst jetzt ist die Schuld durch eine Wiedergutmachung (EÜ:»Schuldopfer«, was eine verwirrende Übersetzung ist, da die Wiedergutmachung ja in einem Sündopfer besteht, wie der Satz ausdrücklich sagt) sühnbar. Sie besteht in einem Kleinvieh-, Tauben- oder Speisesündopfer. Da das Tauben- und Speisesündopfer bisher keine Anwendung fand, folgt ihre Beschreibung hier. Diese zusätzlichen Opfermöglichkeiten werden hier angeboten, weil die beschriebenen Sünden auch arme Leute treffen konnten, was im Falle der Sündopfer-Sünden offenbar nicht angenommen wurde.

Das Taubensündopfer (5,7-10): Es handelt sich genau genommen um eine Opferkombination. Von zwei Tauben, die darzubringen sind, ist die erste als Sünd-, die zweite als Brandopfer zu behandeln. Die Sündopfertaube wird dem amtierenden Priester gegeben, der ihr die Kehle wie beim Brandopfer durchtrennt, jedoch den Kopf diesmal nicht ganz abreißt. Er hat das Blut gegen die Altarwand zu spritzen und den Rest am Sockel auszupressen, weil der Vogel nur wenig Blut hat. Für das Brandopfer der zweiten Taube wird auf 1,14 verwiesen.

Das Speisesündopfer (5,11-13): Verlangt wird die Darbringung einer Tagesration Mehl (ein Zehntel Efa = 1,75 l). Öl und Weihrauch entfallen beim Sündopfer, weil es sich ja um einen Akt der Zerknirschung und nicht der Freude handelt.

Das *abgestufte Sündopfer* besteht aus Bekenntnis und Sündopfer *(chattat)* zur Wiedergutmachung *(ascham)*. Von den Rabbinen wird es auch einfach Stufenopfer genannt. Die Stufung besteht darin, daß die unbekannte sekundäre Verunreinigung, der unerfüllte, oder vielleicht besser, verdrängte Schwur und die verdrängte Zeugenschaft bekannt werden müssen, bevor sie im Opfer gesühnt werden können. Im Gegensatz zu den normalen Fällen des Sündopfers liegt keine unabsichtliche Mißachtung eines Verbotes vor, sondern eine Fahrlässigkeit gegenüber dem Heiligtum, das durch die anhaltende Unreinheit oder die Nichterfüllung von Schwur und Zeugenschaft gefährdet wird, wodurch eine Schuld entsteht. Der Täter oder die Täterin haftet für diese Fahrlässigkeit. Während für das Sündopfer der soziale Status der Opfernden bestimmend ist für die Art des darzubringenden Opfertiers, entscheiden hier die Opfernden nach einer Selbsteinschätzung über die Opferart. Das Opfer ist aufwendiger als bei den primär Verunreinigten (Menstruation, Samenfluß, Aussatz), die aber für ihre Unreinheit nichts können. Es hat also einen gewissen Strafcharakter, steht demnach zu Recht zwischen Sünd- und Schuldopfer: Der Form nach ist es ein Sündopfer, inhaltlich geht es aber um die Wiedergutmachung einer Schuld. Ein (angedrohtes) Sündopfer zur Wiedergutmachung findet außerhalb der Bibel Erwähnung in einer nordminäischen Grabinschrift, wo derselbe Fachbegriff verwendet wird wie im Hebräischen (TUAT II,625):

Hani', der Sohn des Wahab'il, von der Sippe Malich: Siehe zum Sündopfer an Nakrah und Wadd (verfallen) die Güter dessen, der das Grab verändert, für die Dauer der Jahre und Monate.

7. Das Schuldopfer (5,14-26)

Der Neuansatz der Gottesrede in V. 14 und nochmals in V. 40 macht deutlich, daß es sich bei diesen Opfern nicht mehr um Fälle für ein Sündopfer handelt. Es geht um die Wiedergutmachung von Sakrilegen, und zwar einerseits um solche, von denen nur Gott betroffen ist, und andererseits um solche, bei denen auch Menschen in Mitleidenschaft gezogen wurden.

Haftung für heilige Sachen (5,15-19): Es werden nochmals zwei Fälle unterschieden: 1. Zunächst geht es um *unvorsätzliche* Vergehen gegen Dinge, die Jahwe heilig sind. Gemeint sind mobile oder immobile Tempelgüter, aber auch Gott geweihte NasiräerInnen, die nach einer unabsichtlichen Entheiligung ein Schuldopfer darbringen müssen (Num 6,12). Bei hochheiligen Dingen, insbesondere bei der Lade, gilt diese Regel nicht. Usa (2 Sam 6) und die Kohatiter (Num 4,15) büßen für unabsichtliche Vergehen mit dem Tode. Das erforderliche Opfer besteht aus Geld, nämlich dem Wert eines Widders nach den Preisen des Heiligtums. Daß nicht an eine Darbringung des Tieres gedacht ist, zeigt die Tatsache, daß ein Hinweis auf die Art der Darbringung fehlt. Dies geht aber auch aus zwei weiteren Stellen hervor. Die Philister bezahlen ihr Sakrileg an der Lade, die sie nach der Beschlagnahmung im Krieg im Dagontempel aufgestellt haben mit goldenen Beulen und Mäusen, entsprechend den Plagen, mit denen sie für das Sakrileg bestraft wurden (1 Sam 6,3-17; vgl. 2 Kön 21,17). Der entheiligte Gegenstand muß bezahlt werden, weil er in der Regel zerstört werden muß. Ein Fünftel des Preises kommt als Bußgeld hinzu. Aufgrund dieser Bezahlung erfolgt die rituelle Tilgung der Schuld. 2. Ging es beim ersten Fall um unvorsätzliche, also unabsichtliche Sakrilegfälle, so geht es jetzt um *unwissentliche* Fälle. Eine Situation der Unwissenheit liegt etwa vor, wenn Jakob am Morgen nach seinem Traum in Bet-El erwacht und sich im Nachhinein fürchtet, weil er merkt, daß er in einem heiligen Bezirk übernachtet hat. Wie aber merkt der Mensch, daß er ein Sakrileg begangen hat? Wie kommt die Schuld zutage? Auf diese Frage gibt es zwei Antworten: durch ein *Unglück,* sagen die einen. Genau das ist bei den Philistern der Fall, die das Unglück der Mäuse- und Pestplage trifft. Mit dem Kuhorakel gewinnen sie Gewißheit, daß dieses Unglück eine Strafe Jahwes war (1 Sam 5f; vgl. auch Jos 7 und 2 Sam 21,1). Andere sagen: durch *Gewissensbisse,* die den Menschen psychisch und physisch plagen, z.B. wenn ein Priester nicht sicher ist, ob er unwissentlich Opferfleisch gegessen hat. In diesem Fall muß nur das Geld für den Widder ins Heiligtum gebracht werden. Ein Gegenstand muß ja nicht ersetzt werden.

Haftung bei Sakrilegfällen, die Mitmenschen betreffen (5,20-26): Es geht um das freiwillige Bekenntnis von falschen Schwüren in Veruntreuungssachen. Also: Geliehenes, hinterlegtes, gepfändetes (vgl. Dtn 24,6-11) oder geraubtes Gut wird nicht zurück- oder bekanntgegeben, oder der Lohn wird dem Arbeiter nicht ausbezahlt (Dtn 24,14f), oder Gefundenes wird verhehlt. Da der/die Klagende all diese Fälle unter Schwur stellen lassen kann, wird Gott zum Komplizen des Täters oder der Täterin, wenn dieser oder diese den Schwur leistet. Es sind also Schuldopferfälle. Die Opfermöglichkeit soll die TäterInnen ermutigen, falsche Schwüre zu bekennen und die Versöhnung mit den Opfern erleichtern. Dem Geständnis im Falle des abgestuften Sündopfers entspricht hier die Entschädigung der Opfer. Sie bringt die gute Gesinnung der Reuigen zum Ausdruck, die nun mit der Bußzahlung von 20% an das Opfer und dem Betrag für den Widder zuhanden der Priesterschaft gesühnt werden. Im Vergleich zur Buße für Diebstahl, wobei das Diebesgut zerstört wird (Ex 21,37: 300-400%), ist die Buße gering. Dieses Opfer appelliert eindeutig an die Schuldgefühle der TäterInnen.

Das *Schuldopfer (ascham)* hat sowohl die Schuld selber, den Übergriff auf heiliges Gut, als auch ihre Folge, die Wiedergutmachung, die Versöhnungsgabe, im Blick, nachdem sie dem/der Schuldigen zu Bewußtsein gekommen ist – sei es, durch ein Unglück, das eingetroffen ist, sei es durch Gewissensbisse, die die Schuldigen quälen. Da die altorientalische Anthropologie nicht wie die jüngeren Griechen und in ihrem Gefolge wir Abendländer zwischen Psyche und Physis unterscheidet (vgl. Ps 38,2-11), ist es sinnlos, da genaue Grenzen ziehen zu wollen. Jedenfalls kommt das Schuldopfer im Gegensatz zum Sündopfer nur bei einzelnen zur Anwendung, hat also offenbar *auch* etwas mit dem Schuldgefühl des einzelnen Gewissens zu tun. Die Handlung der Philister (1 Sam 5f) gegenüber den Israeliten stellt in diesem Sinnen eine Ausnahme dar, wird allerdings auch nirgends ausdrücklich als Schuldopfer bezeichnet.

Beim Schuldopfer geht es um die Wiedergutmachung eines Sakrilegs *(ma'al)*. Das unterscheidet das Opfer vom abgestuften Sündopfer, wo es um Verstöße gegen Gebote geht. Nun aber ist Gott direkt betroffen, sei es, daß heilige *Einrichtungen profaniert* wurden, sei es, daß durch einen Meineid sein *Name befleckt* wurde. Das Opfer kommt auch bei der Reinigung der Aussätzigen (Lev 14,21), der Reinigung des Nasiräers nach einer Leichenberührung (Num 6,10-12) und bei der Auslösung von Land, das dem Tempel geweiht worden war (Lev 27,19), zur Anwendung. In Num 5,6-8 werden die Veruntreuungsfälle, die dem Schuldopfer unterstehen, vom Meineid entkoppelt.

Eine Wirkungsgeschichte von großer Tragweite erhält das Schuldopfer durch seine Verquickung mit dem Gottesknecht Deuterojesajas, der nach Jes 53,10 sein Leben als Schuldopfer (EÜ: Sühnopfer) darbringt. »Von den schuldigen Völkern aus ist die Vernichtung des Knechtes *ascham*, Schuld; vom Knecht aus ist der willig angenommene Verlust des Lebens *ascham*, Versöhnungs-, Wiedergutmachungsgabe, die diese Schuld aufhebt« (Adrian Schenker). Im Lichte dieser Interpretation des Schuldopfers wird in der Urkirche wiederum Jesu Tod gedeutet (Mk 10,45; Mt 20,28).

Die Angst vor unwissentlich begangenen Sünden ist in der Antike weit verbreitet. Besonders deutlich kommt diese Angst in einem vielzitierten, sumerisch, akkadisch und zweisprachig überlieferten Gebet aus dem *Zweistromland*, mit geradezu paulinischem Sündenbewußtsein, zum Ausdruck (ATD.Erg. 1,133):

Wen gibt es, der nicht gegen seinen Gott gesündigt,
wen, der die Gebote stets befolgt hätte?
Die gesamte Menschheit, die da lebt, ist sündhaft.
Ich, Dein Diener, habe jederlei Sünde begangen!
Wohl diente ich Dir, doch in Unwahrheit,
Lügen sprach ich und achtete meiner Sünden gering,
Ungehöriges sagte ich – Du weißt es alles!
Ich verging mich gegen den Gott, der mich erschuf,
tat Abscheuliches, stets Sünde begehrend.
Ich trachtete nach Deinem weiten Besitz,
nach Deinem kostbaren Silber gierte ich.
Ich hob die Hand auf und entweihte, was unantastbar war,
in unreinem Stande trat ich in den Tempel.
Ständig verübte ich schändliche Entweihung an Dir,
Deine Gebote übertrat ich in allem, was Dir mißfiel.
In der Raserei meines Herzens lästerte ich Deine Göttlichkeit.
Stetig beging ich Schändlichkeiten, bewußte und unbewußte,
wandelte ganz nach meinem Sinn, verfiel in Frevel.
(...Es folgt die Bitte um Vergebung.)

Die *hetitischen* Götter informierten jene, die unwissentlich ein Sakrileg begangen hatten, durch ihre ekstatischen oder traumdeutenden PriesterInnen. Ein berühmter *griechischer* Mythos, der sich mit der Thematik beschäftigt, ist »Ödipus«. Unwissentlich begeht Ödipus genau jene Freveltaten, die die Orakelpriester vorausgesehen haben und die die Eltern des Knaben durch dessen Aussetzung zu verhindern versuchten. Das ganze Land wird von den Göttern mit Unfruchtbarkeit bestraft, damit die Menschen erkennen, daß ein Sakrileg begangen wurde. So beginnt das Drama des Sophokles. Die Tatsache, daß dieser Mythos im Gewande der Psychoanalyse in unserem Jahrhundert eine so unglaubliche Resonanz gefunden hat, zeigt, daß die Thematik nicht ad acta gelegt werden kann – es würde sich rächen!

8. Opferungsvorschriften (6,1-7,38)

Nach den didaktischen Kapiteln (1 – 5) zu den einzelnen Opfern folgen nun administrative Hinweise bzw. *Ausführungsbestimmungen und Anhänge* zu den behandelten Opfern, die sich mehrheitlich an die amtierenden Priester, vereinzelt aber auch an alle IsraelitInnen oder an die Kontrollinstanz der Priester richten. Die AdressatInnen werden durch die Einleitungen genau unterschieden.

Die Ausführungen setzen die Kenntnis des Begriffs *Tamid* voraus. Die EÜ gibt ihn mit dem allgemeinen Wort »Opfergabe« wieder. Es handelt sich um die täglich zweimal erfolgende Götterspeisung: morgens als Brandopfer, abends als reines Speiseopfer. Solange dieses Opfer dargebracht wird, gelten die Mauern Jerusalems nach dem Talmud als unverletzbar (b. BQ 82b). Die Unterbrechung des Opfers ist dementsprechend eine Katastrophe (vgl. Dan 8,11-13; 11,31; 12,11). Ein Vergleich der Tamid-Opfer im Vorderen Orient zeigt, wie unterschiedlich die Speisekarten der Götter waren, die natürlich auch die Eßgewohnheiten der Menschen spiegeln. Im Unterschied zu den reichhaltigen Opfertischen der Nil- und Zweistromtäler (Abb. 8) nimmt sich Jahwes tägliches Menü sehr bescheiden aus: Herdentiere, Getreideprodukte, Wein und Öl werden ihm geboten. Doch die *zweimalige* Speisung ist auch bei den Nachbarn Israels bezeugt.

Brandopfervorschriften (6,1-6): Es handelt sich um Vorschriften zuhanden der Priester. Und zwar betreffen sie das ordentliche, also tägliche Brandopfer, das Tamid-Opfer. Es wird deutlich, daß der Unterhalt eines »*ewigen Feuers*« eine zentrale Aufgabe der Priesterschaft ist. Es ist ein heiliges Feuer, von Gott selber entfacht, am Tag der Kultinauguration (9,24). Das Motiv des göttlichen Feuers, das sorgsam gehütet werden muß, ist weit verbreitet. In Rom oblag diese Aufgabe bekanntlich den Vestalinnen. Auch im israelitischen Haushalt werden sich in erster Linie Frauen um den Unterhalt des Feuers gekümmert haben (vgl. 1 Kön 17,10.12). Die Ausübung der Tätigkeit durch eine ausschließlich männliche Priesterschaft am Heiligtum bildet die Realität falsch ab. Die Beschaffung des Holzes war im holzarmen Palästina eine zentrale Aufgabe. Sie wird in den späteren rabbinischen Kommentaren zu dieser Stelle ausführlich geregelt. Oliven- und Rebholz durfte ihnenzufolge sinnvollerweise nicht verbrannt werden. Die Zuweisung des Amtes, Holz herbeizuführen, durch Losentscheid, ist ein wichtiger Bestandteil der nehemianischen Wiederinbetriebnahme des Tempels nach dem Exil (Neh 10,35; 13,31). Nach einem in Qumran gefundenen Levitikus-Fragment ist zu vermuten, daß die Festliste von Lev 23 ursprünglich sogar ein jährliches Holzsammelfest beinhaltete (4Q365 frag.25). Die Feuerstelle wird nochmals vom Altar als Ganzem unterschieden. Die tägliche priesterliche Aufgabe als Heizer bestand also darin, Holz herbeizuschaffen, nachzufeuern, zu opfern, die Feuerstelle zu säubern etc. Da dies eine körperlich anstrengende Arbeit ist, die viel Schweiß produziert, dürfen die Priester nur *leinene Gewänder* tragen (vgl. 16,4 und Ez 44,17f), und zwar solche, die die Genitalien (*basar*; EÜ: Körper) gut bedecken, um der entsprechenden Vorschrift des Bundesbuches (Ex 28,42) zu genügen. Der Kleiderwechsel widerspiegelt die Abstufung der Heiligkeit innerhalb des Hofes: Der Altar ist heiliger. Das Aschendeposit östlich des Altares ist nur ein Zwischenlager. Mit den gewöhnlichen Kleidern wird die Asche an einen reinen (besonderen, bestimmten, vielleicht bewachten) Ort außerhalb der Ortschaft gebracht. In Jerusalem ist es ein Platz im Kidrontal. Die durch das Opfer erworbene Heiligkeit haftet der Asche offenbar noch an.

Speiseopfervorschriften (6,7-11): Es handelt sich um Vorschriften zuhanden der Priester. Sie betreffen nicht das Speiseopfer als Teil des Tamid-Opfers, bei dem der Weihrauch fehlt (Num 15,4-9), sondern das eigenständige Speiseopfer, das die Leute zum Tempel bringen. Der Priesteranteil muß an einem heiligen Ort *innerhalb des Hofes* gegessen werden, weil er hochheilig ist (im Gegensatz zum

Heilsopfer), also in der dem Tempel zugewandten (Priester-)Hälfte (Joel 2,17; Ez 42,1-14; 46,19f).

Priesterspeiseopfervorschriften (6,12-16): Es handelt sich um eine Vorschrift, möglicherweise aus etwas späterer Zeit, zuhanden des Obergerichts in Jerusalem – denn für selbiges steht der Name »Mose« (s. Einleitung) – das die Priester zu überwachen hat. Der Hohepriester hat täglich und die Priester haben bei ihrer Weihe ein Speiseopfer darzubringen (vgl. Num 4,16; Neh 10,34). Es wird auf der Ofenplatte zubereitet, in Öl getränkt und als »*Tupine*« präsentiert (EÜ liest nach der Konjektur der syrischen Übersetzung). Was genau darunter zu verstehen ist, ist unbekannt. Aber der Begriff ist schon bei den Sumerern als Brotart bekannt und dürfte, dem Fremdwort nach zu schließen, den Israeliten über die Assyrer vermittelt worden sein. Dieses Tamid-Opfer wird aus der Kasse der Tempelgemeinde bezahlt. Es unterscheidet sich vom Tamid-Opfer des Brandopfers durch die fehlende Weinlibation (Num 28,14) und wird vollständig verbrannt, ist also ein Ganzopfer *(kalil).*

Sündopfervorschriften (6,17-23): Es handelt sich um Vorschriften zuhanden der Priester, die teilweise wiederholen, was in 4,24.29.33 schon gesagt wurde. Da dem Sündopfer wegen seiner exorzistischen Funktion eine besonders gefährliche Heiligkeit anhaftet, betonen die Ausführungen das Einhalten rigider Reinigungs- und Tabuvorschriften: Das Opferfleisch darf nur von Priestern im inneren Bereich des Hofes gegessen werden, blutbespritzte Kleider müssen gut gereinigt werden, die tönernen Kochtöpfe (Abb. 6) müssen zerschlagen werden. In Ain al-Ghuwair, in der Nähe von Qumran, wurde ein Friedhof mit den zerschlagenen Töpfen der Essener gefunden. Die Tatsache, daß die im Opfer vergegenständlichte Sünde gleichsam weggegessen wird, mutet einerseits archaisch an (vgl. Ex 32,20), hat aber als geradezu ökologisches Sakrament mentaler Hygiene auch einen sehr modernen Aspekt. Die Präzisierung, daß das Fleisch nur von den männlichen Personen unter den Priestern gegessen werden darf, läßt fragen, ob es denn auch Priesterinnen gab. Die »offiziellen« »P«-Dokumente der Tempelelite schweigen sich über die Rolle der Frauen am Tempel aus.

II. Frau und Kult im Israel des Ersten Tempels und eine feministische Kritik

Nachrichten über Kulthandlungen von Frauen halten sich im ganzen Ersten Testament in engen Grenzen und finden sich in Lev und Num überhaupt nicht. Was wir dank der Archäologie, die entsprechende biblische Mitteilungen bestätigt, wissen, ist, daß der Aschera-Kult in der Endphase des Ersten Tempels (ca. 693-587 v.Chr.) ein Come-back gefeiert hat, nachdem er unter Hiskija und dann nochmals unter Joschija massiv unterdrückt worden ist. Manasse ließ im Jerusalemer Tempel ein Aschera-Kultbild aufstellen (2 Kön 21,7; 23,6f), für das Frauen beim Tempel regelmäßig Kleider woben. Hatten sie den Status von Priesterinnen? Wir wissen es nicht.

Zur Zeit Jeremias wurde die Göttin besonders unter der Gestalt der Himmelskönigin verehrt. Ihr Kult war familiärer Natur und bei Frauen wie Männern sehr beliebt. Frauen buken der Göttin Kuchen und übernahmen wohl im Rahmen familiärer Feiern auch priesterliche Funktionen beim nächtlichen Räuchern auf den Dächern der Häuser (vgl. 2 Kön 22,5 u.ö.). Sowohl »P« (Lev 2,8) als auch Jeremia (Jer 7,17f; 44,19) und »D« (Dtn 17,2-7; vgl. Dtn 13) polemisieren gegen diese Kultform. Nach Ez 8 stand ein Kultbild der Aschera oder der Himmelskönigin im Bereich eines Tores, das in den Tempelbereich führte. Ezechiel verurteilte außerdem die Frauen, die beim nördlichen Tempeltor den Tammuz, eine über die Babylonier vermittelte, sumerische Vegetationsgottheit, beweinten (Ez 8,14f). Auch die mantischen Fähigkeiten von Frauen erlebten kurz vor dem Exil nochmals eine Renaissance (Ez 13,17-23; vgl. 1 Sam 28). Sowohl die Beliebtheit dieser Kultformen beim Volk als auch die einhellige Polemik dagegen bei Propheten und Priestern bestärken den Verdacht, daß der orthodoxe Jahwe-Kult in Jerusalem weder Göttinnen noch Priesterinnen duldete. Dieser Verdacht wird durch die Feststellung erhärtet, daß es sogar ausschließlich Männer sind, die unter der Leitung Bezalels klassisch weibliche Handwerke wie das Weben ausüben, um den Tempel auszustatten (Ex 36,1). Diese patriarchale Intoleranz führte dazu, daß Frauen eigene religiöse Traditionen entwickelten, über die wir leider kaum etwas wissen, deren Existenz aber zum Beispiel der Talmud bezeugt, wenn es heißt: »Die Rabbinen lehrten: wenn einer außerhalb der Stadt lustwandelt und dabei eines Aromas (das vom Räuchern stammt) gewahr wird, soll er, wenn die Mehrheit der Einwohner Heiden sind, keine Segensformel rezitieren, wenn aber die Mehrheit Israeliten sind, soll er eine Segensformel rezitieren. Rabbi Jose sagte, daß er, sogar wenn die Mehrheit Israeliten sind, keine Segensformel rezitieren soll, weil israelitische Frauen Weihrauch für magische Zwecke opfern« (b.Ber 53a).

Jüdische und christliche Frauen kritisieren zu Recht, daß im patriarchalen Denken und Handeln der Priester und Propheten die *Geschlechterdifferenz* zum Anlaß einer *Hierarchisierung* genommen wurde. Diese Hierarchie führt im orthodoxen Judentum dazu, daß der fromme Jude jeden Morgen Gott dankt, nicht als Frau erschaffen worden zu sein. Auch wenn er vielleicht für die Last der Verantwortung mehr dankt als für das damit verbundene Privileg, so »setzt sein Gebet doch voraus, daß Frauen von der halachischen Verantwortung ausgenommen sind, daß ihr Ausschluß die andere Seite seines Privilegs ist« (Judith Plaskow). Im Christentum der römischen, griechischen und orientalischen Kirchen hat sie trotz essentieller Kritik Jesu am Priestertum als solchem und an den Reinheitsgeboten der Tora zur Einführung eines radikal-patriarchalen Priestertums geführt (vgl. CIC §1024). Bei der Begründung bevorzugt wird allerdings die Argumentation, Christus sei ein Mann gewesen und habe keine Apostelinnen berufen. Demgegenüber treten christlich- und jüdisch-feministische Theologien für eine Gemeinschaft ein, in der Verschiedenheit ohne Hierarchisierung anerkannt wird.

Literatur: *Jost, Renate*, Frauen, Männer und die Himmelskönigin. Exegetische Studien, Gütersloh 1995; *Plaskow, Judith*, Und wieder stehen wir am Sinai. Eine jüdisch-feministische Theologie, Luzern 1992, 127-139; *Ramling, Ida*, Art.: Priestertum der Frau, in: Wörterbuch der feministischen Theologie, Gütersloh 1991, 328-330; *Schottroff, Luise/Schroer, Silvia/Wacker, Marie-Theres*, Feministische Exegese. Forschungserträge zur Bibel aus der Perspektive von Frauen, Darmstadt 1995, 157ff.

Schuldopfervorschriften (7,1-7): Es handelt sich um Vorschriften zuhanden der Priester. Das Ritual für das Schuldopfer wird erst an dieser Stelle beschrieben, weil vorausgesetzt wird, daß die Opfernden das Tier bloß für Geld kaufen, während die Priester selber für die Zeremonie zuständig sind. Deshalb steht das Wort »schlachten« in 7,2 im Plural: »wo sie (die Priester) das Brandopfer schlachten, sollen sie das Schuldopfer schlachten« (EÜ übersetzt singularisch), im Gegensatz zu den Vorschriften für das Heilsopfer (3,2), das im übrigen dem Schuldopfer als Vorlage dient. Der Verweis auf die Weisung für das Sündopfer (7,7) zeigt, daß die Weisungen für die Opfer einheitlich und als System redigiert wurden. Als spätere Zusätze sind wohl einzig 6,12-16 und 7,22-27 anzusehen.

Anhänge (7,8-10): Es handelt sich um Privilegien der Priester, die hier an passender Stelle eingefügt werden, weil sie die hochheiligen Opfer betreffen, die bis dahin behandelt wurden. Ihr Genuß steht einzig den Priestern zu. Laien dürfen mit Hochheiligem nicht in Berührung kommen. Was soll mit dem Fell der Sünd- und Schuldopfertiere geschehen? Eine Weisung dazu fehlt. Die Unterlassungssünde der Tora wird in der Mischna mit einem Schluß vom Größeren zum Kleineren geregelt: »Wenn ihnen das Fell des Brandopfers zusteht, dessen Fleisch ihnen nicht zusteht, um wieviel mehr steht ihnen das Fell der hochheiligen Opfer zu, dessen Fleisch sie essen dürfen« (m. Zeb 12,3). Die Anweisung, daß das Speiseopfer dem amtierenden Priester gehört, widerspricht der Anweisung in 2,9, wonach die Speiseopfer unter allen Priestern verteilt werden müssen. Dieser allgemeine Hinweis wird hier nun differenziert: Nur bestimmte Speiseopfer, die mit Öl vermengten und die trockenen, müssen geteilt werden.

Heilsopfervorschriften (7,11-18): Es handelt sich um Vorschriften zuhanden der Priester. Sie haben bei diesem Opfer, das von den Laien durchgeführt wird, in erster Linie zu kontrollieren, ob alles »rite« abläuft. Zunächst wird die häufigste Form des Heilsopfers, das *Dankopfer,* behandelt. Es genoß im Volk höchste Wertschätzung, da man Fleisch von tadellosen Zuchttieren in erster Linie durch diesen Ritus genoß. »In der kommenden Welt werden alle Opfer für nichtig erklärt, nicht aber das Dankopfer, und alle Gebete werden für nichtig erklärt, nicht aber die Danksagung« (M. LR. 9,7). Weil die Opfergaben von Priestern und Laien gegessen und nicht auf dem Altar verbrannt werden, darf ausnahmsweise auch gesäuertes Gebäck dargebracht werden (zweite Ausnahme ist 23,17). Das Fleisch des Dankopfers muß noch am selben Tag von der versammelten Gemeinschaft verzehrt werden. Fleisch von *Gelübdeeinlösungsopfern* (vgl. Spr 7,14f) oder *freiwilligen Opfern* darf auch am folgenden Tag noch verzehrt werden, jedoch nicht mehr am dritten. Der Priesteranteil wird zunächst mit dem sog. *Erhebungsritus (terumah)* Gott geweiht. Nebst dem rechten Schinken des Heilsopfers (vgl. auch 10,14f; Num 6,20) werden das Material für das Heiligtum (Ex 25,2f u.ö.), die Silbersteuer (Ex 30,13ff), die Brote des Dankopfers (7,12ff), die Erstlingsgabe des Brotteiges (Num 15,19f), der Zehnte und sein Zehnter (Num 18,24-29), der Heiligtumsanteil der Kriegsbeute (Num 31,29), übrige heilige Geschenke für das Heiligtum (Num 5,9; 18,8) und auch weniger heilige Stiftungen (22,12; Num 18,11-19) Gott geweiht. Das Wort Erhebungritus ist insofern irreführend, als es sich um eine reine Absonderung der »für Jahwe« bestimmten Güter handelt (Buber/ Rosenzweig übersetzen denn auch einfach mit »Hebe«). Es trifft jedoch das Gemeinte, wenn man es als »das für Gott (wie eine Steuer) Erhobene« versteht. Die rituelle Handlung bleibt dem Darbringungsritus *(tenufah)* im Tempel »vor dem Angesicht Jahwes« vorbehalten (s.u. 7,30ff).

Reinheitsvorschriften für die opfernden Laien (7,19-21): Diese kleine Zusammenstellung von Reinheitsvorschriften ruft den Laien in bezug auf das Heilsopfer in Erinnerung, was sich aufgrund der allgemeinen Reinheitsvorschriften eigentlich von selbst versteht. Opferfleisch darf weder mit etwas Unreinem in Berührung kommen, noch von Menschen im Zustand der Unreinheit gegessen werden. Weil es sich dabei um eine vorsätzliche Versündigung handelt, untersteht die Bestrafung, nämlich die *Ausmerzung (karet)* des Täters oder der Täterin, Gott selber. Was ist damit gemeint? In einer Gesellschaft, wo die Menschen ein starkes kollektives Bewußtsein haben, kann dies sowohl frühzeitigen Tod als auch ein Aussterben der folgenden Generation bedeuten (vgl. Ps 109,13; Num 16,33; Dtn 29,19). Jedenfalls wird die weitere Lebensgeschichte der Familie jener, die das Sakrileg begangen haben, im Lichte dieses Vergehens gedeutet. *Karet* bedeutet auch, daß der/die Betroffene nicht zu den Vätern/Müttern versammelt wird. Im Büchlein Rut

verhindert Boas die Ausmerzung der Sippe Elimelechs und Noomis durch Lösung Ruts (4,10). Das Erste Testament kennt 19 Fälle von *Karet*, die sich fünf Kategorien zuordnen lassen:
- Verstoß gegen heilige Zeiten (z.b. Beischlaf am Versöhnungstag; Lev 23,29)
- Verstoß gegen heilige Substanzen (z.b. Blutgenuß; 7,27)
- Verstoß gegen Reinigungsgebote (z.b. nach Leichenberührung; Num 19,13-20)
- Götzendienst (z.b. im Gewand der Totenbefragung; 20,6)
- Unerlaubter Sexualverkehr (z.b. Inzest; 18,27ff)

Allgemeines Fett- und Bluttabu (7,22-27): Es handelt sich um eine Tabuvorschrift zuhanden des ganzen Volkes, und zwar in einem Einschub von »H« (vgl. schon 3,17). Fett vom Vieh wird nochmals ausdrücklich für den Konsum verboten. Sofern es sich um nicht fehlerlose Tiere handelt, die profan geschlachtet werden, darf es wenigstens für andere Zwecke (zum Verkauf an Fremde, als Brennmaterial, Grundlage für Salben etc.) verwendet werden. Auf Zuwiderhandlung steht die *Karet*-Strafe (vgl. Kommentar zu 7,19-21). Dasselbe gilt für den Blutgenuß. Es ist eine Vorschrift, die gelten soll, »wo immer ihr wohnt« (V. 26). Setzt sie die Exilssituation voraus oder noch lokale Kulte? Die Weisung will wohl sicherstellen, daß die IsraelitInnen auch in einer Situation, wo sie das Fleisch nicht am Tempel und unter Aufsicht von sachkundigen Priestern schächten und opfern können, gemäß den Vorschriften verzehren.

Anhang zum Heilsopfer (7,28-36): Es handelt sich um Vorschriften zuhanden des ganzen Volkes, und zwar um eine ausführlichere (spätere?) Regelung dessen, was vom Heilsopfer zur Speisung (EÜ: Feueropfer; das Wort ist jedoch allgemeiner zu verstehen als in 3,16, wo es ein Opferfachbegriff ist) Gott dargebracht und in der Folge den Priestern abgegeben werden muß. Dazu gehört die Brust und der rechte Schinken. Die Brust wird zunächst von denen, die das Opfer spenden, vor Gott im *Darbringungsritus (tenufah)* präsentiert. Dabei dürfte es sich um ein einfaches Hochheben der Opfergabe zur Präsentation vor der Gottheit handeln, wie es auf vielen ägyptischen Kultszenen zu sehen ist (Abb. 15). Danach wird das Fett der Brust von den Priestern verbrannt, während sie das Fleisch für den eigenen Verzehr behalten dürfen. Wie kommt EÜ mit vielen anderen Übersetzungen dazu, *tenufah* mit »hin- und her-

schwingen« wiederzugeben? Schon die Rabbinen haben den Unterschied zwischen der Weihe (*terumah*; EÜ: Erhebungsritus) und
dem Präsentieren (*tenufah*; EÜ: hin- und herschwingen [7,30]/Dar-
bringungsritus [7,34]) nicht mehr richtig verstanden und *terumah*
als vertikale, *tenufah* als horizontale Bewegung gedeutet, woraus in
den Übersetzungen dann ein Erheben, bzw. Hin- und Herschwingen geworden ist. Unser Abschnitt scheint nochmal ein anderes
Verständnis vorauszusetzen, ordnet er doch einfach der Brust den
tenufah-Ritus und dem rechten Schinken den *terumah*-Ritus zu
(V. 34). *Tenufah* wäre demnach eine rituelle Erweiterung einer Zeit,
wo dem Priester nicht nur der rechte Schinken, sondern auch noch
die Brust gegeben werden mußte, die in den Heilsopfervorschriften
(7,11-18) noch nicht erwähnt wird. In diesem Sinne suggerieren die
beiden Worte systematische Logik, wo nichts anderes vorliegt als
eine Erhöhung der Tempelsteuer in Naturalform. Daß dies nicht
leicht durchzusetzen war, geht aus den abschließenden Bekräfti-
gungen (VV. 34-36) hervor, die aus verschiedenen Zeiten stammen
dürften und die den Anteil der Priester einmal als »Anrecht«, einmal als »Regel« für alle Zeiten festzuschreiben versuchen. Immerhin scheint die Abgabe von Schinken und Brust an Gott, bzw. die
Priester, im Orient eine weitverbreitete Sitte gewesen zu sein, wie
eine sabäische Tempelinschrift aus dem Jemen bezeugt:

> Und es möge dem Gott ausgebreitet werden eine Schenkelkeule und das
> Bruststück als Sühne und Opfer, damit er mit dem Stamm wohne.

Feierliches Subskript (7,37f): Die scheinbar lapidar zusammenfas-
sende Schlußformel wirft die Frage auf, was mit dem Priestereinsetzungsopfer gemeint ist. Bezieht es sich auf das Priesterspeiseopfer
in 6,12-16? Oder bezieht es sich auf die nun kommenden Kapitel 8f,
die ursprünglich weiter vorne standen? Oder ist sein hiesiges
Erscheinen ein Hinweis darauf, daß die Vorschriften für die Priesterweihe (Ex 29) ursprünglich im Kapitel über die Opfer, nämlich
an der im Subskript genannten Stelle stand? Fragen wirft auch der
letzte Vers auf. Warum erhält Mose die Weisungen auf dem Sinai?
Nach 1,1 spricht Gott Mose ja vom Offenbarungszelt aus an. Soll
nachträglich etwas mit der Autorität des Sinai ausgestattet werden,
was in der Hierarchie niedriger anzusiedeln ist? Oder hat Mose
früher schon vernommen, was er erst jetzt bekannt gibt?

9. Priesterweihe (8,1-36)

Mit den folgenden drei Kapiteln findet ein (von »P«?) weitgespann-
ter, wohlkonzipierter Bogen seinen Abschluß: Die Anweisungen
für den Bau eines Heiligtums (Ex 25-31) finden in den Ausführungen (Ex 35-40) eine erste und bei der Inbetriebnahme des Kultes
nach den Weisungen für die darin stattfindenden Opfer (Lev 1-7)
eine zweite Entsprechung. Die Priesterweihe ist logischerweise der
letzte Schritt vor der eigentlichen Kultinauguration, wobei sie
selber schon kultisches Handeln ist. Das Kapitel entspricht bis auf
wenige Ausnahmen den Anweisungen in Ex 29 zur Priesterweihe,
wobei es den Text als bekannt voraussetzt, das Wesentliche zusammenfaßt, einiges akzentuiert und variiert. Ganz Ähnliches ist von
anderen altorientalischen Berichten über sakrale Bauten bekannt,
etwa von der zweisprachigen, akkadisch-sumerischen Samsuiluna-
B-Inschrift, wo der Neubau der Stadtmauern und der Zikurrat von
Sippar zunächst als Auftrag des Gottes Enlil (Windgott; Göttervater) an Schamasch (Sonnengott, Gott des Rechts und der Gerechtigkeit) ergeht, dessen Geliebter, der Stadtkönig Samsuiluna, dann
das Projekt ausführt, was er selber in der Ich-Form berichtet. Daß
die Priesterweihe genau den Vorschriften entsprechend ausgeführt
wurde, wird durch siebenmaliges »wie Jahwe befohlen hatte«, nach
den im Schema kursiv gedruckten Themen, betont:

A Versammlung von Personen und Material
1. *Anweisung(1-3)*
   Ausführung (4-5)
   B Salbung der Priester
   2. *Waschung der Priester, Kleidung Aarons (6-9)*
      Salbung des Heiligtums (10-11); vgl. Ex 40,9-11
      3. *Salbung Aarons, Kleidung der Priester (12-13)*
         X Opferdienst
         <u>*4. Sündopfer (14-17)*</u>
            5. *Brandopfer (18-21)*
               6. *Ordinationsopfer (22-29)*
   B' Salbung der Priester
      Salbung der priesterlichen Kleider (30); andere Tradition als
      Ex 29,21
A' Anweisung für die folgenden sieben Tage
   7. *Anweisung (31-35)*
      Ausführung (36)

1. Das Ritual ist ein *öffentlicher Akt*. Es ist wichtig, daß das Volk Zeuge des Statuswechsels der Männer ist, die nachher eine übergeordnete Funktion wahrnehmen.

2. Es beginnt mit einer *Waschung*. Waschung ist Tod und Geburt. Sie setzt Nacktheit voraus, den eigentlichen Status des Übergangs vor der *Einkleidung (Investitur)*. Die Kleider sind ein hervorragendes Symbol der Ab- und Ausgrenzung. Uniformen dienen bis heute der Darstellung von Hierarchien. Zur Ausstattung des Hohenpriesters gehören Gewand, Gürtel, Obergewand, Efod (eine Kunstwebearbeit aus Gold, violettem Purpur, Karmesin und gezwirntem Byssus mit zwei Karneolsteinen auf denen die Namen der Stämme Israels siegelartig eingeschnitten sind), Schärpe, Lostasche, die Lose Urim und Tummim (Lossteinchen), ein Turban, eine goldene Rosette, das heilige Diadem und ein Kopfbund. An Versuchen, diese Beschreibung bildlich umzusetzen, hat es nicht gefehlt (Abb. 16). Die priesterlichen Gewänder unterscheiden sich in Aufwand, Ausführung (z.B. Saumverzierungen) und Qualität. Auffälligerweise fehlen die Schuhe, die an diesem heiligen Ort aus Gründen der Pietät, wie heute noch im Islam, nicht getragen werden (vgl. Ex 3,5). Umso mehr ist von Kopfbekleidungen die Rede, die den Priester von den Laien unterscheidet.

3. Wie die Einkleidung, so ist auch die *Salbung* bis heute in katholischen und orthodoxen Kirchen eng mit der Priesterweihe und ihrem demokratisierten Pendant, der Taufe, verbunden. Öl ist ein Symbol der Freude (Ps 45,8; Jes 61,3) und des Festes in Gemeinschaft (Ps 133,2), von Heil (Gen 8,11) und Gesundheit (Jes 1,6; Jak 5,14). Der Gesalbte *(meschiach)* wird mit göttlichem Geist (1 Sam 16,13f; 18,12), Kraft (Ps 89,21-25) und Weisheit (Jes 11,1-4) versehen. Die Salbung kommt als rituelles Element immer dann zum Zuge, wenn ein Mensch in einen neuen legalen Status versetzt wird, also bei der Königs-, Priester- und Prophetenweihe und bei der Rehabilitation des Aussätzigen, der gleichsam vom toten in den lebenden Zustand erhoben wird.

4. In der Mitte des Rituals (vierte der sieben Entsprechungen zu Ex 29) steht das auch sprachlich hervorgehobene *Sünd- oder Reinigungsopfer* (vgl. schon 8,2). Das erstaunt nicht, denn es geht ja darum, die Priester vom profanen in den sakralen Raum überzuführen. Weihe bedeutet in erster Linie Reinigung für den neuen Status.

5. Es folgt das *Brandopfer* und
6. das *Ordinations- oder Priestereinsetzungsopfer (millu'im)*.
Letzteres wurde zwar merkwürdigerweise schon in 7,37 erwähnt,
kommt aber erst hier zum Zuge. Es ist so etwas wie ein höheres
Heilsopfer, nämlich das Heilsopfer der Priester, mehr als heilig,
aber auch nicht hochheilig. Rituell wird der Zwischenstatus in der
Opferhierarchie durch das Verbrennen des Schenkels symbolisiert,
der normalerweise beim Heilsopfer den Priestern zufällt, nun aber
Gott, während das zweite Priesterstück, die Brust, Mose zufällt, der
damit die Tenufah vollzieht. *Mose* ist während der ganzen Zeremonie der amtierende Ersatzpriester – ein gewichtiges Zeichen, besagt
es doch, daß die Installation eines beamteten Priestertums der cha-
rismatisch-prophetischen Führung untersteht.
7. Die Priesterweihe ist ein klassischer *»rite de passage«*. Zwischen einem Ausgangsstatus (Laien) und einem Endstatus (Priester)
haben die Männer eine *Grenzzeit* (lat. *limen*) des Ausschlusses aus
der übrigen Gesellschaft zu bestehen, die durch den Trennungs-
und den Vereinigungsritus markiert wird. Vor der Profeß des
christlichen Mönchs ist es die Nacht, die der Novize allein vor Gott
in der Kirche verbringt. Der Zwischenstatus im Limen ist gewisser-
maßen eine Nichtexistenz. Sie wird gerne durch Nacktheit, ein
weißes Gewand, Demutshaltungen u.ä. zum Ausdruck gebracht.
Der König Gabuns wird vor seiner Installation von der Volksmas-
se, der er schutzlos ausgeliefert wird, bespuckt, beschimpft und
getreten, so daß um sein Leben gefürchtet werden muß. In Babylon
wurde der König anläßlich des Neujahrsfestes entkleidet und seiner
Machtinsignien enteignet, bis er von der Priesterschaft neu instal-
liert wurde. Die Priester Israels verbrachten zwischen ihrer Weihe
und der Kultinauguration, dem Trennungs- und Vereinigungsritus,
sieben Tage im hinteren Teil des Tempelvorhofes, den sie nicht verlassen durften. Unklar ist nach 8,34f, ob die Opfer während dieser
Woche täglich wiederholt wurden, ob nur das Sündopfer oder
überhaupt kein Opfer mehr dargebracht wurde.

10. Kultinitiation (9,1-24)

Der *achte Tag*, also der erste Tag der neuen Woche, ist vielfältig als
Tag der Initiation eines Neuen bezeugt: Beschneidung (12,26), Dar-

bringung der Erstlinge (Ex 22,20), Opferfähigkeit der Tiere (22,26f), Reinigung des Heiligtums (16,14f.18f), der Aussätzigen (14,8ff.23), der Ausflüssigen (15,13f), des Nasiräers (6,9f) und am achten Tag findet die Versammlung des Laubhüttenfestes statt (23,34-36.39). Dies dürfte der Hintergrund für die architektonische Besonderheit der frühen christlichen Baptisterien sein, die im Oktogonal gebaut wurden, ist doch die Taufe die Initiation ins christliche Leben.

Die Anweisungen des Mose (9,1-7): Während bei der Priesterweihe großer Wert auf die Tatsache gelegt wird, daß sie auf göttliche Anweisung hin erfolgt, handelt es sich hier lediglich um Anweisungen des Gesetzgebers, die etwas weniger zeitlos sind. Man war sich durchaus bewußt, daß eine spätere Generation das Fest anders begehen wird, während das Priestertum selber eine Institution für ewige Zeiten sein sollte.

Ausführungen durch Aaron (9,8-21): Die ganze Palette der Opfer wird durchgespielt, und zwar in der Hierarchie ihrer Heiligkeit: priesterliches Sündopfer, priesterliches Brandopfer, Volkssündopfer, Volksbrandopfer, Volksspeiseopfer (beim hier eingefügten Tamid-Opfer handelt es sich um eine Glosse), Volksheilsopfer. Es fehlt nur das Schuldopfer, das rein privaten Charakter hat und nie in der Öffentlichkeit stattfindet.

Feuerentfachung mit Segen, Theophanie, Akklamation und Proskynese (9,22-24): Noch vom Altar aus segnet Aaron das Volk, wahrscheinlich mit dem in Num 6,24-26 überlieferten Wortlaut, wozu er beide Hände erhebt. Er steigt herunter und geht mit Mose in das Offenbarungszelt. Was tun sie dort? Sie beten, so ist aus dem Zusammenhang und aus dem Vergleich mit 1 Kön 8,22-54 zu schließen, um die Erscheinung des göttlichen Glanzes (*kabod*; wörtl. Gewicht; EÜ: Herrlichkeit), der sich im verzehrenden Feuer manifestiert (vgl. dazu Ex 24,17 mit Num 9,18; 20,6). Daraus läßt sich aber weiter schließen, daß Mose und Aaron im Allerheiligsten, dem Wohnort Gottes, das Feuer entfachten, mit dem sie draußen das Altarfeuer entzündeten und gleichzeitig initiierten, das fürderhin nicht mehr ausgehen darf (6,5f). Die Reaktion des Volkes auf diesen Vorgang, der in der Bibel in mythologischer Weise überliefert wird, ist jubelndes Beifallsgeschrei (Akklamation) und demütige Huldigung durch Niederfallen auf das Angesicht (Proskynese), zwei durchaus instinktive Handlungen, dem Freudengebell und dem Totstellreflex der Hunde vergleichbar. Dieses ganze kultische Drama der Feuerentfachung findet in der griechisch-orthodoxen Osterliturgie ein eindrückliches Echo. Der Patriarch von Jerusalem tritt in der Osternacht mit dem neuentfachten Licht der Osterkerze, Symbol der Auferstehung Christi, aus der Kammer mit dem leeren Grab, wo er vom Volk mit frenetischem Jubel und dem Ruf »Christus ist auferstanden, er ist wahrhaft auferstanden« empfangen wird, worauf das Feuer der neuen Kerze in Windeseile verbreitet wird und von den Gläubigen nach Hause getragen wird (vgl. auch das olympische Feuer), wo es früher dem Unterhalt des Herdfeuers diente.

Der Brennpunkt der Kultinitiierung im wahrsten Sinne des Wortes ist also die *Entfachung des Altarfeuers*. Der Fachausdruck für das, was in diesem Kapitel beschrieben wird, heißt denn auch »Altarinitiierung« *(chanukkat hammisbeach)*. Sie setzt die Weihe der Einrichtungen und vor allem derer, die das Ritual durchführen, bereits voraus (Ez 43,26). In Num 7 ist von den Altarinitiationsgeschenken die Rede, die die Stämme zu dieser Feier heranbringen. Bei welchen Gelegenheiten ist in der Bibel und in der jüdischen Tradition von einer Kultinitiation die Rede?

1. In 1 Kön 8 überliefert »D« die Einsetzung des Kultes durch Salomo, wobei sich der hebräische und der griechische Bibeltext nicht ganz einig sind über das Prozedere. Der Septuagintakurzfassung, wonach Salomo das Volk am achten Tag, nach der Initiation, entläßt, ist wohl der Vorzug zu geben.
2. Die längere Feiervariante der Masora dürfte auf »C« zurückgehen, der sie in dieser Form auch in 2 Chr 7 überliefert.
3. Ezechiels Altarinitiation in Ez 43,18-27 für einen künftigen Tempel entspricht derjenigen in Lev 9, geht aber davon aus, daß die Initiationsfeier mehrere Tage dauert.
4. Die Wiedereinweihung des Tempels nach der erfolgreichen makkabäischen Revolte gegen die Seleukiden, die das Heiligtum profaniert hatten, dauert ebenfalls acht Tage, wird nun aber als permanentes Freudenfest begangen (1 Makk 4,56).
5. Besonders unter Bezug auf diese letzte Kultinitiation (14. Dez. 164 v.Chr.) vor der Zerstörung des jüdischen Tempels (70

n. Chr.) wird im Judentum das Chanukka-Fest gefeiert, in dessen Zentrum Öl und Feuer des neunarmigen Leuchters (ein Lichtgeber und acht Leuchten für die acht Einweihungstage) stehen.

11. Schlußmahnungen (10,1-20)

Das Schlußkapitel der Weisungen über die Opfer ist eine kunstvoll aufgebaute, brillant-polemische Apologie des priesterlichen Opfersystems, eine Zusammenfassung priesterlicher Funktion und eine kompositorische Scharnierstelle zwischen zwei Hauptteilen der Tora. Die stringente Form, die inhaltlichen Kernsätze und die kompositorische Schlüsselfunktion des Kapitels lassen »H« als seinen Redaktor und teilweisen Autor vermuten. Zwei erzählerische Teile über den gefährlichen Umgang mit Hochheiligem binden zwei Weisungen des Mose an Aaron, ein Verbot und ein Privileg, ein, die ihrerseits eine Gottesrede an Aaron (nur noch in Num 18,1.8!) flankieren, mit einem Tabu und einem Gebot an zentraler Stelle:

A *Erzählung* von Nadab und Abihu (1-5)
Räuchern
    B *Moserede* an Aaron, Eleasar und Itamarn (6-7)
    Trauerverbot
        X *Gottesrede* an Aaron (8-11)
        Alkoholtabu und Unterscheidungsgebot
    B' *Moserede* an Aaron, Eleasar und Itamar (12-15)
    Speiseprivilegien
A' *Erzählung* von Eleasar und Itamar (16-20)
Sündopferbock

Die Erzählung von Nadab und Abihu (10,1-5): Erzählungen von zwei Priestern, die etwas falsch machen und dafür von Gott hinweggefegt werden, waren nicht unbeliebt, wie etwa die ruhmlose Geschichte der Elisöhne Hofni und Pinhas (1 Sam 2f) oder die Datans und Abirams (Num 16) zeigt. Die Verwandtschaft der Namen der Söhne Jerobeams I., Nadab und Abija, mit diesen unglücklichen Aaronssöhnen dürfte nicht zufällig sein, besonders wenn man bedenkt, daß hinter dem Apostaten Jerobeam I. der indirekte Adressat der Geschichte des Goldenen Kalbes steckt. Worauf will die Erzählung hinaus? Das Räuchern von Privaten mit Räuchertassen und Räucherkästchen (Abb. 17a,b), besonders für die

Himmelskönigin, kam in der späten Königszeit unter assyrischem Einfluß in Mode (s. Exkurs II). Indem die beiden Aaronssöhne dafür bestraft werden, daß sie nicht Kohlen vom Räucheraltar nehmen, sondern »fremdes (EÜ: unerlaubtes) Feuer«, wird diese Praxis, soweit sie nicht innerhalb der Vorschriften des Jahwekultes und im Tempel stattfindet, diskreditiert. Weder die Gesetzgeber (Mose), noch die persischen Statthalter, noch die Rabbinen haben es aber – bei aller Polemik – je gewagt, das Räuchern von Gesetzes wegen zu verbieten, weil sie den offenen Widerstand der Bevölkerung fürchteten. Eine ganz andere Auslegung dieser Stelle war im 1./2. Jh. n.Chr. im Schwange. Nach Philo von Alexandrien haben sich Nadab und Abihu in überschwänglicher Gottesliebe und vollständiger Nacktheit, nachdem sie die Gewänder, nämlich das Unvernünftige, die das Vernünftige, den Körper, in den Schatten stellen, ausgezogen hatten, Gott selber dargebracht und als Opfergabe sein Wohlgefallen gefunden. Der möglicherweise aus dem ägyptischen Judentum stammende Evangelist Johannes könnte diese Auslegungtradition gekannt und auf Jesus bezogen haben: »Vater, verherrliche deinen Namen! Da kam eine Stimme vom Himmel: Ich habe ihn schon verherrlicht (nämlich in Nadab und Abihu) und werde ihn wieder verherrlichen (nämlich in Jesus von Nazaret)« (Joh 12,28; vgl. Lev 10,3).

Das Trauerverbot für Hohepriester (10,6-7): Nun wäre Trauer für die beiden Verblichenen angesagt, doch Mose gebietet Aaron und seinen verbliebenen Söhnen, nicht zu trauern, wozu in Israel die Vernachlässigung der Haare und das Zerreißen der Kleider gehört. Das Trauern würde ihre Salbung, Zeichen der Freude und des (permanenten) Festes vor Gott, aufheben. Der Hohepriester ist an das Heiligtum gebunden, gleichsam Sakrament eines ununterbrochenen Lobes Israels vor Gott. Ezechiel wollte die Regel auf alle Priester übertragen (Ez 44,20).

Die Gottesrede an Aaron (10,8-11): »Priester und Propheten schwanken vom Bier, sind überwältigt vom Wein. Sie taumeln vom Bier, sie schwanken bei ihren Visionen, sie torkeln, wenn sie ihr Urteil verkünden« (Jes 28,7). Alkoholika sind seit alters beliebte Katalysatoren der Trance, des veränderten Bewußtseins. Betrunkene gelten wie Schlafende und Kinder als besonders empfänglich für göttliche Botschaften. Innerhalb des Heiligtums ist aber Nüchternheit geboten (vgl. 1 Sam 1,13f). Zusammen mit der unsauberen

Waschung (Ex 30,20), dem Dienst trotz Körpermakel (Lev 21,23) und der nicht vorschriftgemäßen Kleidung (Ex 28,43) gehört die Trunkenheit (vgl. Ez 44,21) zu den vier todeswürdigen Vergehen der Priester. Nüchternheit ist die Voraussetzung für die Erfüllung der Aufgabe, die den Priestern obliegt: die Unterscheidung von rein und unrein, heilig und profan (s. dazu Exkurs III). »H« konfrontiert uns hier an formal betonter Stelle mit einem rationalistischen Religionskonzept: Religion dient der Unterscheidung, Klärung, Ordnung der Welt. Seine Mystik der Heiligung basiert auf menschlichen, von Gott geschenkten Fähigkeiten des Fühlens, Denkens und Handelns. Dieses Verständnis von Religion entspricht eher der Aufklärung als dem, was die Aufklärung als Religion kritisiert hat.

Die Speiseprivilegien der Priester (10,12-15): Vgl. dazu den Kommentar zu Speise- und Heilsopfer (Kap. 2f). Zu Darbringungs- und Erhebungsritus vgl. Kommentar zu 7,30ff.

Die Erzählung von Eleasar und Itamar (10,16-20): Durch die Leichen Nadabs und Abijas ist das Heiligtum verunreinigt worden. In dieser Situation essen die Priester das Sündopfer nicht, wie vorgeschrieben zur Tilgung der Sünde (6,22), sondern verbrennen es vollständig, wie in der Ausnahmesituation der Priesterinitiation (8,14-17) und des Eröffnungsgottesdienstes (9,8-11), der Begleichung einer Schuld des Hohenpriesters, bzw. des ganzen Volkes (4,3-21) und des Versöhnungstages (16,27). Mose regt sich auf, verdächtigt er doch die Priester eines magischen Mißverständnisses der Unreinheit. Aaron verteidigt demgegenüber das Verhalten der Priester und überzeugt Mose mit dem Argument der Pietät gegenüber Gott in dieser besonderen Situation: eine Lektion punkto kultischer Etikette an den Gesetzgeber.

Der polemische Anhang in erzählerischer Form hat ein Vorbild. In ebendieser Weise wird in der Geschichte vom Goldenen Kalb die Infragestellung der eben dargelegten Gesetze durch ein Sakrileg thematisiert. Was in trockener Juristen- oder Priestersprache dargelegt wurde, wird auf einer Negativfolie erzählerisch bekräftigt – eine methodisch-didaktisch äußerst geschickte Anordnung. Während sich dort Aaron eine Strafpredigt des Mose für sein fahrlässiges Verhalten anhören muß (Ex 32,21-25), muß sich hier Mose durch Aaron eines Besseren belehren lassen.

Vor der Einfügung der Weisungen über »rein« und »unrein« folgte auf dieses Kapitel die Weisung über die Gesamtreinigung des Tempels in Notfällen (Lev 16).

II. Die Weisungen über »rein« und »unrein« (11,1-16,34)

III: »rein/unrein« – »heilig/profan«

Was bedeutet »rein« und »unrein«?
Wenn heute von »rein« und »unrein« die Rede ist, wird damit in der »aufgeklärten« westlichen Welt zunächst *Sauberkeit* und *Schmutz* assoziiert: reine Wäsche, reine Stube, reine Haut. Reinheit im Sinne von Sauberkeit ist in dieser Welt ein hohes Ideal. Das verrät die Werbung, die zu einem guten Teil aus Reklame für Körperpflegemittel, WC-Papier, Scheuermittel, Waschmittel u.ä. besteht. Den Sauberkeitsfimmel verdankt diese Welt der naturwissenschaftlichen Forschung der Neuzeit. Sie hat in den Keimen von Mikroben und anderen für das menschliche Auge unsichtbaren Lebewesen die tödlichen Grundübel der Menschheit entdeckt zu haben geglaubt. Unsere Sprache zollt den Erzvätern dieser Religion bis heute ihren Tribut: Wenn Milch durch Aufkochen keimfrei gemacht wird, so wird dieser Prozeß in einer Referenz an den französischen Pionier der Bakteriologie, Louis Pasteur (1822-1895), »pasteurisieren« genannt. Verschiedene Merksprüche propagieren diese Ideologie der Hygiene für das Volk: »Nach dem Abort und vor dem Essen Hände waschen nicht vergessen.« Diese Auffassung von Reinheit ist so radikal, daß sie bereit ist, den natürlichen Instinkt für die Erhaltung der lebensnotwendigen Umwelt zu opfern, indem Gewässer, Luft und Erde nachhaltig zugunsten menschlicher Hygiene verunreinigt werden.

Das Mittelalter hat mit »rein« und »unrein« in erster Linie erlaubt und unerlaubt, *Tugend-* und *Lasterhaftigkeit* assoziiert: reine Gedanken, reines Herz, reines Gewissen, reine Jungfrau. Reinheit im Sinne von moralischer Integrität oder Schuldlosigkeit ist der absolut zentrale Wert dieser Gesellschaft. Die Propaganda jener Zeit wirbt mit teilweise radikalen Mitteln für diese Idee der moralischen Tadellosigkeit: mit Tugend- und Lasterkatalogen, Heiligenviten, Visions- und Bekehrungsberichten, vor allem aber mit der Angst vor dem Jüngsten

Gericht, das alle Taten der Menschen an den Tag bringt und es erlaubt, Männer und Frauen aufgrund ihrer Lebensführung in Himmel, Hölle oder Fegefeuer zu verteilen. Alle großen und kleinen Unternehmungen des Mittelalters (Kreuzzüge, Kirchenbauten, Kunstwerke etc.) waren in gewisser Weise von dieser Idee der moralischen Reinheit besessen. Auch diese Ideologie wurde mit populären Sprüchen, die teilweise heute noch in Gebrauch sind, propagiert: »Ein reines Gewissen, ein sanftes Ruhekissen.« Diese Auffassung von Reinheit ist ebenfalls radikal, so daß sie bereit ist, den natürlichen Instinkt für die Selbsterhaltung zu opfern, veranschaulicht in Franz von Assisi, der den Aussätzigen küßt, und Katharina von Siena, die sich zwingt, eine Schale voll Eiters zu trinken, weil sie sich den Ekel als Hindernis der Nächstenliebe nicht zugesteht.

Neben realer oder moralischer Sauberkeit konnotiert das deutsche Wort »rein« aber auch *»unvermischt«* (reiner Wein, reine Seide, reines Gold, reines Wasser), *»unverfälscht, echt«* (reiner Adel, reine Rasse, reine Lehre, reines Deutsch, reine Stimme) oder *»richtig, bloß«* (reines Wunder, reines Glück, reiner Hohn, reine Gutmütigkeit). Mit diesem Verständnis kommen wir dem altorientalischen Denken in den Kategorien »rein« und »unrein« wohl am nächsten. Eine mündliche Überlieferung (Hadith) aus dem Islam, der dieses Denken unter den monotheistischen Religionen am stärksten bewahrt hat, mag dies exemplarisch verdeutlichen:

Abu Huraira berichtet, der Gesandte Gottes habe gesagt: Ihr sollt nicht laufen, wenn ihr nur einen Schuh anhabt. Zieht entweder beide Schuhe an oder lauft barfuß!
(Sahih al-Buchari, Nachrichten von Taten und Aussprüchen des Propheten Muhammad, LXXVII,40)

Es geht darum, Eindeutigkeiten nicht zu zerstören, Sphären nicht zu vermischen, Ordnungen nicht durcheinanderzubringen. In diesem konkreten Fall geht es einerseits um klare Trennung von Nacktheit und Bekleidung, andererseits um die Wahrung der Symmetrie. Die Kategorien rein und unrein bilden in allen Kulturen ein mehr oder weniger dargelegtes System, einen unsichtbaren Kosmos, ein über die Wirklichkeit gelegtes Koordinatennetz, das die Vielfalt der Möglichkeiten, in der Welt zu leben beschränkt und den Menschen dadurch überhaupt Lebensmöglichkeit und Orientierung verschafft. Dieses Koordinatennetz ist ein wichtiger Teil dessen, was wir Kultur nennen.

Noch im 18. Jh. versuchte Max Freiherr von Knigge (1752-1796) diese Koordinaten für die entstehende bürgerliche Gesellschaft Deutschlands objektiv zu erfassen. Heute wird über das »Kniggerige« gerne gelächelt oder gespottet. Die Toleranz dafür, was als »rein« und was als »unrein« empfunden wird, ist sehr individuell geworden. Ich persönlich dulde keine Marmelade an der Butter, die auf dem Tisch steht (Vermischungstabu), bin aber ein Freund von Dreitagebärten (uneindeutig, da weder richtiger Bart, noch blankrasiert). Meine Mutter findet beides unanständig. Meine Frau toleriert beides.

Was bedeutet »heilig« und »profan«?
Während es selbstverständlich ist, daß die beiden Begriffe einen komplementären Gegensatz bilden – heilig ist, was nicht profan ist, und profan ist, was nicht heilig ist – ist es sehr schwer, diese Beziehungsbegriffe inhaltlich zu füllen. Der Ursinn des deutschen Wortes »heilig« ist »eigen«. In bezug auf eine Gottheit bezeichnet es also ihr Eigentum, das Geweihte. Es diente zur Übersetzung des lateinischen »sanctus«, mit dem ein abgegrenzter, göttlicher Bezirk (lat. *fanum*) charakterisiert wurde. Das vor diesem Bezirk liegende ist demnach »pro-fanum«, »profan«, weltlich oder gewöhnlich. Die Ausgrenzung eines heiligen Bezirks ist aber nur die Folge eines Einbruchs des Heiligen ins Profane, der von den Menschen als Offenbarung oder Erscheinung, als Epiphanie, erlebt wird. *Nachdem* Jakob im Traum die Himmelsleiter erschienen ist, erkennt er den Ort als heilig und weiht eine Massebe, um ihn als solchen für andere sichtbar zu machen (Gen 28,11-19). Das Heilige hat also auch eine sehr intime, unscheinbare Dimension. Es kommt überraschend. Es wird als Einbruch von woanders in die Realität erfahren. Rudolf Otto, dessen Umschreibung des Heiligen in unserem Jahrhundert am meisten Resonanz gefunden hat, hat den Gesang des

Trishagion (»Dreimal heilig«, Jes 6,3, das Sanctus-Gebet der Kirche) in einer ärmlichen sephardischen Synagoge in Marokko als Entdeckungsstunde seiner Einsicht in das Heilige erlebt. Er versuchte die Gefühle, die das Heilige im Menschen auslöst, auf den Punkt zu bringen. Sie sind durch eine mächtige Spannung zwischen ehrfürchtigem Erschauern *(mysterium tremendum)* und seligem Entzücken *(mysterium fascinosum)* angesichts des ganz Anderen, der Heiligkeit, gekennzeichnet. Seine Definition ist klassisch geworden.

Während im Ersten Testament, besonders im sog. Heiligkeitsgesetz (Lev 17 – 26), Menschen immer wieder aufgefordert werden, sich zu heiligen, sich als heilig zu erweisen, heilig zu werden, heilig zu sein, werden sie selten als heilig bezeichnet (vgl. aber 2 Kön 4,9). Sie sind aber als für gewisse Aufgaben (Heilige des Tempels = Tempelprostituierte?: Dtn 23,18f; 1 Kön 15,12; 22,47; Priester: Lev 21,6ff) und gewisse Zeiten (heilige Krieger: Jos 3,5; 1 Sam 21,6; Nasiräer: Num 6,6a) geheiligt. Als ausgesprochen heilig gilt demgegenüber Gott (die älteste Stelle ist vermutlich 1 Sam 6,20) und seine Sphäre, wozu zum Beispiel die Lade gehört, die wie alles Heilige heikel zu behandeln und mitunter gefährlich ist (Num 4,19), oder der Altar, dessen Heiligkeit wie die der Opfergaben ansteckend ist (Ex 29,37; Lev 6,11.20). Besonders für Jesaja ist Jahwe schlicht der »Heilige Israels« (1,4; 5,19.24; 30,11f.15; 31,1). Er charakterisiert seine Sphäre trefflich durch die Seraphim, sechsflüglige Schlangen (Jes 6,2). Die Schlange mit ihrer faszinierenden Schönheit, der geheimnisvollen Art ihrer Fortbewegung, ihrer getarnten Verborgenheit, die kontrastiert zu ihrem blitzschnellen Auftauchen, wenn sie Beute findet, und der Gefährlichkeit ihres Giftes, verkörpert wie kein anderes Tier die wichtigsten Aspekte der Heiligkeit. In Ägypten und Israel ist sie deshalb ihr bevorzugtes Symbol (vgl. Abb. 54).

Wie verhält sich »rein/unrein« zu »heilig/profan«?
In der säkularen Gesellschaft werden die Bereiche als völlig voneinander getrennt aufgefaßt. Das Heilige wird dem rein Religiösen zugewiesen und aus dem Alltag, dem Profanen,

ausgesondert. Rein und unrein werden in einem naturwissen-
schaftlich enggeführten Sinn von sauber/hygienisch/gesund,
bzw. von schmutzig/ansteckend/ungesund als Kategorien im
profanen Alltag verwendet. Unsere Reinheitsvorschriften stellen keinen Zusammenhang von Schmutz und Heiligem her.
Es kann uns daher merkwürdig berühren, wenn wir erfahren,
daß »Primitive« zwischen Heiligem und Reinem, bzw. Profa-
nem und Unreinem kaum unterscheiden. Für den Kosmos des
Ersten Testamentes gilt weder die säkulare Trennung, noch
die »primitive« Gleichsetzung von »rein« und »heilig«, bzw.
»unrein« und »profan«. Vielmehr sind es vier in komplexer
Weise aufeinander bezogene und komplementäre Begriffe.
Die ureigenste Aufgabe der Priester ist es, den Laien diese
Kategorien und ihr Verhältnis zur Lebenswelt zu erläutern
(Lev 10,10):

Ihr sollt zwischen heilig *(qadosch)* und profan *(chol)*, zwischen unrein
(tam'e) und rein *(tahor)* unterscheiden, und die Israeliten sollt ihr über
alle Vorschriften belehren, die Jahwe euch durch Mose verkündet hat.

Dieser allgemeine Auftrag wird im Rahmen der Speisevorschriften in einer kunstvoll aufgebauten Formel, die die Bezüge der Kategorien verdeutlicht, präzisiert (Lev 11,43f):

A Macht euch nicht die Kehle (EÜ: selbst) *abscheulich* mit all diesem
Gewimmel, *wimmelnd* [auf der Erde; LXX, Syr]!
B$_1$ Verunreinigt euch nicht durch sie und werdet nicht unrein durch sie,
B$_2$ denn ich bin Jahwe, euer Gott.
B$_1$' Heiligt euch und werdet heilig,
B$_2$' denn heilig bin auch ich.
A' Macht euch nicht *unrein* mit all diesem Gewimmel, *kriechend* auf
der Erde.

Die Formel beschreibt die verbotenen und gebotenen Verhält-
nismöglichkeiten (**B**) zu einer genau umschriebenen Kategorie
von Tieren (**A**). Unter allem *wimmelnden* Gewimmel, das
abscheulich ist, sind die auf der Erde *kriechenden unrein*, insofern sie gegessen werden (**A-A'**). Was unrein ist, verunreinigt.
Wer sich verunreinigt, ist selber auch unrein. Ziel ist aber die
Heiligwerdung durch Heiligung, das genaue Gegenteil (**B$_1$**-

B₁'). Verunreinigung oder Heiligung geschehen in bezug auf Jahwe, Gott. Der Akt der Unterscheidung setzt die Schöpfungstätigkeit Gottes, der das Chaos durch Unterscheidung in einen Kosmos verwandelt hat (Gen 1), fort, ist also praktizierende *imitatio Dei* (**B₂-B₂'**).

Die Heiligkeit Gottes steht dem Unreinen diametral gegenüber. Das eine schließt das andere aus. Das Heilige kann nicht verunreinigt, nur profaniert werden! Im profanen Alltag sehen wir uns aber mit Reinem und Unreinem konfrontiert. Die Reinigung von Unreinheit ist ein Teil der Heiligung, die, solange wir Menschen sind, nie vollkommen sein kann. Verunreinigung ist im Alltag unumgänglich. Sie ist aber nicht notwendigerweise sündhaft. Dies hängt von der Intention der Verunreinigten ab. Die Begriffe können demnach folgendermaßen zur Anschauung gebracht werden:

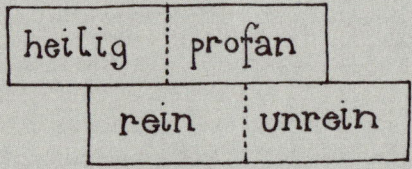

Figur 6: Das Verhältnis von heilig/profan zu rein/unrein nach Priesterlicher Theorie

Das priesterliche System – und darin besteht seine Genialität – bringt diese Koordinaten in Raum und Zeit zum Vorschein und entwickelt Praktiken, die den Menschen ein Leben in und mit diesem System ermöglichen, namentlich das Opfer, die Reinigung, die (ethische) Weisung und das Fest. Einige Aspekte der priesterlichen Lehre von »rein/unrein« und »heilig/profan« veranschaulicht die folgende Tabelle. Das absolut Heilige, Gott im Allerheiligsten des Tempels, wird in den aufgeführten Kategorien nicht mehr erfaßt. Damit soll die Andersartigkeit des Heiligen angedeutet werden:

	I *hochheilig*	II *heilig*	III *rein*	IV *unrein*	V *[sehr unrein]*
Raum	Innerer Teil des Vorhofs	Äußerer Teil des Vorhofs	Lager	Lager	außerhalb des Lagers
Personen	Priester	Opfernde	gewöhnliche IsraelitInnen	Verunreinigte	stark Verunreinigte
Ritual	Speise-, Sünd-, Schuld-opfer	Heilsopfer		1-Tage-Reinigung	7-Tage-Reinigung
Zeit	Versöhnungstag	Sabbat, Feste	gewöhnliche Tage		

Literatur: *Douglas, Mary*, Reinheit und Gefährdung. Eine Studie zu Vorstellungen von Verunreinigung und Tabu (stw 712), Frankfurt a.M. 1988; *Eliade, Mircea*, Das Heilige und das Profane. Vom Wesen des Religiösen (stw 1751), Frankfurt a.M. 1990; *Jenson, Philip P.*, Graded Holiness. A Key to the Priestly Conception of the World (JSOT.S 106), Sheffield 1992; *Kellermann, Diether*, Heiligkeit (II), in: TRE 14, 697-703; *Lanczkowski, Günter*, Heiligkeit (I), in: TRE 14, 695f; *Milgrom, Jacob*, Leviticus 1-16 (AB 3), New York 1991, 732. 976-1009; *Otto, Rudolf*, Das Heilige. Über das Irrationale in der Idee des Göttlichen und sein Verhältnis zum Rationalen, Breslau 1917 [seither über 50.000mal auf deutsch gedruckt]; *Söderblom, Nathan*, Art.: Holiness, in: Encyclopaedia of Religion and Ethics VI, 731ff, 1913.

1. Reine und unreine Tiere (11,1-47)

Nach einer Einleitung werden nacheinander die Vierfüßler, das Wassergewimmel, das Geflügelte und das Lufgewimmel behandelt. Dann folgen Bemerkungen zu den verbotenen Vierfüßlern, eine Liste von acht verbotenen Landwimmlern und eine Bemerkung zur Verunreinigung mit dem Aas der erlaubten Vierfüßler. Nun erst folgt die allgemeine Behandlung des Landgewimmels. Das Kapitel endet mit einer zusammenfassenden Mahnung und zwei Subskripten. Die mehrfach gestörte Systematik deutet auf ein Textwachstum, das vielleicht so rekonstruiert werden kann:

Verse	»P 1«	»P 2«	»H«	»C«
1-2a	Einleitung			
2b-8	Vierfüßler			
9-12	Wasser-gewimmel			
13-19	Geflügeltes			
20-23	Luftgewimmel			
24-28		Verbotene Vierfüßler		
29-38		Die acht Landwimmler		
39-40				Aas erl. Vierfüßler
41-42	Landgewimmel			
43-45			Zusammen-fassung; Mahnung; Begründung	
46	Subskript 1			
47		Subskript 2		

Redaktor »P 1« bot in der Königszeit eine systematische Liste mit Einleitung und Subskript und fünf Tierkategorien, nämlich Vierfüßlern und Vögeln und drei Kategorien von Gewimmel, gemäß den drei Lebenselementen Wasser, Luft und Land. Die Liste interessiert sich nur für eine Unterscheidung erlaubter und unerlaubter Tiere, wobei zwischen verunreinigenden und abscheulichen Tieren unterschieden wird. Nur erstere machen kultisch unrein. Nicht angeschnitten wird auffälligerweise das Thema der erforderlichen Reinigung.

Redaktor »P 2«, ebenfalls aus vorexilischer Zeit, interessiert sich nun auch für die erforderliche Reinigung. Er war es, der Kap. 11 mit Kap. 12 – 15, wo es um Reinigung bei verschiedenen Fällen von Unreinheit geht, verbunden hat, nachdem er die vorliegende Liste in diesem Sinne ergänzt hatte.

Redaktor »H« hat für die Israeliten des Exils die vorliegende Liste bekräftigt: auch in einer Situation ohne Tempel und Priester sollten die Speisegebote eingehalten werden. Fast wörtlich greift er dafür auf Ez 4,14 zurück.

Redaktor »C« dürfte aus dem Kreis der Tora-Endredaktoren stammen. Seine Einfügung verrät ein rigideres Reinheitsdenken als das der bisherigen Gesetzgeber, da für ihn bereits die Berührung mit dem Aas eines natürlichen Todes verstorbener, reiner Tiere verunreinigt.

Einleitung (11,1-2a): Unter den Adressaten figuriert auch Aaron. So wird deutlich, daß es die Aufgabe der Priester ist, das Volk über »rein« und »unrein« aufzuklären.

Vierfüßler (11,2b-8): Der Text unterscheidet Vieh und (Wild-) Tiere. Für beide gilt jedoch dieselbe Regel: Nur was Hufe (EÜ: durchgespaltene Klauen) hat, und zwar durchgespaltene, also sog. Paarzeher, und was wiederkäut, darf gegessen werden. Im Gegensatz zur Liste in Dtn 14,4f werden nicht die reinen, sondern die unreinen Tiere aufgezählt, weil die reinen in den vorangehenden Opferlisten ja schon Erwähnung fanden. Aufgrund dieser Kategorisierung werden das Kamel mit seinen Kissenfüßen, der Klippdachs und der Hase, die fälschlicherweise als Wiederkäuer betrachtet wurden, weil sie die Nahrung in den Backen eine gewisse Zeit horten, jedoch krallenartige Füße haben, verboten. Das *Schwein* wird als einziges Tier verboten, das zwar gespaltene Hufe hat, aber nicht wiederkäut. Tatsächlich erweckt das priesterliche Kriterium den Eindruck, als sei es eigens im Hinblick auf das Schwein entwickelt worden: »Der Herrscher des Universums weiß, daß es kein anderes Tier gibt, das gespaltene Hufe hat und unrein ist als das Schwein« (b. Chul 59a). Von den genannten Tieren kam es auch als einziges als regelmäßiger Nahrungsspender in Frage, denn Klippdachs und Hase (nicht Kaninchen!) sind Wildtiere, und das Kamel hat eine so lange Tragzeit, daß es auch in kamelzüchtenden Gesellschaften nur in Notzeiten als Fleischspender geschlachtet wird.

»Das Schwein ist unheilig...bespritzt sein Hinterteil, verursacht
Gestank auf den Straßen, verschmutzt die Häuser. Das Schwein ist
ungeeignet für den Tempel. Es fehlt ihm an Vernunft. Es darf
Fußböden nicht betreten, ein Greuel für alle Götter, ein Grausen
[für (seinen) Gott], verflucht von Schamasch.« So zählt ein akkadi-
scher Text von 716 v.Chr., ein paar Gründe, weshalb das Tier für
unrein erklärt wurde, auf. In viehzüchtenden Gesellschaften kam
noch ein Affekt gegen die schweinehaltenden Bewohner der Ebenen dazu. Schweinehaltung setzt voraus, daß die Tiere sich in den
heißen Sommermonaten in Tümpeln und Pfützen suhlen können.
In Israel war dies nur an wenigen Orten der Fall. Schweineknochen
lassen sich in Palästina archäologisch an verschiedenen Orten in
kleineren Mengen nachweisen. In den früheisenzeitlichen Dörfern
der viehzüchtenden IsraelitInnen fehlt es allerdings völlig. Wo
immer das Schwein gezüchtet werden kann, ist es zwar ein wichtiger Lieferant billigen Fleisches, jedoch kein Opfertier. Kultisch findet es fast ausschließlich zur Beschwichtigung dämonischer Mächte Verwendung: Die Hetiter brauchen es zusammen mit Hunden
bei apotropäischen Eliminationsriten. Die Assyrer beschwören
damit die Krankheitsdämonin Lamschtu (Abb. 18). Die Ägypter
ordnen das Tier im Mythos dem mörderischen Bruder des Horus,
Seth, zu. Bei den Griechen hingegen ist das Schweineopfer vor
allem im Demeter- und Dionysoskult weit verbreitet. In hellenistischer Zeit wird das Schweinefleischessen von den Griechen zum
Loyalitätstest an Juden verwendet (vgl. 2 Makk 6,18). Dies mag die
rabbinische Polemik gegen das Schwein noch verstärkt haben, setzt
andererseits aber die gemeinorientalische Ablehnung des Schweines
als reines Opfertier voraus.

Wassergewimmel (11,9-12): Was ein echter Fisch und demnach
genießbar ist, hat für die IsraelitInnen Flossen und Schuppen. Alles
andere, was im Wasser lebt, wird als abscheulich *(schäqäz)* empfunden. Das Wort steht im Akkadischen im Zusammenhang mit dem
bösen Blick, der das Leben bedroht. Das Abscheuliche ist eine min-
dere Kategorie dessen, was verunreinigt. Im Gegensatz zum Unreinen macht es nicht kultisch unrein, sondern ist einfach zum Genuß
verboten. In diesem Sinne unterscheidet auch das zweite Subskript
(11,47) nochmals rein und unrein, zu essen erlaubt und nicht
erlaubt. Die Rabbinen haben die Unterscheidung von Unreinem

und Nicht-Unreinem schon im Schöpfungsbericht vorgezeichnet gefunden: Am ersten Tag hat Gott Unreines geschaffen (z.B. Ton für irdene Töpfe, vgl. 11,33), am zweiten Tag nichts Unreines, am dritten Tag Unreines (z.B. Holz für Gefäße, vgl. 11,32, am vierten und fünften Tag nichts Unreines (unter anderem die abscheulichen Tiere!), am sechsten Tag Unreines (Mensch als Ursache diverser Unreinheiten). Möglicherweise steht hinter der Tatsache, daß Wassertiere prinzipiell nicht als unrein bezeichnet werden, auch die mythologische Überlegung, daß das Wasser als Inbegriff des Lebens nicht beständig durch eine Vielzahl von unreinen Lebewesen, die darin wohnen, verunreinigt werden kann, da es sonst als Mittel zur Reinigung untauglich wäre.

Insgesamt widerspiegelt der kurze Abschnitt über das Wassergewimmel mit seinen fast beschwörenden Wiederholungen die Sicht von Binnenländlern, die kaum Zugang zu fischreichen Gewässern hatten. Im Toten Meer leben – wie der Name sagt – keine Fische, der See Gennesaret ist von Jerusalem schon etwas weit weg, und das östliche Mittelmeer, mit seinem subtropischen Klima, war für die atlantische Fauna des übrigen Mittelmeeres unattraktiv. Erst mit dem Aushub des Suezkanals wurde die levantische Küste auf eindrückliche Weise von der Fauna des Roten Meeres erobert. Es ist denn auch bezeichnend, daß im ganzen Ersten Testament keine einzige reale Fischsorte genannt wird, dafür zwei Meeresfabelwesen, die Tanninim und der Leviatan (vgl. Ps 74,13f), drachenartige Viecher, die das Chaos schlechthin verkörpern. Die JerusalemerInnen werden Fische aus eigener Anschauung nur in Form vom Stockfisch der tyrenischen Händler kennengelernt haben. Noch so war er exotisch genug, daß die StädterInnen das Tor, vor dem die Tyrener ihre Ware anboten, Fischtor nannten (Neh 13,16; 3,3; 12,39).

Geflügeltes (11,13-19): Keine der fünf priesterlichen Tiergattungen wird so arten- und kenntnisreich vorgestellt wie die Vögel. Tatsächlich ist das Jordantal als Verlängerung des afrikanischen Grabenbruches für die Zugvögel auf ihrem Weg von Nord nach Süd und von Süd nach Nord eine wichtige Orientierungshilfe und ein willkommenes Feuchtgebiet, wo sie Station machen. Deshalb, aber auch wegen den vielgestaltigen ökologischen Nischen, die das Land sonst noch bietet, ist Palästina ein sehr vogelreiches Gebiet.

Als Opfertiere kamen dennoch nur ein paar Taubenarten in Frage (vgl. 1,14-17). Als Speisewild spielten mindestens die Wachteln eine nicht unerhebliche Rolle (Num 11). Das Haushuhn, das heute in Israel Fleischlieferant Nr. 1 ist, wurde im 6. Jh. von den Persern nach Westen exportiert. Daß es, obwohl Haustier, nicht erwähnt wird, könnte ein Hinweis darauf sein, daß die »P 1«-Liste älter ist. In der rabbinischen Literatur wird den Priestern und den BewohnerInnen Jerusalems die Hühnerhaltung verboten (b. BQ 7,7)!

Die überlieferte Liste der abscheulichen Geflügelten ist sehr schwer zu übersetzen, weil die Tiere oft nur mit lautmalerischen Wörtern, ihrem Ruf entsprechend, charakterisiert werden. So gibt EÜ *'aiah* als Bussard wieder, andere Übersetzungen als Falke oder Königsweihe. *tinschämät* bedeutet etwa soviel wie »Schnauber«, wird aber von EÜ mit der Weißeule identifiziert. Gesichert sind einzig Rabe, Storch, Wiedehopf und Fledermaus, sowie die Geierarten, die aber von EÜ falsch übersetzt sind. Genannt werden der Gänsegeier (*näschär*; lat. Gyps fulvus; EÜ: Aasgeier; oft auch fälschlich mit dem Adler identifiziert), der Bartgeier (*päräs*; lat. Gypaetus barbatus; EÜ: Schwarzgeier), der Mönchsgeier (*'asniah*; lat. Aegyptius monadus; EÜ: Bartgeier) und der Schmutzgeier (*racham*; lat. Neophron percnopterus; EÜ: Fischadler). Etwas Gemeinsames all dieser Flugtiere, das ihre Unreinheit begründen könnte, läßt sich wohl kaum finden. Einige sind eindeutig Aasfresser. Andere sind besonders nachtaktiv. Das Fleisch des Storches gilt als ungenießbar. Das Nest des Wiedehopfes als besonders dreckig. Zur weiteren Begründung der Abscheulichkeit s. unten.

Luftgewimmel (11,20-23): Die Insekten galten als abscheulich. Merkwürdigerweise werden sie als vierfüßig beschrieben, obwohl die meisten sechs oder – wie im Falle der Spinnen – gar acht Beine haben. Eine Ausnahme bilden die Insekten mit Sprungbeinen, die namentlich präzisiert und auf vier Arten eingeschränkt werden. Während hier tatsächlich Arten im Blick sind, beschreibt Joel 1,4 und 2,25 vier Entwicklungsstadien der Tiere. Heuschrecken werden noch heute in vielen Gegenden Afrikas als Delikatesse gesammelt und fritiert. Daß die Heuschrecken in hohem Ansehen standen, zeigen nicht nur die Tatsache, daß sie als Bildspender für große Heere dienen (Ri 6,5; 7,12; Jer 46,23; Nah 3,15.19), sondern auch, daß sie als Namensspender dienten (Abb. 19).

Reinigungsweise und verbotene Vierfüßler (11,24-28): Dieser priesterliche Kommentar (»P 2«) macht erstmals nähere Angaben, inwiefern diese Tiere verunreinigen, und gibt Anweisungen, wie die Unreinheit zu beheben ist. Unrein ist nur das Aas der Tiere, das weder berührt, noch gegessen werden soll. Der eigentliche Akt der Reinigung besteht im Waschen der Kleider, die offensichtlich als besonders kontaminierend gelten. Eine Ergänzung zu den Vierfüßlern beantwortet die Frage, was denn mit den Tieren ist, die weder wiederkäuen noch Paarzeher sind. Sie zielt auf ein Verbot der Huftiere (Pferd, Esel, Maulesel, Onager). Natürlich macht nicht die Berührung der lebenden Tiere unrein, wie der ungenaue Text meinen lassen könnte, sondern die Berührung ihres Aases. Gerade diese Tiere wurden ja im Alltag teilweise als Transport- und Reittiere verwendet. Außerdem werden die Pfotentiere verboten (z.B. Bären, Hunde, Katzen, Füchse).

Liste acht verbotener Landwimmler und Reinigung von Gegenständen (11,29-38): Die Liste stellt eine Präzisierung (»P 2«) des »P 1«-Verbotes des Landgewimmels (V. 41f) dar. Sie umfaßt Tiere, die tatsächlich aufgrund ihrer Größe als Nahrungsspender für Menschen in Frage kamen (s.u. den Text von Sahih al-Buchari). Auch hier sind die Übersetzungen höchst strittig. V. 31 setzt die Waschung (vgl. V. 25) offenbar bereits voraus. Wer sich noch nicht gewaschen hatte, durfte zwar am Abend bereits Reines, aber noch nicht Heiliges berühren.

Holzgeräte, (feine) Stoffe (EÜ: Kleider), Felle, Sackstoffe (*saq*; EÜ: grobes Zeug) und (fertiggestellte) Gebrauchsgegenstände müssen gewaschen werden. Bei den Hetitern mußten Holzgeräte verbrannt werden, da sie Unreines leicht aufnehmen. Im relativ holzarmen Palästina waren solche Gegenstände dafür zu kostbar. Metall war im Alltag so selten, daß es gar keine Erwähnung findet. Es wurde fast ausschließlich zur Herstellung von sakralen und militärischen Objekten gebraucht. Aber auch über die Behandlung von Flintwerkzeug erfahren wir nichts. Tönerne Gefäße und Backöfen (vgl. 2,4) müssen zerstört werden. In pharisäischen Kreisen wurde diskutiert, ob die Verunreinigung nur die Innenseite des Gefäßes betrifft oder auch die Außenseite (Kel 2,1). Mt 23,25f (|| Lk 11,39) ist als Anspielung auf diesen Streit zu verstehen. Zugleich faßt das Bild Jesu Reinheitslehre zusammen (vgl. Mk 7,18ff; s. unten und

Exkurs III). Quellen, Zisternen und Samen bleiben dagegen rein. Eine Begründung: Sie befinden sich in der Erde, die rein ist (b.Schab 81a). Als unrein gilt hingegen noch nicht gesäter, aber feuchter Same, der mit Aas in Berührung kommt. Eine genaue Parallele dieses Falles findet sich merkwürdigerweise in hinduistischen Reinheitsvorschriften.

Verunreinigung mit Aas erlaubter Vierfüßler (11,39-40): Die Vorschrift unterstellt Menschen, die das Aas eines reinen Tieres, das eines natürlichen Todes gestorben ist, berühren, der Reinigungspflicht. Sie steht damit im Widerspruch zu älteren Vorschriften (5,2; 7,21.24) und muß deshalb als sehr späte Interpolation (von »C«) betrachtet werden, die eine rigidere Auffassung von Unreinheit widerspiegelt.

Landgewimmel (11,41-42): Erst jetzt folgt die »P 1«-Notiz zum Landgewimmel. Gemeint sind etwa Schlangen, Tausendfüßler, Blindschleichen, Käfer etc.

Zusammenfassung, Mahnung und Begründung (11,43-45): Zu dieser »H«-Formel V. 43f und ihrer Bedeutung s. Exkurs III und 20,19-21. Das Gewicht, das durch sie dem Landgewimmel gegeben wird, hängt vielleicht mit dessen Nähe zur Unterwelt, der *schö'ol*, mit ihrer Häufigkeit in der Küche und mit ihrer Undefinierbarkeit zusammen. Gottes Anspruch auf Israel wird (V. 45) damit begründet, daß er es aus Ägypten heraufgeführt hat: Die Eigentümerschaft ist von Pharao auf Jahwe übergegangen.

Subskript 1 (11,46): Dies war der Schluß der ursprünglichen »P 1«-Liste. Auffälligerweise fehlt in der Aufzählung das Luftgewimmel. Hat sich »P 1« durch die Unterscheidung von Vögeln und Insekten selber überfordert?

Subskript 2 (11,47): Dieser Schluß wurde im Hinblick auf die Verunreinigung durch Unreines und Abscheuliches hinzugefügt.

Die *Speisegebote* haben die Gemüter zu allen Zeiten erregt, ja erhitzt. Es gibt ja auch kaum einen Bereich, wo kulturelle Unterschiede einerseits so öffentlich und andererseits doch in einem intimen Bereich zutagetreten wie auf der Menükarte. Was zum Menschenmund eingehen soll, ist – bei Gott – keine Nebensache. Nirgendwo zeigt es sich deutlicher, daß die Menschen ihre abwesenden natürlichen Instinkte durch gesellschaftliche Konstruktionen, die religiös legitimiert werden, ersetzen müssen. Die Liste der erlaubten und unerlaubten Tiere ist nur ein Teil eines umfassenden Systems, als dessen Herz das Bluttabu und die damit verbundene rituelle Schlachtung anzusehen ist. Es wird als etwas Allgemeinmenschliches aufgefaßt und deshalb noch in den Tagen vor der Beschneidung dem Noach verkündet (Gen 9,3-6; Lev 17; Dtn 12,20-25). Während dieses Tabu damit begründet werden konnte, daß das Blut Sitz des Lebens ist, fällt die Begründung der Liste eßbarer Tiere wesentlich schwerer. »P« gibt für die Auswahl vordergründig biologistische Kriterien (Wiederkäuer, Paarzeher, Schuppen, Flossen, Sprungbeine) an, konnte und kann aber damit die nach Sinn lechzenden Seelen nicht befriedigen. Dieses Defizit wurde im Laufe der Zeiten durch verschiedenste Theorien zu decken versucht. Schon alt ist der Versuch, die Tiere vor- und sinnbildlich für ein tugendhaftes Leben zu verstehen, wie der Aristeasbrief (XV, 143-147) aus dem 2. Jh. v.Chr. zeigt:

Im ganzen sind alle Vorschriften nach ihrem tieferen Sinne gleichwertig, weil alle von *einer* Kraft bestimmt sind; auch im einzelnen hat jede der Vorschriften über verbotene und erlaubte Speisen ihren tiefen Grund. Ich will dir beispielsweise die eine oder andere kurz erläutern. Verfalle ja nicht auf die längst aufgegebene Ansicht, Moses habe aus Rücksicht auf Mäuse, Wiesel oder ähnliches Getier diese Gesetze gegeben! Vielmehr wurden diese heiligen Gebote nur zum Zweck der Gerechtigkeit erlassen, um fromme Gedanken zu wecken und den Charakter zu bilden. Denn die Vögel, die wir essen, sind alle zahm und zeichnen sich durch Reinheit aus, weil sie Weizen und Hülsenfrüchte zur Nahrung nehmen, wie Tauben, Turteltauben, Hühner, Rebhühner, Gänse und die übrigen dieser Art. Die verbotenen Vögel aber sind, wie du finden wirst, wild und fleischfressend; sie vergewaltigen durch ihre Stärke die übrigen und nähren sich dadurch, daß sie in frevler Weise die ebengenannten zahmen Vögel fressen. Und nicht allein diese, sondern auch Lämmer und junge Ziegen rauben sie und fallen selbst Menschen an, Tote und Lebende. Indem er sie als unrein bezeichnete, deutete er an, daß die Besitzer des Gesetzes in ihrer Seele Gerechtigkeit pflegen und niemanden, im Vertrauen auf ihre Stärke, vergewaltigen noch ihm etwas wegnehmen sollten; vielmehr hätten sie in Gerechtigkeit ihr Leben zu führen, wie die eben genannten zahmen Vögel die auf dem Boden wachsenden Hülsenfrüchte verzehren und nicht zur Vernichtung der schwacheren oder verwandten Wesen Gewalt ausüben.

Nicht minder abenteuerlich ist der Versuch, aus den Tierlisten ein stringentes hygienisches System herauszulesen, was von Maimonides (1135-1204) bis zum amerikanischen Archäologen und Exegeten William F. Albright (1891-1971) immer wieder versucht worden ist. Hasen sind aber weitaus reinlicher als Rinder, und ihr Fleisch ist nicht ungesünder als das von Schafen. Warum sollen Pferde unrein sein, Ziegen aber rein? Die Antwort liegt eigentlich auf der Hand: Das Land konnte Ziegen, Schafe und noch ein paar Rinder ernähren, nicht aber Pferde. Pferde als Masttiere waren schlicht zu aufwendig. Auf Eseln wollte man reiten, bis sie alt und zäh waren. Kamele haben eine zu lange Tragzeit, um als Schlachttiere nutzbar zu sein. Für Schweine fehlte es meistens an Wasser etc. Der Speisezettel ist das Ergebnis einer über Jahrtausende gereiften Kultur, die den ökologischen Gegebenheiten einer Region entspricht. Es ist deshalb kein Zufall, daß Israel seine Eßsitten mit fast der gesamten Umwelt teilt. Die Speisetabus bilden gerade keine Abgrenzung gegenüber den Nachbarn. Die Eskimos hingegen würden verhungern, äßen sie aus dem Meer bloß, was Flossen und Schuppen hat. Die religiöse Begründung ist sekundär. Das kulturell Gewachsene und Beschränkte wird nun als unergründbarer Wille Gottes ausgelegt (Sipre Qedoschim 11,22). Die Tabus werden teilweise künstlich verschärft, um sie zu Zeichen der Restriktion und Heiligkeit für die auserwählte Heilsgemeinde zu machen. Schlußendlich erscheint nicht mehr die Religion als Legitimatorin der Speisetabus, sondern die Tabus dienen der permanenten Erinnerung an die Gottheit, ihren Kult und ihre ethischen Forderungen:

	sehr heilig	heilig	profan
Menschen	Priester	IsraelitInnen	alle Menschen
Tiere	Opfertiere	reine Tiere	alle Tiere
Raum	Heiligtum	Land	Erde

Der Islam und das Christentum, die universale Geltung beanspruchen, mußten sich von diesem ethnozentrischen Modell verabschieden. Ihr Blick auf die Speisetabus ist »aufgeklärter«, wie eine Passage aus der mündlichen Überlieferung des Islam anschaulich zeigt:

Ibn Abbas berichtet: Chalid Ibn al-Walid, der »Schwert Gottes« genannt
wird, erzählte, er sei einmal mit dem Gesandten Gottes zu Maimuna
gegangen, die seine und meine Tante mütterlicherseits ist. Und Maimuna
hatte gerade eine gebackene Eidechse im Haus, die ihre Schwester Hufai-
da Bint al-Harit aus dem Nagd mitgebracht hatte. Diese Eidechse ser-
vierte sie dem Gesandten Gottes. Der Prophet rührte im allgemeinen keine Speise an, bevor man ihm sagte, um was es sich handelt. An diesem Tag
aber griff er nach dem Essen, ohne zu wissen, was es ist. Da sagte eine der
Frauen:»Sagt doch dem Gesandten Gottes, was das ist! O Gesandter
Gottes, es ist Eidechse!« Da zog er seine Hand zurück. Chalid Ibn al-
Walid fragte:»O Gesandter Gottes, ist der Genuß von Eidechsenfleisch
verboten?« – »Nein«, erwiderte er,»aber dieses Tier kommt im Land
meines Volkes nicht vor. Aus diesem Grund möchte ich es nicht essen!«
Chalid Ibn al-Walid ergänzte zu seinem Bericht:»Ich zerlegte die Eidechse und aß sie. Der Gesandte Gottes schaute mir dabei zu.«
(Sahih al Buchari, Nachrichten von Taten und Aussprüchen des Propheten Muhammad, LXX,10)

Obwohl der Prophet an dieser Stelle Eßgewohnheiten als kulturell
bedingt erkennt, sind Alkohol- und Schweinetabu bis heute essen-
tielle Bestandteile des Islam. Grundsätzlicher und radikal spiritua-
listisch war die Reform im Christentum (Mk 7,15.18b-19; ‖ Mt
15,11.17f):

Nichts, was von außen in den Menschen hineinkommt, kann ihn unrein
machen, sondern was aus dem Menschen herauskommt, das macht ihn
unrein. (...) Denn es gelangt ja nicht in sein Herz, sondern in den Magen
und wird wieder ausgeschieden. Damit erklärte Jesus alle Speisen für rein.

Die Bedeutung dieser Reform, von der das Bluttabu übrigens ausgenommen war (vgl. Apg 15,20), kann nicht unterschätzt werden.
Sie hat, wie die Apostelgeschichte belegt (10,9-16.27f; 11,4-12),
wesentlich zur Eigenständigkeit des Christentums beigetragen. Die
scheinbar kleinlichen Speisetabus sind eben tatsächlich äußere Zeichen und Teil eines ganzen Weltbildes. Was das Christentum durch
die Reform erreichte, war eine große kulturelle Offenheit für andere Völker als Israel. Der Preis dafür mußte es mit dem Verlust der
Konkretisierung des Religiösen in der Ernährung und damit in
einem zentralen Teil menschlichen Lebens bezahlen. Das Dilemma
zwischen der jüdischen und der christlichen Variante der biblischen
Religion kommt hier besonders gut zur Geltung. Zu einer originel-
len Auslegung von Lev 11 durch den syrischen Theologen Aphrahat s. S. 358 f.

2. Wöchnerin (12,1-8)

Das kurze Kapitel behandelt die Unreinheit der Wöchnerin. Zusammen mit den Weisungen über die Menstruierende (15,19-24) bildet es eine Klammer um die Aussätzigen und Ausflüssigen. Die Tatsache, daß es auf die Unterscheidung der reinen und unreinen Tiere folgt, findet bei den Rabbinen eine sinnige Begründung:»Rabbi Simlai sagte: Wie die Bildung des Menschen nach der der Haus- und Feldtiere geschah, so kommt auch sein Gesetz nach den Haus- und Feldtieren und Vögeln« (M. LR. 14,1). Unterschieden wird nach dem Geschlecht des Kindes die Dauer der Unreinheit und nach dem Vermögen der Wöchnerin die Art des Reinigungsopfers am Ende ihrer Unreinheitszeit.

Einleitung (12,1-2a): Es fällt auf, daß sich die Weisung nur an Mose und die Israeliten (»Söhne Israels«) wendet, unter Auslassung der Priesterschaft (Aaron). Sollte dies bewußt geschehen sein, da es sich beim Folgenden in erster Linie um Frauensache handelt, mit der die Priesterschaft nichts zu tun gehabt hätte, so drängte sich die Frage auf, warum nicht wenigstens hier die Töchter Israels anstelle der Söhne Israels angesprochen werden.

Geburt eines Knaben (12,2b.4): EÜ läßt nicht alle Feinheiten des Textes erkennen. V. 2b lautet wörtlich:»Eine Frau – wenn sie Frucht trägt, und ein Männliches gebiert – ist sieben Tage unrein; wie in den Tagen ihrer menstrualen Schwäche ist sie unrein.« Das Kind wird nicht durch seine verwandtschaftliche Beziehung zur Mutter als Sohn, sondern aufgrund seines Geschlechtes als Männliches gekennzeichnet. Die Zeit der Unreinheit beträgt eine Woche. Das deutsche Wort Wöchnerin setzt ebenfalls diese Frist zur Wiederherstellung der Niedergekommenen voraus. Die Unreinheit der Wöchnerin wird mit jener der Menstruierenden verglichen. Der Inhalt von Kap. 15 wird als bekannt vorausgesetzt. Tatsächlich läßt sich der Scheidenausfluß der Frau in dieser Zeit am besten mit einer sehr starken Menstruation vergleichen. Die Grundbedeutung von *niddah*, Menstruation, ist eigentlich »Ausschluß«, ja »Vertreibung«. Buber und Rosenzweig übersetzen deshalb mit »Sonderung«. Nach dem Wochenbett verbleibt die Mutter weitere dreiunddreißig Tage in einem Zustand minderer Reinheit, »Blutreinheit« (EÜ: Reinigungsblutung) genannt. In dieser Zeit darf sie zwar normalen Umgang mit Reinen pflegen, jedoch nichts Geheiligtes (z.B. Heilsopferfleisch) berühren und nicht den Tempel besuchen. Davon, daß sie deshalb zu Hause bleiben muß (EÜ), steht nichts im Text.

Beschneidungsinterpolation (12,3): In die Verhaltensweisung für die Mutter bei der Geburt eines Knaben wurde (von »H«?) eine nicht die Mutter betreffene Anmerkung eingefügt. Sie erinnert daran, daß die Vorhaut des Gliedes (*basar*; EÜ: Kindes) israelitischer Knaben am achten Tag beschnitten werden muß. Diese Sitte war, außer bei den aus der Ägäis eingewanderten Philistern, überall in Israels Nachbarschaft üblich, in der Regel jedoch als pubertärer Initiationsritus, bei dem der Übergang vom Kindes- ins Mannesalter gefeiert wurde. In Israel bleibt es ein »rite de passage«, nun aber wird damit der Übergang vom Fötus zum Säugling markiert. Ausschlaggebend für diese Verschiebung nach vorne war die Deutung der Beschneidung als israelitisches Bundeszeichen (Gen 17,1-27), das etwa für die Pessachfeier als verbindlich betrachtet wird (Ex 12,43-49; Jos 5,2-10).

Geburt eines Mädchens (12,5): Es verläuft alles wie bei Knaben, jedoch in doppelter Frist. Dauert es bei jenen insgesamt 40 (7+33) Tage, bis die Gebärerin wieder vollständig rein ist, so bei Mädchen 80 (14+66) Tage. Warum? Da der Text selber keine Gründe angibt, existieren nur Vermutungen: Aristoteles (Hist. anim. 7,3) und sogar der Arzt Hippokrates (De natura pueri 17) glaubten, daß der männliche Fötus schneller gebildet werde als der weibliche. Die Rabbinen (m. Nid 3,7) erklärten die längere Reinigungszeit mit diesem »Faktum«. Ebenso haltlos ist die Ansicht, die Reinigung der Wöchnerinnen dauere nach der Geburt eines Mädchens länger. Andere wiederum vermuten, daß die Reinigungszeit ursprünglich bei beiden Geschlechtern 80 Tage gedauert habe, daß die Beschneidung des Männlichen die Zeit bei jenem jedoch um die Hälfte reduziert habe. Dieser Zusammenhang wird allerdings in der Bibel selber nirgends hergestellt. Vielmehr erweist sich die Bemerkung zur Beschneidung als sekundäre Interpolation. Levitikus selber gibt uns einen stichhaltigeren Hinweis: Mädchen sind weniger wert. Bei der Auslösung eines Gelübdes gelten sie genau halb soviel wie Knaben (27,2-7). Innerhalb patriarchaler Logik macht es Sinn, sie als Ursache doppelter Unreinheit zu betrachten. In dieser Herabsetzungstendenz des Weiblichen liegt auch die Erklärung im Jubiläenbuch, das um 150 v.Chr. in frühessenischen Kreisen entstanden ist, die an Fragen der Reinheit besonders interessiert waren (3,8ff):

In der ersten Woche ward Adam geschaffen, ebenso die Rippe, sein Weib. In der zweiten Woche zeigte er sie ihm. Und deshalb ward das Gebot gegeben, in ihrer Unreinheit für das Knäblein sieben Tage und für das Mädchen zweimal sieben Tage zu verbleiben. Nachdem Adam vierzig Tage in dem Land, wo er erschaffen ward, zugebracht hatte, brachten wir ihn in den Garten Eden, damit er ihn hüte und pflege; aber sein Weib brachten sie am achzigsten Tag, und hernach kam sie in den Garten Eden. Deshalb ist auf die himmlischen Tafeln das Gebot für die Gebärenden geschrieben...

Opfer der reichen Mutter (12,6-7a): Das Opfer besteht aus einem Schaf als Brand- und zwei Tauben (vgl. 1,14-17) als Sünd-, bzw. Reinigungsopfer. Es hat eine frappierende Parallele im hetitischen Papanikri-Ritual, wo die Wöchnerinnen ebenfalls »zwei Vögel für Schuld und Sünde« bringen und ein »Lamm zur Besänftigung« verbrennen. Auch in Israel ging bei der Durchführung des Opfers das Sünd- dem Brandopfer voraus. Das erste ermöglicht erneut den Zugang zum Heiligen, das zweite ist als Dankopfer (vgl. 22,18) zu verstehen. Die Frau selber bringt das Opfer zum Priester. Er ist es, der die Sühne *(kipper)* zur Reinigung *(taharah)* vollzieht (vgl. Num 8; 19), denn um eine solche handelt es sich, und nicht um Sühne *(kipper)* zur Sündentilgung *(nislach)*, die Gott vorbehalten wäre. Gereinigt wird die »Quelle des Blutes« (EÜ: Blutfluß; Buber/Rosenzweig: Born des Gebläts), also eigentlich die Gebärmutter, ein Ausdruck der synonym für »Frau« verwendet werden kann (Spr 5,18). Bedenkt man die eminente Bedeutung des Blutes als Symbol des Lebens schlechthin im hebräischen Denken, so kommt der Ausdruck einer Gottesmetapher gleich: Gott/Frau/Gebärmutter als Quelle des Lebens. Zur teilweise völlig gegenteiligen Auslegung in der liturgischen Praxis des Christentums s. Exkurs IV.

Subskript (12,7b): Das lapidar-prägnante Subskript vor der Opfermöglichkeit für arme Leute macht deutlich, daß diese Möglichkeit erst zu einer Zeit angeboten wurde, da die israelitische Gesellschaft stärker von Klassen geprägt war, vielleicht erst nach dem Exil.

Opfer der armen Mutter (12,8): Es besteht aus zwei Tauben.
Nach Lk 2,22-24 wird es von den Eltern Jesu im Tempel zu Jerusalem dargebracht, wobei der Akzent der Erzählung auf der Auslösung der männlichen Erstgeburt nach Ex 13 liegt, weshalb die
Perikope unter der Überschrift »Darstellung des Herrn im Tempel«
bekannt ist.

Dieser Abschnitt über die Wöchnerin mag bei heutigen LeserInnen
einiges Kopfschütteln auslösen. Die Kategorien, in denen hier ein
Ereignis abgehandelt wird, das von vielen als Höhepunkt des
Lebens erfahren wird, befremden. Warum soll die Frau, die im Zentrum der Aufmerksamkeit steht, in Quarantäne gebracht werden?
Was sich hier aus männlich-gesetzgeberischer Perspektive tatsächlich sehr fragwüdig liest, sieht aus der Perspektive der Frauen
anders aus. Fast alle Kulturen kennen *Geburtshäuser.* Die Ethnologie hat dazu in den letzten Jahrzehnten reiches Material zusammen-
getragen. Die Einrichtung feiert in der westlichen Zivilisation in
modernem Gewand zur Zeit ein Come-back. Im Alten Ägypten
war die sog. Wochenlaube eine wichtige Einrichtung. Für vierzehn
Tage zog die Frau, die geboren hatte, in ein luftiges, durch Ranken
beschattetes Bett außerhalb des Hauses oder auf dem Dach, wo sie
von Dienerinnen gepflegt und verwöhnt wurde (Abb. 20). Was in
Lev 12 fast wie eine Strafe aussieht, stellt sich hier eher als Privileg
dar. Der Frau kommt an einem besonderen Ort besondere Aufmerksamkeit zu. Sie wohnt in einem von Bes, dem Gott der Wöchnerinnen, beschützten Raum. Den großen Tempeln der Spätzeit hat
man monumentale Geburtshäuser der jeweils verehrten Gottheit,
sog. Mammisis, beigefügt. Auch hier ist Bes die mächtige Schutz-
gottheit, die die Niedergekommene vor dämonischen Angriffen
bewahrte. In Israel erfreute sich Bes beim einfachen Volke großer
Beliebtheit. Amulette dieses Gottes wurden auch lokal in beträcht-
licher Zahl hergestellt (Abb. 21). In diesen Kreisen konnte Bes gar
als höchster Gott verehrt werden. Von daher verwundert es nicht,
daß er in Kuntillet Adschrud, einer Karawanenstation des nördlichen Sinai, auf einer Vase dargestellt wurde, auf der Jahwe und seine Aschera als Schutzpatrone angerufen werden. Die Kanäle, auf
denen sich Bes von Ägypten ausgehend in Palästina verbreitete,
dürften weiblich dominiert gewesen sein. Die Schwangeren und

Wöchnerinnen kümmerten sich wenig um die Orthodoxie und Doktrin priesterlicher oder weltlicher Herrschaft. Dies belegen eindrücklich die listigen und eigenständigen Hebammen Schifra und Pua (Ex 1,15-21) und die Solidarität der Tochter Pharaos mit den Hebräerinnen (Ex 2,1-10).

IV: Das christliche Nachleben von Lev 12 in der kirchlichen »Aussegnung« der Frauen nach der Geburt

Viele heute ältere Mütter haben noch den kirchlichen Brauch des »Aussegnens« erlebt. Nach der Geburt eines Kindes ließen sie sich, weil es der Priester oder die Gemeinde erwartete oder aus eigenem Antrieb vom Ortspfarrer segnen. Die »benedictio mulieris post partum« wurde von der Kirche als Privileg für katholische Mütter, die in rechtmäßiger Ehe geboren haben, betrachtet, von den betroffenen Müttern aber häufig als Diskriminierung und klerikale Bevormundung erfahren. Wie kam es zu diesem sehr unterschiedlich beurteilten Brauchtum?

Auf der Suche nach dem Sinn der in Lev 12 beschriebenen Reinigungsvorschriften kommt *Origenes*, der sich in jungen Jahren selbst kastriert hatte, in seiner achten Predigt über Levitikus zu folgendem Schluß: Es handelt sich um eine Vorschrift für Frauen, die ihr Kind – anders als Maria – durch sexuellen Verkehr mit einem Mann empfangen haben. Daß alle Menschen auf diese Weise in Sünde geboren werden, legt er durch generalisierende Auslegung von Ijob 14,4; Jer 20,14f; Ps 51,7 und besonders Ps 58,4 dar: »Vom Mutterschoß an sind die Frevler treulos, von Geburt an irren sie vom Weg ab und lügen.« Die Reinigungsvorschriften werden allegorisierend ausgelegt: Die sieben Tage der Unreinheit bei Knaben entsprechen den Tagen der Schöpfung. Der achte Tag, der Tag der Beschneidung, ist auf die eschatologische Vollendung der Schöpfung zu deuten. Wer tugendhaft, *männlich*, lebt, wird deshalb das Reich Gottes erben, wer aber die Pflichten in *weiblicher* Weise vernachlässigt, kann erst nach langer Zeit der Reinigung dahin gelangen. Diese von griechischer, dualistischer Philosophie beeinflußte, asketische und frauenfeindliche Auslegung zeigt, welches Denken hinter den Riten stecken, die sich in der Kirche rund um die Kindsgeburt entfalten, bei Origenes selber aber nicht greifbar sind. Im Kanon des Hippolyt (Ägypten, Mitte 4. Jh.) lesen wir aber:

Die Hebammen sollen nicht am Mysterium teilnehmen, bis sie gereinigt worden sind. Dies ist ihre Reinigung: wenn das Kind, das sie entbanden, männlich ist, zwanzig Tage; wenn es weiblich ist, vierzig Tage. Sie soll das Wochenbett nicht vernachläßigen (?), aber sie soll auch für die, die entbunden hat, beten. Wenn sie zum Gotteshaus geht, bevor sie gereinigt ist, so soll sie zusammen mit den Katechumenen beten, die noch nicht aufgenommen wurden und noch nicht der Annahme für würdig befunden worden sind.
Die Frauen sollen sich gesondert einfinden. Sie sollen den Männern den (Friedens-) Kuß nicht geben. (...)
Die Frauen, die geboren haben, sollen dem heiligen Ort vierzig Tage fernbleiben, wenn das Kind, das sie geboren haben männlich war, und achtzig, wenn es weiblich war. Wenn sie zur Kirche geht, sollen sie mit den Katechumenen beten.
Die Hebammen haben so zahlreich zu sein, daß sie nicht während ihres ganzen Lebens fernstehen müssen.

Die Geburt des Kindes, ja sogar der Kontakt mit der Wöchnerin führt nach dieser Auffassung zur *Anullation der Taufe*. Diese Einschränkung der Kraft des heiligen Geistes wurde von anderen als Unsitte und als Rückfall in jüdische Reinheitsgesetze bekämpft (so z.B. Didaskalie, Kap. 26; Syrien, 3. Jh.). Diese ambivalente Haltung gegenüber Lev 12 und den Wöchnerinnen führte dazu, daß man vielerorts die Frauen in christlicher Überblolung des Alten Testamentes nicht verpflichtete, der Kirche fernzubleiben, jedoch jene lobte, die sich diese Beschränkung selbst auferlegten. Selbiges gilt übrigens auch für menstruierende Frauen. Obwohl Papst Gregor d.Gr. (um 600) und das Dekret des Gratian (1174) empfehlen, Mütter, die eben geboren haben, nicht abzuweisen, wird im Mittelalter vielerorts die harte Linie praktiziert, was auf das Vorhandensein vorchristlicher Ängste rund um die Kraft, die in der Geburt zum Ausdruck kommt, hindeutet (vgl. Augustinus, De civitate VI,9). Synoden in Rouen (1074) und Köln (1279) kämpfen beispielsweise gegen die Unsitte, Frauen, die im Kindbett gestorben waren, nicht auf dem kirchlichen Friedhof zu beerdigen. Noch zu Beginn des 16. Jh. ist in England das Ritual belegt, eine so Verstorbene wieder in den Schoß der Kirche zurückzuführen, teilweise durch eine andere Frau als Stellvertreterin.

Das griechische Ritual des Mittelalters sieht vor, daß der Priester Frau und Kind im Vorhof der Kirche trifft und über die Mutter das Gebet spricht: »Reinige sie von jeder Sünde und jeder Schande, so daß sie an den heiligen Mysterien wieder ohne Fehler teilzunehmen in der Lage ist.« Es folgte der Kindersegen und abermals ein Gebet über der Mutter: »Wasche sie rein von der Befleckung ihres Körpers und der Verunreinigung ihrer Seele am Ende dieser vierzig Tage.« Während die Mutter gereinigt wird, wird das Kind gefeiert. Im Falle einer Todgeburt oder eines Abortes mußte sie ferner Buße tun, bevor der Ritus vollzogen werden konnte. Im Kontrast dazu steht die Mutter in deutschen Ritualen des Mittelalters, wo der Brauch einer Pflicht gleichkam, im Zentrum. Sie nimmt den Platz Marias gem. Lk 2,22-39 ein, wird feierlich in die Kirche hineingeführt und als Mutter inthronisiert. Zuvor jedoch wird die vor der Kirche mit einer Kerze in der Hand stehende Frau vom Priester in Albe und violetter Stola mit Wasser »ausgesegnet«. Das römische Ritual, das von 1614-1964 Gültigkeit hatte, nannte das Ritual eine »fromme und lobenswerte Sitte« und überließ es der Freiheit der Mutter, den Priester um diesen Segen zu bitten. Die liturgische Farbe ist jetzt weiß, der freudvolle Aspekt des Festes wird also hervorgehoben, doch die Mutter muß zu Beginn vor der Kirche mit einer Kerze in der Hand knien, und der Priester, der sie hineinführt, faßt sie nur mit der Stola an. Dies und der Gebrauch von Ps 24 (vgl. bes. VV. 3-5) zeigt, daß die Geburt immer noch mit Sünde verknüpft wurde. Im 20. Jh. wird der Ritus in Auslegungen von Männern mit hehren Ideologien gerechtfertigt und abgepolstert. Das Fest sei ihre ganz persönliche Lichtmeß, sie sei durch die Geburt als Werkstatt des Lebenswunders geadelt worden und angehalten zum freudvollen Dank dafür, daß sie »für Volk, Familie und Kirche eine zwar schmerzhafte, aber stolze und kostbare Steuer entrichten durfte«. Diese Theorien, gipfelnd in der Rede von der »*Priesterweihe der Mutter*«, legen die Frauen nicht bloß in scheinbar wohlmeinend patriarchaler Art auf ihre gesellschaftliche Rolle als Mütter fest, sondern verraten auch nationalsozialistisches Gedankengut, das gut zur Institutionalisierung des Muttertages im Deutschen Reich paßt. Trotz dieser gewaltsamen Uminterpretationen haben Frauen gemäß Umfragen die »Aussegnung« fast immer als einen *Akt der Demütigung* erlebt, dem sie sich aufgrund des kirchlichen und sozialen Drucks unterzogen. Noch das neue deutsche Benediktionale (1989) enthält den Muttersegen vor oder nach der Geburt. Er basiert auf der lateinischen Vorlage (De benedictionibus, 1985), die ihrerseits deutsche Vorlagen verarbeitet, und kommt nur zur Anwendung, wenn die Mutter bei der Taufe nicht anwesend sein kann. Im Normalfall hat der Segen dort seinen neuen Platz: »Allmächtiger Gott und Herr, segne die Mutter dieses neugetauften Kindes durch deinen Sohn, den die Jungfrau Maria geboren hat. Sie dankt dir für die glückliche Geburt. Durch Christus hast du ihr die Gewißheit gegeben, daß ihr Kind ein unvergängliches Leben empfangen hat. Laß sie zusammen mit ihrem Kind allezeit dankbar bleiben in Christus Jesus, unserm Herrn.« Ausdrücklich diskriminierende Passagen sind in diesem, wie in den anderen Gebeten verschwunden, doch die Sprache strotzt vor männlicher Metaphorik und »die Tatsache, daß solch ein Ritus immer noch existiert, läßt vermuten, daß die Kirche noch immer nicht eingesehen hat, welch fundamentale Subjekt-Objekt-Zwiespältigkeit Riten innewohnt, die von Männern (vielleicht auch von Frauen gemäß von Männern vorgeschriebenen Formen) ausgeführt werden, um das Leben von Frauen zu bekräftigen oder anzuerkennen« (Susan Roll). Daß der Segen noch immer als Mittel der Diskriminierung verwendet werden kann, zeigt sich ferner, wenn er dazu dient, Mütter, die nicht in »geregelten Verhältnissen« geboren oder abgetrieben haben, auszuschließen.

Ganz andere Wege gehen die Frauen der Frauenkirchen, die eine Fülle von neuen Ritualen von und für Frauen und ihre Angehörigen entwickelt haben, rund um die Geburt eines Kindes; z.B.: Liturgie der Geburtsvorbereitung, Feier der Namensgebung für ein neugeborenes Kind und Taufversprechen, Heilritual nach einer Fehl- oder Totgeburt; Heilritual nach einer Abtreibung etc.

Neuerdings gibt es auch Frauen, die in Apologie der Antijudaismusvorwürfe an die Adresse der Feministinnen die »Fremdheit« der Kultbestimmungen in Lev 12 einfach stehen lassen wollen, obwohl sie andererseits eine positive Aufnahme des Kultgesetzes im Sinne einer christlichen Rückaneignung als »anachronistisch und theologisch nicht zu rechtfertigen« betrachten (Ina Johanna Batmartha).

Literatur: *Batmartha (Petermann), Ina Johanne*, Machen Geburt und Monatsblutung die Frau »unrein«? Zur Revisionsbedürftigkeit eines mißverstandenen Diktums, in: Schottroff, L./Wacker, M.-Th., Von der Wurzel getragen. Christlich-feministische Exegese in Auseinandersetzung mit Antijudaismus, Leiden 1996, 43-60; *Roll, Susan*, The Churching of Women after Childbirth: an Old Rite Raising New Issues, in: QL 76 (1995) 206-229; *Radford Ruether, Rosemary*, Unsere Wunden heilen/Unsere Befreiung feiern. Rituale in der Frauenkirche, Stuttgart 1988.

3. Aussatz (13,1-14,57)

Ähnlich wie bei den Speisegeboten deutet die gestörte Systematik der Materie auf ein Textwachstum hin, was durch stilistische Merkmale des Textes zusätzlich belegt wird. Ursprünglich ging es nur um menschliche Hautveränderungen und das entsprechende Ritual. Die Fälle von Aussatz an Kleidern und Häusern kommen später dazu:

Verse	»P 1«	»P 2«	»H«
13,1-46	Aussatz bei Menschen		
13,47-59		Aussatz an Kleidern	
14,1-32	Reinigungsritual für Aussätzige		
14,21-32		Reinigungsritual für arme Auss.	
14,33-53			Aussatz an Häusern
14,54-57			Schlußsubskript

Redaktor »P 1« bietet in der Königszeit eine systematische Darstellung der Fälle von Aussatz bei Menschen (13,1-44), eine Verhaltensvorschrift für Aussätzige (13,45f) und ein Reinigungsritual
für jene, die vom Aussatz gesund werden (14,1-32).

Redaktor »P 2«, ebenfalls aus vorexilischer Zeit, fügt eine Weisung bezüglich des Aussatzes an Kleidern ein, die den logischen
Aufbau von »P 1« zerstört, signalisiert aber durch ein eigenes Subskript für die Einfügung (13,59) deren Eigenständigkeit. Er erleich-
tert die aufwendige Reinigungszeremonie für Arme. Der Abschnitt
wird ebenfalls durch ein eigenes Subskript beschlossen (14,32).

Redaktor »H« hat für die Israeliten des Exils Regeln für die
Behandlung aussätziger Häuser hinzugefügt, die sich stilistisch
erheblich von den übrigen Weisungen unterscheiden. Da ihm die
übrigen Gesetze schon vorlagen, konnte er ein zusammenfassendes
Subskript unter alle Fälle von Aussatz setzen.

Einleitung (13,1): Adressaten des Folgenden sind Mose und
Aaron, also Fachleute der Materie und nicht das gemeine Volk.
Fälle von Aussatz bei Menschen (13,2-44): Das deutsche Wort
»Aussatz« sagt nichts aus über das Wesen der thematisierten
Krankheit, sondern über die Folgen, die sie für die Betroffenen hat:
Sie werden (von der übrigen menschlichen Gemeinschaft) ausgesetzt. Der Volksmund bezieht das Wort auf die Lepra, ein Wort,
womit schon die Septuaginta das hebr. *zara'at* wiedergibt. Unter
Lepra wird heute die sog. Hansensche Krankheit verstanden, die
aber in der Antike höchstwahrscheinlich unbekannt war, bis sie
vom Heer Alexanders aus Indien in den Westen eingeschleppt
wurde. Hippokrates (5. Jh. v.Chr.), Galen (2. Jh. n.Chr.), Oribasius
(4. Jh. n.Chr.) und Paulus von Aegina (7. Jh. n.Chr.) erfassen unter
dem Begriff Lepra noch diverse Hautkrankheiten wie Psoriasis und
andere Pilzkrankheiten. Erst Johannes Damaszenus (9. Jh. n.Chr.)
nimmt erstmals die heute noch vorherrschende Identifikation mit
Hansens Krankheit vor. Die Bibel kennt sieben Typen von Aussatz
und nennt insgesamt neunzehn Fälle (,aufgelistet in der Terminologie der EÜ; die Übersetzung der Fachausdrücke ist teilweise umstritten):

Fall	Vers	Farbe	Merkmale	wach-send	Diagnose	rein	unr.
1	2ff	weißes	Schwellung, Ausschlag od. heller Fleck Haar Hautvertiefung		Aussatz		x
2	6	weißer	Fleck		Ausschlag	x	
3	7f	weißer	Fleck	x	Aussatz		x
4	10f	weiße	Schwellung helle Haare und wildes Fleisch		Veralteter Aussatz		x
5	12f 16f	weiß	von Kopf bis Fuß		Aussatz	x	
6	14f	weiß	[von Kopf bis Fuß] und wildes Fleisch		Aussatz		x
7	18ff	weiße hellroter	Furunkel, danach Schwellung oder Fleck Hautvertiefung helles Haar		Furunkel-aussatz		x
8	21f	weiße hellroter	Furunkel, danach Schwellung oder Fleck	x	Furunkel-aussatz		x
9	23	weiße hellroter	Furunkel, danach Schwellung oder Fleck		Furunkel-narbe	x	
10	24f	hellrote weißes	Brandwunde, danach Fleckwucherung Hautvertiefung helles Haar		Brand-aussatz		x
11	26f	hellrote oder weiße	Brandwunde, danach Fleckwucherung	x	Brand-aussatz		x
12	28	hellrote oder weiße	Brandwunde, danach Fleckwucherung		Brand-narbe	x	
13	29ff	rötlich-gelb [schwarzes]	glänzende Stelle mit schütterem Haarwuchs an Kopf oder Kinn Hautvertiefung [Haar]		Flechte		x
14	31ff	[schwarzes]	[glänzende Stelle mit schütterem Haarwuchs an Kopf oder Kinn]		Flechte	x	
15	35f		[schütterer Haarwuchs an Kopf der Kinn]	x	Flechte		x
16	38f	weiße	Flecken, verblassend		Ausschlag	x	
17	40		Haarausfall bei Männern am Hinterkopf		Hinter-kopfglatze	x	
18	41		Haarausfall bei Männern am Vorderkopf		Vorder-kopfglatze	x	
19	42ff	hellroter	[Haarausfall, vorne oder hinten] Fleck		Kopf-aussatz		x

Die Auflistung macht deutlich, daß es nicht um medizinische Anweisungen geht. Für die Heilung der Menschen waren in Israel nicht die Priester, sondern die ProphetInnen zuständig (z.b. die Heilung des Syrers Naaman durch Elischa in 2 Kön 5 oder die Heilung eines Aussätzigen durch Jesus von Nazaret in Mk 1,40-45 || Mt 8,1-4; Lk 5,12-16). Die Priester sind ausschließlich für die Wahrung des Heiligen zuständig. Weil Aussatz verunreinigen kann, sorgen sie mit Quarantäne der Betroffenen und ihrer rituellen Reinigung für den Schutz des Heiligtums. Aber warum verunreinigen Hautkrankheiten in besonderem Maße? Bei ihnen wird die *Uneinheitlichkeit der Materie,* die Unreinheit evoziert, besonders augenfällig: einerseits in der Verfärbung von Haar und Haut, andererseits in der Vertiefung oder Wucherung des Fleisches. Wie wenig es um Medizinisches geht, beweist der Fall (Nr. 5), wonach ein vollständig mit weißem Aussatz Befallener für rein gilt, weil seine Haut nun einheitlich weiß ist. Ein Beispiel für eine ähnliche Zuordnung ist Jakobs Tätigkeit als Kleinviehzüchter. Die rein Weißen und rein Schwarzen sollen Laban gehören, die Gesprenkelten behält Jakob für sich. Mit einem Analogiezauber gelingt Jakob die Vermehrung der selteneren Gesprenkelten, die nach dem Reinheitsdenken der Hebräer weniger begehrt sein mochten. Doch Gott verhilft Jakob auf ungewöhnlichen Wegen zu Reichtum, indem nun das Gesprenkelte, Uneinheitliche, tendenziell Unreine dem Heiligen, Israel (Jakob), zugeordnet und vermehrt wird.

Verhaltensvorschrift für Aussätzige (13,45f): Die Haltung, die die Aussätzigen anzunehmen haben, entspricht den Trauernden. Sie haben über sich selbst zu trauern und die Reinen vor ihrer Unreinheit zu warnen. Es sind Tote unter Lebendigen. Dies wird in aller Deutlichkeit von Aaron in seiner Bitte an Mose, angesichts des Aussatzes seiner Schwester ausgesprochen: »Mein Herr, ich bitte dich, laß uns nicht die Folgen der Sünde tragen, die wir leichtfertig begangen haben. Mirjam soll nicht wie eine Totgeburt sein, die schon halb verwest ist, wenn sie den Schoß der Mutter verläßt« (Num 12,12). In diesem Sinne lehrten auch die Rabbinen: »Vier gleichen einem Toten: ein Armer, ein Aussätziger, ein Blinder und ein Kinderloser (M. GR. 1,29)«. Sie wissen zehn Freveltaten anzugeben, die Aussatz zur Folge haben können: Götzendienst,

Unzucht, Blutvergießen, Entweihung des göttlichen Namens, Gotteslästerung, Raub öffentlichen Gutes, Raub fremden Gutes, Hochmut, Verleumdung, Mißgunst (M. LR. 17,3). Es sind ausschließlich *Sakrilegfälle*, Fälle also, bei denen in der einen oder anderen Form göttliches Gut in Mitleidenschaft gezogen wird und damit Gott selber zum Ahnder des Unrechts wird. Dies ist in gewisser Weise auch bei der Bestrafung Mirjams der Fall, die sich mit Aaron gegen den Alleinherrschaftsanspruch Moses und damit gegen (angeblich) göttliche Ordnung auflehnt (Num 12), bei der Bestrafung Gehasis, der auf Elischa bezieht, was gottgewirkt war, nämlich Naamans Heilung vom Aussatz, und daraus Profit ziehen will (2 Kön 5,20-27), bei der Heimsuchung der Philister, die die Bundeslade entführt hatten, durch die Pest (1 Sam 4f). Das chronistische Geschichtswerk begründet König Usijas Aussatz mit einem Sakrilegfall (2 Chr 26,16-19), von dem die Königsbücher (2 Kön 15,5) nichts wissen. Als der Tempel längst nicht mehr existierte, betrachtete man aufgrund eines Wortspiels den Aussätzigen *(mözor'a)* als Bestraften für Verleumdung *(moz'i schem r'a)*. In Mesopotamien galt Aussatz als *die* »große Strafe (Gottes)«, die nicht selten in Flüchen (z.B. auf Grenzsteinen oder am Ende von Gesetzestexten; vgl. Dtn 28,27) den ÜbertreterInnen eines Verbotes angedroht wird.

Diese folgenreiche Verquickung von Tun und Ergehen, moralischer Schuld und göttlicher Strafe (sozialer Tod) ist schon im Ersten Testament nicht unwidersprochen geblieben, wenn etwa der Prolog zu Ijob den Aussatz als von Gott zugelassene, von Satan gewirkte *Prüfung* des Gerechten darstellt (Ijob 2,7), aber nicht mehr als Strafe, und wenn Jes 53,4 die Frage nach göttlicher Strafe (für den Gottesknecht) als grundverkehrt darstellt und den Ball an die Menschen zurückgibt. Im Zweiten Testament wird die Heilung des Aussätzigen zum paradigmatischen Fall von Heilung überhaupt, unlösbar mit der Frage verbunden, was rein ist und was unrein (vgl. Mk 1,40-45 ‖ Mt 8,1-4; Lk 5,12-16). Die Haltung Jesu gegenüber Aussätzigen hatte weitreichende Folgen für die *Leprosendiakonie der Kirche*. Die Kranken galten ihr nicht mehr »mortuus mundo«, tot für die Welt, und die Krankheit auch nicht mehr als Scheidungsgrund. Vielmehr wird in der Ostkirche von Basilius d.Gr. (4. Jh.) ein Hospital für Leprose errichtet, und im Abendland ist es Abt Otmar von

St. Gallen, der schon um 720 ein Aussätzigenspital bauen läßt. Im Mittelalter überzieht ein dichtes Netz von Leprosorien Europa. Im Engagement von Menschen wie Albert Schweizer, Vincenzo d'Amato und seinem Opera Francesca Internazionale oder Mutter Theresa und ihrer Kongregation wirkt dieser humanitäre Impuls bis heute im Christentum fort. Andererseits ist auch im »christlichen« Abendland das Denken, Krankheit als Strafe für unmoralisches Verhalten zu sehen, noch tief verwurzelt, wie heute insbesondere der Umgang mit AIDS-Kranken zeigt.

Fälle von Aussatz an Textilien und Leder (13,47-59): Von grünen oder roten Pilzen befallene Stoffe – wie es in feuchtwarmem Klima schon mal vorkommen kann – werden für sieben Tage abgesondert und beobachtet. Breitet sich das Übel aus, wird der ganze Stoff verbrannt. Breitet es sich nicht aus, wird es nach einer Waschung nochmals während einer Woche beobachtet. Verändert sich der Stoff nicht, so ist er unrein. Der befallene Teil muß ausgeschnitten und verbrannt werden. Verblaßt die Stelle, so ist der Stoff rein. Er muß nochmals gewaschen werden, bevor er wieder verwendet werden kann. Wenn der Pilz aber wieder erscheint, muß der Stoff verbrannt werden. Die durch die Quarantäne bedingte Ähnlichkeit zum menschlichen Aussatz mag die Gesetzgeber bewogen haben, den Fall noch vor dem Reinigungsritual einzufügen. Daß es sich um eine Einfügung handelt, wurde von den Redaktoren selber durch ein Sondersubskript (13,59) signalisiert.

Reinigungsritual vor dem Lager für vom Aussatz Genesene am ersten und siebten Tag (14,1-9): Ein klassischer 'rite de passage'! Der umfassende Ritus, der noch vor dem Lager, also außerhalb einer menschlichen Siedlung, durchgeführt wird, vereinigt sowohl Elemente des priesterlichen Ordinationsrituals als auch des Sühnerituals durch die Asche der roten Kuh für Leichenkontaminierte:

Ordinationsritual (Lev 8)	Aussatzreinigungsritual (Lev 14,1-9)	Sühneritual (Num 19)
Blutritus 1. Rechtes Ohrläppchen 2. Daumen der rechten Hand 3. Große Zehe des rechten Fußes	*Blutritus* *1. Rechtes Ohrläppchen* *2. Daumen der rechten Hand* *3. Große Zehe des rechten Fußes*	
	Weitere Ritualien *1. Zedernholz* *2. Karmesingarn* *3. Ysop* *4. Quellwasser*	Weitere Ritualien 1. Zedernholz 2. Karmesingarn 3. Ysop 4. Quellwasser

Da die Aussätzigen von Kopf bis Fuß von einem todähnlichen Zustand gereinigt werden müssen, macht diese Kopplung der Riten durchaus Sinn. *Ohrläppchen, Daumen* und große *Zehe* markieren gleichsam die Grenzen des menschlichen Körpers. Ihre Berührung mit dem *Blut* (Sitz des Lebens) symbolisiert umfassendes Hineingenommensein in die Sphäre des Lebens. Lebensfülle symbolisieren auch die Ritualien, die in das Blut des über dem *Quellwasser* (wörtl. »Lebenswasser«; vgl. 15,13) geschlachteten Vogels getaucht werden. Sowohl beim geschlachteten als auch beim später freigelassenen Vogel handelt es sich um *Wildvögel* (wörtl. »Lebensvögel«). *Zedernholz* ist rötlich, erinnert also an Blut und riecht gut. *Karmesin* ist ein roter Farbstoff, der für die Färbung von Wollgarn von der Kermesschildlaus gewonnen wird, die auf den in Palästina häufigen Kermes- und Kalliprinos-Eichen vorkommt. *Ysop* ist dasselbe wie Oregano, bzw. Majoran (lat. *Origanum majorana syriaca*), also auch ein die Nase belebendes Requisit, das hier zusätzlich als Sprengel des Lebenswassers dient. *Öl* ist die klassische Salbungsessenz und im Orient ein Lebensmittel par exellence. Auf den rituellen Reinigungsakt durch siebenfaches Besprengen der Genesenen mit dem Blut des geschlachteten Vogels folgt die *Waschung* der Kleider, das *Scheren* der Haare und ein Bad. Nun darf er das Lager (Ort) betreten, aber noch nicht das Zelt (Haus). Am siebten Tag müssen alle Haare (Kopfhaare, Barthaare, Augenbrauen, Achsel-

und Schamhaare, auf letztere zielt die beschönigende Wiederholung) rasiert werden. Radikaler könnte der Neubeginn, der gleichsam säuglingsartige Wiedereinstieg ins Leben der Reinen, nicht markiert werden.

Reinigungsopfer (der Reichen) (14,10-20): Am achten Tag schließlich wird das Reinigungsopfer dargebracht. Es besteht aus einem Widder für das Schuldopfer, einem einjährigen Schaf für das Sündopfer, einem zweiten Widder für das Brandopfer, drei Zehntel Efa (3,916 l) Mehl und einem Log (0,3 l) Öl für das Speiseopfer. Die sakramentale Verdichtung des Lebens im Ritus wird formal in der Ritualanweisung unterstützt und auf das siebenfache Sprengen vor Gott hin zugespitzt:

```
A Priester; Reinigung                                  (10ff)
   B Öl; vor dem Herrn; Sünd- und Brandopfer           (12f)
      C Blut; Schuldopfer                              (14a)
         D Ohrläppchen, Daumen, Zehe rechts            (14b)
            E Öl; Handteller                           (15)
               X Siebenfaches Sprengen vor Gott        (16)
            E' Öl, Handteller                          (17a)
         D' Ohrläppchen, Daumen, Zehe rechts           (17b)
      C' Blut; Schuldopfer                             (17c)
   B' Öl; vor dem Herrn; Sünd- und Brandopfer          (18ff)
A' Priester; rein
```

Reinigungsopfer der Armen (14,21-31): Die Art der Reduktion des Opfers für den Armen macht deutlich, daß das Schuldopfer im Zentrum steht und unaufgebbar bleibt. Es wird als erstes Opfer dargebracht. Sein Blut dient der Sühnung der Genesenen. Es ist das einzige Blutopfer, das vollständig dem Tenufah-Ritus (vgl. 7,30ff) unterzogen wird. Warum müssen vom Aussatz Genesene ein Schuldopfer darbringen? Es muß mit der Möglichkeit gerechnet werden, daß der Genesene wegen eines Sakrilegs, für dessen Sühnung ein Schuldopfer notwendig ist (vgl. 5,14-26), mit Aussatz geschlagen wurde.

Subskript (14,32): Das Subskript mag darauf hinweisen, daß das besondere Opfer für Arme sekundär hinzugefügt wurde. Aus dem herkömmlichen Opfer wird somit ein Opfer für Reiche. Von einer sozial stärker klassifizierten Gesellschaft berichten uns die Propheten der ausgehenden Königszeit.

Einleitung (14,33): Das Folgende richtet sich ausschließlich an Fachleute: die Gesetzgeber (Mose) und die geistliche Führung (Aaron).

Fälle von Aussatz an Gebäuden (14,34-48): Es handelt sich um einen Anhang von »H«, wie die Redewendungen (z.b.: »Wenn ihr in das Land Kanaan kommt...«, vgl. 19,23; 23,10; 25,2; Ich-Form der Gottesrede) zeigen. Die Diagnose des Aussatzes an Gebäuden basiert auf jener an Haut und Stoffen (Farbe; Übel unter der Oberfläche; Quarantäne; Ausbreitung des Übels entscheidet über weiteres Vorgehen; Herausbrechen/Ausschneiden der kontaminierten Stelle oder Niederreißen/Verbrennen bei weiterem Wachstum).

Reinigungsritual für Gebäude (14,49-53): Das Ritual basiert genau auf dem Reinigungsritual für genesene Aussätzige am ersten Tag. Es wird in kunstvoller chiastischer Anordnung dargeboten, wodurch der beschwörende Charakter der Zeremonie auch sprachlich inszeniert wird:

A Er soll einen der Vögel über einem Tongefäß mit Quellwasser schlachten.
  B Dann soll er das Zedernholz, den Ysop, das Karmesin
    C und den lebenden Vogel nehmen,
      D um sie in das Blut des geschlachteten Vogels und in das Quellwasser zu tauchen,
        E er soll das Haus besprengen,
          X siebenmal,
        E' und, nachdem er das Haus entsündigt hat,
      D' mit dem Blut des Vogels, dem Quellwasser,
    C' dem lebenden Vogel,
  B' dem Zedernholz, dem Ysop und dem Karmesin,
A' den lebenden Vogel aus der Stadt hinaus ins freie Feld fliegen lassen.

Ein hurritischer Ritus bietet eine interessante Parallele: Zur Reinigung eines Hauses des Bösen muß den Göttern der Unterwelt und Api in der Wüste ein Vogelopfer dargebracht werden, wobei auch Zedernholz verbrannt und ein Vogel freigelassen wird.

Schlußsubskript (14,54-57): Eine feierlich-kunstvolle Formel, die die Kenntnis aller Texte der Kap. 13 und 14 voraussetzt. Das hebr. *tora,* was EÜ mit »Gesetz« wiedergibt, bezieht sich in diesem Zusammenhang eher auf rituelle Vorschriften, sollte also offener als »Weisung« übersetzt werden.

4. Genitale Ausflüsse (15,1-33)

Das Kapitel ist streng symmetrisch aufgebaut. Den Ausflüssen des Mannes im ersten entsprechen die Ausflüsse der Frau im zweiten Teil. Dadurch suggeriert es Egalität der Geschlechter, offenbart aber bei genauerer Lektüre umso deutlicher die patriarchale Einengung der Frau. Die Achse des Kapitels ist V. 18, der den Beischlaf zwischen Mann und Frau thematisiert. Nur V. 31 gehört nicht zum ursprünglichen Bestand des Kapitels:

A Einleitung (15,1-2a)
   B Abnormale männliche Verunreinigung (15,2b-15)
      C Normale männliche Verunreinigung (15,16-17)
         D Heterosexueller Geschlechtsverkehr (15,18)
      C' Normale weibliche Verunreinigung (15,19-24)
   B' Abnormale weibliche Verunreinigung (15,25-30)
A' Zusammenfassung (15,32-33)

Einleitung (15,1-2a): Das Volk ist verantwortlich für die Diagnose, aber auch die Priester werden instruiert, gelten als Fachleute.

Abnormale männliche Verunreinigung (15,2b-15): Es geht um krankhaften Ausfluß *(sab)* aus dem Penis *(basar;* EÜ: Körper, was in diesem Zusammenhang irreführend ist; vgl. schon 12,3), also nicht um Samenfluß, wie die Rabbinen anschaulich darlegen: »*Ausfluß* stammt aus einem lahmen Penis, *Samen* aus einem erigierten. Ausfluß ist wässerig, wie das Weiße eines geschlagenen Eis, und Samen ist dickflüssig wie das Weiße eines ungeschlagenen Eis« (m.Sab. 2,4). Es handelt sich also um männliche Geschlechtskrankheiten, die rinnende, unkontrollierte Schleimabsonderungen mit sich bringen, MedizinerInnen bekannt als *Blennorrhea urethrae* oder *Gonorrhea benigna (Gonorrhea virulenta,* volkstümlich als »Tripper« bekannt, tauchte erst im ausgehenden Mittelalter auf). Was sich unter dem Kranken befindet oder was er berührt, wird unrein. Das priesterliche System unterscheidet je nach Dauer der Verunreinigung, Intensität des Kontaktes und Intensität der Unreinheitsquelle verschiedene Grade der Verunreinigung, die unterschiedliche Reinigungen erfordern. Die Rabbinen versuchten durch Ableitungen Lücken des Systems zu schließen und führten Differenzierungen fort. Hier eine leicht vereinfachte Übersicht über die Unreinheit des Ausflüssigen:

Vers	Der Ausflüssige verunreinigt durch Kontakt:	Erfordert zur Reinigung			
		Wäsche	Bad	Spülung	Zerbrechen
4	Lager, Gegenstand	[x]			
9	Sattel	[x]			
12a	Tongefäß				x
12b	Holzgerät			x	
	Andere Personen werden verunreinigt durch Kontakt mit:				
5	verunreinigtem Lager	x	x		
6	verunreinigtem Gegenstand	x	x		
7	Körper des Ausflüssigen	x	x		

Die detaillierte Liste wird durch das weitreichende Zugeständnis in V. 11 gemildert, wonach es dem Kranken erlaubt ist, andere zu berühren, wenn er zuvor seine Hände in Wasser gewaschen hat. Dies ermöglichte ihm ein Leben zu Hause. Unrein wäre dann nur noch, was sich *unter* dem Ausflüssigen befand. Anders sieht es eine rigidere Schule in Num 5,2, die den Ausflüssigen außerhalb des Lagers unter Quarantäne gestellt haben will. Diese Linie konnte sich in der Zeit des Zweiten Tempels durchsetzen, wie Mitteilungen des jüdischen Historikers Flavius Josephus (Jüd. Krieg 5,227; Altertümer 3,261) belegen.

Rein werden meint beim Ausflüssigen gesund werden. Nach einer Frist von sieben Tagen nach dem Tag seiner Genesung muß er seine Kleider waschen und sich in Lebenswasser (EÜ: Quellwasser) baden. Gemeint ist fließendes Wasser im Unterschied zu stehendem Brunnen- oder Zisternenwasser (vgl. 11,36). Lebenswasser ist nur zur Reinigung bei schweren Unreinheiten nötig (vgl. Num 19,17). Der Ausdruck macht deutlich, daß der Kranke als der Todessphäre verhaftet betrachtet und durch das Bad erneut ins Leben zurückgeholt wird. Das erforderliche Taubenopfer wird in Analogie zum Opfer der unregelmäßig Menstruierenden verlangt. Während es für jene ein verhältnismäßig aufwendiges Opfer war, besonders wenn sie arm war, so mutet es im Falle der seltenen, aber relativ schweren Krankheit des Ausflüssigen eher billig an.

Normale männliche Verunreinigung (15,16-17): Es geht um den absichtlichen oder unabsichtlichen Samenerguß *(schichbat-sar'a).* Saul vermutet hinter Davids Abwesenheit beim Neumondfestbankett eine versäumte Reinigung nach einem solchen Vorkommnis (1 Sam 20,26). Die Verunreinigung erfordert bloß ein Bad, aber keine Kleiderwäsche und erst recht kein Opfer. Stoff (EÜ: Kleid) und Leder, die wohl das Bettlager bilden, müssen jedoch mit Wasser gereinigt werden. Die Hetiter vermuteten hinter dem unwillkürlichen nächtlichen Samenerguß Geister am Werk. Auch wenn das Erste Testament sich tunlichst über das Wirken dämonischer Kräfte ausschweigt, um den Jahwe-Monotheismus nicht in Frage zu stellen, so dürften doch ähnliche Ängste dazu geführt haben, den Samenerguß als unrein zu betrachten. Eine andere, etwas intellektualistische Erklärung sieht den Grund darin, daß potentielles Leben vergeudet wird und damit der Sphäre des Todes anheimfällt.

Heterosexueller Geschlechtsverkehr (15,18): Der Satz bildet die Mitte des Kapitels. Anders als in EÜ wiedergegeben, stellt er die Frau voran: »Eine Frau, der ein Mann mit Samenerguß beiwohnt, die müssen...« Der normale Beischlaf zwischen Mann und Frau, um den es sich also handelt, wird damit formal sehr schön eingemittet: es geht noch nicht um eine Unreinheit, die nur die Frau betrifft, andererseits wird sie schon zum Hauptsubjekt gemacht. Betont wird diese Mitte zusätzlich durch die Konjunktion *ascher* (vgl. schon 4,22). Das Paar muß sich baden und bleibt unrein bis zum Abend. Die Vorschrift, daß, wer ein Heiligtum betreten möchte, in der Nacht vorher nicht beigeschlafen haben darf, ist in fast allen Kulturen anzutreffen. Daß – zumal in der männlichen Phantasie – der Beischlaf mit der Frau, insbesondere der erste, als eine gefährliche, von dämonischen Kräften belauerte Angelegenheit gilt, geht deutlich aus Tob 6,7ff.17; 8,2f hervor.

Normale weibliche Verunreinigung (15,19-24): Der Abschnitt behandelt den monatlichen Blutfluß, die zur menstrualen Absonderung *(niddah;* vgl. zum Wort 12,2b) führt, weil alle, die sie berühren, unrein werden. Daß die Unreinheit der Menstruierenden als noch stärker betrachtet wird denn jene des krankhaft ausflüssi-

gen Mannes, geht daraus hervor, daß nicht bloß Gegenstände ver-
unreinigende Kraft haben, auf denen die Menstruierende saß (z.b.
Bett, Stuhl), sondern auch noch Gegenstände, die sich auf einem
solchen Gegenstand befanden (z.b. eine Schüssel). Diese tertiäre
Art der Verunreinigung hat die Isolation und Tabuisierung der
Menstruierenden massiv befördert. Menstruierende Frauen wurden
verachtet und gemieden, wie vor allem prophetische Texte
erschreckend deutlich machen, in denen die Menstruierende zur
Metapher für die schlimmsten Greuel wird:

Du wirst die Silberüberzüge deiner Bilder und die Goldplatten deiner
Götzen als unrein behandeln. Du wirst sie wegwerfen wie eine *Menstruierende.* »Hinaus!« wirst du ihnen zurufen. *(Jes 30,22; vgl. Ez 7,19f; EÜ
beschönigt: Abfall)*

Als Israel in seinem Land wohnte, machten sie das Land durch ihr Verhalten und ihre Taten unrein. Wie die Unreinheit der *Menstruierenden,*
so war ihr Verhalten vor mir. *(Ez 36,16f)*

Aufgeboten hat Jahwe gegen Jakob ringsum seine Feinde;
Jerusalem ist unter ihnen zur *Menstruierenden* geworden.
(Klgl 1,17; EÜ beschönigt: Schandfleck)

Das Land, das ihr bekommen werdet, ist eine *Menstruierende,* wegen der
Menstruation der Völker im Land, wegen der Greuelsitten, mit denen sie
das Land in ihrer Unreinheit von einem Ende bis zum andern erfüllt
haben.
(Esra 9,11; EÜ beschönigt: befleckt)

Gelehrsamkeit bewahrte die *Rabbinen* nicht vor schlimmsten, frauenfeindlichen Äußerungen: »Einem Studierten ist es verboten, eine
Menstruierende zu grüßen« (Baraita de Massekat Niddah). »Wenn
eine menstruierende Frau zwischen zwei Männern durchgeht, wird
sie, wenn es sich zu Beginn ihrer Menstruation ereignet, einen von
beiden töten, wenn es sich aber am Ende ihrer Menstruation ereignet, wird sie Streit unter ihnen verursachen« (b.Pes 111a). Der Menstruierenden schrieb man dämonische Kräfte zu, die in der Lage
waren, schwächere Dämonen zu vertreiben: »Sieht eine Frau eine
Schlange..., so soll sie sich ein paar Haare und Fingernägel aus-
reißen, ihr entgegenwerfen und sagen: 'Ich bin eine Menstruierende!'« (b.Schab 110a).

Mit der Dämonisierung der menstruierenden Frau kam das Patriarchat allerdings in eine Zwickmühle. Wurde durch ihre Haushalttätigkeit nicht das ganze Haus verseucht? Dann aber war sie mindestens während einer Woche, meistens aber wesentlich länger, da die Reinigungszeit vom Tag ihrer letzten Blutung an gerechnet wurde (nur die Sekte der Karäer begann mit dem ersten Tag zu zählen), nicht in der Lage, den Haushalt zu führen. Mußten nun die Männer den Haushalt führen? Tatsächlich wurden Frauen in der Zeit des Zweiten Tempels in Quarantäne gebracht. Offenbar war es in einem Land, wo die Jüdinnen so dicht beieinander lebten, möglich, daß sich die Frauen aushalfen. Anders in der Diaspora, wo den Frauen jede Haustätigkeit erlaubt wurde, außer das Einschenken von Wein, das Machen des Bettes und das Waschen des Gatten (b.Ket 61a). Dieses Dilemma muß schon »P« bewußt gewesen sein, denn während die Verunreinigungskraft des Menstruationsblutes als stärker gilt als die des Eiters des Ausflüssigen, so wird nichts darüber gesagt, daß ihre Berührung Tongeschirr verunreinigt hätte, das bekanntlich zerschlagen werden mußte. Die Ruinenhügel Palästinas wären heute doppelt so hoch...

Nicht besser steht es um die Wirkungsgeschichte der Menstruationsweisung im *Christentum*. Bei aller Kritik am Gesetz und davon ausgehend am Judentum überhaupt, wurde die Tabuisierung der Menstruierenden bereitwillig aufgegriffen. Nur so läßt sich erklären, daß der berühmte Arzt Paracelsus lehren konnte: »Es gibt kein Gift in der Welt, das schädlicher ist als das Menstrum.« Ein Priester hat mir in einem Kurs von einer Frau erzählt, die mit Komplexen zu ihm kam, weil sie in der Klosterschule nicht auf den Schulausflug mitdurfte, da sie die Menstruation hatte. Fiele auch nur ein Tröpflein Blutes auf die Wiese, so belehrte sie eine Nonne, würden die Pflanzen sofort sterben. Solches Nachleben mittelalterlicher Auffassungen dürfte inzwischen selten geworden sein. Doch hat die scheinbar aufgeklärte Welt im Rahmen der Hygiene-Feldzüge (vgl. Exkurs III) ihre eigenen Wege gefunden, die Menstruation klinisch rein aus der Welt zu schaffen. Das Verhältnis zum Menstruationsblut ist dadurch so etwas wie ein Gradmesser der Emanzipation geworden: »Wenn du glaubst, du seist emanzipiert, so stell dir mal vor, dein Menstruationsblut zu kosten – wird dir schlecht, hast du noch 'nen langen Weg vor Dir, Baby« (Germaine Greer)!

Im *Islam* gilt die Menstruation ebenfalls als unrein (Qoran 2,222). In den mündlichen Überlieferungen (Hadithe) zu dieser Stelle konnten sich aber vor allem die Frauen Muhammads mit ihrer praktischen Vernunft durchsetzen. Ein Beispiel:

> Umm Salama berichtet: Einmal lag ich mit dem Propheten zusammen unter einer Decke, als ich meine Tage bekam. Ich rückte von ihm weg, stand auf und zog das Kleid an, das ich immer während meiner Menstruation trage. Er fragte:»Hast du deine Tage bekommen?« Ich nickte. Der Prophet nahm mich anschließend wieder zu sich unter die Decke. (Sahih al-Buchari VI, 21)

Auch von Männern sind neben Versuchen, die Frau über die Menstruation zurückzudrängen, erstaunlich vernünftigte Töne zu vernehmen, indem sie auf ein Auslegungsprivileg verzichten:

> Mu'tamir erzählte, sein Vater habe Ibn Sirin gefragt:»Was ist, wenn eine Frau Blut bemerkt, seit dem Ende ihrer Menstruation aber bereits fünf Tage vergangen sind?«Ibn Sirin erwiderte:»In diesen Dingen kennen die Frauen sich besser aus als wir Männer.«(Sahih al-Buchari VI, 24)

Kehren wir zum biblischen Text zurück: Als besonders verunreinigend gilt der Beischlaf mit der Menstruierenden. Die volle Unreinheit geht auf den Mann über. Für Ezechiel gehört der Beischlaf mit einer Menstruierenden zu den abscheulichsten Verbrechen überhaupt, vergleichbar mit Götzendienst oder Wucher (Ez 18,6; 22,10). Diese Ansicht übernimmt »H«, die solchen Beischlaf nicht bloß als Verunreinigung, sondern als Verbrechen betrachtet (vgl. 20,18). *Abnormale weibliche Verunreinigung (15,25-30):* Gemeint sind unregelmäßige Blutungen *(sobah).* Es gelten dieselben Regeln wie bei der normal Menstruierenden. Da eine solche Veranlagung jahrelang anhalten kann, wurden diese Frauen praktisch vom normalen Leben ausgeschlossen. Was es für die blutflüssige Frau bedeutete, als Jesus sie von ihrem Stigma befreite (Mk 5,25-34; ‖ Mt 9,20-22; Lk 8,43-48), wird auf dem Hintergrund des Ausgeführten wohl deutlich. Leider hat sich diese Begegnung in den Kirchen nicht in einer ähnlich positiven Wirkungsgeschichte niedergeschlagen wie beim Aussatz. *Absonderungsinterpolation (15,31):* In verschärfter Begrifflichkeit und in bezug auf das nichtmenstruierende Volk formuliert, faßt

»H« in einer späteren Einfügung den Inhalt der Menstruationstabus zusammen: Die IsraelitInnen sollen von der Unreinheit der Menstruierenden *getrennt* (EÜ übersetzt wie die Septuaginta mit »warnen«) werden. »H« verwendet dasselbe Wort wie für die Nasiräer (Num 6). In Bezug auf die Menstruierenden sind die übrigen IsraelitInnen wie geweihte NasiräerInnen. Die Mahnung verleiht der Angst Ausdruck, daß das Heiligtum durch eine Menstruierende verunreinigt und die göttliche Gegenwart vertrieben werden könnte. Indirekt ruft der Satz zur Kontrolle der Frauen auf. Die verschärfte Menstruationspolemik in exilisch-nachexilischer Zeit, die wir schon bei den Prophetentexten vorgefunden haben, könnte ein Hinweis darauf sein, daß die Verunreinigung des Heiligen durch Menstruierende zu den Erklärungsversuchen der Zerstörung Jerusalems gehörte. Dazu paßt die Polemik gegen frauenspezifische Kulte und ihre dadurch bedingte, dauernde Präsenz im Heiligtum (s. Exkurs II).

Zusammenfassung (15,32-33): Das Subskript entspricht nicht genau der Systematik des Kapitels. Es gab zu Vermutungen Anlaß, daß das Kapitel ursprünglich anders geordnet war. Seine jetzige Form und sein Inhalt sind aber stringent durchkomponiert. Es kann sich hier also nur um andere Akzentsetzungen der Herausgeber handeln, bes. in V. 33b.

Die in diesem Kapitel behandelten Fälle sind eine relativ seltene männliche Geschlechtskrankheit mit eitrigem Ausfluß *(sab)*, der Samenerguß *(schichbat-sar'a)*, der Beischlaf zwischen Mann und Frau, die regelmäßige Menstruation *(niddah)* und die unregelmäßige Menstruationsblutung *(sobah)*. Die strenge Symmetrie des Kapitels kaschiert die Unterschiedlichkeit der Themen. Sie stellt eine scheinbar subtile Logik her, wo es keine gibt. Ein moderner Kommentar gibt zu bedenken, daß die Frauen früher ja meistens schwanger waren und ihre Kinder bis zum dritten Jahr stillten, so daß sie nicht menstruierten und trotz der strengen Gesetze meistens kultfähig waren. – Ein schlechter Trost für die Betroffenen, aber auch für die anderen Frauen, die unter dem ungünstigen Image der potentiell Menstruierenden zu leiden hatten.

5. Versöhnungsritual (16,1-34)

Wie die redaktionelle Bemerkung zu Beginn des Kapitels verdeutlicht, schloß das Kapitel direkt an Lev 10 an, bevor die Weisungen über »rein« und »unrein« dazukamen. Es handelte sich ursprünglich um ein komplexes Versöhnungsritual (16,2b-28) für Notfälle wie den in Lev 10 beschriebenen. Ein Zusatz (16,29-34), der die Hand »H's« verrät, schreibt diesen Tag in tempelloser Zeit (?) als jährlich fixierten Bußtag vor. Die Weisungen ergehen vom Herrn durch Mose vermittelt an Aaron und seine Söhne (16,1-2a).

Das Versöhnungsritual (16,2b-28): Wie sieht dieses Ritual aus, für das die hohepriesterliche Familie einen Jungstier und einen Widder und das Volk zwei Ziegenböcke und einen Widder bereitstellen? Der Hohepriester selbst beginnt den Tag mit einem Bad. Danach zieht er leinene Gewänder an, die nur dieser Zeremonie vorbehalten sind. Nun bringt er den Stier als Sündopfer für sich und seine Familie dar, natürlich unterstützt von Priesterkollegen, da es unmöglich ist, einen Stier alleine zu schlachten (vgl. Abb. 2; 23). Das Fett wird aufgehoben. Dann – und dies geschieht nur bei dieser Zeremonie! – geht der Hohepriester ganz alleine mit dem Gefäß, in dem sich ein Teil des Blutes des Stieres befindet, mit Kohlen vom Räucheraltar im Heiligtum und zwei Händen voll Räucherwerk hinter den Vorhang ins Allerheiligste, wo sich das Sühnmal, die *kapporät* (vgl. Kommentar zu Num 7,89), mit den Cherubim befindet. Um nicht sterben zu müssen, legt der Hohepriester dort die Kohlen auf einen bereitstehenden Räucherständer und gibt das Räucherwerk darauf, das Wohlgeruch verbreitet und das Sühnmal in eine Wolke hüllt. Nun besprengt der Hohepriester siebenmal das Sühnmal von Osten her, also an der Vorderseite. Dann wird im Hof des Heiligtums über die beiden Ziegenböcke des Volkes das Los geworfen. Derjenige, den das Los »für den Herrn« trifft, wird in derselben Weise wie der Stier des Priesters als Sündopfer des Volkes dargebracht. Mit diesen speziellen Sündopfern reinigte er das Heiligtum im engeren Sinne, also das Tempelgebäude, von der Unreinheit, die die Unreinheiten, Freveltaten und Sünden der IsraelitInnen bewirkten. Nun folgt die Reinigung und Heiligung des Altares, indem er Blut der Stieres und des Bockes an die Hörner schmiert und außerdem den Altar siebenmal damit besprengt. Erst jetzt wen-

det sich der Hohepriester dem »für Asasel« ausgelosten Bock zu. Er
stemmt ihm beide Hände auf und bekennt alle ihm bekannten Sünden der IsraelitInnen. Der so mit Sünden beladene Bock wird von
einem Mann in die Wüste hinausgetrieben. Währenddessen geht der
Hohepriester ins Heiligtum, zieht die Leinengewänder aus, badet,
zieht seine üblichen Opfergewänder an und vollzieht die Brandopfer, zusammen mit dem Fett des Sündopfers für sein Haus und das
Volk. Inzwischen ist der Mann, der den Ziegenbock »für Asasel« in
die Wüste getrieben hat, zurückgekehrt. Bevor er den Ort betreten
darf, muß er seine Kleider waschen und baden. Die Kadaver des
Jungstieres und des Bockes »für den Herrn« müssen samt und son-
ders außerhalb des Ortes verbrannt werden. Der Ausführende muß
vor seiner Rückkehr ebenfalls seine Kleider waschen und baden.

Das Prozedere für das Versöhnungsritual verknüpft zwei sehr
unterschiedliche Rituale: ein eigentliches Tempelreinigungsritual
und einen Sündeneliminationsritus.

Das *Tempelreinigungsritual* weist bei aller Unterschiedlichkeit
viele Parallelen zu einem Teil des babylonischen Neujahrsrituals
auf; so das Baden des Priesters, die linnenen Stoffe, das Sprengen,
das Räuchern, die Entsorgung des Opfertiers, die verschärften
Bedingungen für die Rückkehr der Entsorger:

Am fünften Nisan, vier Stunden (vor Ende) der Nacht, steht der Oberpriester auf und wäscht sich mit Flußwasser aus Tigris und Euphrat.
Er tritt zu Bel ein und entfernt den leinenen Vorhang vor Bel und
Beltija. [Es folgen Gebete an den Gott und die Göttin und die täglichen
Morgenriten.] Wenn zwei Stunden (seit) Sonnenaufgang (vergangen
sind), nachdem die Vorbereitungen des Opfertisches für Bel und Beltija
fertig sind, ruft er einen Beschwörer herbei, und (dieser) reinigt den Tempel; dann besprengt er den Tempel mit Wasser aus einem Brunnen am
Tigris und einem Brunnen am Euphrat. Die kupferne Kesselpauke rührt
er im Innern des Tempels, trägt (immer noch) im Innern des Tempels
Räucherbecken und Fackel (an ihr) vorbei [...] Die Cella von Bel und Beltija darf er (jedoch) nicht betreten. Sobald die Reinigung des Tempels fertig ist, betritt er Ezida, die Cella des Nabu, und reinigt mit Räucherbecken, Fackel und Weihwasser den Tempel, besprengt den Cella-Raum
mit Wasser aus einem Brunnen am Tigris und einem Brunnen am
Euphrat. Alle Türen der Cella bestreicht er mit Zedernöl. In der Mitte des
zur Cella gehörigen Hofes stellt er ein silbernes Räucherbecken auf und
streut darauf Würzhölzer und Wacholder. (Der Oberpriester) ruft einen

Metzger herbei, und (dieser) schlägt einem Widder den Kopf ab; dann reinigt der Beschwörer mit dem Widderkadaver den Tempel. Er rezitiert (dabei) die Beschwörungen des (Zyklus): »Der Tempel ist beschworen«. Die gesamte Cella, samt ihren angrenzenden Räumen, reinigt er; dann räumt er das Räucherbecken ab. Der Beschwörer nimmt den besagten Widderkadaver an sich und geht zum Fluß. Er richtet seinen Blick nach Westen und wirft den besagten Widderkadaver in den Fluß, begibt sich hinaus ins offene Land. Der Metzger tut dasselbe mit dem Kopf des Widders. Beschwörer und Metzger haben beide ins offene Land wegzugehen; solange Nabu sich in Babylon aufhält, dürfen sie Babylon nicht betreten. Sie müssen vom fünften bis zum zwölften (Nisan) im offenen Gelände hausen. Der Oberpriester des Etuscha darf die Reinigung des Tempels nicht mitansehen [...]

Der *Sündeneliminationsritus* mit dem Ziegenbock findet besonders im nordsyrisch-anatolischen Raum viele Entsprechungen. Wichtig zum Verständnis der Eliminationsriten sind drei Dinge: 1. Es handelt sich um einen Ordnungsvorgang. Das Reine soll gereinigt werden, und das Unreine wird zum Unreinen geschickt. 2. Um das Unreine dem Unreinen, das Dämonische dem Dämon zu schicken, bedarf es eines Transportvehikels. Meistens werden dazu Tiere verwendet. 3. Das Böse, bzw. die Sünden, die eliminiert werden, sind unsichtbar, nicht aber das Transportvehikel. Dieses muß dem Adressaten oder der Adressatin sympathisch sein, damit es akzeptiert wird. Aus Anatolien ist ein Ritual bekannt, wo die Seuche in einem Heerlager, vergegenständlicht in einem Stück Metall, das von den Offizieren mit bunten Fäden an Widdern befestigt wird, der Gottheit, die die Seuche verursacht hat, zusammen mit einer geschmückten Frau, zurückgeschickt wird. Dabei sprechen die Offiziere: »Siehe, was für ein Übel dieses Heerlagers für Menschen, Rinder, Schafe, Pferde, Maultiere und für Esel, was für eines darin war, jetzt siehe, aus dem Heerlager haben es dieser Widder und diese Frau weggebracht. Wer sie antrifft, jenes Land soll diese böse, tödliche Seuche an sich nehmen!« Während den drei folgenden Tagen werden weitere Tiere zu Ehren verschiedener Gottheiten teils geopfert, teils ins freie Feld, in je verschiedene Himmelsrichtungen, getrieben. Ganz ähnlich gehen die Priester der Philister vor, um sich der Seuche zu entledigen, die ihrer Meinung nach durch den Raub der israelitischen Bundeslade in ihrem Land ausgebrochen ist (1 Sam 6). Nach einer Vision Sacharjas (4,5-11) wird das

Frevlerische in Israel in Gestalt einer Frau, die in ein großes Gefäß
gesteckt wird, von zwei geflügelten Frauen ins Land Schinear ver-
frachtet. Ein syrisches Ritual ist der zuversichtlichen Ansicht, daß
mit solchen Riten jedes Übel aus der Welt geschafft werden kann:
»Welche böse Sache auch immer, ein (Mein-)Eid, ein Fluch, eine
Unreinheit, vor der Gottheit begangen ist, die sollen diese »Vehikel« vor der Gottheit wegschaffen; die Gottheit aber und der Ritu-
almandant sollen von jener Sache rein sein!« Genau darum geht es
auch beim sog. »*Sündenbock*ritual«: Die IsraelitInnen, sollen von
all ihren deklamierten Verfehlungen und das Heiligtum von der
dadurch verursachten Unreinheit frei sein. Daß diese Ritualtraditi-
on wahrscheinlich aus dem syrisch-anatolischen Raum nach Israel
gewandert ist, zeigt ein sehr ähnliches kanaanäisches Ritual, das auf
einem Tonlungenmodell eines Opferschaupriesters der Stadt Ugarit gefunden worden ist: »Wenn die Stadt in Bedrängnis gebracht
wird, wenn ein Krieger die Leute des Palastes unrecht behandelt,
dann soll ein Bürger eine Ziege nehmen und in die Ferne treiben!«
In Redewendungen wie, »geh' zum Teufel!« oder »zum Kuckuck!«
oder »ins Pfefferland damit!« leben Eliminationsriten in verblaßter
Gestalt auch bei uns fort. Zur Zeit des Kalten Krieges war die Formel zu hören: »Kauf dir doch 'ne Fahrkarte Moskau einfach!«
  Nach einer kürzlich aufgestellten These bedeutete der Text des
Loses »für Asasel« ursprünglich »für (die Beiseitung von) Gottes-
zorn«. Diese Interpretation legen kultische Texte aus dem anato-
lisch-syrischen Raum nahe. In der jetzigen Fassung handelt es sich
aber ganz klar um eine Adressaten- und nicht um eine Zweckanga-
be, wie die Parallelsetzung zum Los »für Jahwe« (16,8) zeigt. Es ist
also zu fragen: Wer ist *Asasel*? Wahrscheinlich handelt es sich um
einen Wüstendämon. Die Vorstellung, daß es in der Wüste von
Dämonen wimmelt, ist im ganzen Orient verbreitet. Auf das Ansinnen eines Freundes von mir, mit seiner Gruppe in die judäische
Wüste zu fahren, erwiderte ein arabischer Buschauffeur aus al-
Quds 1994 entrüstet: »Not with me! This is a place full of serpents,
foxes, wild beasts and nomads...«. Das Erste Testament kennt verschiedene göttliche Wesen, die im Schatten Jahwes ein verstecktes
Dasein fristen: den *Leviátan*, das Krokodil, bzw. ein Ungeheuer,
das im Meer haust (Ijob 40,25; Ps 104,26); *Behemot*, das Nilpferd
(Ijob 40,15); die *Aschtarot*, der Wurf des Kleinviehs, der der Göttin

Aschtarte heilig war (Dtn 28,4); die *Zebijot*, die Gazellen und die
'Ajjalot ha-sadeh, die Hindinnen der Wildnis, bei denen die Gelieb-
te im Hohenlied ihre Freundinnen beschwört, die Liebe nicht zu
stören (Hld 2,7; 3,5) und die vielleicht zu Zebaot und El-Schaddai
und damit zu Beinamen Jahwes verballhornt wurden; den *Sturm-
wind*, Jahwes ureigenste Erscheinungsform als Wettergott (Ps
148,8); *Reschef*, den Brand, und *Deber*, die Pest (Hab 3,5) etc. Analog zur »Herrin des offenen Landes«, der die Krankheit eines Exor-
zierten in einem babylonischen Ritual geschickt wird, dürfte Asasel
der »Herr/Gott der Wüste« sein (im Arabischen bedeutet *'as'as*
»rauhes Land«), was man auch als »Gott, der sich stark zeigt« (von
hebräisch *'asas* »sich stark zeigen, trotzen«) verstehen konnte, dessen nächste Verwandte dann die *Se'irim* wären, wörtl. »die Haari-
gen«, die Ziegenbocksdämonen (Jes 13,21; 34,14; vgl. Bar 4,35; Tob
8,3; Mt 12,34; Lk 11,24; Abb. 22). Für die Haare als Ausdruck von
Kraft, Trotz und dämonischer Stärke, vor der sich andere fürchten,
finden sich Bespiele von Simson über Paulus (1 Kor 11,1-16) bis zu
den Hippies der 68er-Bewegung. Die Wahl eines Ziegenbocks
(se'ir) als Sündentransportmittel sollte bewirken, daß Asasel ihn als
Seinesgleichen schnell akzeptiert und von ihm Besitz ergreift, samt
den Sünden der IsraelitInnen. Das Tier selber ist ohne Sünde. Es ist
reines Vehikel und sympathischer Attraktor für den Dämon.

Das Auftauchen Asasels an zentraler Stelle mag befremden.
Offensichtlich stößt aber der Jahwe-Monotheismus hier an eine
Grenze. Jahwe sieht sich nicht in der Lage, das Übel seiner Schütz-
linge selbst zu entsorgen. Das Heilige ist und bleibt auf einen
Gegenpol angewiesen, um den man nicht umhin kann, den man
aber lieber totschweigt, indem man es bei einem Namen bewenden
läßt, dessen Bezugsgröße im Dunkeln bleibt. In ähnlicher Weise
wird auf zeitgleichen Dokumenten in Ägypten das Böse zwar in
seinen Hypostasen (z.B. Krokodil, Nilpferd) dargestellt, aber so
klein im Vergleich zu den heiligen Wirkmächten, daß es fast übersehen werden kann.

Sowohl Asasel als auch der Sündenbock wurden in ihrer *Wirkungsgeschichte* pervertiert. Die frühjüdische, apokalyptische Literatur hat Asasel zum Gegengott stilisiert, der Adam und Eva schon
im Paradies in Gestalt der Schlange versucht habe, den Menschen
die Kunst der Metallverarbeitung beigebracht habe und sie so zur

Götzenverehrung verleitete. In der Welt des Aberglaubens wurde er zum Dämonenfürsten gemacht, der das Zentrum der Bocksfeste und Walpurgisnächte darstellt. Das Wort »Sündenbock« wird seit dem 17. Jh. anders als in der Bibel (s.o.), zur Bezeichnung von Menschen gebraucht, denen unberechtigt alle Schuld zugeschoben wird, ohne daß sie wirklich schuldig sind. In diesem Sinne waren die Juden und Jüdinnen für die ChristInnen jahrhundertelang die klassischen Sündenböcke, daneben aber auch die Katarer (>Ketzer), die ZigeunerInnen, die Hexen/Frauen, die Farbigen, die Homosexuellen, also genau jene Gruppen, die im Zweiten Weltkrieg auch von den Nazis systematisch verfolgt und umgebracht wurden.

»H« hat das Ritual in der tempellosen Zeit des Exils (?) mit einem Anhang versehen, der anstelle des Versöhnungsrituals einen *Versöhnungstag* jährlich am 10. Tischri institutionalisiert, ohne die alten Rituale dadurch aufzuheben. Er ist geprägt von Enthaltung (in Bezug auf Essen, Geschlechtsverkehr und Arbeit, vielleicht auch Sprechen), also ein Bußtag. Diese Einkehr bewirkt Sühne, wie die kunstvolle Formel »H's« verdeutlicht:

A Folgendes soll euch als feste Regel gelten:
  B Im siebten Monat, am zehnten des Monats, sollt ihr euch Enthaltung auferlegen
    C und keinerlei Arbeit tun, der Einheimische und ebenso der Fremde, der in eurer Mitte lebt.
      X Denn an diesem Tag *entsühnt* man euch, um euch zu *reinigen.*
      Vor dem Herrn werdet ihr von allen euren *Sünden* wieder *rein.*
    C' Dieser Tag ist für euch ein vollständiger Ruhetag *(schabbat schabatton),*
  B' und ihr sollt euch Enthaltung auferlegen.
A' Das gelte als feste Regel.

Das rabbinische Judentum hat dem Tag in dieser Form einen eigenen Traktat der Mischna gewidmet und ihn zu einem Brennpunkt der Frömmigkeit erhoben. Im Zentrum rabbinischer Auslegung steht die Frage, wie das zu verstehen ist, daß Gott von *allen* Sünden reinigt, wird doch andernorts deutlich gesagt, daß vorsätzlich begangene Sünden die Ausmerzung nach sich ziehen (Num 15,30f).

Dies ist nicht so zu verstehen, daß am *Versöhnungstag* nur die unvorsätzlichen Sünden nachgelassen werden, auch die vorsätzlichen können Vergebung finden: »Buß' und Reu' knirscht das Sünderherz entzwei«, heißt es in der ersten Arie der Matthäuspassion Bachs. In den Worten der Mischna: »Wer da spricht: Ich werde sündigen, und der Versöhnungstag wird mir Sühne bringen, dem wird der Versöhnungstag keine Sühne bringen; Sünden des Menschen gegen Gott sühnt der Versöhnungstag nach Reue und Einkehr, Sünden gegen den Mitmenschen nur dann, wenn er diesen versöhnt hat« (m. Joma 8,9). Oder in den Worten des Baal Schem Tow: »Genau so wie der Schatten den Gesten und Bewegungen des Körpers folgt, folgt Gott den Regungen der Seele.«

In der Zeit nach der Zerstörung des Zweiten Tempels hat die Besprengung der *kapporät* mit Blut als außerordentlicher liturgischer Höhepunkt des Jahres verschiedene Ersatzhandlungen gefunden, wie die exzeptionelle Aussprache des Gottesnamens oder das Knien der Synagogengemeinde. Am archaischsten aber ist der orthodoxe Brauch der Schlachtung eines *Sühnehuhns* am Vortag des Jom Kippur. Das Huhn wird in der Regel Bedürftigen verschenkt. Einige Rabbinen haben den Brauch als dumme Sitte und als heidnisch verurteilt. Zur frühchristlichen Auslegung des Versöhnungstages s. S. 352 und 355.

Das große Versöhnungsritual, aus dem schließlich der Versöhnungstag, der jüdische *Jom Kippur* wurde, ist gleichsam die Endstufe in einem komplexen System der Reinigung, das bei einfachen Waschungen von Kleidern und Körpern beginnt und bis zum Sündenbockritual reicht. In diesem Sinne ist das System ganz unserer *Abwasserreinigung* vergleichbar: Was nicht im Rechen bleibt, muß biologisch abgebaut werden, was an Restschmutz noch übrigbleibt, bedarf der chemischen Ausfällung. Wie wir wissen, ist dies ein so komplizierter und teurer Prozeß, daß er der Wohlstandsgesellschaft einiges an Kopfzerbrechen bereitet. Wird er aber vernachlässigt, so wird auf die Dauer das Heiligtum, das wir etwas geschraubt gerne Ökosphäre nennen, zerstört. Das Beispiel zeigt die Nähe und Verwandtschaft abstrakt-geistiger Sünden (Egoismus, Habsucht, Bequemlichkeit, Verschwendung etc.) und konkret-materieller Verunreinigung (Gewässerverschmutzung, Zerstörung von Fauna und Flora). Beides wird durch das Andauern der Sünde verschlimmert und führt ohne Sühne zur Katastrophe: Das Anhalten der Sünden führt zur Korruption der menschlichen Gemeinschaft, bös wird zu gut, die Ausbeutung in der Konkurrenzideologie des Kapitalismus zur Tugend; das Anhalten der Verunreinigung führt zum Kollaps des Ökosystems, die Fische schwimmen mit dem Bauch nach oben, die ölverschmierten Vögel können nicht mehr abheben, die Tiere des Landes sterben aus, statt Leben finden wir Tod.

Für einige Bibelinterpretatoren steht der Versöhnungstag nicht nur am Ende der Weisungen zur Reinheit, sondern im *Zentrum der ganzen Tora*, die sie als symmetrisch um dieses Kapitel herum aufgebaut verstehen. Der Versöhnungstag wäre demnach die Mitte der Gesetze in Levitikus, die ihrerseits durch die Wüstenwanderung in Exodus und Numeri gerahmt sind, die wiederum durch die Verheißungen und Weisungen für das Land in Genesis und Deuteronomium umfaßt werden. Der Versöhnungstag als der Höhepunkt der Begegnung zwischen Mensch und Gott, eine Art Neuschöpfung – diese Sicht dürfte durch den großen jüdischen Religionsphilosophen *Franz Rosenzweig* angeregt worden sein und seine existentielle Deutung des Versöhnungstages, den er selber in einer kleinen Berliner Synagoge als Bekehrungsereignis erlebt hat, das ihn zum Judentum zurückführte: »Der einzelne unmittelbar wird gerichtet. Er steht in der Gemeinde. Er sagt Wir. Aber die Wir sind an diesem Tage nicht die Wir des geschichtlichen Volks; nicht die Überschreitung der Gesetze, die dieses Volk von den Völkern des Erdballs scheiden, ist die Sünde, um deren Vergebung die Wir schreien. Sondern an diesen Tagen steht der Einzelne unmittelbar in seiner nackten Einzelheit vor Gott, in der Sünde des Menschen schlechtweg...«

V: Unreinheit, Schuld, Sühne und Versöhnung

Das Thema von Lev 16 ist ein Hauptthema der Bibel, wenn nicht *das* Thema überhaupt. Es ist die Konkretisierung der Frage, wie ist Leben für uns Menschen möglich, da wir immer wieder Fehler machen? Die heute herrschende Gesellschaft hat sich einen merkwürdigen Umgang mit diesem Sachverhalt angeeignet: Aus der Grundstimmung des »Don't worry, be happy!« heraus wird zunächst das, was die Bibel Unreinheit und Schuld nennt, verdrängt. Hat es sich zum blockierenden Komplex angestaut, wird es in teuren Sitzungen beim Psychiater erinnert, aufgearbeitet und verarbeitet, bis der Mensch mit sich und der Welt (?) wieder versöhnt ist. Der Preis für die Sitzungen ist das dem kapitalistischen und individualistischen System der Wohlstandsländer mit ihrem Hang zum tertiären Sektor perfekt angepaßte Opfer, bzw. Lösegeld. Es wird dem Gott »Ruhe und Ordnung in der Demokratie« gezollt, dessen PriesterInnen, SachwalterInnen und NutznießerInnen die PsychologInnen sind. Es wäre allerdings ungerecht, das Walten der PsychologInnen bloß in polemischer Weise darzustellen. Oftmals leisten sie nebst JuristInnen, SozialarbeiterInnen, SeelsorgerInnen und freiwilligen HelferInnen unüberschätzbare Dienste der Versöhnung, sie werden tatsächlich zu heilvollen HelferInnen an den Opfern der Gesellschaft und zu segensreichen MittlerInnen zwischen schuldiger und geschädigter Partei, bzw. zwischen den SünderInnen und Gott. Wurden die wichtigsten Kategorien der Versöhnung an einem modernen Beispiel so bereits entfaltet, sollen hier nun zwei Modelle der Versöhnung vorgestellt werden, wie sie von Exegeten aufgrund des biblischen Befundes und der Bedeutungsentwicklung des Wortes entwickelt wurden.

1. Die erste Deutung geht aus von der Erfahrung der Eskalation menschlicher Gewalt nach erlittenem Unrecht. Sühnung einer Schuld durch eine mindestens teilweise *Wiedergutmachung* des Schadens durch die reuige Schuldnerpartei appelliert an die hochherzige Kompromißbereitschaft der geschädigten Partei und an ihre Einsicht, daß der angebotene Begütigungspreis für sie vorteilhafter ist als ein Schlagabtausch. Die Sühneleistung bewegt sie zum Absehen von Vergeltungsmaßnahmen, nämlich zu einem Vergleich im Guten. Damit ist Sühnung mit dem Ziel der Versöhnung ein zentrales Mittel gewaltloser Konfliktlösung, außer bei Mord, der – um dem Mißbrauch vorzubeugen – nicht anders als durch die Todesstrafe geahndet werden konnte (vgl. aber Num 35,31-33 und Dtn 21,1-9). Exemplarisch werden in der Bibel Fälle von Versöhnung durch Sühne z.B. in der Konfliktbewältigung zwischen Josef und seinen Brüdern, zwischen Jakob und Esau oder zwischen David

und Urija, bzw. Gott als dessen Sachwalter, dargestellt. Wie letztes Beispiel zeigt, gibt es Fälle, wo nur noch Gott als Adressat einer Sühneleistung in Frage kommt. Der Kult wird deshalb in diesem Modell als die von Gott selber gestiftete Einrichtung zur Besänftigung seines Zorns durch Sühnung verdienter Strafe betrachtet. Blut (Lev 17,11), Weihrauch (Num 16), Silber (Ex 11 – 16) und Mehl (5,11ff) sind dabei Pfänder göttlicher Versöhnlichkeit. Sie werden im Kult Gott zum versöhnlichen Geschenk dargeboten und von ihm als die eigens zur Sühnung eingesetzten Mittel erkannt und angenommen, wodurch der geständige, reuige und auch zur zwischenmenschlichen Wiedergutmachung bereite Mensch sofortigen Nachlaß erwirkt. Durch den Handaufstemmungsritus wird deshalb das Opfertier als Gabe dessen bezeichnet, der es zu seiner Sühnung darbringt. Abzulehnen ist die Auffassung, wonach das Opfertier stellvertretend für den Schuldigen dargebracht wird, gleichsam als Sündenbock. »Sühne ist nicht Abwälzung der Strafe auf Unschuldige, sondern Ersetzung einer harten Strafe durch eine milde, die der Schuldige aber in dieser ihrer milderen Form selber tragen muß. Statt den Tod erleiden zu müssen, wird ihm erlaubt, einen leichten Preis zu bezahlen, den er in der Form des Opfertieres erbringt. Das Blut birgt Leben in sich, aber nicht das Leben des Schuldigen, sondern das Leben des zum Opfer bestimmten Tieres« (Adrian Schenker). Eine entmaterialisierte Form der Versöhnung ist die Fürbitte oder das Schiedsgericht, wo ein unparteiischer Dritter für die Schuldigen bei den Geschädigten einsteht. Gott kann sowohl als Löser und Sühner der IsraelitInnen bei deren Feinden auftreten (Dtn 32,43) als auch von Mose um Nachsicht für die Schuld der IsraelitInnen angegangen werden (Ex 32,30). Schließlich ist es sogar möglich, ohne Gegenleistung Gottes Sühnung zu erlangen (Jes 6,5-7; Ps 65,4; 78,38; 79,9). Sühnen ohne Gabe bedeutet soviel wie vergeben, während eine Schuld, die durch keine Gabe mehr gesühnt werden kann, die Strafe nach sich zieht.

2. Ein ganz anderes Modell kultischer Versöhnung ergibt sich unter strenger Berücksichtigung der Etymologie und der Anwendung des Wortes *sühnen (kipper)* in den Sühneriten.

Das hebräische Wort umfaßt zwei ursprünglich konkrete Bedeutungsaspekte: *bedecken* und *wegwischen*, wie es ein Ahndungswunsch Jeremias für seine Feinde zum Ausdruck bringt (Jer 18,23):

Du aber, Gott, weißt von all ihren Mordplänen gegen mich.
Decke ihre Schuld *nicht zu* und ihre Sünde *wisch nicht* von deinem Angesicht *weg*!

Während die Bedeutung »bedecken« ansonsten biblisch nur selten vorkommt, bedeutet sühnen in kultischen Zusammenhängen fast immer »reinigen«, wie übrigens auch in akkadischen Ritualtexten. Was wird gereinigt und weshalb? Mit dem Blut des Opfers gereinigt (EÜ: entsühnt) wird merkwürdigerweise nicht, wer die Opfergabe bringt, sondern, je nach Schwere der Verunreinigung, der Brandopferaltar, der Rauchopferaltar, der Vorhang vor dem Allerheiligsten oder das Sühnmal im Allerheiligsten. Die priesterliche Idee, die dahintersteht, kann nur erschlossen werden. Die Verunreinigungen und Sünden der IsraelitInnen verschmutzen das Heiligtum als Miasma, als unkörperliche Unreinheit. Sie sammeln sich dort an, bis Gott das Heiligtum verläßt, der Segen davon weicht und es zur Katastrophe kommt, es sei denn, daß die Priester das Heiligtum mit den Opfergaben der IsraelitInnen reinigen. Während in anderen Ländern des Alten Orients die Vorstellung der Verunreinigung durch ein Miasma, einen bösen Geist u.ä. jedem Exorzismus zugrundeliegt, wird in Juda diese Vorstellung in konsequent monotheistischer Auslegung nur auf das Heiligtum angewandt. Jede Vorstellung einer Wirkmacht außerhalb der Jahwes wird abgelehnt. Die Verunreinigung wird ausschließlich durch Menschen verursacht. Dadurch, daß die von Menschen verursachte Schuld gleichsam auf einen Ort, nämlich den Tempel projiziert wird, der durch die Schuld verunreinigt wird, ermöglicht der Kult eine entmoralisierte Behandlung eines moralischen Problems. Die Reinigung des Tempels durch Blut oder Weihrauch, Mehl oder Fett ist also eine sakramentale Handlung eines Mysterienspiels. Dieses Modell bleibt nicht nur bei der ursprünglichen Bedeutung des Wortes »sühnen«, es erklärt Israels Sühnetheologie auch innerhalb seines altorientalischen Kontextes. Vor allem aber macht es verständlich, weshalb Sünden nicht immer auf jene zurückfallen, die sie verursacht haben, sondern alle unter dem Schutze Gottes treffen können, wenn das Heiligtum verseucht ist. Dies ist zugleich die priesterliche Antwort auf das Problem der Theodizee.

Literatur: *Janowski, Bernd*, Sühne als Heilsgeschehen. Studien zur Sühnetheologie der Priesterschrift und zur Wurzel KPR im Alten Orient und im Alten Testament (WMANT 55), Neukirchen 1982; *Lang, Bernhard*, Art.: kipper, in: ThWAT, 303-318; *Milgrom, Jacob*, Art.: kipper, in: EJ X, 1039-44; *Schenker, Adrian*, Versöhnung und Sühne. Wege gewaltfreier Konfliktlösung im Alten Testament. Mit einem Ausblick auf das Neue Testament (BB 15), Fribourg 1981.

B. Die Weisungen der Heiligkeitsschule (17,1 – 27,34)

Der zweite Teil des Buches Levitikus umfaßt das Heiligkeitsgesetz (Lev 1-26) nebst einem Anhang (Lev 27).

III. Das Heiligkeitsgesetz (17,1 – 26,46)

Lev 17-26 bilden eine literarische Gesetzeseinheit, deren Leitthema »Heiligkeit« heißt. Deshalb wird dieses Gesetzeswerk seit A. Klostermann (1877) Heiligkeitsgesetz genannt. Seine Hauptidee lautet: So, wie sich Jahwe an Israel als heilig erweist, soll sich Israel Jahwe gegenüber als heilig erweisen. Zum Sitz im Leben der Heiligkeitsschule s. Einleitung. Es gibt im Ersten Testament drei Gesetzeskorpora, die einen ähnlichen Aufbau aufweisen: das *Bundesbuch*, das *Deuteronomium* und das *Heiligkeitsgesetz*. Alle drei Gesetze beginnen mit dem Altargesetz (Ex 20,19-23; Dtn 12; Lev 17) und enden mit Segensverheißungen und Fluchandrohungen (Ex 23,20-33; Dtn 27 – 30; Lev 26,3-46) bei Erfüllung, bzw. Nichterfüllung des Gesetzes. Die vielen übrigen Parallelen zu anderen Gesetzen wurden jeweils zu Beginn der einzelnen Abschnitte mit (‖) vermerkt. Sie verweisen auf themenverwandte Passagen im Heiligkeitsgesetz selber oder auf den entsprechenden Passus im Bundesbuch und im Deuteronomium, sowie in »P« und den Dekalogen (Ex 20; Dtn 5), soweit vorhanden, und zwar in dieser Reihenfolge.

Das Heiligkeitsgesetz beginnt wie jede israelitische Gesetzessammlung mit dem *Altargesetz* (**A**). Dieses bildet zusammen mit den Vorschriften, wer am Altar opfern darf (**A'$_1$**) und was am Altar geopfert werden darf (**A'$_2$**), einen Rahmen um das *Sexualrecht*, das im eröffnenden Teil an den Besitz des Landes (**B**) und im beschließenden an das Verbot der Verehrung der Toten und fremder Götter (**B'**) gebunden wird. Das Sexualrecht rahmt die Mitte der Mitte: ein sorgfältig komponiertes *Kompendium der Tora* mit einem Florilegium volksbezogener Gesetze (**X**). An symbolischer siebenter Stelle findet sich der *Kultkalender*, der ganz auf der Siebenzahl aufgebaut ist (**7**). Die verbleibenden drei der insgesamt zehn Kapitel, die somit so etwas wie einen großen *Dekalog* (Zehnwort) bilden, wurden zu einem fulminanten Crescendo gestaltet, das die zentralsten und heiligsten Werte *Gott*, *Leben* und *Land* miteinander verbindet; und zwar durch die Themen Gotteslästerung und Körperverletzung (**C**), Sabbat- und Jubeljahr (**D**) und die traditionellen, alle Gesetze beschließenden Segens- und Fluchlisten mit einem Ausblick auf die nachexilische Zeit (**E**).

1. Altargesetz (17,1-16)

Gesetzessammlungen beginnen in Israel immer mit dem Altar, bzw. mit dem damit verbundenen Kult. Nichts könnte die diätische, ökonomische, soziale und religionspolitische Bedeutung der Schlachtung von Tieren für die altisraelitische Gesellschaft besser belegen. Im älteren Altargesetz des *Bundesbuches* (Ex 20,22-26) geht es um die Herstellung des Altares aus unbehauenen Steinen. Der Altar soll nichts anderes sein als ein Stück erhöhte Erde. Und nur jene Altäre sind für die IsraelitInnen zulässig, an denen sich Jahwe offenbart hat. Das Altargesetz des Heiligkeitsgesetzes betont die Art und Weise der Opferung, nämlich die Schächtung und das Verbot des Blutgenusses, und präzisiert das Bundesbuch dahingehend, daß außerhalb der Heiligtümer keine Opfer dargebracht werden dürfen, ja überhaupt keine opferfähigen Tiere geschlachtet werden sollen. Das *Deuteronomium* (Dtn 12) wird nur noch das Heiligtum von Jerusalem als Opferstätte tolerieren, hingegen notwendigerweise die Schlachtung nach den Vorschriften des Heiligkeitsgesetzes auch im profanen Bereich erlauben müssen.

Einleitung (17,1-2): Eine lange, feierliche Einleitung markiert den Beginn von etwas Neuem. Adressaten des Folgenden sind alle Priester und alle Israeliten. Daß Frauen mit Schlachtungen nichts zu tun hatten, macht die betonte Einleitung »jeder Mann« zu den folgenden vier Verboten und Geboten deutlich. Beweis für die sorgfältige Bezeichnung der AdressatInnen ist die Tatsache, daß das fünfte Gebot, die Reinigung nach Genuß von Aas betreffend, so eingeleitet wird, daß auch Frauen mitgemeint sind.

1. *Verbot der Schlachtung von Opfertieren außerhalb des Tempelhofes (17,3-4‖Dtn 12,13-19.20-28):* Die Schlachtung eines opferfähigen Tieres außerhalb des Tempelbezirks wird wie ein Mord betrachtet und mit der *karet*-Strafe, der Ausmerzung, belegt (vgl. dazu Kommentar zu 7,19-21).

Erläuterungen (17,5-7): Die Konsequenzen dieser Weisung werden im Detail ausgeführt. Bisher auf freiem Feld durchgeführte Schlachtungen von Schafen, Ziegen und Rindern dürfen nur noch im Rahmen eines Heilsopfers (Lev 3) durchgeführt werden, d.h. das Blut muß am Fuß des Altars ausgegossen und das Fett auf dem Altar verbrannt werden. Sehr anschaulich wird dies in 1 Sam 14,31-35, wo Saul noch auf dem Schlachtfeld einen Altar errichten läßt, damit sich die Israeliten nicht versündigen. Der tiefere Grund der Restriktion wird in 17,7 offenbar: sie dient der Verhinderung von Opfern für Bocksdämonen (vgl. Abb. 22), also der Garantie einer monotheistischen Opferpraxis.

2. *Verbot von Brand- und Schlachtopfern außerhalb des Tempelhofes (17,8-9‖Dtn 12 passim):* Das Verbot mit angedrohter *karet*-Strafe will sicherstellen, daß zum Genuß bestimmte Schlachtopfer und nicht zum Verzehr bestimmte Brandopfer, die von Laien dargebracht werden können, weil sie keines priesterlichen Sühneritus' bedürfen, in priesterlicher Gegenwart an einem Heiligtum für Jahwe geopfert werden, und zwar auch von Fremden (vgl. auch Abb. 23). Geht es hier um eine *Vereinheitlichung* des Kultes, so will »D« die *Zentralisierung* des Kultes, ein Gedanke, den die Vereinheitlichung ja in gewisser Weise voraussetzt. Entsprechend ist das Bild, das sich uns in nachexilischer Zeit in den Papyri von Elephantine (5. Jh. v.Chr.) bei Assuan bietet: es gibt zwar jüdische Tempel außerhalb Jerusalems, z.B. den Jahu-Tempel von Elephantine, aber der Kult darin wird von Jerusalem aus diktiert und genehmigt.

3. *Generelles Verbot von Blutgenuß (17, 10‖19,26a; Dtn 12, 16.23-25; Lev 3,17; 7,26f):* Nachdem gemäß dem ersten Schöpfungsbericht den Menschen die samenhaltigen Pflanzen zur Nahrung freistehen (Gen 1,29), wird ihnen nach der Sintflut die Schlachtung von Tieren zugestanden, jedoch das Blut unter Tabu gestellt (Gen 9,3f):»Alles Lebendige, das sich regt, soll euch zur Nahrung dienen. Alles übergebe ich euch wie die grünen Pflanzen. Nur Fleisch, in dem noch Blut ist, dürft ihr nicht essen.« Die Tat-

sache, daß das Verbot des Blutgenusses innerhalb von Levitikus hier schon zum dritten Mal erscheint und im Rahmen des Heiligkeitsgesetzes noch ein zweites Mal eingeschärft werden wird, zeigt die enorme Bedeutung dieses Tabus für »P« und »H«. Es untersteht der *karet*-Strafe Gottes. An dieser zentralen Stelle (das Verbot steht nicht zufälligerweise in der Mitte der fünf Weisungen) folgt eine eindringliche Begründung des Tabus.

Erläuterungen (17,11-12): Die zentrale Stellung der Begründung sowohl im Kapitel als auch innerhalb des priesterlichen Systems wird zusätzlich durch ihre kreuzweise angeordnete Formulierung betont:

A Denn das *Leben* des Fleisches ist im *Blut*.
    X Und ich (Gott) habe es euch für den *Altar* gegeben, damit es euch *Sühne* schafft;
A' denn das *Blut* ist es, das durch das (in ihm enthaltene) *Leben* sühnt.

Das Blut wird als *Sitz des Lebens* verstanden. Deshalb ist, wer es nicht in einem kultischen Akt, nämlich als Heilsopfer, Gott darbringt, wenn er Fleisch essen will, ein Mörder. Und es wurde von Gott selber als *Sühnemittel* für die Menschen im kultischen Gottesdienst eingesetzt. Genau aus diesem Grunde dient es beim Sündopfer (Lev 4) dem Sühneritus, zur Reinigung von Unreinheit, die der Sphäre des Todes angehört. Die Vorstellung, daß das Opfertier anstelle des schuldigen Menschen dargebracht wird, ist abzulehnen. Das Heilsopfer ist immer ein Freudenopfer, das keine sühnende Funktion hat. Beim Sündopfer dient das Blut der Reinigung des Heiligtums, und das Tier ist der Sühnepreis für die schuldigen Opferer. Auch hier übernimmt das Tier nicht die Funktion des Sündenbockes. Die Tatsache, daß der Verzicht auf den Blutgenuß auch von Fremden in Israel verlangt wurde, darf angesichts dieser zentralen Symbolik nicht verwundern, denn das Leben ist heilig, es ist auch für Fremde unantastbar außerhalb der Regeln des Kultes. Über dieses Tabu haben sich denn auch die christlichen Reformer, im Gegensatz zu den Speisevorschriften, nicht hinweggesetzt, sondern es weiterhin als Notwendigkeit betrachtet (Apg 15,28f; vgl. 15,20; 21,25): »Der Heilige Geist und wir haben nämlich für gut befunden, keine weitere Last euch aufzuerlegen, abgesehen von den folgenden Notwendigkeiten: Enthaltung von Götzengeschlachtetem, *Blut*, Ersticktem und Unzucht.« Christlicherseits hat das sog. Aposteldekret bei der Sekte der »Zeugen Jehovas« zu einem Bluttransfusionstabu geführt.

4. *Gebot der Schächtung von Wild (17,13):* Entgegen EÜ wird auch dieses vierte Gebot durch »jeder Mann« eingeleitet. Es stellt sicher, daß auch Wildtiere, die gegessen werden dürfen, aber nicht geopfert werden, also Jagdbeute wie Gazellen und Wachteln, geschächtet werden. Ihr Blut wird der Erde übergeben. Die Weisung untersteht der *karet*-Strafe. Sie hat in keinem andern Gesetz eine Entsprechung.

Erläuterungen (17,14): Die Begründung entspricht jener in 17,11, nur daß die sühnende Kraft des Blutes unerwähnt bleibt, da Wild ja immer dem Genuß und nie der Sühnung dient. Dabei wird auf die Gottesrede an Noach und seine Sippe angespielt (Gen 9,3-5). Auch dieses Gebot gilt für Fremde ebenso wie für Israeliten.

5. *Gebot der Reinigung nach Genuß von Aas (17,15-16‖22,8f; Ex 22,30; Dtn 14,21; Lev 11,39f):* Das Gebot wird eingeleitet durch »jede Person« (EÜ: jeder). Frauen und Männer, die Fleisch von einem nicht durch Schlachtung verendeten Tier essen, sind unrein bis zum Abend, müssen sich baden und die Kleider waschen. Gegenüber dem Bundesbuch ist dies ein Zugeständnis, wird doch dort gefordert, daß gerissene Tiere den Hunden überlassen werden müssen. Das Deuteronomium verbietet den Verzehr von Aas und empfiehlt, es den Fremden in der Stadt zu überlassen oder an Ausländer zu verkaufen. Nichts könnte den Übergang von einer bäuerisch-ländlichen zu einer städtischen Gesellschaft und Religion mit entsprechender Gesetzgebung besser veranschaulichen als dieser Sittenwandel.

Die Verbindung von *Blut und Leben* wird von praktisch allen menschlichen Kulturen hergestellt. Doch eine Entsprechung zur Tabuisierung des Blutes in Israel findet sich bei Israels Nachbarn nur – wenn auch nicht in dieser strengen Form – bei den vorislamischen Arabern. Da die religionsgeschichtliche Verwandtschaft mit den Midianitern und Edomitern zu den wichtigen Erinnerungen Israels gehört, dürfen wir annehmen, daß diese Völker gemeinsame religiöse Wurzeln haben. Der edomitische Gott Qaus wird wohl gerade deshalb nie unter den Götzen aufgeführt, und den EdomiterInnen wird Kultgemeinschaft zugestanden.

Mit dem Wort Blut *(dam)* assoziierten die IsraelitInnen rot *('edom)*, Mensch *('adam)* und Erde *('adamah)*. Die Assoziation wurde durch die auffällig rötliche Färbung der Erde in Palästina noch unterstützt. Blut ist gleichsam der lebendigste und damit heiligste Teil des Erdlings (Gen 2,7) Mensch. Erde und Blut ermöglichen beide Leben. Sie gehören der gleichen Sphäre an, sind göttlicher Grund. Wie die Erde, die ausschließlich Gott gehört, ist auch das Leben unverletzbar.»Es darf nicht leichtfertig behandelt werden. Die Menschheit hat das Recht auf Ernährung, nicht auf Leben. Das Blut, Symbol des Lebens, muß somit ausgegossen werden, zurück zum Universum, zu Gott« (Jacob Milgrom).

Zusammenfassend gesagt, gilt:
Menschenblut sei nicht vergossen,
Blut von Tieren nicht genossen,
von Opfertieren ausgegossen.

2. Sex und Land (18,1-30)

Gerade weil in Israel Heiraten innerhalb der Sippe *(mischpachah*; vgl. dazu Num 1,1-4) gefördert wurden, damit das väterliche Erbe erhalten blieb (vgl. bes. das Erbrecht; Num 26; 37), mußten andererseits die sexuellen Beziehungen innerhalb der Familie durch strenge Tabus massiv unterbunden werden. Lev 18,1-18 kann demnach als Definition der *Familie* im engeren Sinne durch apodiktische Rechtssätze (du sollst nicht...) gelesen werden, an die sich weitere Sexualtabus angliederten. Im Gegensatz zu Lev 20 werden den einzelnen Verboten keine Strafen zugeordnet. Während dort die Sexualbeziehungen mit der Art des Gottesdienstes kombiniert werden, werden sie in diesem Kapitel mit der Frage des Verbleibs im *Gelobten Land* verbunden.

Einleitung (18,1-5): Die folgenden Weisungen ergehen dem Inhalt entsprechend an alle Israeliten. Immer wieder wird betont, daß sie direkt von Gott stammen. Alle Sexualgesetze richten sich im Rahmen der patriarchalen Sippenordnung allein an die Männer. Sie werden aufgefordert, die Rechtssätze zu beachten. Ihre Einhaltung wird als rechter Weg verstanden, der, wenn er gegangen wird, zum Leben führt. Die Gesetze werden als scharfe Grenze gegenüber den

Sitten der ÄgypterInnen und KanaanäerInnen verstanden. Im Falle der KanaanäerInnen wissen wir so wenig, daß wir diese Behauptung nicht verifizieren können. In Ägypten scheinen Heiraten innerhalb der Blutsverwandtschaft tatsächlich vorgekommen zu sein. Auch die Geschwisterehe ist, wenn auch nicht unter Vollgeschwistern, im Volk bezeugt. Besonders stark wurden diese familieninternen Beziehungen, auch Ehen unter Vollgeschwistern, aus machtpolitischen Gründen im Königshaus gepflegt. Die auch in anderen Völkern weitverbreitete Sitte spiegelt sich in den ägyptischen Mythen wieder, wo z.b. die beiden verfeindeten Brüder Osiris und Seth ihre Schwestern Isis und Nephtys heiraten. Zu beachten ist allerdings auch, daß die Anrede unter Ehegatten als Bruder und Schwester in Verträgen und auf Gedächtnisstelen in Ägypten weit verbreitet ist, ohne daß damit ein leibliches Verwandtschaftsverhältnis gemeint wäre.

Unerlaubte sexuelle Beziehungen in der Familie (18,6-18‖20,11f. 14.17.19-23; Dtn 23,1): Eine *allgemeine Formulierung* (18,6) eröffnet das Thema. Die folgenden Gesetze legen fest, wer zur Blutsverwandtschaft *(schö'er basaro;* wörtl.»Leib seines Fleisches«) gehört und damit für eine sexuelle Beziehung *(galot 'ärwah;* wörtl. »Entblößung der Nacktheit«) tabu ist. An erster Stelle (18,7f) wird, betont durch eine symmetrische Formel, die *Mutter* genannt:

A Die Nacktheit deines Vaters, (nämlich) die (ihm gehörende) Nacktheit deiner Mutter, entblöße nicht!
  X Deine Mutter ist es; entblöße ihre Nacktheit nicht!
A' Die Nacktheit der/einer Frau deines Vaters entblöße nicht, sie gehört (nämlich) der Nacktheit deines Vaters!

Die Formel rückt die Mutter ins Zentrum der Aufmerksamkeit, relativiert sie aber gleichzeitig durch die anderen Frauen, die sich der Mann theoretisch noch halten konnte. Jede dieser Frauen ist für einen israelitischen Mann tabu, denn sie, bzw. ihre Scham, ist Besitz und Privileg des Vaters. Gen 35,22 (vgl. Gen 49,4) berichtet von der Verletzung dieses Tabus durch Ruben. Es galt nach rabbinischer Auslegung auch für jene Frauen, von denen sich der Vater scheiden ließ. An zweiter Stelle (18,9) folgt die *Schwester*. Bei ihr kommen drei Kategorien in Betracht: 1. Die leibliche Schwester, d.h. die Tochter der Mutter innerhalb des Haushaltes. 2. Die Halbschwester väterlicherseits, d.h. die Tochter des Vaters, die er mit einer anderen Frau hatte. Auch sie gehört zum Haushalt. 3. Die Halbschwester mütterlicherseits, d.h. die Tochter der Mutter aus einer Beziehung mit einem früheren Mann. Sie gehört nicht zum Haushalt (des Vaters), sondern zum Haushalt ihres leiblichen Vaters. An dritter Stelle (18,10) folgen merkwürdigerweise die *Enkelinnen* und nicht die Töchter, die überhaupt fehlen. Diese Abwesenheit wirft ein schräges Licht auf die ohnehin erzpatriarchale Weisung, ist doch gerade die sexuelle Beziehung mit der leiblichen Tochter der noch heute erwiesenermaßen häufigste Fall von Inzest (vgl. aber 21,2). Die rabbinische Auslegung hat diese Gesetzeslücke durch einen Schluß vom Kleinen auf's Größere gefüllt. An vierter Stelle (18,11) folgen nochmals die *Schwestern*. Die Mischna zog aus der Formulierung den Schluß, daß hier Schwestern aus einer Konkubinatsbeziehung des Vaters gemeint sein müssen. An fünfter Stelle (18,12f) werden sexuelle Beziehungen zu den *Tanten* untersagt. An sechster Stelle (18,14) folgen die *angeheirateten Tanten* der Onkel väterlicherseits, an siebter Stelle (18,15) die *Schwiegertöchter,* an achter Stelle die *Schwägerinnen* (18,16). Schließlich werden die Regeln über die Blutsverwandtschaft hinaus auch auf die Schwestern, Töchter und Enkelinnen einer eigenen Frau angewandt, für die Zeit, da sie lebt (18,17f). Jakobs Heirat mit Lea und ihrer Schwester Rahel wäre demnach nach sinaitischer Gesetzgebung nicht erlaubt gewesen. Das Gesetz zieht in Betracht, daß der Mann die Schwester, Tochter oder gar Enkelin der Frau heiraten konnte, wenn sie vorzeitig starb. Der Inhalt des Abschnitts kann tabellarisch zusammengefaßt werden (s. nächste Seite).

Sexueller Kontakt mit einer Menstruierenden (18,19||20,18;15,24): Dies ist die einzige Regel, die den Beischlaf mit der eigenen Frau des Mannes einschränkt. Zu ihrer Erläuterung s. 15,24.

Ehebruch (18,20||20,10; Dtn 22,22; Ex 20,14; Dtn 5,18): Wörtl.: »Du sollst der Frau deines Volksgenossen nicht dein Bett für Samen geben.« Die Formulierung läßt den Wunsch nach Ehebruch als von der Frau ausgehend erscheinen, die Samen begehrt – z.B., weil sie von ihrem eigenen Mann keine Kinder bekommen hat. Die Propheten greifen das Thema Ehebruch, das auch in den Dekalogen an prominenter Stelle erscheint, breit auf und entfalten eine Ehebruch-

Generation	Familie der Gattin	Familie der Mutter	Familie des Vaters
1. Eltern-	Schwiegermutter	– Leibliche Mutter – Tanten	– Nebenfrauen des Vaters – Tanten – angeheiratete Tanten
2. Eigene	Schwägerinnen (zu Lebzeiten der Gattin)	Halbschwestern (gleiche Mutter)	– Leibliche Schwestern – Halbschwestern (gleicher Vater) – Schwägerinnen (außer Levirats- ehe)
3. Kinder-	Stieftöchter (aus früherer Ehe)		?!
4. EnkelInnen-	Enkelinnen (von Stiefkindern)		Enkelinnen (eigener Kinder)

Metaphorik, die das treulose Verhältnis der Braut Israel zu Jahwe beschreibt. Auch hier geht der Ehebruch immer von der Frau/Israel aus. Doch auch der Ehebruch, der vom Mann ausgeht, ist ein Thema. Die christliche Erweiterung des Ehebruchs hin zum begehrlichen Blick des Mannes (Mt 5,28) findet sich auch im Midrasch: »Du sollst nicht sagen, daß nur der, welcher mit dem Leibe die Ehe bricht, ein Ehebrecher genannt wird; auch der, welcher mit seinen Augen die Ehe bricht, wird ein Ehebrecher genannt« (M. LR. 23,12). Kinder aus einer illegalen Beziehung waren gesellschaftlich geächtet (vgl. Dtn 23,3). Das Schicksal eines Bastards *(mamzer)* wird in der Erzählung des Richters Jiftach, dem Sohn einer Dirne, anschaulich gemacht (Ri 11,1-11).

Kinderopfer (18,21a‖20,1-5; Dtn 18,9-14): Kinderopfer für Moloch werden nochmals und ausführlicher in 20,1-5 thematisiert. Vgl. den Kommentar dort. Die Erwähnung dieser Kultpraxis inmitten außerfamiliärer Fälle tabuisierter sexueller Beziehungen mag befremden. Doch die prophetische Ehebruchmetaphorik, die den Verkehr mit anderen Göttern als Jahwe als Hurerei Israels betrachtet (z.B. Hos 2,4-3,5), erklärt, warum das Kinderopfer für Moloch im Zusammenhang mit Ehebruch erwähnt wird.

*Entweihung des Namens Gottes (18,21b‖19,12; 22,32f; 24,10-
16.22f; Ex 22,27a; 20,7; Dtn 5,11):* Hier in Bezug auf den Moloch-
Kult zu verstehen.

Homosexualität (18,22‖20,13): Das Gesetz verbietet die sexuelle
Befriedigung eines Mannes durch Analverkehr mit einem anderen
Mann. Im Kontext des Heiligkeitsgesetzes geht es um die Ordnung
der Welt in »rein« und »unrein«, nicht im Sinne hygienischer
Regeln, sondern im Sinne der Beschreibung einer eindeutigen und
verbindlichen Normalität (vgl. Exkurs III). Homosexuelle Handlungen werden als Greuel *(to'ewah)* gekennzeichnet, ein Begriff, der
im Schlußwort des Kapitels viermal wiederholt wird, um die unreinen Sitten der NichtisraelitInnen zu kennzeichnen. Das Gesetz verurteilt also homosexuelle Ausrutscher in einer als heterosexuell
beschworenen israelitischen Normalität. Es geht nicht um die mora-
lisch-ethische Verwerfung einer homosexellen Kultur oder die
Beurteilung einer echten Männerbeziehung, da so etwas gar nicht im
Bereich dessen liegt, was sich die Gesetzgeber vorstellen. Es geht
auch nicht um eine strafrechtliche Sanktion gegen Homosexuelle.
Lev 18,22 sieht gar keine Sanktionen vor und jene von Lev 20,13
haben wahrscheinlich rein abschreckenden Charakter. Das Gesetz
will letztlich nichts anderes verbieten als Greueltaten, wie wir sie aus
den epischen Texten des Ersten Testamentes kennen (Gen 19,5ff; Ri
19,22f). Das legt auch ein mittelassyrisches Gesetz aus der Zeit
Tiglatpilesers I. (1115-1076 v.Chr.) nahe: »Wenn ein Mann seinem
Genossen beiwohnt, man es ihm beweist und ihn überführt, so soll
man ihm beiwohnen und ihn zu einem Verschnittenen machen.« Es
geht offensichtlich nicht um Homosexualität im Einverständnis beider Beteiligter, sondern um einen sexuellen Akt der Demütigung,
Macht- und Triebbefriedigung. Das Delikt entspricht am ehesten
dem, was unsere Gesetze unter »sexueller Nötigung« abhandeln, z.B.
(Schweizerisches Strafgesetzbuch, Art. 189, Sexuelle Nötigung):
»Wer eine Person mit Drohung, Gewalt und psychischem Druck zu
einer beischlafähnlichen oder andern sexuellen Handlungen zwingt,
wird mit Zuchthaus oder Gefängnis bestraft.(...)« Kurz: Die beiden
Gesetzesartikel in Levitikus (vgl. 20,13) setzen nicht partnerschaftli-
che homosexuelle Beziehungen, wie sie von schwulen Menschen
gewünscht und angestrebt werden, voraus, sondern eine heterosexu-
elle »Norm«, innerhalb derer homosexuelle Handlungen von Män-

nern als im höchsten Maße »unrein« empfunden werden. Daß homosexuelle Männerfreundschaften in Israel existierten, wenn auch eher im Geheimen, zeigt die Saul-David-Jonatan-Geschichte mit ihren vielen Anspielungen aus der Liebesmetaphorik und Beziehungssprache (sehr lieb gewinnen/sehr zugetan sein: 1 Sam 16,21; 19,1; zu sich nehmen/nicht in seines Vaters Haus zurückkehren lassen: 1 Sam 18,2; vgl. Lev 22,13; wie das eigene Leben lieben: 1 Sam 18,1-3; vgl. Gen 34,2f; auf's Feld hinausgehen: 1 Sam 20,11; vgl. Hld 7,12; küssen/weinen/schwören: 1 Sam 20,42f; vgl. Hld 2,7; 8,1.4). Bei den Rabbinen umstritten waren zwei Ableitungen aus diesem Gesetz: Das Verbot des Analverkehrs mit der Frau und die lesbische Liebe (z.B b. Nöd 20; Git 8,49.58 u.ö.). Beides wurde eher toleriert als verboten. Ersteres, weil man die Frauen als absolut verfügbaren Besitz des Mannes betrachtete, und letzteres, weil man in Männerkreisen wohl zuwenig davon wußte.

Sodomie (18,23|20,15f; Ex 22,18): Das Wort bezeichnet im Deutschen fälschlicherweise geschlechtlichen Verkehr mit Tieren, in Anspielung auf Gen 19, wo es aber um homosexuelle Nötigung geht. Für »H« spricht gegen den Sexualverkehr mit Tieren die Vermischung zweier getrennter Sphären: Mensch und Tier. Deshalb wird das Delikt als Perversion (*täwäl*; wörtl. Vermischung; EÜ: eine schandbare Tat) bezeichnet. Es ist der einzige Fall, wo sich das Gesetz auch an Frauen richtet. Damit wird vorausgesetzt, daß Frauen keinen eigenen Zugang zu Männern, wohl aber zu Tieren hatten. Sodomie wurde von der jüdischen Tradition Eva (mit der Schlange), Bileam (mit der Eselin) und Nebukadnezzar (mit allen Tieren des Feldes) nachgesagt.

Beschluß (18,24-30): Die Mahnungen der Einleitung werden wiederholt und rahmen so die Liste der Unreinheiten. Die Folge einer Verunreinigung des Volkes durch die aufgezählten Handlungen wäre ein Ausgespucktwerden durch das Land. Kriege, Seuchen, Hungersnöte und Deportation waren die konkreten geschichtlichen Formen, die das Ausspucken annehmen konnte (vgl. Num 35,33f).

3. Die Mitte der Heiligkeit: Ein Kompendium der Tora (19,1-37)

Lev 19 enthält mit der Sentenz über die Nächstenliebe die bekannteste Stelle des Buches. Es ist insgesamt ein volksbezogenes Florilegium der Weisungen mit einer assoziativ-symmetrischen Struktur:

A Elternehrung (19,3a)
  B Sabbat (19,3b)
    C Götterbilder (19,4)
      D Heilsopfer (19,5-8)
        E Nachlesetabu (19,9f)
          X Nächstenliebe (19,11-18)
        E' Vermischungstabus (19,19)
        [Der Fall der verlobten Sklavin; 19,20-22]
      D' Erstlingsfrüchte (19,23-25)
    C' Fremde Kultbräuche (19,26-29.31)
  B' Sabbat (19,30)
A' Ehrung der Alten (19,31)

Schon von den Rabbinen wurde das Kapitel als ein Kompendium der ganzen Tora betrachtet, sei es, daß darin alles andere komprimiert ist, sei es, daß sich daran alles andere aufhängen läßt: »Rabbi Chija hat gelehrt: Dieser Abschnitt wird darum in der Versammlung vorgetragen, weil davon die meisten wesentlichen Lehren abhängen. Rabbi Levi sagte: Weil die zehn Gebote darin enthalten sind« (M. LR. 24,4). Auch die Begründung, warum dieses Kompendium der Heiligkeit von den Sexualtabus umrahmt wird, findet eine treffende Begründung: »Um dich zu lehren, daß überall, wo du Enthaltung von der Unzucht findest, du auch Heiligkeit findest (...) Gleich einem König, der eine Hülle hatte und seinem Diener befahl: Schüttle sie aus und lege sie sorgfältig in Falten, habe überhaupt acht auf sie. Sein Diener sprach: In betreff aller deiner übrigen Hüllen erteilst du mir nicht solche Befehle wie über diese. Der König erwiderte: Weil diese fest an meinem Körper sitzt« (ebd.). Auch wenn wir im Hinblick auf eine nichtpatriarchale Gemeinschaft andere Akzente bezüglich gerechten sexuellen Beziehungen setzen müssen, so bleibt die Erkenntnis, daß das züchtige, sprich: gewaltlose, Verhältnis der Geschlechter eine conditio sine qua non, eine unbedingte Voraussetzung, für das ist, was die folgenden Gesetze unter Heiligkeit verstehen.

Einleitung (19,1-2a): Daß diese Gesetzeszusammenstellung schon z.Z. ihrer Einfügung in die Tora als Kompendium für das Volk gedacht war, zeigt die einzigartige AdressatInnenangabe, die Gemeinde *('edah)* der IsraelitInnen.

Heiligkeit (19,2b‖20,7-8.26; 21,6; Ex 22,30a; Lev 11,44f; Num 15,40b-41): Der Aufruf zur *imitatio Dei* (vgl. dazu Exkurs III) erfolgt hier in seiner knappsten Form, was im Rahmen des ganzen Heiligkeitsgesetzes einen dramatischen Effekt hat.

Elternehrung (19,3a‖20,9; Ex 21,15.17; Dtn 21,18-21; Ex 20,12; Dtn 5,16): Das Kompendium beginnt mit einer Referenz an die Eltern. Das ist ein absolut logischer Einstieg, da die Weisungen ja Erbgut der Elterngeneration sind. Die Ehrung, Wertschätzung und Achtung der Eltern garantiert somit auch die Kontinuität der Lehre. In diesem Zusammenhang ist es bedeutsam, daß die Mutter an erster Stelle genannt wird (vgl. auch 21,2). Sie war für das Volk die primäre Garantin des Fortbestandes weisheitlicher Tradition, wie es auch im Lob der Frau heißt: »Öffnet sie ihren Mund, dann redet sie Weisheit, und getreue Lehre ist auf ihrer Zunge« (Spr 31,26; vgl. Spr 1,8; 6,20).

Sabbat (19,3b‖19,30, 23,1-3; 26,2; Ex 23,12; 31,12-17; 35,1-3; 20,8-11; Dtn 5,12-15): Elternehrung und Sabbat (vgl. dazu auch Exkurs VIII) werden in einem Atemzug genannt. Wohl deshalb, weil die Pause des Sabbats im Werkalltag die Gelegenheit zum Weitergeben der Tora war.

Fremdgötter (19,4‖26,1; Ex 20,23; 22,19; 23,13; Dtn 12,29 – 13,1; 16,21f; 17,2-7; Ex 20,2-6; Dtn 5,6-10): Wörtl.: »Wende dich nicht nach den Nichtsen *(älilim)* um!« Als Nichtse werden insbesondere die gegossenen Götterbilder betrachtet. Der Spott über ihre Ohnmacht durchzieht die Bibel wie ein roter Faden. – Die Wendung »Ich bin Jahwe, euer Gott« markiert diese drei eröffnenden Weisungen als etwas Besonderes. Die mündliche Tradition der Eltern, der Sabbat und die alleinige Verehrung Jahwes können somit als Säulen der Tora betrachtet werden.

Heilsopfergenuß (19,5-8‖22,29-33; Lev 7,11-15.16-21): Heilsopfer sind die einzigen Opfer, die vom Volk selbständig dargebracht wurden und deshalb hier erwähnt werden, um sicherzustellen, daß sie rite durchgeführt werden, d.h., daß das Fleisch vor dem dritten Tag gegessen oder dann verbrannt wird. Eine Ausnahme bilden die Dankopfer unter den Heilsopfer. Diese Unterscheidung, die in 7,11-34 zum Ausdruck kommt, scheint hier noch nicht vorausgesetzt zu sein.

Erntereste (19,9f‖23,22; Dtn 24,19-22): Die Regeln betreffen die Getreide- und die Weinernten. Bei der Getreideernte darf zum einen das Feld nicht völlig abgeerntet werden, zum andern darf das, was beim Schneiden mit der Sichel nicht in der anderen Hand bleibt, sondern zu Boden fällt, nicht aufgelesen werden. Die Mischna hat das Minimum dessen, was stehengelassen werden muß, auf einen Sechzehntel des Feldes festgelegt (m. Peah 1,1f), jedoch die Größe des Stehenzulassenden zusätzlich von der Erntemenge und der Anzahl der Armen im Lande abhängig gemacht. Diesen steht das, was übrigbleibt, zu, wie Rut 2,3.7 und Abb. 24 illustrieren. Bei der Weinernte muß das, was vor und während der Ernte zu Boden fällt, liegengelassen werden. Außerdem müssen, nach der Mischna, auch in Stil und Beere unvollständig entwickelte Trauben hängengelassen werden (m. Peah 7,3).

Des Kompendiums Herz (19,11-18): Als Summe der Summe in der Mitte der Mitte des Heiligkeitsgesetzes gibt sich schon formal dieser Abschnitt zu erkennen, in diesem Sinne mit den Dekalogen vergleichbar. Er zerfällt in vier Abschnitte, die mit dem Refrain »Ich bin Jahwe« enden. Jeder Abschnitt, außer des ersten, hat sechs Zeilen. Im ersten handelt es sich um grundsätzliche Verhaltensregeln im Umgang mit Mitmenschen, im zweiten um den Schutz der Schwächsten, im dritten um die Rechtssprechung und im vierten wieder um allgemeine Regeln für den Umgang mit Mitmenschen. Es sind um lauter negative Gebote (ihr/du sollst *nicht...*) mit vier Ausnahmen, die sich zum Schluß hin verdichten und deshalb besonderes Gewicht haben: Gott fürchten, in Richtigkeit richten, Volksgesellen zurechtweisen, den Nächsten lieben.

1. Ihr sollt nicht stehlen!
2. Und ihr sollt nicht betrügen!
3. Und ihr sollt nicht täuschen, ein Mann seinen Volksgesellen!
4. Und ihr sollt nicht schwören in meinem Namen zur Täuschung,
5. so daß du den Namen deines Gottes entweihst.
Ich bin Jahwe.
1. Du sollst nicht bedrücken deinen Nächsten!
2. Und du sollst nicht rauben!
3. Du sollst nicht zurückhalten den Lohn eines Tagelöhners bei dir bis zum nächsten Morgen!
4. Du sollst nicht fluchen einem Tauben,
5. und vor einen Blinden sollst du kein Hindernis legen!
6. *Und du sollst dich <u>fürchten</u> vor deinem Gott!*
Ich bin Jahwe.
1. Und ihr sollt nicht Unrecht üben im Gericht!
2. Du sollst das Angesicht eines Schwachen nicht erheben

3. und das Angesicht eines Großen nicht verherrlichen!
4. *In Richtigkeit sollst du deinen Volksgesellen <u>richten</u>!*
5. Du sollst nicht als Verleumder unter deinen Leuten herumgehen!
6. Du sollst nicht nach dem Blut deines Nächsten trachten!
ICH BIN JAHWE.
1. Du sollst nicht deinen Bruder hassen in deinem Herzen!
2. *Gründlich <u>zurechtweisen</u> sollst du deinen Volksgesellen!*
3. Und du sollst nicht seinetwegen Verfehlung auf dich laden!
4. Du sollst nicht Rache üben!
5. Und du sollst nicht grollen den Söhnen deines Volkes!
6. *Und du sollst deinen Nächsten <u>lieben</u> wie dich selbst!*
ICH BIN JAHWE.

Diebstahl (19,11a‖19,13a; Ex 20,15.17; Dtn 5,19.21): Entspricht
dem achten Gebot. Es geht um die Sicherung des Eigentums.
Täuschung (19,11b‖Ex 21,16; Dtn 24,7; Ex 20,15; Dtn 5,19): Eine
Variante zum Betrug im Sinne von Heuchelei.
Betrug (19,11c): Umfaßt Lüge und falsche Zeugenschaft (vgl.
5,21-24). Vgl. das neunte Gebot.
*Entweihung des Namens Gottes (19,12‖18,21b; 22,32f; 24,10-
16.22f; Ex 22,27a; 20,7; Dtn 5,11):* Gemeint ist der falsche Eid, der
den Gottesnamen lästert, bzw. profaniert (vgl. 5,21-24). Das Verbot
entspricht also dem dritten Gebot.
Ausbeutung der LohnarbeiterInnen (19,13‖Dtn 24,14f): Das
Gesetz wurde so verstanden, daß man den gegen Lohn Arbeitenden
weder die Arbeit noch den Lohn vorenthalten darf.
Rücksicht gegenüber Behinderten (19,14‖Dn 27,18): Der Taube
soll wörtl. »nicht für zu leicht befunden werden«. Ehre wird im
Hebräischen mit Schwere ausgedrückt. Im Deuteronomium wird,
wer den Blinden falsch führt, sogar verflucht. Gott ist in diesen
Menschen gegenwärtig. Er ist oft auch der einzige Zeuge. Gerade
im Verhalten ohne menschliche Zeugen zeigt sich, ob ein Mensch
gottesfürchtig ist.
*Parteilichkeit in der Rechtsprechung (19,15‖Ex 23,1-3.6-8; Dtn
16,18-20):* Schon das Bundesbuch hat die Richtenden ermahnt,
weder die Schwachen, noch die Mächtigen zu bevorzugen. Korruption jeder Art ist das Ende des Gerichts, dem große Gewalt innewohnt über Menschen.
Ausbeutung des eigenen Volkes (19,16): Die schwierig zu überset-
zenden Verse wurden verschieden interpretiert. Sie warnen jeden-

falls vor der Entfremdung der Mitmenschen. Verleumdung des
Nächsten (EÜ) kann auch verstanden werden als Gerüchte in
Umlauf setzen oder spionieren oder gleichgültige Ausbeutung: »Du
sollst nicht wie ein Händler handeln, der nur kommt, um sein Pferd
zu beladen, und dann wieder geht« (Sifr. Ked. 4,6). Das Leben deines Nächsten fordern (EÜ), kann auch heißen: sich nicht zur
Unterstützung von Gewalt gegenüber andern bereitfinden.

Konflikt mit einem schuldigen Bruder (19,17f): Die letzte Strophe
der Reihe bildet den Höhepunkt. *»Nicht hassen«* in der ersten Zei-
le und *»lieben«* in der letzten bilden ein Wortpaar, das den ganzen
Gedankengang auf den Punkt bringt und zusammenfaßt. Dabei
wird nicht eine Reihe von Verhaltensregeln durch ein Gefühl
abgelöst. Vielmehr bringt das Wort lieben ein Loyalitätsverhältnis
gegenüber dem oder der zum Ausdruck, der oder die geliebt wird.
In diesem Sinne kommt das Wort auch in altorientalischen Vasal-
lenverträgen vor, worin sich der Vasall verpflichtet, den Oberherrn
zu lieben. Die Liebe kommt gemäß dieser Strophe in zwei sich
ergänzenden Haltungen zum Ausdruck: 1. In der *Zurechtweisung*
der andern, um sie vor Verfehlung und damit auch vor der Verunreinigung des Heiligtums zu bewahren. 2. In der eigenen *Groß-
zügigkeit* gegenüber den andern, die nicht nachtragend und rache-
lustig ist. Beide Tugenden werden nach einem berühmten
Zukunftswort Jeremias dann überflüssig, wenn die Weisungen in
den Herzen (= Vernunft) der Menschen eingeschrieben sind und
Gottes Nachsicht an die Stelle der menschlichen tritt: »Keiner wird
mehr den andern belehren, man wird nicht zueinander sagen:
Erkennt den Herrn!, sondern sie alle, klein und groß, werden mich
erkennen – Spruch des Herrn; denn ich verzeihe ihnen die Schuld,
an ihre Sünde denke ich nicht mehr« (Jer 31,34). Die Quintessenz
dieses Programms der Gewaltlosigkeit ist, den Nächsten *(re'a)* zu
lieben wie sich selbst. Wer aber ist der Nächste? Diese durch die
Frage des Schriftgelehrten an Jesus (Lk 10,29) und dessen Antwort
im sog. Samaritergleichnis berühmt gewordene Fragestellung wird
unter ChristInnen meistens deshalb diskutiert, um sicherzustellen,
daß Jesus der erste war, der die allgemeine Menschheitsliebe pre-
digte. In 19,17f wird das Wort »Nächster« parallel zu Bruder,
Volksgenossen (EÜ: Stammesgenossen) und Söhnen des Volkes
verwendet. Es ist hier also tatsächlich auf die Israeliten zu beziehen.

19,34 erweitert das Gebot ausdrücklich auf die Fremden *(gerim)*, die in Israel leben und nach israelitischer Weise leben und die man später Proselyten genannt hat. Für die Juden gibt es zwei rabbinische Auslegungen der Stelle, die als Aufruf zur allgemeinen Menschenliebe verstanden werden: »Ein andermal kam ein Nichtisraelit vor Schammai (um 30 v.Chr.) und sprach zu ihm: Mache mich zu einem Proselyten unter der Bedingung, daß du mich die ganze Tora lehrst, während ich auf einem Fuß stehe. Er jagte ihn mit einem Meßstock fort, den er in seiner Hand hatte. Darauf trat er vor Hillel (um 20 v.Chr.), der ihn als Proselyten annahm. Hillel sprach zu ihm: Was dir unliebsam ist, das tu auch deinem Nächsten nicht. Dies ist die ganze Tora, das andere ist Auslegung; geh hin und lerne das« (b. Schab 31a). Und: »Rabbi Aqiba (um 135 n.Chr.) sagte: Das ist ein großer umfassender Grundsatz in der Tora« (Sifra Lev 19,18). Wichtiger als die Diskussion darüber, wer den Grundsatz der allgemeinen Menschenliebe zuerst aufgestellt hat, ist die Frage, wer sie lebt: »Wer hat sich als Nächster dessen erwiesen, der unter die Räuber fiel?« Darin haben sich die Christen in der Geschichte alles andere als den Juden überlegen gezeigt. Den anderen Ausschluß, der der Formulierung in 19,17f innewohnt, nämlich den der Frauen, haben weder jüdische noch christliche Interpreten oft zum Thema gemacht. Gerade in dieser Hinsicht hat auch Jesus von Nazaret dazulernen müssen, wie die Geschichte der Syrophönizierin zeigt, die als Nichtisraelitin und Frau eine von der Liebe doppelt Ausgeschlossene war (Mk 7,24-30).

Vermischungstabus (19,19‖Dtn 22,9-11): Die Bedeutung des Unvermischten innerhalb des biblischen Reinheitssystems wird in Exkurs III erläutert. Die Tabus beziehen sich auf Tiere, Pflanzen und Stoffe. Im letzten Fall geht es um ein Privileg des Hohenpriesters, der als einziger Kleider aus Wolle und Leinen tragen durfte, ein Privileg, das nach der Zerstörung des Tempels auf die Schaufäden aller Israeliten überging (vgl. Num 15,37-41).

Sexuelle Beziehungen mit der Nebenfrau eines andern (19,20-22): Auch hier stellt die Vermischung von Kategorien ein Problem dar, weshalb der deutlich aus der Rechtspraxis stammende Fall an dieser Stelle eingefügt wird. Er setzt die Kenntnis von Ex 21,7-11 voraus: Ein Mann verkaufte seine Tochter als Sklavin einem anderen Israeliten. Meistens geschah dies aus Gründen extremer Armut (vgl. den heutigen Menschenhandel: Dritte Welt – Erste Welt). Der Besitzer konnte die Frau mit ihrer Volljährigkeit a) selber heiraten, b) einem seiner Söhne geben oder c) einem Israeliten, der sie kaufen (lösen) wollte. 19,20-22 setzt voraus, daß dieser letzte Fall eingetreten ist, der Löser die Frau aber noch nicht geholt hat und in dieser Zeit ein Dritter der Frau beiwohnt. Das Gesetz legt fest, daß die beiden nicht wie Ehebrecher und Ehebrecherin behandelt werden, da die Frau noch nicht frei war, und daß der Beischläfer ein Schuldopfer darzubringen hat, weil ein Versprechen, nämlich das des Käufers gegenüber dem Käufer, verletzt wurde. Dies setzt gleichzeitig voraus, daß er den Besitzer der Sklavin, der sie verkaufen wollte, dafür entschädigen mußte, daß er die entjungferte Frau nun nicht mehr verkaufen kann, sondern in seinem Haushalt behalten muß. Der komplexe Fall gehörte bestimmt nicht zur ursprünglichen Auslese wichtiger Gesetze für den Alltag.

Erstlingsfrüchte der Bäume (19,23-25): So, wie der Knabe erst am achten Tag beschnitten und damit rein wird (12,3), soll ein Baum erst im vierten Jahr zum ersten Mal abgeerntet werden. Die Erstlingsfrüchte gehören den Priestern des Heiligtums (vgl. Num 18,12). Sie werden als etwas *zum Jauchzen Geheiligtes* betrachtet. Vielleicht verbirgt sich dahinter ein Fest, das in Ri 9,27 mit demselben Wort bezeichnet wird: »Sie gingen auf's Feld hinaus, hielten in ihren Weinbergen die Weinlese, kelterten und hielten ein *Jauchzfest* und zogen zum Haus ihres Gottes und aßen und tranken.« Im fünften Jahr gehören die Früchte denen, die den Baum gepflanzt haben.

Blutgenuß (19,26a‖17,10-12; Dtn 12,16.23-25; Lev 3,17; 7,26f): S. dazu Lev 17.

Wahrsagerei und Zauberei (19,26b‖19,31; 20,6-8.27; Ex 22,17; Dtn 18,9-14): Das Verbot rahmt eine Reihe von kultischen Tabus und Forderungen, wie es auch im folgenden Kapitel das Sexualstrafrecht rahmt. Der Inhalt wird dort (20,6) diskutiert. Wegen der Popularität der angesprochenen Orakelpraktiken wird das Thema im Rahmen des Kompendiums wiederholt.

Haarschneide- und Tätowiertabus (19,27f‖Dtn 14,1-2; 21,5-6): Wie das Feld nicht vollständig abgeerntet werden darf (19,9), so dürfen auch die Haare nicht vollständig geschnitten werden. Diesen Zusammenhang legt jedenfalls die Wortwahl im Hebräischen nahe. Die Araber werden von Jeremia verächtlich als jene mit dem gestutzten Haarrand bezeichnet (Jer 9,25; 25,24; 49,32). Auch Herodot bezeugt diese Auffälligkeit der arabischen Haartracht bei Männern. Möglicherweise steht sie in Zusammenhang mit der Bedeutung des Haaropfers, das Beduinen bis heute kennen (vgl. Kommentar zu Num 6,1-21). Das Abschneiden des Bartes und das Verletzten des Körpers waren im Orient weit verbreitete Totenklagerituale (vgl. Jes 15,2; 22,12; Jer 16,6; Am 8,10). Selbstverletzungen schienen als Mittel zur Ekstase auch im Baalskult eine Rolle gespielt zu haben (1 Kön 18,28). Da beide Sitten mit Totenkult oder Fremdkult zusammenhängen, werden sie ausdrücklich verboten. Im Rahmen von Reinheitsgeboten spielt aber bestimmt auch die Integrität des ganzen Körpers eine Rolle, die durch diese Sitten verletzt wird (vgl. Exkurs III).

Prostitution (19,29‖21,9; Dtn 23,18f): Die eigene Tochter der Prostitution auszusetzen, wird als Profanierung bezeichnet, die das ganze Land verunreinigt, weil es den Gang der Männer zur Prostituierten fördert. In welchem Rahmen diese Prostitution stattfand, läßt sich nicht mit Sicherheit sagen. Die Behandlung des Themas im Rahmen fremder Kultbräuche könnte auf Kultprostitution hindeuten. Die Väter hätten demnach ihre Töchter an Tempel verkauft. In der Frühzeit Israels konnte die Prostituierte *(sonah)* durchaus eine eigenständige Frau mit einem Haushalt, oft in Verbindung mit einer Wirtschaft, und Kindern sein, die Männer außerhalb der patriarchalen Familiennorm empfing. Im Alter fielen solche Frauen oft durch das soziale Netz (vgl. Jes 23,15-18). Die Doppelmoral von Männern gegenüber solchen Frauen bringt Gen 38 zum Ausdruck.

Sabbat (19,30‖19,3; 23,1-3; 26,2; Ex 23,12; 31,12-17; 35,1-3; 20,8-11; Dtn 5,12-15): s. Kommentar zu 19,3b.

Achtung des Heiligtums (19,30‖26,2): Die Heiligung des Heiligtums und damit auch des Kultes wird auf eine Ebene mit der Heiligung des Sabbats gestellt.

Totenbeschwörung und Wahrsagerei (19,31‖19,26b; 20,6-8.27; Ex 22,17; Dtn 18,9-14): s. Kommentar zu 20,6.

Achtung der Alten (19,32): Das Elterngebot wird auf alle Alten (19,3a) ausgeweitet im Sinne eines Aufrufs zur Achtung. Was den Großen und Mächtigen vor Gericht nicht gebührt (19,15), geziemt sich für die Alten: ihre besondere Ehrung.

Achtung der Fremden (19,33f‖Ex 22,20-23; 23,9; Dtn 24,17-18): Die Solidarität gegenüber den Fremden (im Gegensatz zu den

Fremdvölkern) im Land wird im Ersten Testament meistens mit der Erinnerung an das Fremdsein der IsraelitInnen in Ägypten motiviert. Das Gebot ergänzt die Nächstenliebe in 19,18 (s. dort) und zieht sich durch die »H«-Gesetzgebung wie ein roter Faden (vgl. Kommentar zu Num 15,15f).

Übervorteilung (19,35f||Dtn 25,13-16): Noch in mittelalterlichen europäischen Städten wurden die Maße und Gewichte im Stadttor ausgestellt, damit die Händler ihre eigenen danach anfertigen konnten. Susan Rattray hat folgende priesterliche Hohlmaßtabelle rekonstruiert: 1 *homer* (117,5 l) = 10 *efa* (11,75 l) = 100 *hin* (1,17 l) = 400 *log* (0,3 l, was ungefähr einem Becher entspricht).

Subskript (19,36b-37): Der Schluß des Kompendiums erinnert an den Anfang der Zehn Gebote. In beiden Fällen werden die Weisungen eng mit dem Exodus verknüpft. Sie sind die Bedingung der Möglichkeit, die gewonnene Freiheit zu bewahren.

4. Sex und Götter (20,1-27)

Zusammen mit Lev 18 rahmt das Kapitel das Zentrum (Lev 19) des Heiligkeitsgesetzes. Lev 20 setzt die apodiktischen Weisungen (du sollst nicht...) von Lev 18 voraus, formuliert nun aber in kasuistischer Weise für jeden Fall eine Strafe (wenn ... [Fall], dann ... [Strafe]). Den allgemeinen negativen Charakterisierungen der ägyptischen und kanaanäischen Sitten stehen hier konkrete Verurteilungen des Moloch-Kultes und der Totenbeschwörung gegenüber (vgl. aber schon 18,21). Die einzelnen Delikte wurden nach Strafmaß geordnet: Die Fälle in 18,2b-16 ziehen die Todesstrafe *(mot jumat)* nach sich, d.h. die Hinrichtung durch eine menschliche Hand. Die Fälle in 18,17-19 ziehen die Ausmerzung (*karet*; vgl. Kommentar zu 7,19ff) nach sich, werden also der Gerichtsbarkeit Gottes anheimgestellt, weil sie sich im Geheimen ereignen und noch weniger kontrollierbar sind als die erstgenannten Fälle. Die Fälle in 18,20f haben Kinderlosigkeit zur Folge

Einleitung (20,1-2a): Neubeginn der Gottesrede zur Markierung des neuen Abschnittes.

Kinderopfer (20,2b5||18,21; Dtn 18,9-14): Das Gesetz wendet sich wie schon 18,21 gegen den *Kult des Moloch*. Gemeint ist eigentlich der Gott Adad-Melk und/oder seine Partnerin (2 Kön 17,31), d.i. der syrische Wettergott unter seinem königlichen Aspekt. In Jerusalem wurde im Gehinnom-Tal ein Tofet, eine Feuerstelle, für diesen Gott eingerichtet. Dort wurden Frühgeburten und verstorbene Kleinkinder in einem rituellen Akt vor der Gottheit kremiert. Dieser Brauch war besonders bei den benachbarten PhönizierInnen weit verbreitet. Sie brachten ihre toten Kinder der Tanit (Abb. 25) dar. Fast überall, wo die PhönizierInnen siedelten, fand sich ein Tofet, manchmal mit Tausenden von Urnen. Die Griechen, die ihre toten Kinder in der Erde bestatteten und die Feuerbestattung ihren Kriegshelden vorbehielten, empfanden den Brauch als abstoßend. Die Philosophen und Geschichtsschreiber verzeichnen ihn und polemisieren dagegen. So behauptet etwa Kleitarchos (um 300 v.Chr.), die PhönizierInnen und KartagerInnen würden vor einer wichtigen Unternehmung dem Kronos eines ihrer Kinder opfern. Im Feuer würde sich der Mund der Kinder zu einem Grinsen verziehen. Daß im Orient lebende Kinder in großer Zahl verbrannt wurden, ist unvorstellbar. Zwar konnte es vorkommen, daß in äußersten Notsituationen ein König seinen Sohn durchs Feuer gehen ließ, um die Feinde, welche die Stadt belagerten, durch das unerhörte Opfer abzuschrecken (vgl. 2 Kön 3,27). Aus alten Tagen ist auch die Sitte bekannt, die Grundsteinlegung eines großen Hauses mit einem Kinderopfer zu begehen, um die Götter zu beschwichtigen (Jos 6,26; 1 Kön 16,34). Ansonsten aber wurde die menschliche Erstgeburt im Gegensatz zu der tierischen ausgelöst (vgl. Num 3,12), wie die berühmte Legende der Bindung Isaaks eindrücklich und zur Mehrung der Glaubenstreue Abrahams festhält (Gen 22). Die judäischen Propheten, unter ihnen besonders Jeremia, haben auf ihre Weise gegen den in Israel verbreiteten syrisch-phönizischen Brauch protestiert. Jeremia wird nicht müde zu wiederholen, daß es Jahwe nie in den Sinn gekommen ist, ein derartiges Opfer zu verlangen, und er droht damit, daß das Gehinnom-Tal zum »Würgetal« werden wird für alle, die diesem Kult huldigen (Jer 7,31-33; 19). Von daher kommt es, daß im Gehinnom-Tal traditionell der Eingang zur Hölle vermutet wird und im muslimischen Sprachgebrauch der Name des Tales (arab. *dschehenna*) die Hölle selbst bezeichnet. In der prophetischen Polemik wird bewußt offengelassen, ob es sich um lebende oder tote Kinder handelt.

Es geht letztlich nur darum, daß es nicht Jahwe war, der so etwas verordnet hat und in dieser Form verehrt werden will, also um die Einzigartigkeit des judäischen Gottes.

Die Strafandrohungen gegen den Molochkult lassen deutlich erkennen, daß es schwierig war, den Kult als Strafdelikt zu verfolgen und zu ahnden, da er in den Sippen beheimatet war, die einzelne, welche Moloch durch ein Kinderopfer huldigten, nicht der priesterlichen Gerichtsbarkeit auslieferten. Noch unter Manasse (693-639 v.Chr.) erfährt der Moloch-Kult in Israel ein Come-back (2 Kön 21,6) und wird erst unter Joschija konsequent verfolgt (2 Kön 23,10).

Totenbeschwörung und Wahrsagerei (20,6‖19,26b.31; 20,27; Ex 22,17; Dtn 18,9-14): Das Gesetz zerfällt in zwei Teile: 1. Wer Totenbeschwörung und Wahrsagerei betreibt, wird mit Ausmerzung bestraft (20,6), denn diese Menschen sündigen gegen Gott und werden direkt von ihm bestraft. 2. Wer TotenbeschwörerInnen und WahrsagerInnen aufsucht, wird mit Steinigung bestraft (20,27), denn diese Menschen verstoßen gegen das Gesetz. Dieses Gesetz bildet einen Rahmen um die folgenden Sexualdelikte. Was hat Totenbeschwörung und Wahrsagerei mit sexuellen Beziehungen zu tun? Da sich die Kombination nicht nur in Israel findet, kann sie nicht mit dem Spezifikum des Monotheismus begründet werden, der jede Form kultischer Tätigkeit, die andere Götter anerkennt – in diesem Fall sind die Götter die Toten -, als Hurerei Israels verurteilt. Vielmehr scheint Totenbeschwörung als eine intime Beziehung zu Menschen verstanden worden zu sein, die der sexuellen gleichkam. Nur so läßt sich folgende Passage aus dem hetitischen Recht (um 1600 v.Chr.) erklären:

§ 189 Wenn ein Mann mit seiner eigenen Mutter sündig, ist es eine Missetat. Wenn ein Mann mit einer Tochter sündigt, ist es eine Missetat. Wenn ein Mann mit einem Sohn sündigt, ist es eine Missetat.
§ 190 Wenn sie als Totengeist hintreten – Mann oder Frau, so ist das kein Ärgernis. Wenn ein Mann mit einer Stiefmutter sündigt, ist es kein Ärgernis. Doch wenn sein Vater noch lebt, ist es eine Missetat.

Warum wurde Totenbeschwörung und Wahrsagerei, zwei Spielarten der Mantik, die im Alten Orient sehr verbreitet waren, in Israel verboten? In ähnlicher Weise rahmte das Verbot in 19,26.31 Gebote, die im Zusammenhang mit Fremdgötterverehrung standen. Aus der Perspektive der priesterlichen Gesetzgeber waren die hier verurteilten Methoden der Orakelfindung nicht mit dem Jahweglauben vereinbar, also eine Form des *Weghurens von Jahwe*, weshalb das Gesetz auch das Sexualstrafrecht rahmt. Merkwürdigerweise scheint aber die Befragung von Toten kein ausschließlich kanaanäisches Phänomen gewesen zu sein. Vielmehr sucht sogar König Saul eine Totenbeschwörerin, wörtl. eine»Herrin über die (Toten-)Götter«, auf, um sich Samuel heraufbeschwören zu lassen (1 Sam 28). Fragen des Todes waren offenbar wie solche der Geburt ein Spezialgebiet der Frauen (vgl. auch die Klageweiber). Jes 8,19f macht darüberhinaus noch deutlicher, daß solche Frauen besonders dann aufgesucht wurden, wenn die in Israel übliche Jahwe-Prophetie zu versagen schien, weil kein schlüssiges Gotteswort eintraf. Mit anderen Worten: die Totenbeschwörung und andere Formen instrumenteller und intuitiver Mantik (vgl. heute: Kaffesatzlesen, Tarot, Tischrücken etc.) stellten eine Konkurrenz zur Jahwe-Prophetie dar. Darüber hinaus gaben sie den Toten ein göttliches Gewicht, das sie in Konkurrenz zu Jahwe stellte. Hinzu kommt der für Israel typische antielitäre Zug, der sich im Rahmen des Umgangs mit Toten darin zeigte, daß man die Ahnen als Kollektiv ehrte und nicht einzelne heraushob, auch wenn gewisse Könige sich ein Denkmal zu setzen versuchten. Im Rahmen der priesterlichen Gesetzgebung wird die Verehrung einzelner Toter und der Ahnen durch zwei weitere Elemente unterdrückt: Zum einen gilt der Kontakt mit Leichen als verunreinigend und ist somit nach Möglichkeit zu meiden (vgl. 21,1-6.11; Num 19,11-22), zum andern wird die Ehrung der lebenden Eltern und Alten umso stärker hervorgehoben (19,3.32; 20,9).

Heiligkeit (20,7-8||19,1-2; 20,26; 21,6; Ex 22,30a; Lev 11,44f; Num 15,40b-41): Das Leitmotiv des Heiligkeitsgesetzes markiert hier und in 20,26 den mit der Totenbeschwörung und der Wahrsagerei gegebenen Rahmen.

Elternverfluchung (20,9||19,1-2; Ex 21,15.17; Dtn 21,18-21; Ex 20,12; Dtn 5,16): Wie bei den Tauben und Blinden von 19,14 (s. dort) geht es darum, sozial Schwache, hier die Alten, vor der Lächerlichkeit der Jüngeren und Stärkeren zu schützen, indem ihnen gegenüber der Respekt bewahrt wird. Das Gesetz eröffnet die Reihe der familienbezogenen Rechtssätze, wie es schon das Kompendium in Lev 19 eröffnete, und konkurrenziert in prominenter Stellung die Verehrung der Toten.

Ehebruch (20,10‖18,20; Dtn 22,22; Ex 20,14; Dtn 5,18): Auf Ehebruch steht die Todesstrafe für beide Beteiligten. Der Codex Hammurapi (18. Jh.v.Chr.) unterscheidet nach den Umständen:

§ 129 »Wenn die Gattin eines Bürgers beim Beischlaf mit einem anderen Manne ertappt wird, so soll man beide fesseln und ins Wasser werfen; wenn der Herr der Ehefrau seine Ehefrau am Leben lassen will, so soll auch der König seinen Untertan am Leben lassen.«
§ 130 »Wenn ein Bürger die (künftige) Gattin eines (anderen) Bürgers, die noch keinen Mann erkannt hat und noch im Hause ihres Vaters wohnt, knebelt und in ihrem Schoß liegt und wenn man ihn dabei erwischt, so wird dieser Bürger getötet; diese Frau geht frei aus.«

Zum Fall des Ehebruchverdachts vgl. Num 5,11-31.

Unerlaubte sexuelle Beziehungen in der Familie (20,11f‖18,1-18; Dtn 23,1): Beischlaf mit einer Frau des Vaters oder der Schwiegertochter wird mit dem Tod beider bestraft. Im Codex Hammurapi werden je nach Umständen unterschiedliche Strafen verordnet:

§157 »Wenn ein Bürger nach dem Tode seines Vaters im Schoß seiner Mutter liegt, so soll man sie beide verbrennen.«
§158 »Wenn ein Bürger nach dem Tode seines Vaters im Schoße seiner ›Großen‹ (Schwiegermutter?), die Kinder geboren hat, ertappt wird, so soll dieser Bürger aus dem Vaterhause verstoßen werden.«
§155 »Wenn ein Bürger für seinen Sohn eine Schwiegertochter auswählt und sein Sohn sie erkennt, er selbst aber nachher in ihrem Schoß liegt und man ihn dabei ertappt, so soll man diesen Bürger fesseln und ins Wasser werfen.«
§156 »Wenn ein Bürger für seinen Sohn eine Schwiegertochter auswählt und sein Sohn sie noch nicht erkannt hat, er selbst aber in ihrem Schoß liegt, so soll er ihr eine halbe Mine Silber zahlen, und alles, was sie aus dem Hause ihres Vaters mitgebracht hat, soll er ihr voll erstatten, und ein Ehemann nach ihrem Herzen mag sie heiraten.«

Homosexualität (20,13‖18,22): Wird mit dem Tod beider bestraft. Vgl. Kommentar zu 18,22.

Unerlaubte sexuelle Beziehung in der Familie (20,14‖18,1-18; Dtn 23,1): Heiratet einer eine Frau und ihre Mutter, so werden alle Beteiligten verbrannt. Diese ungewöhnliche Todesart wird auch für die Priestertochter, die sich der (sakralen) Prostitution hingibt, angeordnet (21,9; vgl. Gen 38,24). Diese Frauen wurden demnach wie Prostituierte betrachtet.

Sodomie (20,15fǁ18,23-30; Ex 22,18): Mensch und Tier werden mit dem Tod bestraft. Warum auch das Tier, das doch nicht zwischen Gut und Böse zu unterscheiden versteht? fragt der Midrasch. Zum einen, weil der Anstoß zur Sünde durch das Tier kam, zum andern, damit das Tier nicht über die Straße gehe und man dann sage: Dies Tier ist es, dessentwegen der und der gesteinigt worden ist (b. San 7,4).

Unerlaubte sexuelle Beziehungen in der Familie (20,17ǁ18,1-18; Dtn 23,1): Heirat mit einer Schwester oder Halbschwester mütterlicher- oder väterlicherseits zieht die Todesstrafe nach sich.

Sexueller Kontakt mit einer Menstruierenden (20,18ǁ18,19; 15,24): Die *karet*-Strafe geht weit über 15,24 hinaus, wo der Mann durch den Beischlaf mit der Menstruierenden für sieben Tage unrein wird, aber keine Strafe zu gewärtigen hat.

Unerlaubte sexuelle Beziehungen in der Familie (20,19-21ǁ18,1-18; Dtn 23,1): Sexueller Verkehr mit Tanten soll die Kinderlosigkeit nach sich ziehen. Die Strafe ist wohl als Fluch zu verstehen. Der Beischlaf mit einer Schwägerin wird mit der Unreinheit der Menstruierenden *(niddah)* verglichen. Auch diese Beziehung wird mit Kinderlosigkeit verflucht. Diese Strafe dürfte ihren Grund darin haben, daß umgekehrt der Mann die Pflicht hat, der kinderlos gebliebenen Schwägerin nach dem Tod ihres Mannes einen Stammhalter zu verschaffen (sog. Schwagerehe; Dtn 25,5-10).

Beschluß I: Land und Aussonderung (20,22-24): Die Schlußformel verbindet Landbesitz, sexuelle und religiöse Sitten und Jahwemonotheismus zu einer unauflösbaren Einheit und schließt den mit den Sexualtabus in 18,24-30 eröffneten Bogen und wird in gewisser Weise in Num 33,52-56, wo es um die Verteilung des Landes, unmittelbar vor Eintritt ins Land geht, wieder aufgegriffen.

Beschluß II: Reine und unreine Tiere (20,25fǁDtn 14,3-20; Lev 11,1-23.43-47): Dieser zunächst unerwartete Anhang verweist zurück auf die »H«-Formel in 11,43-45 (vgl. zum Inhalt Exkurs III) und zeigt an, daß Lev 11 – 20 in gewisser Weise als Einheit kultischer Reinheitsgesetze für das ganze Volk verstanden wurde. Erst mit Lev 21 folgen wieder Themen mit rein priesterlichen Interessen.

*Beschluß III: Heiligkeit (20,26‖19,1-2; 20,7-8; 21,6; Ex 22,30a;
Lev 11,44f; Num 15,40b-41):* Die Wiederkehr des Leitmotivs des
Heiligkeitsgesetzes verbindet die Reinheitsgesetze, die mit Lev 11
begonnen haben, mit dem Heiligkeitsgesetz und dieses wiederum
mit der Landgabe.
  *Beschluß IV: Totenbeschwörung und Wahrsagerei (20,27‖
19,26b.31; 20,6-8; Ex 22,17; Dtn 18,9-14):* Das Gesetz rahmt Lev 20.
Zum Inhalt vgl. Kommentar zu 20,6.

Alles in allem wird mit dem Ende von Lev 20 nicht nur das Heiligkeitsgesetz im engeren Sinne beschlossen, sondern auch das Thema
rein und unrein, das mit Lev 11 begonnen hatte. 20,22-27 markiert in
vierfacher Weise diese wichtige Zäsur. Die folgenden Kapitel rahmen mit dem Altargesetz den Kern des Heiligkeitsgesetzes, denn
Altar, Opfer und Opfernde bilden eine thematische Einheit.

5. Die Opfernden (21,1-24)

Richtete sich Lev 17-20 an das ganze Volk, so Lev 21f ausschließlich an Priester. Lev 21 hält die äußeren Bedingungen des Priestertums fest, könnte also auch als Priesterspiegel bezeichnet werden.
Das Gesetz wird von Ezechiel aufgegriffen und teilweise verschärft,
teilweise gelockert (Ez 44).

Einleitung (21,1a): Im Rahmen der sinaitischen Formeln richtet sich
das Folgende konsequenterweise an die Söhne Aarons. Vgl. aber
das Subskript (21,24).
  *Vorschriften für Priester im Trauer- und Heiratsfall (21,1b-
6.9f‖19,27f; Dtn 14,1f):* Für Priester, die per definitionem ständig in
Jahwes Heiligtum ihre Dienste verrichten, gelten verschärfte Reinheitsvorschriften. So dürfen sie sich nur dann mit Leichen verunreinigen, ohne sich dadurch zu entweihen, wenn diese aus dem engsten
Kreis ihrer Sippe, nämlich aus ihrem Fleisch (*schö'er*; vgl. 18,6)
stammen. Genannt werden in dieser Reihenfolge: die Mutter, der
Vater, der Sohn, die Tochter, der Bruder und die unverheiratete
Schwester. Die verheiratete Schwester gehört durch die Heirat
nicht mehr zu seinem Fleisch im engeren Sinne, weil sie das Haus
gewechselt hat. Paradoxerweise wird aber auch die eigene Frau, die

aus einem anderen Haus kam, nicht als eigenes Fleisch betrachtet (vgl. dagegen Gen 2,24). Der Priester darf sich an ihr nicht verunreinigen. In diesem Sinne ist 18,4 anders als in EÜ zu übersetzen: »Nicht aber darf er sich an seiner durch Heirat verwandten Volksgenossin verunreinigen.« Wie schon für die Laien (19,27f; mit Kommentar) gilt auch für die Priester die Regel, Kopfhaar, Bart und Körperhaut nicht willentlich zu entfernen oder zu verletzen. Die körperliche Integrität ist ein äußeres Zeichen der Heiligkeit, die das Volk mit den Priestern teilt. Priester dürfen weder eine Prostituierte (*sonah*; vgl. dazu 19,29) noch eine Entjungferte, aber nicht Verheiratete, noch eine Geschiedene heiraten. Da Scheidung nur im Falle des vermuteten Ehebruchs erlaubt war (vgl. Dtn 24,1), wurden auch diese Frauen wie Huren betrachtet. Weil Ehebruch als eine Form des Götzendienstes betrachtet wurde (ein Gott – ein Mann...), ist es innerhalb der Logik des Systems klar, daß Priester diese Frauen nicht heiraten durften.

Heiligkeit (21,6‖19,1-2; 20,7-8.26; Ex 22,30a; Lev 11,44f; Num 15,40b-41): Die Heiligungsregeln werden mit dem Dienst für die Feueropfer (vgl. 1,9) begründet.

Prostitution (21,9‖19,29f; Dtn 23,18f): Ob Prostitution im Rahmen eines Kultes stattfand, wissen wir nicht. So oder so wird sie als Sakrileg gewertet (vgl. auch 19,29). Als besonders schwere Sünde gegen Gott wird die Prostitution der Priestertochter, die damit ihren Vater entweiht, mit dem Feuertod bestraft (vgl. den Parallelfall für Laien in 18,14 und Gen 38,24). Die Hexenverfolger haben die Idee des Feuertodes im Mittelalter eifrig aufgegriffen.

Vorschriften für den Hohepriester im Trauer- und Heiratsfall (21,10-15‖10,6f): Der Hohepriester ist der Sühnewalter dessen, was durch nichts anderes mehr gesühnt werden kann. Ausstaffiert durch diese Sühnemacht, die in vielen äußeren Zeichen sichtbar gemacht wird (Lev 8), und als Gesalbter ist er die oberste Garantie der Reinheit des Heiligtums und wie dieses selber ein Symbol des Lebens. Er darf deshalb seine Person, die durch keinen andern gereinigt werden kann, durch nichts verunreinigen. Somit gelten für ihn noch strengere Vorschriften. Er darf auch die Leichen seiner engsten Angehörigen, Vater und Mutter, nicht berühren, ja nicht einmal das Heiligtum verlassen. Außerdem darf er nur eine levitische Jungfrau ehelichen.

Tauglichkeit für das Priesteramt (21,16-23): Priester dürfen keinen körperlichen Makel haben, denn auch sie sind Symbole des Lebens im Heiligtum, das die Fülle des Lebens repräsentiert. Das Gesetz verpflichtet jedoch dazu, vom Dienst im Heiligtum ausgeschlossene Priester zu versorgen. Einige der wichtigsten Gebrechen werden namentlich aufgezählt. Die Übersetzung ist nicht in allen Fällen sicher. Die Integrität der Priester findet eine Entsprechung in der Vollständigkeit der Opfertiere. Einige dieser Hindernisse, namentlich die Zeugungsunfähigkeit (zerquetschte Hoden), waren bis vor kurzem auch im röm.-kath. Kirchenrecht als Weihehindernisse zu finden. Heute gelten für die Priester dieser Konfession folgende Hindernisse: Geisteskrankheit, Häresie, Eheschluß, Tötung und Abtreibung, Selbstverstümmelung oder Selbstmordversuch, unautorisierte Weihehandlungen (CIC §1041).

Subskript (21,24): Im Unterschied zur Einleitung werden hier auch die IsraelitInnen als AdressatInnen genannt, was typisch ist für »H« und sein demokratisiertes Heiligkeitsverständnis.

6. Das Geopferte (22,1-33)

Bezog sich das vorangehende Kapitel auf die, die Opfer vollziehen, so dieses auf das, was beim Opfer dargebracht wird, die Opfergaben. Wie müssen die Opfertiere beschaffen sein? Was macht ein Tier zum Opfer untauglich? Wer ist berechtigt, sie zu essen, und wer davon ausgeschlossen?

Einleitung (22,1f): Die Einleitung ist ungewöhnlich lang, was mit der heiklen Materie zusammenhängt, denn wer Opfertiere entheiligt, entheiligt den Namen Gottes. Es heißt wörtlich, daß sich die Priester von den Opfertieren zu *trennen* haben (EÜ: in acht nehmen). Die grundsätzliche Haltung gegenüber dem Geopferten ist die Distanz. Nur wenn die Reinheit gewährleistet ist, ist den dazu Berechtigten ihr Genuß erlaubt.

Unreinheit der Priester (22,3-7): Wer im Stande der Unreinheit Opferfleisch genießt, hat die *karet*-Strafe zu gewärtigen (vgl. Kommentar zu 7,19ff). Unrein machen Aussatz (Lev 13f), Ausfluß (15,1-15), das Berühren einer Leiche (21,2-4; Num 19,11ff) oder von Gewimmel (Lev 11) oder sekundäre Verunreinigungen durch Berührung eines unreinen Menschen. Die Unreinheiten sind nach den in den entsprechenden Abschnitten vorgeschriebenen Ritualen zu reinigen. Sind es keine primären Verunreinigungen, gilt die hier vorgeschriebene einfache Reinigung vor Sonnenuntergang.

Aasgenuß (22,8f‖17,15f; Ex 22,30; Dtn 14,21; Lev 11,39f): Besonders hervorgehoben wird das Verbot des Essens von Aas, das nach 11,40 für Laien nicht gilt, später aber auf sie übertragen wird.

Genuß heiliger Speise (22,10-16‖5,14-16): Der Genuß dessen, was durch das Opfer, das ein Priester darbringen muß, geheiligt worden ist, ist Personen des priesterlichen Haushaltes vorbehalten, die entweder mit ihm blutsverwandt sind, namentlich auch die im Vaterhaus lebenden verwitweten oder kinderlos geschiedenen Töchter des Priesters, oder die käuflich erworben worden sind, also SklavInnen. Ausgeschlossen sind alle anderen Dienstangestellten, namentlich Laien (wörtl. »Außenstehende«), die verarmt sind und im Haushalt eine Bleibe gefunden haben, angestellte LohnarbeiterInnen und mit Laien verheiratete Priestertöchter. Wer unbefugterweise unabsichtlich Opferfleisch ißt, muß es mit einem Fünftel Bußgeld dem rechtmäßigen Eigentümer zurückerstatten und ein Schuldopfer darbringen (vgl. 5,14-16), weil Eigentum Gottes in Mitleidenschaft gezogen wurde. Dies trifft sowohl auf die Laien zu, die heiliges Opferfleisch essen, als auch auf Priester, die allein Gott vorbehaltenes Fleisch (z.B. Brandopferfleisch) essen.

Untaugliche Opfertiere (22,17-25‖Dtn 17,1): Der Abschnitt richtet sich über die Priesterschaft hinaus an alle IsraelitInnen und sogar an die Fremden, die Jahwe opfern wollen (vgl. 1 Kön 8,41ff), trifft also auf alle Opfertiere zu, die dargebracht werden. Die Opfertierarten des Brand- und Heilsopfers werden eigens aufgelistet. Die Makel der Tiere, die es opferuntauglich machen, entsprechen zum Teil wörtlich den körperlichen Ursachen für die Untauglichkeit des Priesters. Solche Tiere können aber als freiwillige Opfer dargebracht werden. Eine absolute Ausnahme stellen die am Hoden beschädigten oder kastrierten männlichen Tiere dar, die keinesfalls als Opfertiere tauglich sind. Dtn 23,2 wendet die Regel auch auf kastrierte Männer an, die vom Gottesdienst ausgeschlossen werden. Ein abschließender Satz hält fest, daß allen von diesen *(mikol-eläh)* Tieren (von EÜ nur auf kastrierte Tiere bezogen), auch wenn sie von Fremden erworben werden, eine Verstümmelung innewohnt, die sie für Jahwe unannehmbar machen.

Opfertabus für Jungtiere (22,26-28∥Ex 22,29b): Für Jungtiere, die als Erstlingsopfer dargebracht werden, gilt es zwei Regeln zu beachten: 1. Das Jungtier darf nicht vor dem achten Tag geschlachtet werden. 2. Das Jungtier darf nicht gleichzeitig mit dem Muttertier geschlachtet werden. In beiden Regeln kommt, wie in der verwandten Regel, das Böcklein nicht in der Milch seiner Mutter zu kochen (Ex 23,19b; 34,26b; Dtn 14,21c), die Ehrfurcht gegenüber der Mutter-Kind-Beziehung, bzw. der ihr innewohnenden Heiligkeit zum Ausdruck. Daß dieses Verhältnis den mit den Tieren eng verbundenen bäuerlichen Menschen im Alten Orient zu Herzen gegangen ist und als Manifestation des Segens und der sorgenden Liebe der Gottheit betrachtet wurde, zeigen viele Bilder (Abb. 26). Dabei fällt auf, daß das Ikon der säugenden Kuh oft mit der Sphäre einer Göttin verbunden wird, oft aber auch als Segensbild für sich steht, ohne das der Zusammenhang zu einer bestimmten Göttin klar ersichtlich ist. Diese Tabus, die Eingang in die Opfervorschriften gefunden haben, entziehen das Tier dem absoluten und verzweckten Zugriff der Menschen. Sie verleihen »dem in manchen Stücken sehr kriegerischen und patriarchalischen Jahwe Züge mütterlicher Wärme und Sorge (...und) zeigen, daß jene anderen jüdischen und später auch christlichen Kreise im Recht sind, die aus unseren Geboten den Schluß gezogen haben: 'Bis auf ein Vogelnest reicht Dein Erbarmen' (m. Ber 5,3a)« (Othmar Keel).

Dankopfergenuß (22,29∥19,5-8; Lev 7,11-15.16-21): Der Vers zeigt, daß das Dankopfer ein Heilsopfer ist, für das strengere Regeln gelten. Die übrigen Heilsopfer dürfen noch am zweiten Tag gegessen werden.

Schlußformel (22,32f∥18,21b; 19,12; 24,10-16.22f; Ex 22,27a; 20,7; Dtn 5,11): Ein feierlicher Schluß, der einmal mehr in der Sprache von »H« zur imitatio Dei aufruft und gleichzeitig an die Heilstat des Exodus erinnert, die durch das Halten der Gesetze aktualisiert und erhalten wird. Exodus, Sinai und das Heiligtum im Gelobten Land, wo die Opfer dargebracht werden, Vergangenheit und Gegenwart, werden zu einer unauflösbaren Einheit verwoben, deren einzelne Teile sich gegenseitig interpretieren.

7. Kultkalender (23,1-44)

Der Kalender »H«'s legt Wert auf festgelegte Zeiten. Er liegt den Opfertarifen von Num 28f zugrunde. Zu seinem Verhältnis zu anderen Festkalendern im Ersten Testament und Fragen des Kalenders i.A. vgl. Exkurs IX. Der Kalender schafft einen zeitlichen Kosmos. Er umfaßt sieben Feste. Das vierte Fest (**X**) wird durch Namen, Stellung und Inhalt hervorgehoben. An dieser bedeutenden Stelle wird ein Tabu aus dem vorangehenden Gesetzesteil zitiert. Das erste Fest ist der wöchentliche Sabbat, eine Gnadengabe Gottes, und das letzte das den Festkalender beschließende und krönende Hüttenfest, zwei Feste (**B/B'**) mit frohem Charakter. Mit der Einreihung der Garbendarbringung (**D**) unter die Jahresfeste erreicht »H« zusammen mit dem wöchentlichen Sabbat (**B**) die angestrebte Siebenzahl:

A Einleitung (23,1f)
    B 1. Sabbat (23,3)
        C 2. Pessach- und Mazzenfest (23,4-8)
            D 3. Garbenfest (23,9-14)
                X 4. Siebner- oder »Wochenfest« (23,15-21)
                Totalerntetabu (23,22)
            D' 5. »Neujahrsfest« (23,23-25)
        C' 6. Versöhnungsfest (23,26-32)
    B' 7. Hüttenfest (23,33-36)
A' Schluß (23,37-38)
Anhang zum Hüttenfest I (23,39-41a)
Anhang zum Hüttenfest II (23,41a-43)
Subskript (23,44)

Einleitung I (23,1f): Da eine zweite Einleitung in 23,4 folgt, erweist sich diese zusammen mit dem Sabbat als sekundär. Sie betont die Bedeutung der folgenden heiligen Zeiten (*miqr'a qodäsch*; EÜ: Versammlung projiziert die Vorstellung einer Kultgemeinde in den Kalender, der den Akzent auf die Festlegung der Zeiten legt) für alle IsraelitInnen, ob Priester oder Laien. Feste sind festgelegte Zeiten. Diese volksetymologische Deutung des deutschen Wortes erklärt genau, was im Hebräischen (*mo'ed*) gemeint ist. Der Sabbat-Siebner-Rhythmus überlagert den Jahresrhythmus mit seinen Festen – auch literarisch.

Sabbat (23,3‖19,3.30; 26,2; Ex 23,12; 31,12-17; 35,1-3; 20,8-11;
Dtn 5,12-15): Der Sabbat, wörtl.»der Siebte«, ist der Gegenpol zu
den sechs Arbeitstagen, ein absoluter Ruhetag, und zwar der höchste aller Ruhetage, wie es der hebräische Superlativ *schabbat schab-*
baton zum Ausdruck bringt. Er dient dazu, Atem zu schöpfen (vgl.
Ex 31,17), indem alle Arbeit, wörtl. das, was einem geschickt wird,
liegengelassen wird. Der Tag gehört Gott (EÜ: zur Ehre des
Herrn), d.h., er erfreut sich an diesem Tag der Schöpfung, die aus-
ruht, so wie er ausruhte, als er sie schuf (Gen 2,3). Die Menschen
sind also aufgerufen, statt ihren eigenen Geschäften nachzujagen,
durch Ruhe und Genuß Gott zu ehren (vgl. Jes 58,13f).

Einleitung II (23,4): Die ursprüngliche Einleitung betont ebenfalls die festen Zeiten im Jahr.

Pessach und Fest der ungesäuerten Brote (23,5-8‖Ex 23,14-15.18;
Dtn 16,1-8; Num 28,26-31): Pessach- und Mazzenfest waren
ursprünglich zwei unabhängige Frühjahrsfeste. *Pessach* (EÜ wählt
die aramäische Form Pascha, ausgesprochen als Pas-cha, die im
Zweiten Testament verwendet wird) könnte mit »Hüpfefest« übersetzt werden. Es wurde wahrscheinlich zuerst von Nomaden anläßlich des Weidewechsels im Frühjahr gefeiert. Der aufkommende
Südostwind ließ die Weiden verdorren. Und die Sommerweide-
gründe lagen in den Wohngebieten der Seßhaften. Beides enthielt
dämonische Gefahren, die gebannt werden mußten. Der hüpfende
(Bocks-)Dämon (vgl. Abb. 22) wurde durch Blut, das an die Zelte
gestrichen wurde, dazu veranlaßt, es zu *überhüpfen.* Der Ritus wurde im Rahmen der Exoduserzählung historisiert. Es ist nun der
Engel in Ägypten, der die Häuser der Israeliten mit dem Blut-
zeichen des Pessachlammes *überhüpft* und deren Erstgeburt er,
anders als die der Ägypter, verschont. Das *Mazzenfest* ist bäuerlichen Ursprungs. Anläßlich der ersten Getreideernte im Jahr, der
Gerstenernte, läßt man den Sauerteig der alten Ernte ausgehen und
setzt neuen mit der neuen Ernte an. Es entsteht eine Pause von einer
Woche, in der nur ungesäuerte Brote, *Mazzen,* gegessen werden.
Am ersten und am siebten Tag wird ein Fest gefeiert. Die nomadische und die bäuerliche Tradition wurden im staatlichen Israel zu
einem kombinierten Fest vereint. Pessach beginnt in der Abenddämmerung des 14. Tages. Die Abenddämmerung ist nach rabbinischer Präzisierung eingetreten, wenn ein weißer nicht mehr von

einem schwarzen Faden unterschieden werden kann. Das Mazzenfest folgt am 15. Tag. Da das Pessach- und Mazzenfest zeitlich
fixiert wurde, konnte es nicht mehr als Erntedankfest begangen
werden. Es kommt deshalb ein neues Fest dazu, das Garbenfest.

Garbenfest (23,9-14): Der erste Schnitt wurde ursprünglich wohl
noch auf dem Feld der Gottheit dargebracht, der man die Ernte
dankte. Nun wird er als gebundene Garbe *('omer)* dem Priester
gebracht, der sie Gott nach 23,15 im *tenufah-*Ritus (vgl. Kommentar zu 7,28-36) präsentiert. Sie gehört dem Priester (vgl. Num
18,12). Dazu werden Brand-, Speise- und Trankopfer dargebracht.
Bevor dieses Opfer dargebracht worden ist, bevor also nicht Gott
davon gekostet hat, dürfen die Menschen nichts davon zu sich nehmen. 23,11b, wahrscheinlich eine Glosse (der Satz fehlt in der Tempelrolle von Qumran), legt das Fest auf einen bestimmten Tag,
nämlich auf den *Tag nach dem Sabbat,* fest. Dies kann auf zwei
Arten verstanden werden: 1. Das Fest wird am ersten Tag nach dem
ersten Sabbat nach der Ernte begangen. 2. Das Fest wird am Tag
nach dem Sabbat, mit dem das Mazzenfest aufhört (21.1.), gefeiert
und damit ebenfalls kalendarisch festgelegt. Da es sich um eine erst-
malige Kodifizierung des Festes handelt, wird sie im Subskript in
typischer »H«-Formulierung als Regel für alle Zeiten bezeichnet.
Zu einer allegorischen Auslegung des Festes bei Philo v. Alexandrien s. S. 351.

*Siebner- oder »Wochenfest « (23,15-21‖Ex 23,16a; Dtn 16,9-12;
Num 28,26-31):* So oder so werden von dem Tag nach dem Sabbat,
dem Garbenfest, sieben Siebente/Sabbate gezählt. Am Tag nach
dem siebten Sabbat, also am fünfzigsten Tag, wird das Wochenfest
begangen, das allerdings nicht namentlich genannt wird. In der Sep-
tuagina heißt das Fest *hä pentäkostä,* woraus (ital.) pentecoste, (frz.)
pentecôte und Pfingsten abgeleitet sind. Es handelt sich um das Fest
der Weizenernte, weshalb zwei gesäuerte Brote aus der frischen
Ernte dargebracht werden. Durch die Quadrierung der Siebenzahl
wird es als Mitte des Festkalenders besonders hervorgehoben, was
auch die Makrostruktur des Kapitels bestätigt (s.o.). Aber auch
bezüglich der Opfer sticht das Fest hervor. Nebst umfangreichen
Brand-, Speise- und Trankopfern, die als Feueropfer dargebracht
werden, muß sogar ein Sündopfer geleistet werden. Der Grund
dafür ist unklar. Vielleicht soll sichergestellt werden, daß an diesem

höchsten Fest, gemäß diesem Festkalender, alle unbeabsichtigten Verunreinigungen getilgt sind und das Heiligtum rein ist. Singulär ist die Anweisung für das Heilsopfer, dessen Mengen sonst im öffentlichen Kult nie vorgeschrieben werden. Es wird hier wie etwas Hochheiliges behandelt (vgl. 2,3). Da es zusammen mit den zwei Broten, den Erstlingsgaben (*bikkurim*; vgl. Num 18,12) für Gott, dem Priester gehört, geht es wohl darum, die abzugebende Menge sicherzustellen. Die Gaben, die dem Priester gehören, werden Gott im Darbringungsritus (vgl. Kommentar zu 7,28-36) präsentiert. Schließlich wird die Bedeutung des Tages durch Aufruf zur Heiligung (EÜ: heilige Versammlung) und ein Arbeitsverbot wie am Sabbat unterstrichen. Auch diese neue Festordnung wird als Regel für alle Generationen festgesetzt.

Erntereste (23,22||19,9f; Dtn 24,19-22): An dieser durch die Makrostruktur des Kapitels betonten Stelle wird das Gesetz aus 19,9f (s. dort) in Erinnerung gerufen unter sachgemäßer Auslassung von 19,10a.

»Neujahrstag« (23,23-25||Num 29,1-6): Das Kalenderjahr begann nach dem hier repräsentierten Kalender wie in Assur im Frühjahr, andererseits wurde der Jahresbeginn (vgl. dazu auch Exkurs VIII), dem bäuerlichen Jahr entsprechend, im Herbst begangen. Dann wurden die Früchte der Ernte eingebracht, das Land lag dürr und brach und wartete auf neuen Regen. Die Freude über das Eingebrachte verband sich mit der Sorge, ob der nächste Regen kommt. Der neue Vegetationszyklus begann also im Herbst. So kommt es, daß der erste Tag im *siebten* Monat festlich begangen wird, was natürlich kein Zufall ist, gilt doch gemeinhin die Sieben als Zahl der Erfüllung, bzw. Vollendung einer Zeit. Der Name Neujahrstag (*rosch ha-schanah*) wird hier noch nicht gebraucht. Es ist ein Tag des »Gedächtnisschmetterns« (Buber/Rosenzweig; EÜ: in Erinnerung gerufen durch Lärmblasen) mit Freudensignalen (vgl. Kommentar zu Num 10,1-10), wie es Ps 81,4 illustriert: »Blast ins Horn (*schofar*) am Tag des Neumondes, des Vollmondes und am Tag unseres Pilgerfestes (*chaggegu*)!« Mit anderen Worten: Der Tag eröffnet den siebten Monat als eigentlichen Wallfahrts- und Festmonat, in dem zunächst der Versöhnungstag und dann, nach der Läuterung, das Laubhüttenfest als krönender Abschluß der drei Erntedankfeste des Jahres begangen wurde.

Versöhnungstag (23,26-32∥16,29-34; Num 29,7-11): Am Zehnten des Monats wird der Versöhnungstag *(jom ha-kippurim)* begangen (vgl. dazu Lev 16; bes. 16,19ff aus dem »H«-Anhang). Zuwiderhandlung gegen die Enthaltungspflicht wird von Gott mit der *karet*-Strafe geahndet (vgl. Kommentar zu 7,19ff), gegen das Arbeitsverbot mit Austilgung (ähnlich in 17,10; 20,3-6). Wie der Sabbat ist es ein absoluter Ruhetag *(schabbat schabbaton).* Er dauert von Abend bis Abend (23,32b). Diese einzigartige Formulierung wird später für alle Feste im Judentum wie im Christenum verbindlich. Sie beginnen am Vorabend und dauern bis zum Abend des Festtages. Die Festtagsliturgie beginnt demnach mit dem Vespergottesdienst. Ursprünglich meint Tag in der Bibel aber wohl die helle Zeit von Sonnenaufgang bis Sonnenuntergang (vgl. aber Gen 1).

Hüttenfest (23,33-44∥Ex 23,16b; Dtn 16,13-15; Num 29,12-16.35 – 30,1): Das Hüttenfest *(chag hassukkot;* EÜ: Laubhüttenfest weckt in Ländern atlantischer Laubwälder falsche Assoziationen), früher als Sammelfest bekannt (Ex 23,16b), begann am fünfzehnten Tag. Es wurde am ersten und achten Tag (vgl. Kommentar zu 12,3) mit einem besonderen arbeitslosen Feiertag begangen. Doch wurden die ganze Zeit hindurch Feueropfer dargebracht (vgl. dazu bes. Num 29,17ff). Die Ausführungen zum Hüttenfest sind sehr knapp und beschränken sich auf Formalitäten. Sie riefen nach Ergänzungen: s. Anhang I und II.

Schluß (23,37f): Zusammenfassend wird die kalendarische Festlegung der Feste, der Aufruf zur Heiligung und die Einhaltung der Opfervorschriften angemahnt. Außerdem werden die gewöhnlichen Sabbate in Erinnerung gerufen, ein Hinweis darauf, daß 23,1-3 sekundär ist, und die Möglichkeit, anläßlich der Feste persönliche Gelübde einzulösen und freiwillige Opfer darzubringen – ein kleiner priesterlicher Werbe-Spot.

Anhang zum Hüttenfest I (23,39-41a): Während die Makrostruktur des Kapitels das Wochenfest hervorhebt, streicht der erste Anhang das Hüttenfest heraus. Es ist das Fest Jahwes *(chag-Jahwe),* das Fest schlechthin. Es soll mit Früchten und Zweigen als Zeichen der Fruchtbarkeit des Landes begangen werden. Was mit ihnen geschehen soll, wird nicht gesagt. Die Früchte werden auch nicht genauer spezifiziert. Auch die Angaben bezüglich der Zweige sind relativ unverbindlich, Hauptsache, sie haben viel Grün. Die jüdische Tradition hat die Fülle auf *Lulav* (Sproß; meistens von Palmen) und *Etrog* (große Zitrusfrucht) reduziert. Wegen der Bedeutung des Festes werden die beiden Elemente häufig als pars pro toto des jüdischen Festkalenders auf den Fußböden antiker Synagogen dargestellt. Der *grüne Zweig* war schon in der kanaanäischen Religion ein wichtiges Symbol der Göttin und ihrer Verehrerinnen (Abb.27a,b). Aber Auch Baal hält oft ein Zweigzepter in der Hand und wird von seinen Anhängern mit Zweigen verehrt (Abb. 27b,c). Der Zweig ist das Symbol der Regenerationskraft, die der Erde und der Frau innewohnt. Im Hüttenfest lebte somit ein zentrales Element des kanaanäischen Göttinnenkultes fort. Vielleicht wird gerade deshalb das Hüttenfest betont als Fest Jahwes herausgestrichen, weil im Volk die Erinnerung daran, daß es eigentlich das Fest Ascheras war, noch nicht ausgelöscht war. Die neue Regel wird für alle Generationen verpflichtend vorgeschrieben.

Anhang zum Hüttenfest II (23,41b-43): Hütten wurden vor allem zur Zeit des Sammelns und Erntens als schattenspendender Unterstand für ArbeiterInnen und WächterInnen verwendet (vgl. 2 Sam 11,11; 1 Kön 20,12.16; Jes 1,8; 4,6; Ps 27,5). Sie bestanden in der Regel aus Holzgerüsten und Mattengeflechten (vgl. Abb. 24). In diesen für die Ernte erstellten Hütten wurde das Fest ursprünglich gefeiert (Ri 21,19ff). Sie künstlich aufzurichten wäre den Bauern Israels nicht in den Sinn gekommen. Diese Idee, die im Nachtrag II zum Tragen kommt, war StädterInnen vorbehalten, stammt also aus später, nachexilischer Zeit, als das Judentum von einer bäuerlichen zu einer städtischen Religion geworden war. Hütten spielten auch bei der Seßhaftwerdung von nomadisierenden Volksteilen eine wichtige Rolle. Als primitivste Hausform waren sie billig zu bauen und problemlos für gewisse Zeit zu verlassen. Das typisch israelitische Vierraumhaus mit seinen Säulenkonstruktionen kann möglicherweise als Reflex des früheren Wohnens in Hütten verstanden werden. So überliefert der Anhang zum Festkalender eine durchaus glaubwürdige Erinnerung an eine frühere Lebensweise, wenn das Wohnen in Hütten historisierend mit dem Exodus verbunden wird.

Subskript (23,44): Die lakonische Schlußbemerkung entspricht nicht den üblichen »H«-Formeln: nochmals ein Hinweis auf das späte Datum des Zusatzes.

8. Heiligste Sachen und Güter (24,1-23)

Nach den heiligsten Zeiten werden heiligste Güter thematisiert und durch die Anordnung zueinander in Beziehung gesetzt. Der *Lampe* und dem *Schaubrottisch* im Heiligen des Tempels, das nur von bestimmten Priestern zu bestimmten Zeiten und unter bestimmten Bedingungen betreten werden darf, werden der *göttliche Name* und das *menschliche Leben* zugeordnet. Dem Schutz des Gottesnamens dient die Todesstrafe für Gotteslästerung, wie an einem Fall aus der juristischen Praxis demonstriert wird. Diese Weisung löst die in den Fall eingegliederte Frage nach der rechtlichen Ahndung aus, wenn Leib und Leben von Menschen durch Menschen verletzt werden.

Lampendienst (24,1-4\|Ex 27,20f; Num 8,1-4): Der Text zitiert wörtlich Ex 27,20f. Diese Doppelung hat die jüdischen Kommentatoren irritiert: »Siehe, wenn schon ein so kleiner Abschnitt in der Tora zwei-, dreimal wiederholt wird, um wieviel mehr die übrigen Abschnitte der Tora« (M. LR. 31,2). Das Exzerpt aus den umfassenden Anweisungen zum Heiligtum in Exodus kann an dieser Stelle am besten durch die oben erläuterte Gesamtthematik des Kapitels begründet werden. Die Weisung ergeht an die Israelit-Innen, da sie es sind, die das Öl für den Leuchter bereitstellen müssen. Es muß Olivenöl erster Qualität (hebr. *sach* entspricht dem heute gebräuchlichen ital. Qualitätsausdruck »extra virgine«) sein. Das ewige (wörtl. »regelmäßig angezündete«, also wohl nicht ständig brennende) Licht symbolisiert die ständige Gegenwart des göttlichen Glanzes im Heiligtum: »Rabbi Chanina sagte: Der salomonische Tempel hatte Fenster, von welchen Licht in die Welt ausging, wie es heißt (1 Kön 16,4): 'Er machte für das Haus Fenster mit verschlossenem Gitter.' Die verschlossenen Gitter waren von innen klein (eng) und von außen weit, damit das Licht hinausgehe in die Welt« (M. LR. 31,5). Der Brauch hat sich in der röm.-kath. Kirche erhalten, wo neben dem Tabernakel ständig ein »ewiges Licht« brennen muß, das die Gegenwart Christi im Sakrament der Eucharistie (CIC 940; vgl. die Parallelsetzung zu den Schaubroten in diesem Kapitel) symbolisiert. Im Mittelalter durfte für das ewige Licht Wachs verwendet werden. Nach einem Dekret der Ritenkongregation vom 14.6.1864 und vom 23.2.1916 ist jedoch in Anlehnung an die biblische Vorschrift Olivenöl geboten, in Ermangelung dessen mit bischöflicher Erlaubnis auch andere, namentlich vegetabile Öle, ferner reines oder gemischtes Bienenwachs, nur in besonderen Notfällen elektrisches Licht verwendet werden darf. Zur Form des Leuchters und seiner Bedienung vgl. Num 8,1-4.

Schaubrotdienst (24,5-9): Präsentationstische mit Brot und anderen Nahrungsmitteln für die verehrte Gottheit waren in den Heiligtümern des Alten Orients allgegenwärtig (Fig. 2; 8). Auf dem israelitischen Präsentationstisch, der seiner Heiligkeit entsprechend vergoldet war (zur priesterlichen Hierarchie der Metalle und Farben vgl. auch Lev 8; Num 4), lagen zwölf über 2 kg schwere Brote aus Kleie (gegen EÜ: Feinmehl; vgl. dazu 2,1-3) in zwei Reihen (EÜ: Schichten) à sechs Broten. Zu jeder Reihe wurde ein Gedächtnisanteil (vgl. dazu 2,1-3) an Weihrauch hinzugelegt. Die Brote werden jeden Sabbat erneuert und dürfen von den Priestern gegessen werden. Die Sitte hat sich im Sabbatbrot des Judentums erhalten, die für jeden Sabbat aus sehr feinem Mehl zubereitet werden. In vielen christlichen Gegenden kennt man den entsprechenden Sonntagszopf. Nach 1 Sam 21,5-7 durften auch noch kultisch reine Laien die Schaubrote essen. Der Widerspruch der sich dadurch zu unserer Stelle ergibt, nutzt Jesus von Nazaret – gut rabbinisch – zur Begründung seines Sabbatverständnisses aus (Mk 2,23-28‖Mt 12,1-8).

Entweihung des Namens Gottes (24,10-16.23‖18,21b; 19,12; 22,32f; Ex 22,27a; 20,7; Dtn 5,11): Der Fall wird narrativ vorgetragen und erinnert in manchen Details an Num 15,32-36. Der Sohn eines Ägypters und einer danitischen Israelitin namens Schelomit hat im Streit mit einem Israeliten, also um ihn zu beleidigen, den Gottesnamen (*haschem;* im Judentum späterhin als Gottesbezeichnung verwendet worden, weil der Name Jahwe als unaussprechbar gilt) wörtl. »in blasphemischer Weise ausgesprochen«. Daß er damit ein Sakrileg begangen hatte, war klar, doch nicht die Strafe, die ihn treffen sollte. Sie wird durch ein Orakel ermittelt, dieweil er in Haft genommen wird. Die Tat ist nur durch seine Steinigung sühnbar, die wie jede Hinrichtung außerhalb des Lagers/der Stadt stattfand. Wie im Falle des Opfertiers (Lev 1,4), des Sündenbocks vor seiner Entsendung in die Wüste (16,21f) und der Levitenweihe (Num 8,10) stemmen die IsraelitInnen dem Verurteilten vor der Hinrichtung die Hände auf, identifizieren sich so mit dem Schiedsspruch

Jahwes und verpflichten sich selber, seinen Namen zu heiligen. Die Charakterisierung des Lästerers durch seine Herkunft soll sein Verhalten plausibel machen. Die Ägypter galten als Unterdrücker der Israeliten, und die danitische Priesterschaft wurde von jener Jerusalems, die für die Gesetze verantwortlich sein dürfte, als illegitim betrachtet. Für die Rabbinen galt es als ausgemacht, daß der Lästerer ein Bastard war, nämlich der Sohn jenes Ägypters, den Mose erschlug (Ex 2,12). Ihnen zufolge hatte er gesehen, wie dieser eine israelitische Frau schändete und danach ihren Mann auf der Baustelle zu Tode zu züchtigen versuchte, worauf er ihn umbrachte (vgl. M. LR. 32,6). Es war für sie klar, daß aus diesem Fall von Unzucht nichts Gutes entspringen konnte. Das Gesetz wird in einer verallgemeinerten Form für alle Zeiten, für Einheimische und Fremde, als verbindlich betrachtet.

Tötung und Verletzung von Mensch und Vieh (24,17-22): Der Ausführungsnotiz der Todesstrafe geht eine Gesetzesauslegung zum Thema Mord, Viehtötung und Schadenersatz bei Körperverletzungen voraus. Es handelt sich um eine symmetrische, also in sich einheitliche, Interpolation:

A Mord- und Totschlag (24,17)
    B Viehtotschlag (24,18)
        X Schadenersatz bei Körperverletzung (24,19f)
    B' Viehtotschlag (24,21a)
A' Mord- und Totschlag (24,21b)
Schlußformel (24,22): Gleiches Recht für Einheimische und Fremde

A/A': *Mord* (24,17‖21b; Ex 21,12-14; Dtn 19,1-13; Num 35,9-34): Das Stichwort Todesstrafe ist Anlaß dazu, auch die Todesstrafe für Mord in Erinnerung zu rufen. Das Leben des Menschen, in dem das Blut ist, wird damit auf die Ebene des Gottesnamens gestellt, was im Rahmen der *imitatio Dei*-Theologie des Heiligkeitsgesetzes nur konsequent ist. Mord- und Totschlag kann nur durch das Leben des Täters oder der Täterin gesühnt werden (vgl. dazu Num 35,9.34 mit Kommentar).

B/B': *Erschlagung von Vieh* (24,18‖21a; Ex 21,33f): Erschlagenes Vieh muß mit einem gleichwertigen Stück ersetzt werden. Es gilt der Grundsatz: Leben für Leben. Diese Formel, die hier eindeutig als Ersatzformel für erschlagenes Vieh verwendet wird, ist der

Schlüssel dafür, wie das Talionsgesetz (von lat. *talis*: Gleiches) in bezug auf Menschen zu verstehen ist.

X: *Körperverletzung und Schadenersatz* (24,17-20‖21,18f; Ex 21,22-25; Dtn 19,16-21): Der häufigste Fall steht betont in der Mitte. Es geht nicht darum, wie oft geglaubt und behauptet wird, daß dem Menschen, der einem andern einen körperlichen Schaden zugefügt hat, der gleiche Schaden zur Strafe zugefügt werden soll, sondern um die Regelung des Schadenersatzes, vergleichbar dem heutigen Versicherungsrecht. Buber/Rosenzweig übersetzen deshalb richtig: »Bruchersatz für *(tachat)* Bruch, Augersatz für Auge, Zahnersatz für Zahn.« Solches Schadenersatzrecht kannten praktisch alle altorientalischen Rechtssammlungen. Dabei spielte der soziale Rang der im Konflikt beteiligten und die Umstände eine entscheidende Rolle, wie eine Passage aus dem Codex Hammurapi (18. Jh. v.Chr.) zeigt:

§200 »Wenn ein Bürger einem ihm ebenbürtigen Bürger einen Zahn ausschlägt, soll man ihm einen Zahn ausschlagen.«

§201 »Wenn er einem Palasthörigen einen Zahn ausschlägt, so soll er ein drittel Mine Silber zahlen.«

§202 »Wenn ein Bürger die Wange eines Bürgers, der höher gestellt ist als er, schlägt, so bekommt er in der Versammlung sechzig Schläge mit dem Ochsenziemer (Keule).«

§203 »Wenn ein Bürger die Wange eines (anderen) Bürgers, der ihm gleich steht, schlägt, so soll er eine Mine Silber zahlen.«

§204 »Wenn ein Palasthöriger die Wange eines (anderen) Palasthörigen schlägt, so soll er zehn Schekel Silber zahlen.«

§205 »Wenn ein Sklave eines Bürgers die Wange eines Bürgers schlägt, so soll man ihm ein Ohr abschneiden.«

§206 »Wenn ein Bürger einen anderen Bürger bei einer Rauferei schlägt und ihm eine Wunde beibringt, so soll dieser Bürger schwören: »Ich habe nicht mit Absicht geschlagen«, und den Arzt zahlen.«

etc.

Wie die islamischen Hadithe zeigen, wurde und wird im Islam von Fall zu Fall entschieden, ob eine wörtliche Auslegung des Talionsrechts zur Anwendung kommen soll oder ob eine Ersatzzahlung angebracht ist. Die jüdische Rechtsinterpretation zeigt hingegen seit der Mischna (2. Jh.n.Chr.) durchgängig, daß – außer bei Menschentötung – immer ein Schadenersatz gefordert wurde, und regelt die Details minutiös. Diese Praxis wurde u.a. aus Dtn 22,29 abgeleitet: Wenn ein Mann für *(tachat)* die Entjungferung eines unberührten Mädchens eine Ersatzsumme bezahlen und sie zur Frau nehmen kann, so kann auch für eine Körperverletzung eine Ersatzsumme bezahlt werden. Eine ähnliche Rechtspraxis ist schon aus dem neubabylonischen Reich (7./6. Jh. v.Chr.) bekannt. Die Übergänge von einer wörtlichen Auslegung zu einer Ersatzpraxis scheinen aber sehr fließend gewesen zu sein. Ob die wörtliche Auslegung zur Anwendung kam, scheint insbesondere von der Barmherzigkeit der Geschädigten und von der Zahlungsfähigkeit der SchadensverursacherInnen abhängig gewesen zu sein, wie eine instruktive Stelle bei Flavius Josephus (1. Jh. n.Chr.) zeigt (Ant. 4,8,35): »Wer verstümmelt hat, soll das Gleiche erleiden, indem er dessen beraubt wird, wessen er einen andren beraubt hat, es sei denn, daß der Verstümmelte vorzieht, eine Geldentschädigung zu nehmen. Denn das Gesetz gibt dem, der den Schaden erlitten hat, Vollmacht, den Schaden, den er erfahren hat, abzuschätzen, und gesteht ihm dies zu, wenn er nicht schärfer vorgehen will.«

9. Das Land als Gotteslehen (25,1-55)

Lev 25 und 26 stehen unter einer gemeinsamen Überschrift. Ihr gemeinsames Thema ist das Land und die damit verbundene Freiheit. Wird in Lev 25 der Verlust des Landes für die einzelnen thematisiert, so in Lev 26 für die Gesamtheit des Volkes. Beide Kapitel müssen wohl auf dem Hintergrund der Erfahrungen von Tempelzerstörung, Vertreibung, Deportation, Exil und Aussicht auf Neubeginn im Land der Väter und Mütter gelesen werden. Sie stellen mit ihrem programmatischen und utopischen Charakter, nicht nur alte Gesetze kommentierend und aktualisierend, eine Besonderheit innerhalb des Heiligkeitsgesetzes, ja innerhalb der Tora überhaupt dar. Der Schlüssel zu ihrem Verständnis ist die ihnen zugrundeliegende Vorstellung, daß Gott der alleinige Besitzer von Land und Leuten ist und deshalb jedes Herrschaftsverhältnis unter Menschen als Folge von Verschuldung (Landverkauf, Schuldsklaverei) von begrenzter Dauer ist, da Gott als gerechter Herr in regelmäßigen Abständen Amnestien erläßt.

Das Grundprinzip des Sabbat- und Jubeljahres (25,1-24): Der für Lev 23 bestimmende Rhythmus der Siebenheit wird weitergeführt.

In Entsprechung zum Sabbatrhythmus der Tage (Sabbat), der Jahreswochen (Schawuot; Wochenfest) und der Monate (der siebte als Jahresanfang), soll auch jedes siebte Jahr, das *Sabbatjahr*, ein Ruhejahr für die ganze Schöpfung im Gelobten Land sein. In diesem Jahr soll niemand Ernte halten, sondern die Menschen aller sozialen Klassen und das Vieh sollen wie die Armen in normalen Jahren suchen, was sie zum Leben brauchen. Man lebt vom Nachwuchs *(safiach)* und vom Nachwuchs des Nachwuchses *(schachis)*, wie Jes 37,30 sagt: »In diesem Jahr ißt man vom Nachwuchs *(safiach)*, im nächsten Jahr, was wild wächst *(schachis)*, im dritten Jahr aber sollt ihr wieder säen und ernten...« Eine letzte Steigerung des Gedankens stellt das *Jubeljahr* dar. Der Name stammt ursprünglich vom Widderhorn *(qärän jobel*; Jos 6,5), mit dem das Jubeljahr eingeblasen wird. Die Vulgata versuchte das hebräische Wort durch ein Wortspiel mit lat. *jubilum* (Hirtenlied) sinngemäß nachzubilden, was EÜ aufgegriffen hat; ähnlich Luther mit seinem *Halljahr* von hallen, bzw. schallen. Das Jubeljahr wird im sieben mal siebten Jahr, also im neunundvierzigsten oder – je nach Zählung – im fünfzigsten Jahr begangen. Es beginnt am Versöhnungstag, also am zehnten Tag des siebten Monats und wird mit dem Freudenton (vgl. Num 10,1-10) des Widderhorns *(schofar)* angekündigt. Versöhnung und Freude stehen in engem Zusammenhang mit dem Jubeljahr, denn es ist das Jahr, an dem eine *Loslassung (döror*; EÜ: Freiheit) ausgerufen wird und alle zu ihrem Grundbesitz *('achusah)* zurückkehren dürfen. Von daher der Name *Erlaßjahr*, der sich in einigen Übersetzungen anstelle von Jubeljahr eingebürgert hat. Die Sitte des Ausrufens einer Loslassung ist mit dem selben Wort (akk. *anduraru)* auch für das altbabylonischen Reich bezeugt. Dort wurde, meistens im Rahmen von Thronbesteigungen, vom neuen Herrscher eine Amnestie für Schulden und Schuldsklaven erlassen, die den (unausgesprochenen) Zweck hatte, die Loyalität der potentiell rebellischen Schichten des Volkes zu sichern. Aus eben diesem Motiv erläßt König Zidkija, angesichts der bevorstehenden Belagerung Jerusalems durch die Babylonier, eine Loslassung (Jer 34). Er will die arme Bevölkerung für sich gewinnen, damit sie nicht zum Feind überläuft, und Gott durch diesen Gnadenakt für sich versöhnlich stimmen. Auch die Entlassung der IsraelitInnen aus dem babylonischen Exil kann mit diesem Wort bezeichnet werden

(Jes 61,1; vgl. Lk 4,18f). Die israelitische Umprägung der Spontanamnestie in eine periodische Institution wirkt der Spekulation im Immobilienhandel entgegen. Der Kaufpreis eines Grundstücks wird angesichts seiner automatischen Rückführung an die rechtmäßigen Grundbesitzer im Jubeljahr nach den verbleibenden Ernteerträgen bis zum fünfzigsten Jahr berechnet. Es verliert für den Verkäufer jährlich 2% seines Wertes. Mit anderen Worten: Land kann nur weiterverliehen, nicht verkauft werden, da auch die Besitzenden Lehensleute gegenüber Gott sind, auf dessen Land sie den Rechtsstatus von Fremdlingen (gerim) haben. Der Skepsis gegenüber diesem Modell begegnet die Weisung mit einer Segenszusicherung Gottes, appelliert also an das Vertrauen der AdressatInnen. Der Segen besteht in Sicherheit vor dem Feind und großen Ernten, die über die Brachjahre hinweg ausreichen. Dieses Element unterscheidet die biblische Utopie nur scheinbar von nichttheokratischen Regelungen der Besitzverhältnisse, denn jeder Gesellschaftsvertrag beruht letzten Endes auf Treu und Glauben. Auch im Kapitalismus ist *Kredit* (von lat. *credere*: glauben) das Schlüsselwort, nur daß in diesem Modell an die Stelle Gottes die *PrivateigentümerInnen* (von lat. *privare*: berauben) getreten sind. Diese scheuen sich nicht, ihre das Privateigentum schützenden Verfassungen als Grundlage des Wohlfahrtsstaates (Segen) zu propagieren.

»H« fächert des weitern die Folgen dieser Konzeption für das soziale Verhalten in Israel auf und verbindet dabei die Idee des Jubeljahres mit älteren Rechtsvorschriften, die die Solidarität gegenüber verarmten Familienverbänden sichern helfen sollten: *Grundbesitz auf dem Land (25,25-28):* Wenn ein israelitischer Familienverband verarmt und seinen Grundbesitz verkaufen muß, so kann dies kein endgültiger *(lizamitut)* Verkauf sein. Er hat drei Möglichkeiten, ihn zurückzugewinnen: 1. Wenn ein Löser *(go'el)*, also ein naher Blutsverwandter (vgl. dazu Num 36), ihn für diese Familie zurückkauft. 2. Wenn die Familie wieder zu Vermögen kommt und den bis zum Jubeljahr berechneten Kaufpreis aufbringen kann. 3. Spätestens durch die Aufhebung der Schulden im Jubeljahr und die Rückkehr der verarmten Familien auf ihren Grundbesitz. Diese Gesetzgebung tendiert dazu, daß es gar nicht erst zur Verarmung einer Familie kommt, sondern daß die nächsten Verwandten vorher unterstützend einspringen, indem der Segen

des Landes geschwisterlich verteilt wird (vgl. Dtn 15,4: »doch
eigentlich sollte es bei dir gar keine Armen geben...«).

Grundbesitz in einer ummauerten Stadt (25,29-31): In ummauerten Städten verhält es sich anders. Hier besteht nur im ersten Jahr
nach dem Verkauf ein Rückkaufrecht. Ansonsten ist der Vertrag
endgültig *(lizamitut).* Die Wirtschaft des Landes ruht auf der
Acker- und Viehwirtschaft. Städte waren so etwas wie ein luxuriö-
ser Ausfluß dieser bäuerlichen Gesellschaft. Menschen ohne
Grundbesitz auf dem Lande, die nur im Dienstleistungssektor der
Städte arbeiteten, galten als unterprivilegiert. Sie hatten keine
Sicherheiten und profitierten nur indirekt vom Segen des Landes.
Die Schriften des Ersten Testamentes machen denn auch immer
wieder deutlich, daß die führenden Schichten Jerusalems nicht Städ-
ter im eigentlichen Sinn waren, sondern die Elite der Sippen, denen
das Land gehörte, deshalb Landvolk genannt, und die es sich leisten
konnten, den Luxus der Stadt zu genießen, während ihr Land ver-
waltet und bestellt wurde.

Grundbesitz der Leviten (25,32-34): Eine Ausnahme dieser eben
geschilderten Regel bildet der städtische Grundbesitz der Leviten,
da er ja – zusammen mit dem umliegenden Weideland – ein Ersatz
für ihre Landlosigkeit ist (vgl. Num 35). Ihr Grundbesitz fällt im
Jubeljahr an sie zurück. Das Weideland *(migrasch)* ist gar unver-
käuflich, ewiger Grundbesitz *(achussah lö'olam),* also eine Art priesterliche Lebensversicherung.

*Geld und Nahrung (25,35-38‖Ex 22,24-26; Dtn 23,20f; 24,6.10-
13.17b-18):* Eine Familie, die keinen Grundbesitz mehr zu verkaufen hatte, mußte Geld oder Nahrung als Schuld aufnehmen. In diesem Fall durften die Gläubiger für sich nicht Zins (wörtl. Abge-
zweigtes) oder Wucher (wörtl. Aufgeschlagenes) nehmen. Es waren
nur zinslose Darlehen erlaubt. Die Regel wird ausdrücklich mit der
göttlichen Erlösung aus Ägypten begründet und gilt auch für nichtisraelitische Familien, die im Land leben. Ihre Bedeutung für die
persönliche Frömmigkeit der IsraelitInnen geht etwa aus ihrer Einbettung in Ps 15 hervor.

Israelitische Personen in israelitischen Diensten (25,39-43): Wer
jede Kreditwürdigkeit verlor, mußte sich MitbürgerInnen verkaufen. Israelitische SchuldsklavInnen in israelitischen Diensten durften aber nicht ausgebeutet werden. Ihnen stand ein Lohn für die

geleistete Arbeit zu, und ihre BesitzerInnen mußten sie spätestens im Jubeljahr freilassen, damit sie auf den Grundbesitz zurückkehren konnten. Dies war ein großer Schritt zur Aufhebung von Sklaverei durch ihre Umwandlung in *Lohnarbeit*. Daß der Schritt in umgekehrter Richtung, von der Lohnarbeit zur Sklaverei, sehr klein ist, wissen wir aus der neueren Geschichte.

Nichtisraelitische Personen in israelitischen Diensten (25,44-46): Nur NichtisraelitInnen durften in Israel versklavt werden, auch solche, die im Lande lebten. SklavInnen wurden als Teil des Grundbesitzes betrachtet und waren demnach auch vererbbar. Im Vergleich der antiken Völker nahm Israel in den Bemühungen, die Sklaverei zu erleichtern, eine Vorreiterposition ein. Es legte die Freilassung der SklavInnen im siebten Jahr fest, sofern sie nicht zu bleiben wünschten (vgl. dazu Ex 21,2ff; Dtn 15,14ff). Die Annahme, daß dieses Gesetz die alten Regelungen aufhebt, ist unwahrscheinlich und widerspricht der sonst in bezug auf altes Recht beobachteten Haltung im Ersten Testament.

Israelitische Personen in nichtisraelitischen Diensten (25,47-54): In diesem Fall gelten die gleichen Regeln wie in 25,25-28. Die Lösersolidarität soll diesen Fall verhindern helfen. Im schlimmsten Fall gilt auch hier die Loslassung im Jubeljahr, wobei sich gerade in diesem Fall der utopische Charakter der Konzeption zeigt, da es fraglich ist, ob NichtisraelitInnen sich dieser Regel verpflichtet fühlten.

Beschluß II (25,55): Der Vers beschloß bereits den ersten Fall, wo es um israelitische SklavInnen ging (25,42). Beide Fälle rahmen den Fall der nichtisraelitischen SklavInnen. Israelitische SklavInnen gibt es deshalb für IsraelitInnen nicht, weil alle IsraelitInnen SklavInnen Gottes sind. Als Herr über sie hat er sie gerade aus Ägypten, d.h. aus der Sklaverei herausgeführt.

Die Idee des *Jubeljahres* ist, wie wir bereits gesehen haben, durchaus in altorientalischer Amnestiepraxis bei Herrscherwechseln vorgezeichnet. Ähnliche Vorstellungen wie in Israel sind aus dem Hurriterreich, der Herkunftsregion Abrahams, der Heimat Labans am oberen Eufrat (Haburregion), bezeugt, wo die Verschuldeten von Mitbürgern adoptiert werden konnten. Der Codex Hammurapi kennt die Einrichtung unveräußerbaren Grundbesitzes, im Gegensatz zu gekauftem Land, als Lebensversicherung:

§ 36 »Ein Feld, ein Baumgarten und ein Haus eines Soldaten, eines ›Fängers‹ oder eines Abgabepflichtigen darf nicht für Geld hingegeben werden.«

§ 37 »Wenn ein Bürger ein Feld, einen Baumgarten oder ein Haus eines Soldaten, eines ›Fängers‹ oder eines Abgabepflichtigen kauft, so wird seine Tafel zerbrochen, und er geht seines Geldes verlustig; das Feld, der Baumgarten oder das Haus kehrt zu seinem Eigentümer zurück.«

§ 38 »Ein Soldat, ein ›Fänger‹ und ein Abgabepflichtiger darf vom Felde, vom Baumgarten und vom Hause seines Lehens nichts seiner Frau oder seiner Tochter verschreiben; auch darf er nichts davon für eine auf ihm lastende Schuldverpflichtung hingeben.«

§ 39 »Von einem Felde, einem Baumgarten oder einem Hause, die er durch Kauf erwirbt, darf er etwas seiner Frau oder seiner Tochter verschreiben; auch darf er etwas davon für eine auf ihm lastende Schuldverpflichtung hingeben.«

Umstritten ist das Verhältnis von Lev 25 zur Brache im *Bundesbuch* (Ex 23,10f), die bereits mit einer Sozialklausel begründet wird und zu den damit verbundenen, weitreichenden Entschuldungsbestimmungen im *Deuteronomium* gehört (Dtn 15,1-18). Doch da »D« und »H« zwei aus derselben Wurzel zehrende Reformkonzepte darstellen, die vom nachexilischen Judentum sowieso harmonisiert worden sind, ist der Streit relativ müßig. Allen drei Rechtssammlungen geht es darum, zu vermeiden, daß in Israel eine Klassengesellschaft entsteht. Diese Gefahr war besonders im Nordreich gegeben, wo sich das Königtum am Vorbild phönizischer Stadtstaaten orientierte. Die Geschichte von Nabots Weinberg (1 Kön 21) illustriert eindrücklich, wie ernst die israelitischen Bauern die Unveräußerbarkeit des väterlichen Grundbesitzes nahmen und wie hinderlich dieses System der Entfaltung eines zentralistischen Stadtstaates war. An dieser Zerreißprobe ist das Nordreich letztlich gescheitert. Das Gegenmodell des total zentralistischen Staates, dem alles Land gehört, und der damit an die Stelle Gottes tritt, wird in der Josefsgeschichte nicht minder eindrücklich geschildert (Gen 47,13-26). Daß es Josef, der Stammesahn des Nordreiches, ist, der als sein Erfinder dargestellt wird, auch wenn es der Pharao ist, dem in der Geschichte die Macht eignet, ist natürlich kein Zufall. Daß es in Juda auch Versuche zur Etablierung von Großgrundbesitz gegeben hat, zeigt etwa Mi 2,2.

Eine interessante *These*, die den Sitz im Leben des priesterlichen Jubeljahres genau zu bestimmen versucht, geht von der Beobachtung aus, daß zwischen dem Edikt des Perserkönigs Kyrus (538 v. Chr.), das den jüdischen Exilierten die Rückkehr erlaubte, und dem Untergang Jerusalems (587 v.Chr.) genau 49 oder – je nach Zählung – 50 Jahre liegen, also die Zeitspanne zwischen zwei Jubeljahren. Neh 5 zeigt, wie aktuell die Bestimmungen in Lev 25 gerade zur Zeit der Rückkehr der Exilierten in Juda war. Die Zuspitzung der Brachjahrpraxis auf die Landfrage und die umfassende Solidarität unter den IsraelitInnen in Lev 25 könnte sich gezielt auf diesen Neuanfang im Gelobten Land bezogen haben. Auch gab es nie mehr später in der jüdischen Geschichte eine Restauration, die auch nur annähernd an die Forderungen des Jubeljahres heranreichte.

Trotzdem blieb der utopische Entwurf nicht ohne *Wirkung*, wie drei Beispiele zeigen mögen:

1. In den vielen Jahrhunderten jüdischer Diaspora blieben Sabbat- und Jubeljahr theoretische Probleme. Durch die *zionistische Besiedlung des Landes* wurden sie ganz konkret. Rabbi Isaac Elchanan Spektor von Kovno empfahl den KolonistInnen, das Land jeweils für zwei Jahre den Moslems zu verkaufen, sofern ihnen dies die finanzielle Lage gestattete. Seine Empfehlung blieb nicht unwidersprochen und beinhaltet bis heute politische Brisanz. Religiöse Kibbuzniks versuchten das Problem auf technische Weise, durch automatisierte Hydrokulturen zu lösen.

2. Für die Gegenseite, die *PalästinenserInnen*, ist die Landfrage seit der gewaltsamen Vertreibung 1948 und 1967 noch existentieller geworden. Christliche BefreiungstheologInnen Palästinas beziehen sich auf 25,23 als eine Schlüsselstelle ihrer Theologie. Dabei sind für sie die Landverteilungsregeln des Ersten Testamentes alles andere als Theorie. Nur ein relativ kleiner Teil des Landes, insbesondere der Baumgarten um das Haus, war für die Araber Privatbesitz. Der weitaus größere Teil war *Regierungsland* (früherer Fürstenbesitz), das teils als Allmende diente, teils durch Lose entsprechend der Größe einer Familie von Jahr zu Jahr neu verteilt wurde. Diese auf Gerechtigkeit bedachte genossenschaftliche Praxis springt noch heute den Reisenden ins Auge, wenn sie die vielen schmalen Feldstreifen in den fruchtbaren Tälern der Westbank durchfahren.

3. Außerhalb Palästinas hat Lev 25 und seine Aktualisierung durch Lk 4 engagierte christliche Kreise zur Idee eines *Halljahres für die Dritte Welt* inspiriert. Angestrebt wird ein Schuldenerlaß für

die Länder, die unter der Zinsenlast ihrer Auslandschulden in immer tieferer Armut versinken. Obwohl nicht nur der Rohstofffluß, sondern auch der Finanzfluß von den Entwicklungsländern in die Industrieländer höher ist als der Rückfluß, verunmöglichen die Zinsen diesen Ländern eine nachhaltige Entwicklung. Die Armen der Dritten Welt sind die SklavInnen der Ersten Welt. Sie warten darauf, daß sie in ihren reichen Brüdern und Schwestern LöserInnen finden.

10. Segen und Fluch (26,1-46)

Zwar markiert 25,55 eine Zäsur, doch beginnt mit 26,1 kein eigentlich neues Kapitel. Vielmehr steht es zusammen mit dem Jubeljahrgesetz unter der letzten Gottesredenüberschrift des Heiligkeitsgesetzes. Die traditionelle Segens- und Fluchliste am Ende altorientalischer Verlautbarungen wird dadurch eng mit der Frage der Solidarität unter den IsraelitInnen in bezug auf Land und Leben verknüpft. Die beiden Kapitel bilden also gemeinsam ein fulminantes Finale dieses Gesetzeskorpus. Den Segen und Flüchen unmittelbar vorangestellt sind drei Hauptmotive, die an dieser wichtigen Stelle in Erinnerung gerufen werden und die vorangehenden Weisungen zum Land ergänzen.

Fremdgötter (26,1‖19,4; Ex 20,23; 22,19; 23,13.24; Dtn 12,29 – 13,1; 16,21f; 17,2-7; Ex 20,2-6; Dtn 5,6-10): Die Ablehnung der Fremdgötter ist das Herzstück der negativen Jahwe-Theologie. Masseben, also kultische Gedenksteine, künstlerisch angefertigte Statuen (*päsäl*; EÜ: Gottesbild) und Figuren mit Metallteilen (*äwän maskit*; EÜ: Steine mit Bildwerken), z.B. goldenen Überzügen, werden nochmals ausdrücklich verboten. Also nicht Gottesbilder, im Sinne von Vorstellungen Gottes, sondern konkrete figürliche Anfertigungen sind im Blick.

Sabbat (26,2‖19,3;19,30; 23,1-3; Ex 23,12; 31,12-17; 35,1-3; 20,8-11; Dtn 5,12 15): Das Herzstück der positiven Jahwe-Theologie ist der Sabbat, der hier nur einen Teil einer Theologie vertritt, die geradezu auf der Siebenzahl aufbaut, sei es, daß dieser Rhythmus in Monaten und Jahren fortgesetzt wird, sei es, daß die Siebenzahl in den Gesetzen an wichtigen Stellen wie ein Signal wiederkehrt.

Achtung des Heiligtums (26,2||19,30): Die Schlußfolgerung der
negativen und positiven Theologie ist, daß Jahwe nur in dem dafür
vorgesehenen Heiligtum verehrt wird. In der Fiktion des Exodus ist
es das Zelt der Begegnung.

Segen (26,3-13||Ex 23,25-33; Dtn 28,1-14): Der Segen ist eine Fol-
ge des Einhaltens der Gebote, wörtl. »des Gehens in den Gesetzen«,
also das Ziel eines Weges. Er wird in einer Folge von Bildern der
Fülle und der Fruchtbarkeit geschildert. Allem voran wird der
Regen genannt, der zur rechten Zeit fällt (gemeint ist wohl der
Früh- und der Spätregen zusätzlich zum Hauptregen), so daß die
Ernten reich ausfallen und die Dreschzeit, die Lesezeit und die Saat-
zeit einander die Hand reichen. Der Fruchtbarkeit der Erde entspricht der *Friede* im Land (für Erde und Land steht im Hebräischen dasselbe Wort), der durch die erfolgreiche Abwehr der Feinde gewährleistet wird, und natürlich die Fruchtbarkeit des Volkes,
die ihm eidlich von Gott zugesagt wurde (Gen 17). Darüber hinaus
knüpft dieser Segen innerhalb der Komposition der Tora Fäden zu
Ex 29,45 (Kultvorschriften), besonders aber Ex 6,2-8 (Verheißung
an Mose) und Gen 9 (Verheißung an Noach). Die Krönung des
Segens, der somit alle Bereiche umfaßt, ist *Gottes Nähe* im Heiligtum. Solang seine Segensmacht mitten unter dem Volk wohnt, ist
auch der Segen des Landes garantiert:

Bereich	SegensträgerInnen	Segen
Wirtschaft	Regen, Erde (*'aräz*)	ihre Frucht (*pirjo*)
Politik	Land (*'aräz*)	Friede (*schalom*)
Gesellschaft	Volk (*'am*)	Nachkommen, Bund (*börit*)
Kult	Wohnstätte (*mischkan*)	Gott in der Mitte (*bötochöchäm*)

Flüche (26,14-38||Dtn 28,15-68): Die Flüche treten ein, wenn Israel
nicht auf Gott *hört*. Das Hören ist die Grundtugend der Menschen
gegenüber Gott, die Voraussetzung dafür, daß sie die Gebote halten
können. Von daher kommt die große Bedeutung des »Höre,
Israel!« (*schma jisra'el*; Dtn 6,4ff) für das jüdische Volk. Im Nicht-
Hören liegt bereits der Keim zum Eintreten der Flüche. Sie treten

kaskadenartig in vier Stufen (26,16f.18ff.23ff.27ff) ein: zunächst trifft es die *einzelnen* (Krankheiten, Seuchen), dann auch die ganze *Wirtschaft* (Mißernten, Verwilderung des Landes), dann auch die *Politik* und die *Gesellschaft* (Feinde, Hunger) und schließlich auch den *Kult* (Zerstörung der Heiligtümer und Städte; Deportation der Bevölkerung durch die gottgesandte Feindesmacht). Jede Stufe ist eine Vorwarnung für noch schlimmere Übel, die Folgen, wenn Israel nicht umkehrt, eine Züchtigung, die zur Besserung anhalten will. Den Flüchen, bzw. den Schlägen, die Israel treffen, wohnt also ein pädagogischer Eifer inne. Den Gipfel des Fluchs bildet ein sarkastischer Sühnesabbat (26,34f wörtlich; vgl. 26,43):

Dann holt das Land endlich seine *Sabbate* nach, alle Tage des Entsetzens, und ihr werdet im Land eurer Feinde sein.
Dann *sabbatet* das Land und holt seine *Sabbate* nach, alle Tage des Entsetzens *sabbatet* es, die es nicht *sabbatete* an euren *Sabbaten*, wenn ihr *sabbatetet*.

Nicht weniger als sieben Mal – und es versteht sich von selbst, daß die Zahl kein Zufall ist – fällt in diesen zwei Sätzen das Wort »Sabbat«, mit einer dramatischen Verdichtung zum Schluß der Formel hin, dreimal das Wort »Land« und zweimal der Begriff »Tage des Entsetzens«. Mit dem langen unfreiwilligen Sabbat des Landes, dem Nachhol-Sabbat, sühnen die IsraelitInnen für ihre Schuld, die damit beglichen wird (Jes 40,2).

Die meisten der einzelnen Fluchbilder entstammen dem vielfach bewährten altorientalischen Fluchrepertoire. Biblischerseits sei abgesehen von der strukturellen Parallele am Ende des Deuteronomiums mit seiner ins Gigantische erweiterten Fluchliste (Dtn 28ff) auf Am 4,6-11, einen besonders alten Text, verwiesen. Stellvertretend für viele andere Vergleichsmöglichkeiten seien hier die Flüche wiedergegeben, die der Statthalter Hadajisi im 9. Jh.v.Chr. zweisprachig (neuassyrisch/aramäisch) auf eine ihn selbst darstellende Statue auf dem Tell el Fecherije (syrische Haburregion, nahe der türkischen Grenze) meißeln ließ. Er brauchte dafür nicht weniger als 10 von insgesamt 23 Zeilen und drohte sie jenen an, die seine Tempelstiftung für Hadad und Sawl frevlerisch zu entweihen versuchten:

Derjenige, der meinen Namen von den Gegenständen, die im Tempel von Hadad, meinem Herrn, sind, entfernt, möge Hadad sein Essen und sein

Trinken nicht aus seiner Hand annehmen (vgl. 26,31). Möge Sawl, meine Herrin, sein Essen und sein Trinken nicht aus seiner Hand annehmen. Und möge er säen, aber nicht ernten (vgl. 26,16c). Und möge er tausend Maß Gerste säen, aber nur ein halbes Maß davon einnehmen. Und mögen hundert Mutterschafe ein Lamm säugen, ohne daß es gesättigt wird. Und mögen hundert Kühe ein Kalb säugen, ohne daß es gesättigt wird. Und mögen hundert Frauen in einem Ofen Brot backen, ihn aber nicht füllen (vgl. 26,26). Und mögen seine Männer vom Dunghaufen Gerste auflesen und sie aufessen müssen. Und die Pest (vgl. 26,25b), der Stab von Nergal, möge aus seinem Lande nicht entfernt werden.

Es ist unübersehbar, daß die Flüche auf die schlimme Erfahrung der Zerstörung der Städte und der Deportation ihrer Bevölkerung abzielen. Der letzte Abschnitt stellt die Exilserfahrung als Gipfel der Schande und als ein Trauma dar, das die Menschen verstört und derart zerrüttet, daß sie im Feindesland untergehen, von ihm aufgefressen werden: die letzte Stufe der Vernichtung eines Volkes.

Ausblick (26,39-45||Dtn 30,1-10): Doch ganz soweit will es Jahwe doch nicht kommen lassen und hat er es nicht kommen lassen. Der letzte Abschnitt widerspiegelt zwei Stadien der Verarbeitung und Bewältigung des Exilsschicksals, das die IsraelitInnen 587 v.Chr. ereilt hat. Zunächst wird die Katastrophe als Strafe für die Sünden der Exilierten aber auch ihrer Väter betrachtet. Sie hat zum Zweck, daß die IsraelitInnen ihre Sünde *('awon)* des Sakrilegs *(ma'al;* vgl. 5,14ff) bekennen *(hitwaddu).* Die Sprache verrät die Theologie Ezechiels (vgl. Ez 17,20; 18,24; 39,23; Esra 10,2). Ebenso die Rede von den unbeschnittenen Herzen, die auch »D« bekannt ist (vgl. Dtn 10,16; Jer 9,25; Ez 44,7), woraus einmal mehr deutlich wird, daß »D« und »H« nur Varianten der Verarbeitung ein und derselben Geschichte sind, deren Ähnlichkeiten größer sind als die Unterschiede. Aber nicht nur die Sühnetheologie findet sich bei Ezechiel. Auch er kombiniert sie, wie unser Gesetzesnachwort, mit dem zweiten Stadium der Verarbeitung, einer Bundeserneuerungstheologie (Ez 20,43):»Ich will meines Bundes gedenken, den ich mit dir in deiner Jugend geschlossen habe, und will einen ewigen Bund mit dir eingehen.« Diese Bundeserneuerungstheologie kennt zwei Stufen. Zunächst wird der Bund der Väter erneuert, die in umgekehrter Reihenfolge genannt werden. Er dient der Erinnerung des Landes, eine Formulierung, die sich nur an dieser Stelle findet. In einer zweiten Stufe wird auch der sinaitische Bund rehabilitiert und damit die durch den Exodus gewonnene Freiheit nicht preisgegeben. In diesem Sinne liest sich das Nachwort des Heiligkeitsgesetzes wie ein Manifest gegen die Resignation.

Beschluß (26,46): Der Beschluß autorisiert das Heiligkeitsgesetz als von Gott gegeben und setzt einen Punkt, im Rahmen der gesamten Tora allerdings keinen endgültigen; denn es folgt ein Anhang und darüber hinaus folgen in Numeri weitere Sinai-Gesetze, bis zum Aufbruch in Num 10,11ff.

IV. Anhang: Weihegaben aus Gelübden und Banngut (27,1-34)

Tariftabellen wurden, weil sie zeitlich gebunden waren, nicht in das Gesetzeskorpus integriert, sondern in einem Anhang angegliedert. Dies gilt für die Opfertarife von Num 28f ebenso wie für die hier vorliegenden Gelübdetarife. Gelübde werden unter Bedingungen gemacht: Wenn Jakob wohlbehalten in sein Land zurückkehren kann, will er in Bet-El ein Heiligtum errichten und den Zehnten geben (Gen 28,20f); wenn die Israeliten über die Kanaanäer siegen, wollen sie das eroberte Gut dem Herrn weihen, d.h. den Bann vollstrecken (Num 21,2); wenn Jiftach über die Ammoniter siegt, will er Gott das Erste opfern, was über die Schwelle seines Hauses kommt, d.h. was Gott sich selbst aussucht (Ri 11,30f); wenn Hanna ein Sohn geboren wird, will sie ihn dem Heiligtum zu Schilo als Nasiräer weihen (1 Sam 1,11; vgl. Num 6); Abschalom hat Gott in Hebron ein Weihegeschenk versprochen, für den Fall, daß er nach Jerusalem zurückkehren kann (2 Sam 15,7f). In jedem Fall wird in einer Krise einem bestimmten Heiligtum eine Spende versprochen, sei es in Form von Personen, Gütern, Land oder Gott in Form eines ganzen Heiligtums. Gelübde sind also verbunden mit Stiftungen – eine in allen Religionen verbreitete Sitte. Wie beliebt Gelübde waren, zeigen besonders die Psalmen, z.B.: »Deine Zuverlässigkeit preise ich in großer Gemeinde; ich erfülle meine Gelübde vor denen, die Gott fürchten« (Ps 22,26). »Ich komme mit Opfern in dein Haus; ich erfülle dir meine Gelübde, die ich einst dir versprach, die dir mein Mund in der Not gelobte« (Ps 66,13f). Mit der Einlösung des Gelübdes wird einerseits die Treue Gottes vor der Öffentlichkeit bezeugt, wie besonders Ps 116 zeigt, andererseits aber auch die Treue und Gottesfurcht derer, die die versprochenen Gelübde tatsächlich einlösen. Kurz: In kaum einem religiösen Akt wie der Stiftung von Gelobtem für das Heiligtum wird die Gottesbeziehung so materiell und damit sinnenhaft. Mit den in Num 30 kodifizierten Einschränkungen für Frauen ist es außerdem eine demokratische Form der Frömmigkeit, obgleich sie natürlich Armut und Reichtum der Opfernden drastisch sichtbar werden läßt. Doch sind auch kleine Gaben willkommen; denn auf der Gelübdeeinlösung basiert das fund-raising aller altorientalischen Tempel.

Das Kapitel legt sieben Möglichkeiten dar, in welcher Gestalt Gelübde eingelöst und Weihegut dem Heiligtum übergeben werden kann: 1. Geldspenden (27,2-8); 2. Tiere (27,9-13); 3. Häuser (27,14f); 4. Grundstücke (27,16-25); 5. Erstlinge (27,26f); 6. Banngut (27,28f); 7. Der Zehnte (27,30-33).

Einleitung (27,1): Die Weisung ergeht an alle IsraelitInnen, da es sich wegen der Popularität der Sache um Informationen von allgemeinem Interesse handelt.

1. *Silberspenden (27,2-8):* Wenn wir heute auf ein Spendenkonto Geld einbezahlen, tun wir dies aus ganz ähnlichen Beweggründen wie IsraelitInnen, die dem Heiligtum Geld weihten. Doch käme es uns nicht in den Sinn, dieses Geld in Personen umzurechnen. Immerhin gibt es Patenschaften für Menschen in Notlagen, und wir spenden dann monatlich so viel, wie der Mensch für sein Leben in seinem Wohnort braucht. Umgekehrt dachten die alten IsraelitInnen: sie spendeten eine Person und lösten sie, weil man Menschen nicht opfern durfte, ihrem Geldwert entsprechend ein. Geld war demnach kein in sich denkbarer Vermögenswert, den man wie Tiere oder Grundstücke zu spenden sich vorstellen konnte. Das Geld kam dem Heiligtum zugute, wie ein informativer Text aus den Königsbüchern zeigt (2 Kön 12,5f):

> Joasch sprach zu den Priestern: Alles Silber, Silbergeld, das als Weihegabe in das Haus des Herrn gebracht wird – das Silber, das jemand als Gegenwert für eine andere Person bringt, oder das Silber, das jemand freiwillig in das Haus des Herrn bringt –, das alles sollen die Priester an sich nehmen, jeder von seinen Bekannten. Sie sollen damit die Schäden ausbessern, die man am Tempel feststellt.

Soweit sie nicht für den Unterhalt des Tempels gebraucht wurden, stellten die Weihegaben einen Tempel- oder Staatsschatz dar. Er konnte unter der Bedrohung eines Feindes als Abgeltungssumme dienen und den Feind zum Abzug bewegen. So gelang es Joasch den Aramäerkönig Hasaël, der gegen Jerusalem gezogen war, zufriedenzustellen. Zur Berechnung des Wertes der geweihten Person liefert die Weisung eine Tabelle in Schekeln nach dem Schekelgewicht des Heiligtums:

Alter	männlich	weiblich
Zwanzig bis Sechzigjährige	50	30
Fünf bis Zwanzigjährige	20	10
Einmonatige bis Fünfjährige	5	3
über Sechzigjährige	15	10

Säuglinge, die den ersten Monat überlebt hatte, galten als lebensfähige Wesen (vgl. Num 18,15f). Kinder unter fünf Jahren und alte Menschen über sechzig Jahren, die viel Pflege brauchten, waren als Produktivkräfte uninteressant und wenig wert, die Erwachsenen zwischen zwanzig und sechzig Jahren am meisten. Dazu kommt die schon in Lev 12 konstatierte Geringerschätzung der Frauen, die als Produktivkräfte sicher nicht weniger leisteten, wie heutige Statistiken im Gegenteil belegen. Die Tabelle bewertet die Menschen also nach ihrer vermeintlichen Produktivkraft, nicht nach moralischen oder weisheitlichen Kriterien. Sie könnte den Erfahrungswerten des Sklavenhandels entstammen. Für Josef erhalten seine Brüder zwanzig Silberstücke (Gen 37,28). Nach Ex 31,32 kostet ein Sklave 30 Schekel, ebensoviel bekommt Judas für den Verrat Jesu (Mt 26,15). Nikanor löst für jeden seiner neunzig Gefangenen ca. 33 Schekel (2 Makk 8,11). Das Problem dieser Vergleiche ist, daß wir über keine Kursangaben verfügen, also nicht wissen, nach welchem Gewicht der Schekel gehandelt wurde. Für Verarmte, die nicht in der Lage waren den ganzen Preis zu entrichten, wurde vom Priester ein Schätzwert nach Vermögenslage festgelegt.

2. Tiere (27,9-13): Reine Tiere, die dem Heiligtum geweiht werden können, sind nicht mehr auslösbar, denn sie gelten als geheiligt. Versucht man es doch, so wird auch das zweite Tier heilig und damit unauslösbar. Unreine Tiere (vgl. Lev 11) können dem Heiligtum nicht geweiht werden. Ihr Schätzwert muß dem Heiligtum bezahlt werden. Bei einer Auslösung müßten 20% zusätzlich entrichtet werden.

3. Häuser (27,14f): Häuser werden ebenfalls von den Priestern eingeschätzt. Um sie wieder auszulösen, mußte auch eine Lösesumme von 20% des Schätzwertes zu diesem bezahlt werden. Häuser unterstehen nicht den Regeln des Jubeljahres (25,29f), blieben also im Besitz des Heiligtums.

4. Grundstücke (27,16-24): Grundstücke des Erbbesitzes *('achus-sah)* hingegen gehen im Jubeljahr an den Besitzer/die Besitzerin zurück (25,10.13f). Es verliert demnach jedes Jahr 2% seines Schätzwertes im Jubeljahr. Dieser wird wie überall im Alten Orient nach der Menge des Saatgutes berechnet, das auf ihm ausgesät werden kann. Dabei entspricht ein Homer Saatgerste (117,5 l nach priesterlichem Maß) 50 Schekeln Silbers. Da es sich bei Erbbesitz nicht um endgültige Weihen handeln konnte, sondern um Leihgaben, die im Jubeljahr an die Besitzenden zurückkamen, konnte es diesen einfallen, das Land (im voraus) andern zu verkaufen. Dies wird verunmöglicht durch die Regel, daß in einem solchen Fall das Land im Jubeljahr etwas Heiliges wird, also geweihtes Gut *(chäräm)*, unveräußerbarer Besitz der Priester. Wird dem Heiligtum nicht Land aus dem Erbbesitz, sondern seit dem letzten Jubeljahr erworbenes Land geweiht, so muß sein Schätzwert in bezug auf die verbleibenden Jahre bis zum folgenden Jubeljahr zusätzlich zum Land als Weihegabe dem Heiligtum entrichtet werden. Das Land fällt im Jubeljahr an den rechtmäßigen Erbbesitz zurück. Wahrscheinlich war die Übertragung von Tieren und Land an das Heiligtum, mit seinen verbindlichen Tarifen und der Verpflichtung auf das Jubeljahr, für verarmte Menschen *die* Möglichkeit, nicht in die Hände von skrupellosen Wucherern zu fallen.

Der Kurs des Heiligtums (27,25): Ein Schekel beinhaltet zwanzig Gera (wörtl. Körner). Wieviel das priesterliche oder königliche (vgl. 2 Sam 14,26) Schekelgewicht wog, wissen wir nicht. Um 500 v.Chr. wog der babyonische Schekel 8,41 g. Geldwägeszenen sind aus Ägypten bekannt (Abb. 28).

5. Erstlinge (27,26f): Erstlinge von reinen Tieren können nicht geweiht werden, da sie ja schon per definitionem geweiht sind (vgl. Num 18,15) und den Priestern gehören. Erstlinge von unreinen Tieren werden dem Heiligtum nach dem Schätzwert plus 20% bezahlt. Wenn dies nicht möglich ist, werden sie von den Priestern nach dem Schätzwert weiterverkauft. Dies stellt eine Erneuerung gegenüber Ex 13,13 und 34,20 dar, wonach der Erstling eines Esels durch ein Schaf ausgelöst oder ihm das Genick gebrochen werden muß. Der Wortlaut zeigt, daß den priesterlichen Gesetzgebern das ältere

Recht bekannt war. Die Neuerung zeigt ihrerseits, daß Silbergeld
als Zahlungsmittel für die Gesellschaft immer wichtiger wurde.

6. *Banngut (27,28f):* In allen anderen Fällen dürfen Weihegaben
nicht weiterverkauft werden. Es ist Banngut *(chäräm).* Dies ist die
wichtigste Regel, denn sie stellt im Warenhandel eine Zäsur dar,
deren soziale Bedeutung oben schon angetönt wurde. Ursprünglich
bezog sich das Wort Banngut auf Kriegsbeute aus einem »heiligen
Krieg«, die entweder zerstört oder dem Heiligtum geweiht werden
mußte (vgl. Num 21,1-3). Diese Sitte, die davor bewahren sollte,
daß Krieg zum Zwecke privater Bereicherung geführt wurde, war
im ganzen Alten Orient und in Ägypten verbreitet (Abb. 29). Auf
der berühmten Meschastele aus Moab (9. Jh.v.Chr.) ist zu lesen,
daß der moabitische König die Kriegsbeute seines erfolgreichen
Krieges gegen Israel dem Staatsgott Kamosch weihte: »Kamosch
sprach zu mir: Geh, nimm Nebo von den Israeliten ein! Da ging ich
(los) in der Nacht und bekämpfte es vom Anbruch der Morgenröte
bis zum Mittag. Ich nahm es ein und tötete sie alle, 7000 Mann, Bei-
sassen, Frauen, Beisassinnen und Sklavinnen; denn an Aschtar-
Kamosch hatte ich sie geweiht. Und ich nahm von dort die Geräte
Jahwes und schleppte sie hin vor Kamosch.« Der Tempelschatz
Jahwes ging also in den Tempelschatz Kamoschs über. In Israel hat
der Monotheismus zu einer Erweiterung des Wortgebrauchs
geführt. Wer fremde Götter verehrte, wurde als Banngut Jahwe
geweiht (Ex 22,19), d.h. getötet. »D« übertrug die Regel auch auf
Kollektive (Dtn 13,13f).

7. *Der Zehnte (27,30-33).* Anstelle des Zehnten (vgl. Kommentar
zu Num 18,21ff) in Naturalien, konnte der Schätzwert plus 20% in
Silbergeld bezahlt werden. Die Absonderung des Zehnten mußte
dem Zufall, bzw. Gott überlassen werden (vgl. Ez 34,11f). Wer die
schlechten Tiere aussuchte, riskierte, daß sie zusammen mit dem
rechtmäßigen Zehnten dem Heiligtum zufielen.

Subskript (27,34): Dieser Beschluß des Buches Levitikus repetiert
in Kurzform den Schluß des Heiligkeitsgesetzes (26,46) und
schließt gleichzeitig den in 25,1 eröffneten Bogen.

DAS BUCH NUMERI

Der Titel des Buches *Numeri* (Zahlen) nimmt Bezug auf die vielen Musterungslisten des Buches. Er wurde schon von der Septuaginta (griech. *arithmoi*) verwendet, die ihn ihrerseits vielleicht der rabbinischen Bezeichnung »der fünfte (Torateil), die Musterung« (hebr. *chomesch ha-pekudim*) entlieh. Das Buch wird oft als ein unüberschaubares Sammelsurium unterschiedlichster, nur mangelhaft geordneter Stoffe kritisiert. Im deutschen Sprachraum wirkt bis in Forschungskreise besonders das ungünstige Urteil Goethes nach: »Den Gang der Geschichte sehen wir überall gehemmt durch eingeschaltete zahllose Gesetze (…) Man begreift nicht, warum Gesetze für die Zukunft, die noch völlig im Ungewissen schwebt, zu einer Zeit ausgesprochen werden, wo es jeden Tag, jede Stunde an Rat und Tat gebricht, und der Heerführer, der auf seinen Füßen stehen sollte, sich wiederholt aufs Angesicht wirft, um Gnaden und Strafen von oben zu erflehen (Num 14,5)« (Noten und Abhandlungen zu besserem Verständnis des westöstlichen Divans, 1819). Dieses Urteil hält einer genaueren Lektüre nicht stand. Vielmehr präsentiert sich das im einzelnen Verschlungene und Patchworkartige im Überblick als Teil einer grandiosen Komposition, die bei größtmöglicher Treue gegenüber der Einzelüberlieferung doch ständig große Linien entwirft und Zusammenhänge schafft. Mindestens vier solche textübergreifende Gestaltungsprinzipien sind zu erkennen: *1. Chronologie (Zeit)/Abtragen der Schuld:* Die alte Tradition der Wüstenwanderung (vgl Dtn 1,46; Am 2,10; 5,25) wird mit einem ausgefeilten chronologischen Gitter überspannt. Zwischen den Auszug aus Ägypten und den Einzug ins Gelobte Land wird eine symbolische Zeitspanne von vierzig Jahren gelegt, die Lebensdauer einer Generation. Das durch die Musterungen – die dem Buch ja den Namen gaben – betonte Hauptthema ist demzufolge die Ablösung der Auszugsgeneration (1,1-26,65) durch die Einzugsgeneration (27,1-Jos 24,33). Die Zeit dient der Ratifizierung des Sinai-Gesetzes. Aus einem rebellischen wird ein gehorsames Volk, dessen Schuld durch die Hinwegraffung der Schuldigen getilgt wurde. 2. *Geographie (Raum)/Überwinden der Unterdrückung:* Die Wanderung trennt Ägypten, das Sklavenhaus, von Israel, dem Gelobten Land. An die Stelle von Mägden und Knechten treten GrundbesitzerInnen. Das Land wird im Verlauf des Buches zum allmählich bestimmenden Thema. Diese räumliche Distanzierung schlägt sich in Wegstationen-, die Landnahme in Grenzverzeichnissen nieder. Gleichzeitig ermöglicht es der Weg, die dazwischen zu verortenden Sinai-Jahwe-Traditionen und die damit verbundenen Beziehungen zu den MidianiterInnen zu thematisieren. 3. *Symmetrie (Gesamtaufbau)/Sinai als Scheidepunkt:* Manna-, Wachtel- und Wasserwunder in Numeri bilden mit den entsprechenden Wundern in Exodus eine Klammer um die Gesetzgebung am Gottesberg (Fig. 1). Die verschiedenen Umstände bei den sich entsprechenden Geschichten zeigen anschaulich, was sich verändert hat. Das Volk hat am Sinai Freiheit gewonnen, aber auch Verantwortung übernommen. Entsprechend ahndet Gott das Verhalten der Menschen. 4. *Antagonismus (Stil)/Weisung als Folge der Erfahrung:* Beschreibende und vorschreibende Texte, Erzählung (1,1-10,10; 15; 18f; 26-27,11; 28-30; 33,50-56) und Recht (10,11-14,45; 16f; 20-25; 27,12-23; 31-33,49; 34-36) lösen sich in Numeri gegenseitig ab und ergänzen sich. Dieses Stilmittel schafft einerseits Dramatik, insofern jedes Gesetz die Handlung verzögert, und zeigt andererseits, daß Gesetze die Folge verarbeiteter Erfahrungen sind, Gottes Wille also die Quintessenz der Geschichte. – Chronologie, Geographie, Symmetrie und Antagonismus sind demnach vier Weisen, nach denen der vorliegende vielgestaltige Stoff entlang ineinander verflochtener Fäden kunstvoll geordnet wurde. Innerhalb der Logik und Ästhetik der israelitischen Schriftgelehrten haben die Texte also durchaus den ihnen gebührenden Platz erhalten.

C. Die Auszugsgeneration (1,1 – 26,65)

Die Exodusgeneration war mit Mose aus Ägypten aufgebrochen, hatte das Schilfmeer durchquert, am Sinai das Gesetz empfangen und nach dem Abfall zum goldenen Stierkalb das Heiligtum aufgebaut, dessen Organisation und Inbetriebnahme das Hauptthema des Buches Levitikus war. Ihr weiterer Weg wird sie derart demoralisieren, daß sie nicht nur gegen Gott rebelliert, sondern erneut zu Baal abfällt, was ihren vorzeitigen Tod nach sich ziehen wird.

V. Vorbereitungen am Sinai (1,1 – 10,10)

Zunächst bereiten sich die IsraelitInnen innerhalb von zwanzig Tagen (vgl. 1,1 und 10,11) militärisch und geistig auf den Weitermarsch und die Eroberung des Gelobten Landes vor. Die Vorbereitungen werden in kunstvoller Symmetrie, gleichsam die Lagerordnung imitierend, dargeboten. Dazu gehören:

Volk:
– Die Musterung des Volkes (1,1-54)
– Die Formung des Volkes zu einem Militärlager (2,1-34)
   Leviten:
   – Erhebung der Leviten (3,1-51)
   – Beamtung der Leviten (4,1-49)
      Priester:
      –»Priesterrolle«: Gesetzesmiszellen (5,1-6,27)
   Leviten:
   – Gaben der Stammesführer (von den Leviten zu tragen) (7,1-88)
   – Mose, Aaron und Levitenweihe (7,89-8,26)
Volk:
– Pessachvorschriften (9,1-14)
– Signale für das ganze Lager (9,15-10,10)

1. Musterung I (1,1-54)

Die Vorbereitungen beginnen mit der Musterung des Volkes, einerseits um seine militärische Stärke festzustellen, andererseits aber auch im Hinblick auf die Bestrafung der Auszugsgeneration, deren Ausmaß durch den Vergleich mit der zweiten Musterung (Num 26) deutlich wird.

Einleitung (1,1-4): Der erste Tag des Monats ist als Festtag prädestiniert für Verlautbarungen u.ä. (vgl. Num 9,1; Dtn 1,3; Ez 26,1). Die Datumsangabe setzt voraus, daß die Gesetze von Levitikus dem Volk innerhalb eines Monates mitgeteilt wurden (vgl. letzte Datumsangabe in Ex 40,17). Die Ortsangabe *»Wüste Sinai«* ist reichlich ungenau. Es geht aber gar nicht um eine geographische Präzisierung, sondern um eine Typisierung: ist Ägypten der Ort der Unterdrückung, das Gelobte Land der Ort der Freiheit und der Sinai, der Berg zwischen Himmel und Erde, der Ort der Gesetzesgabe und des Bundesschlußes, so ist die Wüste der Ort des Übergangs, der Neukonstitution, gewissermaßen also der Nichtort des »rite de passage« (vgl. Kommentar zu Lev 8), als den man die Wanderung von Ägypten ins Gelobte Land bezeichnen könnte. Zum Offenbarungszelt und der Gottesrede s. Kommentar zu Lev 1,1-2b. *Volkszählungen* wurden, insbesondere vor militärischen Ereignissen (z.b. Jos 8,10), oft durchgeführt, fanden aber nicht immer Gottes Wohlgefallen, da sie machtliebenden Menschen den dem Charakter unzuträglichen Eindruck von Stärke und Macht vermitteln konnten (vgl. 2 Sam 24||1 Chr 21,1-26). Die Tatsache, daß die Zählung aller Männer über zwanzig Jahren nicht nur in der Vorgehensweise, sondern auch in der Terminologie mit Zählungsüberlieferungen aus Mari am Eufrat (18. Jh.v.Chr.), der Gegend, aus der Abrahams Ahnen herkommen, übereinstimmen, ist ein Hinweis auf das hohe Alter dieser Überlieferung. Die in Dtn 20,5-8 und auch in Mari gewährten Militärdienstbefreiungen kommen hier nicht zum Zuge, wohl weil es in dieser besonderen Situation ums Überleben ging. In diesem Sinne nehmen die Rabbinen die Erleichterungen von Dtn 20,7 für Verteidigungskriege zurück. Der Abschnitt führt eine Reihe von typischen »P«-Begriffen ein, die sich auf die gesellschaftliche Formation Israels beziehen:

- *Gemeinde ('edah)* meint eigentlich Ansammlung (z.B. der Bienen in ihrem Stock; vgl. Ri 14,8) oder Versammlung (z.B. der Götter; so in den Epen von Ugarit im 14. Jh. v.Chr. und in Ps 82,1) und wird speziell für die kultische Gemeinde in Israel verwendet; so noch in den Briefen, die die Tempelvorsteher Jerusalems im 5. Jh. v. Chr. ihren Glaubensbrüdern nach Elphantine bei Assuan schickten.

- *Sippe (mischpachah)* kann sowohl die engere Blutsverwandtschaft bezeichnen, innerhalb derer die Erbschaft geregelt wird (Num 27) oder der Löser für einen israelitischen Sklaven gesucht wird (Lev 25,47ff), aber auch eine große Gemeinschaft wie ganz Israel, die sich untereinander verwandt fühlt. Das über das Jiddische eingedeutschte Wort »Mischpoche« wird noch heute – wenn auch mit einem abschätzigen Unterton – in diesem Sinne verwendet.

- *Großfamilie (bet avot)*, wörtl. »Haus der Väter«, ist eine patriarchale Präzisierung dessen, was hier mit Sippe gemeint ist. Das von EÜ vorangestellte und eine Untergruppierung suggerierende »und« existiert im Urtext nicht. Gemeint ist vielmehr, daß sich die IsraelitInnen nach der Verwandtschaft/Sippe der Häuser ihrer Vorväter gruppieren sollen, anders gesagt, nach Stämmen.

- *Stamm (matteh)*, wörtl. Stab, legt den Akzent auf die Anzahl und Zusammengehörigkeit derer, die unter ein und dieselbe Führung gehören; so noch das deutsche (Personal-)Stab. Der Stab, bzw. seine elaborierte Form, das Szepter, kennzeichnet das

- *Haupt (r'osch)*, des Stammes, den Stammesführer; so zum Beispiel auf einer ägyptischen Darstellung eines eselreitenden Stammesführers aus dem Sinai (Abb. 30).

- *Anführer (nasi')*, s. Kommentar zu Lev 4,22-26.

Auswahl der Stimmenzähler (1,5-16): Uralte Namen liegen in der Liste der Stimmenzähler und ihrer Väter vor. Unter den vierundzwanzig Namen ist kein einziger Jahwe-Name zu finden, dafür viele *El-* und *Schaddai-Namen*. El ist das gemeinsemitische Wort für Gott. Innerhalb des westsemitischen Pantheons bezeichnet es den meist passiven, im Hintergrund thronenden Göttervater, dessen aktiver Sohn Baal im Vordergrund handelt. Die Herkunft des Gottesnamens Schaddai ist ungeklärt. Wahrscheinlich bezeichnet er den Gott des unbebauten Landes, auch bekannt als »Herr/Herrin der Tiere«. Die Bedeutung der Namen: Elizur = Mein Gott ist ein Fels; Schedëur = Schaddai/Gott ist Licht; Schelumiël = El/Gott ist mein Verbündeter; Zurischaddai = Schaddai/Gott ist mein Licht; Nachschon = der Schlangengleiche (vgl. Gen 49,16f; 1 Sam 11,1; 2 Sam 10,2); Amminadab = Mein Verwandter war großzügig (vgl. Ex 6,23); Nachschon, Sohn des Amminadab ist nach Rut 4,20 (1 Chr 2,10f) der Vater Salomos; Netanel = Geschenkt von El/Gott; Zuar = Die Jugend des Gottes (?); Eliab = Mein El/Gott ist Vater; so heißt auch der Vater Dathans und Abirams (Num 16,1-17; Dtn 11,6); Helon = Der Krafterfüllte; Elischama = Mein El/Gott hat erhört; Ammihud = Mein Verwandter ist majestätisch (2 Sam 5,16; Jer 36,12); Gamliël = El/Gott hat sich mir gnädig erwiesen; Pedazur = Erlöst hat mich der Fels; Abidan = Mein Vater ist stark; Gidonis = Der Zerschmetterer; Ahieser = Mein Bruder war mir eine Hilfe (vgl. 1 Chr 12,3); Ammischaddai = Mein Verwandter ist Schaddai/Gott; Pagiël = Was ich mir von El/Gott erflehte (nämlich das Kind); Ochran = der Verteidiger; Eljasaf = El/Gott hat hinzugefügt (vgl.

Num 3,24; vgl. Josef: Jahwe hat hinzugefügt; nämlich noch ein Kind); Rëuel (EÜ:Reguël) = Genosse Els/Gottes (Gen 36,4.10); Ahira = Mein Bruder ist ein Freund; Enan = Der Sehende/Einsichtige.

Zählung (1,17-46): Die Anzahl der Gemusterten erfolgt am Ende eines für die zwölf Stämme (Gad anstelle Levis, der gesondert gezählt wird; vgl. Num 3-4) stereotyp wiederholten Formulars. Rechnet man die Gesamtsumme von 603'550 Mann (vgl. schon Ex 38,26) auf die Gesamtbevölkerung hoch, so kommt man auf über 2'000'000 Menschen. Ist dies schon für die Bevölkerung des früheisenzeitlichen Palästina unwahrscheinlich, die aufgrund der Archäologie auf 55'000 geschätzt wird, so erst recht für eine Gruppe, die den Sinai durchqueren will. Will man in den Zahlen nicht bloße Übertreibungen sehen, so bieten sich zwei weitere Erklärungsmöglichkeiten an:

– Das Wort Tausend ist mit Einheit zu übersetzen, was es in gewissen Kontexten tatsächlich heißen kann. Die 46'500 Mann vom Stamme Ruben wären demnach als 46 Einheiten à 500 Mann zu lesen, was ein realistischeres Total von 598 Einheiten mit insgesamt 5'550 Mann ergäbe. Die Musterungslisten aus Mari geben zwischen 6'000 und 10'000 Mann an.

– Die Zahlen, alle Mehrfache von 60, werden als astrologische Verhältnisangaben für den Sonnen- und Mondkalender sowie für die Planetenbahnen gelesen. Das Heer wäre dieser Theorie zu Folge ein Abbild des Himmelsheeres (Ex 12,41), der Sterne, die Jahwe dienen (vgl. Gen 2,1; Dtn 17,30).

Die Sonderrolle des Stammes Levi (1,47-54): Diese Verse fassen die Aufgabe des Stammes Levi prägnant zusammen und leiten damit die Kapitel 3f ein, innerhalb derer diese Aufgaben detailliert erörtert werden.

2. Die Lagerordnung (2,1-34)

Nun werden die Gemusterten zusammen mit ihren Verwandten rings um das Offenbarungszelt angeordnet.

Einleitung (2,1-2): Die Rede Gottes ergeht an Mose und Aaron. Aaron ist vielleicht sekundär. Die Gemusterten bilden Feldzeichen, um die sich die Familien der Gemusterten nach den Häusern ihrer Vorväter (EÜ: Großfamilien), den Stammesahnen, mit einer je eigenen Fahne lagern. Die Redewendung beinhaltet, daß die Stämme einander gegenüber, mit einer gewissen Distanz zum Offenbarungszelt lagern. Nach den Rabbinen betrug die Distanz tausend Schritte, soviel an einem Schabbat gegangen werden durfte, damit das Heiligtum besucht werden konnte. *Die Lagerordnung (2,3-32):* Zu den Namen und Zahlen vgl. Kommentar zu Num 1. Ins Bild übertragen ergibt sich folgende Anordnung:

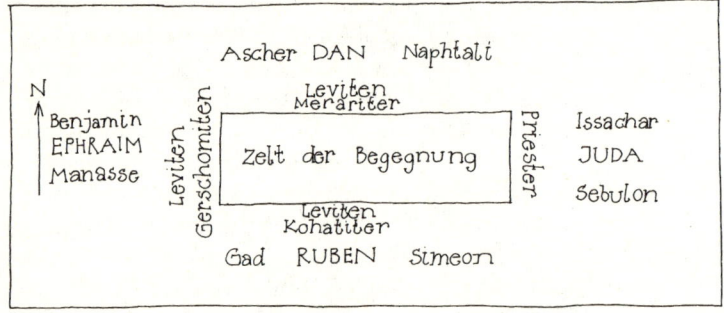

Fig. 7: (Zeichnung: G. Zumstein)

Die Anordnung hebt den Stamm Juda hervor, der sich in der Mitte der Ostseite, also beim Eingang des Offenbarungszeltes, wo im inneren Kreis die Priester lagern, befindet (zur engen Beziehung der Priester zu Juda vgl. auch Jos 21,13-16). Juda (das spätere Südreich) steht in Opposition zu Efraim (dem späteren Nordreich), das in der Hierarchie folgt, weil es auf der Seite der wichtigsten Levitensippe, der Kehatiter, lagert. Die Süd- und Ostjordanstämme lagern im Süden, gegenüber den Nordstämmen im Norden. Somit ergibt sich in der Ost-Westachse eine politische, in der Süd-Nord-Achse eine geographische Logik. Der Raum ermöglicht komplexe Konstellationen, die die eindimensionale Liste nicht aufzeigen kann. – Die Beschreibung der Heere in der sog. Kriegsrolle der Qumransekte, wo der Kampf der Söhne des Lichtes gegen die Söhne der Finsternis beschrieben wird, mit Material aus dem 2. und 1. Jh. v.Chr., lehnt sich eng an dieses Schema in Numeri an.

Stämmelisten in Numeri			
1,5-15.20-49	2,3-31; 7,12-83; 10,14-28	13,5-16; 26,5-51	34,19-29
Ruben	*Juda*	*Ruben*	*Juda*
Simeon	*Issachar*	*Simeon*	*Simeon*
Gad	*Sebulon*	*Gad*	
Juda	*Ruben*	*Juda*	
Issachar	*Simeon*	*Issachar*	*Benjamin*
Sebulon	*Gad*	*Sebulon*	*Dan*
Josef	*Efraim*	*Manasse*	*Manasse*
Manasse	*Manasse*	*Efraim*	*Efraim*
Benjamin	*Benjamin*	*Benjamin*	*Sebulon*
Dan	*Dan*	*Dan*	*Issachar*
Ascher	*Ascher*	*Ascher*	*Ascher*
Naftali	*Naftali*	*Naftali*	*Naftali*
Kriterium ist das Alter der Abstammung, die auf eine historische Erinnerung der Stämmegenese zurückgehen mag.	Kriterium ist die Nähe zum Heiligtum, also eine theologische Geographie.	Kriterium wie bei der ersten Liste, nur daß Josef jetzt in die beiden Stämme Efraim und Manasse aufgeteilt wurde.	Kriterium sind die Stämme des Westjordanlandes nach ihrer Bedeutung.

Subskript (2,33-34): Erneuter Hinweis auf die Nichtmusterung der Leviten. Ausführungsattest.

3. Levitenzählungen (3,1-51)

Nun folgen Erläuterungen zur Funktion der Leviten, die Zählung der Männer im allgemeinen und der Dienstpflichtigen im besonderen.

Einleitung (3,1-4): Nur hier und in einigen anderen Geschlechterlisten (Ex 6,20; Num 26,59; 1 Chr 5,29; 23,13) wird Aaron vor Mose genannt, weil er der Erstgeborene ist. Die Aaroniden werden von den übrigen Beamten des Heiligtums, den Leviten, deutlich abgehoben. Es werden namentlich vier Söhne Aarons genannt, von denen zwei wegen Darbringung eines unerlaubten Rauchopfers den frühzeitigen Tod fanden (vgl. Lev 10). Die Nachkommen Moses werden nicht namentlich genannt. Vielleicht weil ein Zweig seiner Nachkommen die Priesterschaft Dans, wo ein goldenes Stierkalb verehrt wurde, stellte (Ri 18,30). Sie gehören aber wie Mose selber, Mirjam und Aaron zu der Nachkommenschaft der Levitochter Jochebed (vgl. 26,59).

Die Aufgabe der Leviten (3,5-10): Der Abschnitt ist durch den Neueinsatz der Gottesrede an Mose als solcher gekennzeichnet. Die Leviten werden den verbliebenen Aaroniden Eleasar und Itamar als Hilfspersonal unterstellt (vgl. 3,32). Worin bestand die Tätigkeit der Leviten? Ihnen oblag der Unterhalt der Infrastruktur des ganzen Tempels. Sie können im Grunde als Handwerkergilden betrachtet werden. Vor allem aber waren sie dafür verantwortlich, daß keine Unbefugten den heiligen Bezirk betraten. Sie waren also die Wächter des Heiligtums. Dies ist gemeint, wenn EÜ sehr allgemein mit »für Ordnung sorgen« übersetzt. Die Bedeutung des Wächteramtes für die altorientalischen Tempel und Königshöfe ist vielfach bezeugt und architektonisch unterstrichen durch die Wächterlöwen (Abb. 31) oder andere, das Böse abwehrende Skulpturen und Zeichen, die oft die Eingänge zu Heiligtümern flankierten. Weil die priesterliche Weltanschauung Israels nicht mit dämonischen Kräften rechnet, die sich durch Zeichen beeindrucken ließen, lenkt sie ihr ganzes Augenmerk auf die Wächterpflichten der Leviten. Unbefugte, die in den Tempel eindrangen, mußten von ihnen getötet werden (3,10). Dabei handelt es sich nicht um eine Strafe, sondern um einen militärischen Vergeltungsakt für gewaltsame Eindringlinge. Ihr Eindringen würde das Heiligtum verunreinigen, was die Bestrafung aller IsraelitInnen nach sich zöge (vgl. aber Num 18).

Die theologische Bedeutung der Leviten (3,11-13): Neueinsatz der Gottesrede an Mose. Erstgeborene gelten als Gott geweihte, geheiligte, ihm übergebene Personen (Ex 13,1.12; 22,28), die von Gott, dessen Eigentum sie sind, ausgelöst werden müssen (18,15). In diesem Bewußtsein spiegelt sich die alte Sitte wider, daß die Erstgeborenen die Priester des häuslichen Ahnenkultes waren, der auch in der Volksreligion Israels anzutreffen war (Jes 8,19; Dtn 26,14). An die Stelle der Erstgeborenen und den damit verbundenen Ahnenkult treten in der priesterlichen Theologie die Leviten. »P« vermeidet es allerdings, die Leviten ausdrücklich als heilig zu bezeichnen – vielleicht um einer Neubelebung des Totenkultes durch sie vorzubeugen.

Die Zählung der männlichen Leviten, Genealogie und Funktionen (3,14-39): Neueinsatz der Gottesrede an Mose samt Ortsangabe (»in der Wüste«). Da die Ausdrucksweise »Mund des Herrn« (3,16; insgesamt sieben [!] Mal in Num 3f; vgl. 3,39.51; 4,37.41.45.49) sich auf das göttliche Orakel bezieht, ist es im Gegensatz zur Musterung der Israeliten Mose selber, der die Leviten zählt, und das Orakel, das die Ämter verteilt:

Levisöhne	Gerschon	Kehat	Merari
Sippen	Libni Schimi	Amram Jizhar Hebron Usiël	Machli Muschi
Anzahl	7500	8600	6200
Anführer	Eljasaf, Sohn Laëls	Elizafan, Sohn des Usiël	Zuriël, Sohn des Abihaijil
Aufgaben	Unterhalt der Wohnstätte, des Zeltes, der Decke und aller Vorhänge Im Tempel: gemauerte Immobilien	Unterhalt von Lade, Tisch, Leuchter, Altären, heiligen Geräten Im Tempel: Mobiles Inventar	Unterhalt der Bretter, Querlatten, Säulen, Sokkel, Zeltpflöcke und Stricke Im Tempel: hölzerne Immobilien
Zuständiger Priester	Itamar	Eleazar	Itamar

Bedeutung der Namen: Gerschon = Der Vertreiber/Eroberer (eine Volksetymologie in Ex 2,22 erklärt den Namen mit »der Fremde«); Libni (vgl. Laban) = der Weiße; Schimi = Kurzform, (Gott) hat erhört; Eljasaf = El/Gott hat hinzugefügt; Laël = gehört El/Gott; Kehat = ?, auch Name eines ugaritischen Helden; Amram = Der Verwandte ist erhaben; Hebron = Der Verbündete; Usiël = El/Gott ist meine Stärke; Elizafan = El, mein Gott, hat hinzugefügt; Merari = der Bittere (?); Machli (vgl. Machlon Rut 1,2.5) = der Kränkliche (?); Muschi = ?; Zuriël = El/Gott ist mein Fels; Abihaijl = Mein Vater ist stark

Zählung und Auslösung der männlichen Erstgeborenen unter den Israeliten (3,40-51): Neueinsatz der Gottesrede an Mose. Die namentliche Zählung der Erstgeborenen ergibt 273 Seelen mehr als Leviten gezählt wurden. Sie müssen für fünf Schekel pro Person bei Gott ausgelöst werden, so daß das Heiligtum also 1365 Schekel Silber einnimmt. Die Summe wird nicht etwa, wie man annehmen könnte, auf alle Israeliten verteilt, sondern die Betroffenen werden ausgelost. Die Summe der 22'273 Erstgeborenen ist wesentlich realistischer als jene der 603'550 Israeliten über 20 Jahre (Num 1), zu denen sie in keinem Verhältnis stehen, da man sonst annehmen müßte, daß es in jeder Familie allein 14 männliche Kinder gab. Typisch für das biblische und überhaupt altorientalische Denken ist die konsequente Einbeziehung des Viehs in die Auslösung, ebenso wie in die Sabbatruhe (Ex 20,10) oder Bußübungen (Jona 3; da vielleicht mit einer ironischen Note). Natürlich stehen dahinter die Interessen der Priesterschaft für die Tempelpfründen.

4. Levitenbeamtung (4,1-49)

Nach diesen Vorbereitungen erfolgt eine detaillierte Beschreibung der Aufgaben der Leviten und eine Zählung der Dienstpflichtigen unter ihnen. Dienstpflichtig waren die Männer zwischen dreißig und fünfzig Jahren. Welch' goldenes Zeitalter!

Die Beamtung der Kehatiter (4,1-16): Neueinsatz der Rede an Mose *und* Aaron im Unterschied zu den Gerschonitern und Merariten. Diese größte Levitensippe wird mit der Betreuung der hochheiligen Tempelgegenstände beauftragt, die nur von geheiligten Personen, also geweihten Priestern (vgl. Lev 8), gefahrlos berührt oder betrachtet werden konnten. Zum Schutze der (nicht geheiligten) Kehatiter bedurfte es demnach besonderer Vorkehrungen, nämlich des vorgängigen Einpackens der Gegenstände durch die Priester. Die *Farben* der Decken signalisieren den Grad der Heiligkeit des Tempelinventars. Mit einer violetten Decke werden die hochheiligen Dinge, die Lade, der Schaubrottisch, der Leuchter mit seinem Zubehör, der goldene Altar (d.i. der Räucheraltar) und weitere Geräte für den Dienst im Heiligtum verpackt. Mit einer roten Decke werden die heiligen Dinge, die Kultgegenstände für das

Trankopfer und der (Brandopfer-)Altar verpackt. Nur mit einer gelb-orangen (?) Tahaschhaut werden die Geräte für den Altardienst verpackt. Mit dieser Tahaschhaut werden die übrigen Verpackungen zusätzlich abgedeckt. Nur bei der Lade, die zuerst mit dem Vorhang des Heiligtums umwickelt wurde, bildet die violette Purpurdecke und nicht die Tahaschhaut die äußerste Hülle. Was unter einer Tahaschhaut zu verstehen ist, ist ungewiß. Einige denken an eine Delphinhaut (von aram. *tuchasch* = großer Tümmler), doch ist das bei der Bedeutungslosigkeit der Meerestiere für das Alte Israel (vgl. dazu Lev 11,9-12) sehr unwahrscheinlich. Eher ist an teures Importleder aus Ägypten zu denken, wo *techesch* ein Fachbegriff der Fellverarbeitungsindustrie ist. In der alleinigen Obhut der Priester verbleiben das Leuchteröl, das Räucherwerk, die Speiseopfergaben und das Salböl.

Warnung vor der Ausmerzung der Kehatiter (4,17-20): Ausdehnung der Mahnung von 4,15. Ausmerzung (EÜ: Ausrottung; vgl. aber Lev 7,19-21,) ist im Gegensatz zur Ausrottung Gott vorbehalten.

Die Beamtung der Gerschoniter (4,21-28): Neueinsatz der Gottesrede, aber nur an Mose, im Unterschied zu den Kehatitern. Den Gerschonitern obliegt der Unterhalt und der Transport aller Vorhänge und Decken. Übertragen auf den unbeweglichen Tempel handelt es sich um die gemauerte Infrastruktur.

Die Beamtung der Merariter (4,29-33): Kein Neueinsatz der Gottesrede im Unterschied zu den Kehatitern und Gerschonitern. Den Merariter obliegt der Transport aller hölzernen Gegenstände.

Zählung der dienstpflichtigen Leviten (4,34-48): Hier erscheinen die Merariter und nicht die Kehatiter (vgl. 3,28) als die größte Sippe.

Das Leitwort des Kapitels ist *Arbeit (ʿavodah),* von EÜ mit Aufgabe, Betreuung oder Dienst wiedergegeben (z.B. 4,4.27.30.33.47). Während das Wort in nachexilischen Texten »Kulthandlung, Opfer« bedeutet, bezeichnet es hier gerade Tätigkeiten, die nicht in die kultischen Belange der Priester fallen. Die Leviten sind die ersten offiziellen Lohnarbeiter in Israel, und zwar im damals seltenen und teuren Dienstleistungssektor. Deshalb wird der Zeitpunkt des Beginns ihrer Dienstzeit (30 Jahre) und der ihrer Pensionierung (50 Jahre) genau festgelegt. In Lev 18,20ff wird ihre Entlöhnung durch den Zehnten des Volkes geregelt.

VI: Das Levitentum

Die Akten über das Levitentum sind in der Forschung längst nicht geschlossen. Viele Fragen werden aufgrund der sehr schwierigen Quellenlage nie gelöst werden. Aber ein paar grobe Linien zur Entstehung und Entwicklung dieses Phänomens sollen hier zur Orientierung und Anregung skizziert werden.

Vom Stamm Jakobs zum Pariastamm

Eine alte Erzählung in Gen 34,25ff teilt uns mit, daß die Stämme Simeon und Levi die Stadt Sichem plünderten und ihre Bewohner umbrachten, obwohl man sich nach der Vergewaltigung Dinas durch einen Sichemiten vertraglich auf einen Frieden geeinigt hatte. Erst in den Stammessprüchen von Gen 49 erfahren wir, daß die beiden Stämme deshalb in ganz Israel geächtet wurden (49,5ff). Der Stamm Levi (Kurzform von Leviel, »Anhänger Els«) war also ursprünglich ein normaler, profaner Stamm. Daß verfolgte Minderheiten innerhalb einer Gesellschaft Sonderrollen übernehmen, ist ein häufiges Phänomen. Pariastämme unter den Beduinen Arabiens waren beispielsweise bis in unser Jahrhundert hinein als Musiker, Geschichtenerzähler und Schmiede bekannt, die von der Wildjagd lebten und mit ihrem Angebot von Stamm zu Stamm zogen. Ganz Ähnliches trifft auf die Juden in der Zeit nach der Zerstörung des Zweiten Tempels in vielen Ländern zu.

Ägyptische und midianitische Wurzeln

Die Dezimierung Simeons wird innerhalb des Buches Numeri durch die beiden Musterungen (Num 1; 26) nachgezeichnet und mit der Unzucht des Simeoniten Simri mit der Midianiterin Kosbi (25,14) begründet. Auch Levis Geschichte ist durch das Schicksal des Mose eng mit den MidianiterInnen verbunden: Mose ist mit ihnen verschwägert (Ex 2,15f), seine Befreiungsbotschaft stammt vom midianitischen Berg- und Wettergott Jahwe (Ex 3), sogar organisatorische Formen scheinen von den MidianiterInnen übernommen worden zu sein (Ex 18). Diese Verbindungen ließen sich zwar nicht so leicht diffamieren wie jene Simeons, doch sind diesbezügliche Versuche ebenfalls vorhanden, wie die üble Nachrede über Mose (12,1) zeigt. Eine andere Verbindung, nämlich die des Namens Mose (von ägypt. *mesi*: geboren von xy; entgötterte Kurzform von Ramses, also »geboren von Ra« u.ä.) und vielleicht auch der seiner Mutter Jochebed (von ägypt. *'achebit* = Chemmis in Unterägypten, wo Isis in Verborgenheit ihren Sohn Horus großzog) führt nach Ägypten.

Vom Pariastamm zu LohnarbeiterInnen
Der Stamm Simeon scheint sich in Juda allmählich assimiliert zu haben. Auch Levi wird in alten Quellen mit dieser Gegend verbunden. Nach der alten Levitenliste (26,58) lebten sie u.a. in Libna und Hebron. Einige führten sich direkt auf Mose zurück. Korach erscheint in 1 Chr 2,43 als Sohn Kalebs. Die Nebenfrau des Leviten aus Gibea, dessen schreckliche Geschichte Ri 19 erzählt, stammt aus Betlehem. Der Levit, den der Efraimiter Micha als Priester seines Hauses anstellt, ist ebenfalls aus Betlehem (Ri 17,7). Er zieht später mit den Danitern weiter bis nach Dan und führt sich auf Mose, seinen Großvater (!), zurück (Ri 18,30). Die Geschichte zeigt, wie LevitInnen, die aus Gründen der Landlosigkeit als Fremdlinge umherziehen mußten, als Lohnarbeiter in die Dienste anderer Stämme treten konnten und dabei eine wichtige gesellschaftliche Funktion übernahmen, nämlich die Betreuung von lokalen Heiligtümern.

Die Konkurrenz der LevitInnen im aristokratischen Priestertum
Mit dem Wandel der föderalistischen Stämmegesellschaft zu einem allmählich zentralistischen Häuptlings- und Königtum, die einhergeht mit der Liquidation von lokalen Heiligtümern, entsteht für die LevitInnen wieder eine schwierige Situation. Teilweise gingen sie in erbitterte Opposition zu den machtanmaßenden Priesterschaften der Heiligtümer in den Zentralen (Samaria, Jerusalem), andererseits wurden sie von ebendiesen Heiligtümern als Arbeitskräfte angezogen und absor-

biert. Dies zeigt die Verteilung der Leviten nach Jos 21 in 48 Städten, die sich auf das ganze Land verteilen. Im unmittelbaren Umfeld der Hauptstädte klafft aber ein Loch. Es scheint nun drei unterschiedliche Priestergruppen zu geben: 1. Nichtlevitische Priester(innen?) in Jerusalem und Samaria aus dem (im Falle Jerusalems vorisraelitischen) Stadtadel, die sich dem Landvolk zuliebe mittels Rückführung auf Aaron und Mirjam genealogisch mit Mose verschwägern. Daß sich gerade diese Kreise in ihren Legitimationen gerne als antimidianitische Eiferer darstellen, dürfte kein Zufall sein (vgl. Pinhas in 25,6ff). In den Königsbüchern werden die Leviten nicht einmal erwähnt. 2. Levitische Priester an den Zentralheiligtümern, die wohl vor allem die Rechtsprechung dominieren (Mose). 3. Levitische Landpriester, die nach traditioneller Weise im Land verstreute Heiligtümer betreuen und nach und nach an Einfluß verlieren. Die gewaltstrotzenden Geschichten in Num 16f scheinen etwas von dieser Machtverlagerung widerzuspiegeln. Mose steht darin für die Leviten der Zentrale Jerusalem. Datan, Abiram und Korach repräsentieren die Landleviten mit ihren lokalen Traditionen.

Die Arbeitslosigkeit der LevitInnen und deren theoretische Behebung
So kommt es, daß immer mehr LevitInnen als land- und tempellose Menschen verarmen. Das Problem wird, zumindest in der Theorie, durch die Institution der Levitenstädte gelöst. Die Situation spitzt sich durch die joschijanische Kultzentralisation dramatisch zu. Zwar versuchen die Opferausführungsbestimmungen in »P« (z.B. Lev 6,11) und die Regelung des Zehnten in »D« (vgl. Kommentar zu 18,21ff) das soziale Problem dieser Sippen in Griff zu bekommen, aber es scheint nicht gelungen zu sein. Noch weniger haben die priesterlichen Konstrukte im Buch Numeri, die den Leviten einen Platz als Träger und Heiligtumswächter einräumen, die Lage der LevitInnen verändert. Sie gehörten zusammen mit den Fremden, Witwen und Waisen zu den Randfiguren der Gesellschaft. Einigen von ihnen, die sich als MusikerInnen im Jerusalemer Tempel durchbrachten, verdanken wir die ergreifendsten Psalmen, die die Not die-

ser Menschen widerspiegeln (z.B. Ps 12; 14). Das sozialkriti-
sche Gedankengut der Gesetzesteile der Bibel hat hier eine
seiner Quellen. Nur wenige von ihnen kehren aus dem Exil
zurück (74 auf 4289 Priester!; Esra 2,40‖Neh 7,43). Sie zogen
es vor, im Ausland zu bleiben.

Die exilische »Lösung«: Leviten als kultisches Hilfspersonal
Der Exilsvisionär Ezechiel versucht das Problem durch eine
strenge Hierarchie in den Griff zu bekommen. Er begründet die
Unterordnung der Leviten unter die zadokidischen Priester, die
Abkömmlinge der Jerusalemer Priesterdynastie, damit, daß
sie Israel in seinem Götzendienst geholfen hätten (Ez 44,9ff).
Angesichts der minimen Zahl von Leviten, die aus dem Exil
zurückkehrten, erübrigte sich sein Modell. Vielleicht hat es
zadokidische Kreise gegeben, die die LevitInnen am liebsten
aus der Erinnerung gestrichen hätten. Aber das ließ das kollektive Gedächtnis Israels nicht zu. Die LevitInnen hatten
während fünfhundert Jahren an den lokalen Heiligtümern Israels und Judas Kult und Recht mitgeprägt und überliefert, kommentiert und interpretiert. Ihnen verdankte Israel den Jahweglauben. Ihre Traditionen ließen sich nicht verleugnen, sie
ließen sich nur in eine Geschichtsschreibung integrieren, die
so stark von den Interessen der Jerusalemer Priesterschaft
geprägt und überformt wurde, daß wir oft nur noch erahnen
können, welche geschichtlichen Ereignisse sich dahinter ver-
bergen.

Levitentum als verbreitetes Phänomen orientalischer und afri-
kanischer Stammesgesellschaften
Um das Phänomen des Levitentums zu verstehen, ist neben
der historischen Rekonstruktion, soweit sie möglich ist, auch
die Struktur und Mentalität stammesmäßig organisierter
Gesellschaften zu beachten. Für sie sind religiöse Spezialisten
und rechtliche Schlichter und Vermittler am Rande der Gesellschaft oder zwischen den Stämmen eine Notwendigkeit,
jedenfalls ein Segen, den man gerne in Anspruch nahm und in
geschichtlich günstigen Momenten institutionalisierte und
durch Abgaben entlöhnte. Die Ethnologie weiß eine Fülle von

Beispielen bis in neueste Zeit innerhalb der muslimischen Gesellschaften anzuführen, wo die Sippenstruktur noch immer sehr vital ist (z.b. die Moslem-Bruderschaften; die Ineslemen der Tuareg oder die Marabuts). Charakteristisch für diese »levitischen« Sippen oder Stämme ist ihre Sensibilität für die Segenskraft (arab. *baraka*) eines ihrer Mitglieder, im Falle der Bibel ist es Mose, bzw. Mirjam. Diese Segenskraft wird in pragmatischer Weise von den nächsten Verwandten aufgegriffen und für sich und das weitere Umfeld – unter ständiger Bezugnahme zur Segensquelle – so umgesetzt, daß sie bei der Bewältigung des Lebens hilft.

Literatur: *Krapf, Thomas M.,* Die Priesterschrift und die vorexilische Zeit. Yehezkel Kaufmanns vernachlässigter Beitrag zur Geschichte der biblischen Religion (OBO 119), Freiburg (CH)/Göttingen 1992, 241-266; *Schulz, H.,* Leviten im vorstaatlichen Israel und im Mittleren Osten, München 1987; *de Vaux, R.,* Das Alte Testament und seine Lebensordnungen, Freiburg 1962, Bd. II, 192-207.

5. »Die Priesterrolle« (5,1-6,27)

Nach Abschluß der organisatorischen und nichtkultischen Vorbereitungen, in der Mitte des Abschnittes über die Vorbereitungen der IsraelitInnen auf den Marsch ins Gelobte Land (1,1-10,10), stehen fünf priesterliche Miszellen, die Fragen der kultischen Reinheit im Lager regeln und somit eine »Priesterrolle« gebildet haben mögen, die durch den sog. aaronitischen Segen feierlich beschlossen wurde: 1. Die Anweisung zur Ausweisung einiger Unreiner (5,1-4), 2. Das Schuldopfer für den falschen Eid (5,5-10), 3. Das Eifersuchtsordal (5,11-31), 4. Die Weisungen für NasiräerInnen (6,1-21), 5. Der Priestersegen (6,22-27).

1. Die Anweisung zur Ausweisung einiger Unreiner (5,1-4): Aussätzige (vgl. Lev 13f), Ausflüssige (vgl. Lev 15) und durch Leichen Verunreinigte (vgl. Num 19) müssen aus dem Lager ausgewiesen werden. Dies widerspricht im Falle der Ausflüssigen der Lehre der ausführlichen Weisungen in Lev 15 (s. dort). Der Grund für die

Restriktion wird unmißverständlich angegeben: Gott wohnt mitten im Lager. D.h. es besteht die Gefahr, daß das Heiligtum verunreinigt wird, was sich auf alle IsraelitInnen negativ auswirken würde. Zum ersten Mal wird in Numeri auch die Frau als Adressatin angesprochen, es geht allerdings, wie in den beiden folgenden Fällen, nicht um Privilegien, sondern um Sanktionen.

2. Das Schuldopfer für den falschen Eid (5,5-10): Es geht um Fälle, wo der Betrug eines Mitmenschen durch einen falschen Eid geleugnet wurde, Gott also zum Komplizen der Delinquenten wurde. Die Weisung setzt Lev 5,20-26 voraus, faßt jene Passage zusammen und ergänzt sie, abgesehen davon, daß hier neben den Männern auch Frauen ausdrücklich als Adressatinnen genannt werden, in doppelter Hinsicht: a) Das Vergehen kann durch ein reuiges Bekenntnis, das dem Schuldopfer vorausgeht, in eine zu reinigende unvorsätzliche Sünde verwandelt werden. Dies ist eine außergewöhnliche Neuerung, da Num 15,30f ausdrücklich festhält, daß vorsätzlich begangene Sünden nicht gesühnt werden können, es sei denn durch Gottes Gnade am Versöhnungstag, Reue und Buße der TäterInnen vorausgesetzt. Das Revolutionäre der Neuerung wird noch dadurch gesteigert, daß es sich beim falschen Schwur letztlich um ein Vergehen gegen Gott handelt, das nur durch den von Gott verhängten Tod gesühnt werden kann (vgl. Jer 5,2f; Sach 5,4; Mal 3,5). b) Falls die betrogene Person gestorben ist und keine Nachkommen hinterlassen hat, fällt die Wiedergutmachungssumme samt dem Fünftel Bußgeld an das Heiligtum. Die Größe der priesterlichen Theologie in Neuerung a) wird durch den Eigennutz in b) etwas gemindert. Doch dürfte der Fall, daß keine Nachkommen vorhanden waren, eher selten gewesen sein. Daß es in diesem Abschnitt jedoch auch um priesterliche Interessen geht, macht der Schluß deutlich, der festhält, daß die Weihegeschenke, also auch das eben behandelte Wiedergutmachungsgeld, an den amtierenden (Lev 7,7) Priester fällt. Die unnötigen Wiederholungen in 5,9f lassen erahnen, daß diese Priesterprivilegien umstritten waren.

3. Das Eifersuchtsordal (5,11-31): Ein trauriges Zeugnis für den patriarchalen Charakter der Gesellschaften Altvorderasiens (anders in Ägypten!) ist der Usus, eine Frau, deren Ehebruch vermutet wird, aber nicht bewiesen werden kann, einem entscheidenden göttlichen Orakel, einem *Gottesurteil* (Ordal) auszuliefern. Der berühmte Codex Hammurapi (18. Jh. v.Chr.) unterscheidet zwei Fälle (§§131f). Wenn der Mann eifersüchtig wird und seine Frau, ohne es ihr beweisen zu können, des Ehebruchs bezichtigt, muß diese eine Selbstverfluchung aussprechen. Es wird damit Gott anheimgestellt, den Fluch eintreten zu lassen, sofern die Frau tatsächlich schuldig ist. Zeigen aber Dritte mit dem Finger auf die Frau, soll sie in einer öffentlichen Zeremonie in den Fluß (Euphrat oder Tigris), der zugleich ein Gott ist, eintauchen. Taucht sie wieder auf und kommt an Land, so gilt sie als unschuldig. Wird sie vom Fluß mitgerissen und geht unter, so ist ihre Untat erwiesen und hat sie ihre verdiente Strafe vom Flußgott selber erhalten.

In Israel geht der Mann mit seiner Frau und etwas weniger als 2 kg Mehl zum Heiligtum. Dort löst ihr der Priester das Haar, gibt ihr das Mehlopfer in die Hände und beschwört sie mit einem Fluch, der sie im Falle ihrer Schuld treffen soll. Die Frau sagt Amen, Amen. Dann schreibt der Priester diesen Fluch mit Kohle, Kreide o.ä. auf eine Scherbe, wischt die Schrift in heiliges Wasser vom Heiligtum, in dem sich schon etwas Heiligtumsstaub befindet und gibt dieses Wasser der Frau zu trinken. Daraufhin nimmt er das Mehl und bringt einen Teil davon auf dem Altar Gott dar. Ist die Frau schuldig, so wird erwartet, daß ihr Bauch anschwillt und sie für alle Zeiten steril wird. Ist sie unschuldig, bleibt sie fruchtbar.

Diese Vorgehensweise entspricht genau jener, die im 18. Jh. v.Chr. in Mari am Euphrat gang und gäbe war (ARM 10,9). Der Fall hat durch »P« eine kunstvolle Form erhalten:

A *Der Fall (5,11-14)*
1. Einleitung (5,11-12a)
2. Die Frau ist schuldig (5,12b-14a)
3. Die Frau ist unschuldig (5,14b)
    B *Vorbereitung des Ordals (5,15-18)*
    1. Speiseopfer (5,15)
    2. Wasser (5,17)
    3. Frau (5,16.18)
        X *Fluchformel (5,19-24)*
        1. Gesprochener Fluch (5,19-22)
        2. Begründende Erläuterung (5,21)
        3. Geschriebener und getrunkener Fluch (5,23-24)

B' *Ausführung des Ordals (5,25-28)*
1. Speiseopfer (5,25-26a)
2. Wasser (5,26b)
3. Frau (5,27-28)
A' *Subskript des Falles (5,29-31)*
1. Einleitung (5,29a)
2. Die Frau ist schuldig (5,29b)
3. Die Frau ist unschuldig (5,30)
Nachwort (5,31)

Bei der Zeremonie handelt es sich offensichtlich um ein *magisches Ritual*, das dem Wasser mirakulöse Kompetenz zuschreibt (vgl. auch Ex 32,20). In gewisser Weise scheitert an dieser Stelle der konsequente, aufklärerische Monotheismus Israels am Patriarchat, dem die männliche Eifersucht heiliger ist als der Glaube an die alleinige Wirkmacht Gottes. Daran ändert auch die hilflose Begründung dieses Vorgehens in der Mitte der Zeremonialanweisung (5,21), wo Jahwe, abgesehen vom Mehlopfer (5,25), zum einzigen Male genannt wird, nichts. Das Nachwort (5,31) ermutigt die Männer geradezu, ihren in der Eifersucht begründeten Verdächtigungen freien Lauf zu lassen; denn auch wenn sich der Verdacht durch das Ordal als unbegründet erweisen sollte, haben sie keine negativen Konsequenzen zu befürchten. Anders im Codex Hammurapi:

§127 Wenn ein Bürger über eine Entu-Priesterin oder die Gattin eines Bürgers üble Nachrede verbreitet, aber das nicht beweist, so soll man diesen Bürger vor die Richter schleppen und man rasiert ihm eine (Kopf)hälfte.

Ehebruch gilt im Alten Orient als die Sünde schlechthin, die »große, gewichtige Sünde«, die nicht nur einzelne, sondern ganze Städte und Nationen ins Unglück stürzen kann (vgl. Gen 20,9; Jer 5,7-9; 7,9-15; 29,23a). Zu fragen bleibt deshalb, warum die Frau, wenn sie durch das Ordal des Ehebruchs überführt wurde, nicht des Todes für schuldig befunden wird, ist doch das die Strafe, die das Gesetz für Ehebruch vorsieht (Lev 20,10)? Dieses Gesetz bezieht sich nur auf den Ehebruch, der in flagranti aufgedeckt wird, und beide, der Mann wie die Frau, werden dann mit dem Tod bestraft. In diesem Fall gibt es aber keine menschlichen Zeugen. Die Strafe bleibt deshalb einzig und allein Gott überlassen.

Mit Maleachi (2,14-16) meldet sich erstmals eine Stimme, die auch den Männern ins Gewissen redet. Das Eifersuchtsordal wurde im Judentum spätestens unter Rabbi Jochanan ben Zakkai (1. Jh. n.Chr.) außer Kraft gesetzt. Im jüdischen Schrifttum finden sich zwei Begründungen: 1. Angesichts der Häufigkeit des Ehebruchs durch Männer war das Ordal ausschließlich für Frauen lächerlich geworden (m. Sot 9,9). 2. Ehebruch wurde eine so öffentliche Angelegenheit, daß das Ordal überflüssig wurde (t. Sot 14,2). Jesus von Nazaret stellt sich einerseits gegen die Verachtung und Ausgrenzung ehebrecherischer oder verrufener Frauen (Joh 4,16-30; 8,3f) und radikalisiert andererseits das Ehebruchsverbot (Mk 10,10-12) gerade im Hinblick auf den Mann (Mt 5,27f). Dies hat allerdings die christlichen Gemeinden vor dem Rückfall in patriarchale Verhaltensmuster nicht bewahrt (1 Tim 2,14; 5,5f; 2 Tim 3,6; 1 Petr 3,1-6).

4. Die Weisungen für NasiräerInnen (6,1-21): Das NasiräerInnentum ist eine besonders intensive, nach außen sichtbar gemachte Form eines Gelübdes. Der *nasir* oder die *nasirah* ist der oder die Gott Geweihte. Zwei Sorten des NasiräerInnentums sind zu unterscheiden: das lebenslängliche und das zeitliche. Als lebenslängliche Nasiräer sind Simson, Samuel und Johannes der Täufer bekannt. In allen Fällen werden sie Gott geweiht, weil er einen verschlossenen Mutterschoß öffnete (vgl. Ri 13,3ff; 1 Sam 1,11; Lk 1,7). Weder sie, noch ihre Mütter während der Zeit der Schwangerschaft dürfen etwas vom Weinstock genießen. Und sie dürfen ihre Haare nicht schneiden. Die Weisung in 6,1-21 beschäftigt sich aber nur mit dem zeitlichen NasiräerInnentum. Im Rahmen der »Priesterrolle« lenkt die Weisung das Augenmerk auf die priesterlichen Belange des Nasirates, also auf den Fall, daß sich der geweihte Mann oder die geweihte Frau verunreinigt, wie der Aufbau des Absatzes zeigt:

A Einleitung (6,1-2)
    B Verbote (6,3-8)
        X Verunreinigung (6,9-12)
    B' Erfüllung (6,13-20)
A' Subskript (6,21)

Beim zeitlichen Nasirat kommt ein drittes Verbot, die Berührung von Leichen auch aus dem engsten Familienkreis, hinzu. Welches ist der Sinn dieser Verbote (6,2-12)?

– Hinter dem *Weinstocktabu* und dem Alkoholverbot (6,3-4) verbirgt sich eine moralische Kritik der (arabischen) Binnenländler an der mediterranen Bevölkerung. Die sittenzersetzende Wirkung des Weins wird in der Geschichte von Noachs Trunkenheit (Gen 9,20f) illustriert, das traditionelle Sittenideal in der Geschichte der Rechabiter (Jer 35,6-11). Die Trauben-, Weinund Bierabstinenz ist demnach ein Realsymbol für die moralische Gesinnung der NasiräerInnen.

– Was das Nasirat nach außen hin sichtbar macht, ist das *Verbot, die Haare zu schneiden* (6,4-7). Da die Haare das ganze Leben lang, ja über den Tod hinaus, wachsen, sind sie für die Bibel (aber noch für die Hippies) ein Symbol der Vitalität und Lebenskraft (Hld 4,1; Abb. 32). Von daher ist es naheliegend, daß sich die Krieger Israels ursprünglich Gott als Nasiräer weihten (vgl. nebst Simson Ri 5,2 auch Am 2,10f). Als individueller, aber schmerzlos veräußerbarer Teil des menschlichen Körpers sind die Haare geradezu prädestiniert als Weihegeschenk. Sie sind gleichsam eine materialisierte Form des Gebetes. Abschalom schnitt seine Haarpracht jährlich (2 Sam 14,26), wohl im Rahmen eines Festes. Auf Zypern wurden die Haare im 9. Jh. v.Chr. nachweislich der Astarte geweiht. Der großen syrischen Göttin weihten junge Frauen und Männer im Rahmen eines pubertären Initiationsrituals die heiligen Locken, bzw. die ersten Barthaare in kostbaren Gefäßen mit Namensinschrift (Lukian, de Dea Syria 60). Die vorislamischen AraberInnen pflegten oft bis zur Erfüllung eines Opfergelübdes ihr Haar wachsen zu lassen, das sie dann auf einen heiligen Baum oder in eine Grube beim Heiligtum warfen. Noch heute dürfen sich MekkapilgerInnen erst am Ende der Wallfahrt nach Mekka die Haare schneiden oder rasieren lassen. Bis heute erhalten hat sich im Islam auch das ʿAqiqa-Opfer, das bei der ersten Scherung eines Knaben am siebten Tag nach der Geburt dargebracht wird. Einen ähnlichen Brauch kennen die chassidischen Juden Palästinas. Beduininnen pflegen bis heute die Sitte, ihr Haar auf Gräbern anzubringen. Nur in Syrien und Palästina, und deshalb vielleicht als Nachwirkung des biblischen Nasirates zu deuten, ist der Brauch bezeugt, daß die Eltern eines Kindes zu Ehren eines Heiligen ein Gelübde (z.B. um Gesundheit des Kindes) ablegen. Bei Erfüllung des Gelübdes wird das Haar des Kindes abgeschnitten und gegen Gold aufgewogen, das dem Heiligtum oder den Armen geschenkt wird.

– Während sich die lebenslänglichen Nasiräer Simson und Samuel nach Verunreinigung mit Totem (Ri 14,9.19; 15,8.15; 1 Sam 15,33) genauso wie Priester, ohne ihrer Weihe verlustig zu gehen, reinigen konnten (vgl. Lev 22,4), war das *Berühren von Leichen* das dritte Verbot der zeitlichen NasiräerInnen. Genau mit dieser Verunreinigung beschäftigt sich der Mittelteil des Abschnittes (6,8-12). Sie macht die Weihe nichtig. Die Haare mußten am siebten Tag nach der Verunreinigung geschnitten werden. Am achten Tag (vgl. dazu Kommentar zu Lev 9) wurden zwei Tauben als Sünd- und Brandopfer dargebracht. Zuvor aber mußte ein Lamm als Schuldopfer geopfert werden. Warum ein Schuldopfer? Schuldopfer werden zur Wiedergutmachung der Entweihung eines Heiligtums gefordert (Lev 5,14-16). Dieser Fall ist hier gegeben, weil NasiräerInnen Gott geweiht sind. Bevor die Verunreinigung gesühnt werden kann, muß das Heiligtum wiederhergestellt werden. Dieses Opfer ist verglichen mit den reinigenden Taubenopfern teuer, da es, weil Gott betroffen ist, nicht reduziert werden kann, auch nicht im Hinblick auf die Einkommensverhältnisse der Opfernden.

Ganz im Gegensatz dazu steht im Zentrum des aufwendigen Opfers, das bei der *Erfüllung des Gelübdes* dargebracht wird (6,13-20), das freudvolle Heilsopfer und eine Fülle von Speise- und Trankopfern, nebst einem Brand- und einem Sündopfer, letzteres wahrscheinlich, weil der Mensch vom heiligen in einen profanen Zustand wechselt. Nur bei diesem Erfüllungsopfer vollzieht der Priester einen zusätzlichen Darbringungsritus (*tenufah*; vgl. dazu Kommentar zu Lev 7,30ff) mit dem Vorderschenkel des Heilsopferwidders, einem ungesäuerten Kuchen und einem ungesäuerten Brotfladen.

Aus dem Subskript (6,21) geht hervor, daß die in diesen Anweisungen genannten Aspekte nur die äußeren Bedingungen des Nasi-

rats betreffen, daß diese Weihe aber mit individuellen Gelübdever-
sprechungen verbunden ist.

Das *Nasirat* war die Möglichkeit der *Weihe von Laien.* Mehr noch
als der des Priesters glich sie jener des Hohenpriesters, dem die
Berührung von Leichen in der eigenen Familie ebenfalls untersagt
war (Lev 21,11; nicht so den Priestern, vgl. Lev 21,1-4) und dessen
Heiligkeit ebenfalls besonders am Haupt zum Ausdruck kam
(Ex 29,7; Lev 21,12b). Bezüglich des Weinstocktabus ist die
NasiräerInnenweihe sogar strenger als jene des Hohenpriesters
(Lev 10,9). Das zeitliche NasiräerInnentum erfreute sich in der Zeit
des zweiten Tempels zunehmender Beliebtheit, ja es kann geradezu
als Modeerscheinung angesehen werden. Unter der Prominenz
befinden sich die Königin Helena von Adiabene (m. Naz 3,6), Bere-
nike, die Schwester König Agrippas II. (Flav. Jos., Jüd. Krieg 2,313),
und Paulus von Tarsus (Apg 18,18; 21,23f). Die letztgenannte Stelle macht deutlich, daß das teure Erfüllungsopfer von Dritten
bezahlt werden konnte. Eine gewisse spleenige Gedankenlosigkeit
im Umgang mit dem Nasirat und wohl auch asketische Tendenzen
im Hellenismus, die sich mit dieser Weiheform zu verbinden droh-
ten, provozierten den restriktiven Einspruch der Rabbinen gegenüber der Institution, in der sie weder einen besonderen Dienst
gegenüber Gott noch gegenüber den Mitmenschen sahen und die
die allgemeine menschliche Verpflichtung zur Heiligung des Heiligen im Alltäglichen (Lev 19,2) zu verwässern drohte.

5. Der Priestersegen (6,22-27): »Warum hat die Schrift die Perikope
über den Gottgeweihten mit dem (priesterlichen) Erheben der
Hände verbunden? Um dich zu lehren, daß so, wie dem Gottgeweihten der Wein verboten ist, auch dem, der die Hände (zum
Segen) erhebt, der Wein verboten ist...« (j.Ta'an 4,1). Innerhalb der
redaktionellen Komposition der »Priesterrolle« bildet der Segen
einen feierlichen Abschluß. Sein hohes Alter und seine Bedeutung
für die Bevölkerung im vorexilischen Israel wurde jüngst durch die
Ausgrabung einer Grabanlage am Rande des Hinnomtales bei
Jerusalem demonstriert. Zwei Verstorbenen wurden kleine Silberröllchen mitgegeben (vgl. 6,27 im wörtlich verstandenen Sinn!),
auf denen der Priestersegen eingeritzt war, im einen Fall fast iden-

tisch mit der überlieferten biblischen Fassung (Abb. 33). Ähnlichen Inhalts war schon ein Segen, der in Kuntilled Adschrud, einer Karawanenstation des Negev, auf ein großes Wassergefäß geschrieben wurde, zu einer Zeit (Anfang des 8. Jh. v.Chr.), als Jahwe noch zusammen mit einer Segensmacht, die ursprünglich eine eigenständige Göttin war, verehrt wurde: »Es sagt Amarjau: Sage zu meinem Herrn: Geht es dir gut? Ich segne dich bei Jahwe von Teman und seiner Aschera. Er möge (dich) segnen und dich behüten und mit meinem Herrn sein...« Im Priestersegen wird die Segensmacht Aschera weggelassen. Jahwes Antlitz tritt anstelle des Gesichts der freundlichen und erhörenden Göttin, das sich, dargestellt etwa auf persönlichen Siegeln (Abb. 27a), den Menschen zuwandte. Das mit dem Antlitz verbundene »leuchten« (6,25) deutet eher auf Vorstellungen Gottes als Sonne oder Mond, wie sie im spätvorexilischen Jerusalem verbreitet waren (Ez 8,10-12; Abb. 34).

Obwohl es die Priester sind, die den Segen – nach der Mischna mit ausgestreckten Händen – zu sprechen haben, ist es Gott, der segnet, wie das dramatische, dreifache »der Herr...« betont. So auch in israelitischen (Gen 43,29; Rut 2,4) und unseren alltäglichen, oft verkürzten Segensformeln, z.B. im Grußwunsch: »Grüß' (Sie) Gott!« oder schweizerisches »Grüezi/Grüeßech/Grüeßdi«, d.h. »Grüße Sie/Euch/Dich (Gott)!«. Nicht weniger als sechs Wünsche werden im Priestersegen ausgesprochen. Drei Dinge sind es, die im Segen von Gott *erbeten* werden: Segnung, Leuchten und Zuwendung. Drei Dinge sind es, die das Erbetene bei den Gesegneten *bewirken* möge: Schutz, Sympathie und ganzheitliches Wohlergehen *(schalom)*. Der ganze Spruch ist vom ersten Wort (segnen) bis zum letzten (Heil/*schalom*) ein einziges Crescendo, wobei diese beiden Worte nochmals eine Klammer um den Segen bilden, vom kunstvollen, bis in die einzelnen Silben bedachten Aufbau, der im Deutschen nicht nachvollzogen werden kann, ganz zu schweigen. Die anthropologisch-theologische Dichte der Formel kann durch das folgende Schema, das zum Weiterdenken anregen möge, nur angedeutet werden:

Gottes Handeln...	...bewirkt beim Menschen...
Segnung: *er segne dich!* Numinose Ebene: Die Herkunft des Segens ist ein göttliches Geheimnis, das sich letztlich nicht präzisieren läßt.	Schutz: *er behüte dich!* Der Segen bewirkt umfassende Geborgenheit, worauf auch die wichtigsten Gottesmetaphern Bezug nehmen: Flügel, Fels, (Flucht-)Burg, Schild etc.
Leuchten: *er lasse sein Angesicht über dich leuchten!* Kosmische Ebene: Gottes Wirkmacht zeigt sich im Licht (erstes Schöpfungswerk; Gen 1,3) und im geordneten Lauf der leuchtenden Gestirne.	Sympathie: *er sei dir gnädig!* Die Sonne bewirkt das Wetter, der Mond gibt Orientierung im Jahreslauf. Gute Jahre sind Zeichen der Freundlichkeit Gottes gegenüber den Menschen.
Zuwendung: *er wende sein Angesicht dir zu!* Anthropologische Ebene: Gottes menschliche Seite zeigt sich im Mitmenschen, der sich dem Bruder und der Schwester zuwendet in Not und Gefahr.	Wohlergehen: *er schenke dir Heil!* Begegnung von Du zu Du, die geglückte Kommunikation, Zuwendung und Angenommensein ist es, die den Menschen umfassendes Wohlergehen vermittelt.

Einen Hinweis auf den Gebrauch des Segens gibt neben der Archäologie (s.o.) möglicherweise auch die Bibel (Lev 9,21f). Ob mit dem »du« der Formel die einzelnen oder Israel als Kollektiv gemeint ist, ist eine neuzeitliche Fragestellung. Daß in dieser Hinsicht die Grenzen im Alten Orient weniger eindeutig gezogen worden sind, zeigt etwa der Sprachgebrauch des Deuteronomiums (vgl. bes. Dtn 5,6-18). Teile des Segens werden in Ps 67,2 und Ps 4 zitiert. Maleachi bedient sich des Wortlautes des Segens für eine beißende Satire gegen die Priester Jerusalems (1,8-9). Erweiterte Formen des Priestersegens fanden sich in Qumran (1Q Sb passim). Außerhalb des Tempels durfte der Segen nicht am Stück, sondern nur versweise gesprochen werden. Auch durften die Segnenden die Hände nicht über den Kopf, sondern nur bis zu den Schultern halten. Beide Sitten haben sich im synagogalen Gebrauch erhalten. In der katholischen Kirche wird der Segen bei festlichen Anlässen vom Priester bei der Entlassung gesprochen.

6. Die Gaben der Stammesführer (7,1-88)

Nach der »Priesterrolle« folgen in Num 7,1 – 10,10 weitere Vorbereitungen für den Kult und die Wanderung. Die Zusammenstellung sehr verschiedenartiger Themen erweckt den Eindruck eines Anhangs. Er beginnt mit einer äußerst spröden Liste von Weihegaben für das Heiligtum, die von den Stammesführern überbracht werden. Sie besteht aus der Aufstellung der Transportvehikel für die Leviten (7,3-9) und den Gaben der einzelnen Stammesführer für das Heiligtum (7,10-88).

Einleitung (7,1-2): »An dem Tag, an dem Mose…« (EÜ) sollte freier mit »als Mose…« wiedergegeben werden, da sonst chronologische Probleme entstehen. Das Heiligtum wurde am ersten Nisan fertiggestellt (Ex 40,17), dann folgte die Priesterweihe und seine Inauguration bis zum siebten Nisan (Lev 8,33). Hätten nun die zwölf Stammesfürsten während den zwölf folgenden Tagen ihre Gaben gebracht, wäre nicht nur der Sabbat, sondern auch das Pessachfest am vierzehnten Nisan profaniert worden. Außerdem setzten die großen Feierlichkeiten zur Heiligtumsweihe ja voraus, daß das Inventar bereits am Ort war. – Zu den Begriffen Anführer, Oberhäupter, Großfamilien und Stammesführer vgl. Kommentar zu 1,1-4.

Transportvehikel für die Leviten (7,3-9): Je nach ihren Bedürfnissen werden den Gerschonitern und Meraritern, bzw. dem Priester Itamar, sechs Wagen und zwölf Rinder übergeben. Die Kehatiter müssen das Tempelinventar auf den Schultern tragen.

Liste der Gaben der einzelnen Stammesführer für das Heiligtum (7,10-88): Während in der Notiz zu den Transportvehikeln die Zahlen vor dem Artikel stehen (z.B.: zwei Wagen und vier Rinder), stehen sie in dieser Auflistung hinter dem Artikel (z.B.: Rinder: zwei; Widder: fünf etc.). Diese Eigenart und der stereotype Aufbau der Liste, die im übrigen keinen anderen Zweck haben kann als die Gleichheit der zwölf Stämme vor Gott zu betonen, zeigen, daß es sich um die Wiedergabe einer Liste handeln muß, die entweder auf einem Keilschrifttäfelchen stand oder an einer Wand angebracht war und eine visuelle Gliederung aufwies, die im laufenden Text der Bibel fehlt. Der Aufbau der Liste mit einem beschließenden Total entspricht bis in Details babylonischen Listen von Opfermaterial. Zu den Namen der Stammesführer vgl. Kommentar zu Num 1.

7. Mose, Aaron und Levitenreinigung (7,89 – 8,26)

Es scheint, als möchten die Redaktoren zwischen dem Auftritt der Stammeshäupter und dem des Volkes in der Pessachverordnung nochmals alle Vertreter des kultischen Personals einzeln auftreten lassen: *Mose* in seiner Funktion als Mittler zwischen Volk und Gott (7,89), *Aaron* beim Leuchterdienst (8,1-4), die *Leviten* bei ihrer Weihe (8,5-26).

Mose und die Stimme Gottes (7,89): Da es um eine Beschreibung der Kommunikation zwischen Gott und Mose geht, kann der Text logischerweise nicht durch eine Gottesrede an Mose eingeleitet werden, sondern beginnt unvermittelt, aber auch thematisch unerwartet. Bezüglich der *Lade* gibt es zwei sich widersprechende Überlieferungen: 1. Mose begibt sich zur Lade als einem Orakelgerät in einem Zelt *außerhalb* des Lagers, um Antwort auf seine Fragen und die des Volkes zu bekommen und mit Gott wie mit einem Menschen von Angesicht zu Angesicht zu verkehren, während die IsraelitInnen draußen die Wolke sehen (Ex 33,7-11). 2. »P« vermeidet diese extrem menschliche Vorstellung, ja widerspricht ihr mit einem sehr abstrakten Kommunikationskonzept, wonach Mose im Hof vor dem Zelt der Begegnung, das sich *mitten im* Lager befindet, oder im Zelt (vor dem Vorhang) steht und nur die Stimme Gottes hört (vgl. Kommentar zu Lev 1,1-2a). 7,89 präzisiert nun, Ex 25,22 aufgreifend, woher diese Stimme kommt. Sie kommt aus dem Zwischenraum zwischen den beiden Kerubim über dem Sühnmahl (EÜ mit Septuaginta: Deckplatte) auf der Lade der Bundesurkunde. *Kerubim* sind menschengesichtige, geflügelte Löwen, phantastische Mischwesen also, die in ihrer Kombination von Intelligenz (Menschengesicht), Behendigkeit (Flügel) und Kraft (Löwenkörper) die numinose Sphäre Gottes markieren. Unter der *Lade* hat man sich nach »P« eine goldverzierte Kiste aus Akazienholz vorzustellen (Ex 25,1-10; 26,33ff; 37,1-9), in der sich nach »D« die Tafeln mit den Zehn Geboten befanden (Dtn 10). Am unklarsten bleibt das Aussehen des *Sühnmahls (kapporät*; zu seiner

Funktion im Kult vgl. Kommentar zu Lev 16). Nach Ex 37,6 handelt es sich am ehesten um eine Platte aus purem Gold zwischen der Lade und den Kerubim. Nach Ezechiel (1,26; 10,1), der offensichtlich auf ähnliche Vorstellungen zurückgreift, befand sich die Platte über den Kerubim. Daß diese Varianten sich nicht zu widersprechen brauchen, zeigt sich, sobald wir uns der hinter den Texten verborgenen Bildkonstellation zuwenden. Thronende Götter, und als einen solchen, wenn auch nicht in Skulptur ausgeführt, stellte man sich Jahwe vor (2 Kön 19,15), saßen auf einem Thron, der auf einer Ebene stand, die von mächtigen Wesen (Löwen, Sphingen, Kerubim) getragen wurden, die selber wiederum auf einer Ebene lagerten. Diese Mehrstöckigkeit konnte fast beliebig erweitert werden, im Sinne einer metaphorischen Steigerung der Heiligkeit der verehrten Gottheit (Abb. 35). Während nun in der Variante Ezechiels die Lade die Funktion eines Fußschemels einzunehmen scheint (Ps 99,5; 132,7; 1 Chr 28,2) und die Kerubim die Platte stützen, die den Thronsitz bildet, scheint die Konzeption von »P« vorauszusetzen, daß die Lade selber, auf der sich die Platte befand, den Thron bildete und die Kerubim ihre Armlehnen (vgl. 1 Kön 6,23; Abb. 36). Es ist deshalb anzunehmen, daß die Stimme aus dem Zwischenraum zwischen ihnen ertönt. Die Diskrepanzen in den beiden priesterlichen Auffassungen und das abstrakte Wort Sühnmahl zeigen aber auch, daß man die konkrete Anschaulichkeit schon zu einem Teil einer Theologie geopfert hatte, die dazu tendierte, Gottes Numinosität und Heiligkeit durch *Abstraktion* und nicht durch *Addition* bildhafter Elemente (Abb. 35) auszudrücken.

Aarons Leuchterdienst (8,1-4): Die Gottesrede ergeht an Mose mit dem Auftrag an Aaron, die Lampen *(nerot)* so auf den Leuchter *(mönorah)* aufzusetzen, daß ihr Licht nach vorne fällt. Der Leuchter stand an der Südwand, im Innern des Heiligtums, gegenüber vom Schaubrottisch. Sinn der Anweisung ist also die ideale Beleuchtung des Raumes. Auf die Anweisung folgt die Ausführung durch Aaron. Wie aber sah der Leuchter aus? 8,4 zitiert aus Ex 25,31-40 (37,17-24), jedoch nur aus dem noch nicht erweiterten, ursprünglichen Teil des Textes, nämlich der Beschreibung des vorexilischen, ältesten Leuchters (Ex 25,31.37f.40). Dieser bestand wahrscheinlich aus einem einzigen, mit Kelchen, Knoten und Blüten verzierten Ständer, der aus mehreren ineinanderzufügenden Röhrenteilen zusammengesetzt wurde und auf dessen obersten Rand die Lampen aufgesetzt wurden (Abb. 37). Machten schon die Verzierungselemente dieses vorexilischen Leuchters seine Symbolik als Lebensbaum deutlich, so wurde dies beim nachexilischen Leuchter durch Ausgestaltung von sieben Armen, die aus der Basis des Leuchters wuchsen, noch betont (Abb. 38). Seine Beschreibung wurde sekundär in Ex 25 eingefügt. Aber erst der Leuchter, der nach der Profanierung des Tempels durch Antiochus IV. (197 v.Chr.) gestaltet wurde, hatte die Form, die durch die Verbreitung des Leuchtermotivs in den Synagogen populär wurde und bis heute als klassisch für die Menora gilt (Abb. 39).

Die Levitenreinigung (8,5-26): Da es sich bei den Leviten nicht um geheiligtes Kultpersonal für rituelle Aufgaben, sondern bloß um Arbeitskräfte in priesterlichen Diensten, also um so etwas wie Sakristane, handelt, werden sie nicht geweiht, sondern – um die kultische Reinheit zu gewährleisten – gereinigt, dies aber gleich in vierfacher Weise: 1. mit Entsündigungswasser (vgl. Kommentar zu Num 19), 2. durch eine Rasur der Haare am ganzen Körper, 3. durch Kleiderwäsche, 4. durch ein Bad. Auf die Reinigung folgt ein Opfer mit Akzent auf dem Sündopfer (vgl. Kommentar zu Lev 4). Das Besondere dieses Opfers ist, daß die IsraelitInnen den Leviten zur Entsühnung ihrer selbst die Hände aufstemmen (und nicht wie EÜ: auflegen; zum Unterschied vgl. Kommentar zu Lev 1,3-9), wie es sonst bei den Opfertieren üblich ist. Sie werden von den übrigen Israeliten zur Lohnarbeit in priesterlichen Diensten (*avodah*; vgl. Kommentar zu Num 4) dargebracht. Folgerichtig vollziehen die Priester mit den Leviten den Darbringungsritus, wie es sonst mit den Priesteranteilen des Heilsopfers getan wird (*tenufah*; EÜ übersetzt hier leider inkonsequent mit Weihe, wodurch die Parallele zu den Opfern nicht deutlich wird! vgl. Kommentar zu Lev 7,30ff). Danach stemmen die Leviten zu ihrer Entsühnung den Rindern, die sie darbringen die Hände auf. Wie das Strukturschema des Abschnittes deutlich macht, wird zwischen die Vorschriften und ihre Ausführung eine ausführliche Begründung des Rituals eingeschoben:

A *Einleitung (8,5-7a)*
    B *Vorschriften (8,7b-15)*
      1. Reinigung der Leviten (8,7)
      2. Opferritual mit *tenufah* (8,8-12)
      3. Unterordnung unter die Priester (8,13)
        X *Begründung (8,16-19)*
        1. Aussonderung für Gott (8,14)
        2. Dienstbeorderung (8,15)
        3. Auslösung der Erstgeborenen Israels (8,16-18)
        4. Entsühnung der Israeliten (8,19)
    B' *Ausführung (8,20-22a)*
      1. Reinigung der Leviten (8,20f)
      2. *tenufah* (8,21)
      3. Unterordnung unter die Priester (8,22)
A' *Schluß (8,22b)*

Welches ist der Sinn der vier *Begründungen?* 1. Aussonderung für Gott (8,14): Die Nachkommen Levis wurden aus den übrigen Stämmen ausgesondert als besonderes Eigentum Gottes. 2. Dienstbeorderung (8,15): Der Zweck dieser Aussonderung ist die Arbeit im Heiligtum als Gehilfen der Priester oder Sakristane. 3. Auslösung der Erstgeborenen Israels (8,16-18): Die Leviten sind gleichzeitig das Sühnegeld des Volkes an Gott für ihre nicht dargebrachten männlichen Erstgeborenen. Sie besänftigen Gott damit für ein geschuldetes, aber nicht dargebrachtes Geschenk. (Näheres zum Sühnegedanken durch Lösegeld in Exkurs IV.) 4. Entsühnung der Israeliten (8,19): Der gleiche Gedanke wird von Gott her formuliert. Dadurch, daß die Leviten ihre Arbeit am Heiligtum leisten, erlösen sie die Israeliten permanent von ihrer Schuldigkeit.

Ein *Anhang* regelt den Einstieg in den Arbeitsalltag der Leviten und ihre Pensionierung. Die Auffassung, daß die Leviten mit fünfundzwanzig Jahren ihre Arbeit beginnen, widerspricht Num 4, wo die arbeitenden Leviten unter den Dreißig- bis Fünfzigjährigen erhoben werden. Nach nachexilischer Auffassung haben sie den Dienst sogar schon mit zwanzig Jahren begonnen (1 Chr 23,21.27; 2 Chr 31,17; Esra 3,8). Außerdem rechnet Num 8,26 mit einer rollenden Pensionierung. Die Unterschiede widerspiegeln Probleme des Arbeitsmarktes, die sich bis heute nicht geändert haben. Daß die Leviten in nachexilischer Zeit rar waren und deshalb ihre Arbeitszeit erhöht wurde, beweisen die RückkehrerInnenlisten (Esra 2,36-

40; Neh 7,39-41), wonach nur 74 Leviten, wohl aber 4'289 Priester zurückkehrten. Diese Zahlen werfen auch Licht auf die Arbeitssituation dieser beiden Gruppen. Offensichtlich zogen es die Leviten vor, im Exil zu bleiben. Die Rabbinen harmonisieren die unterschiedlichen Angaben in Num 4 und 8 dadurch, daß sie die Zeit vom 25. bis zum 30. Jahr als Lehrzeit betrachten. Die Septuaginta hingegen korrigiert die Zahl 30 in Num 4 zu 25.

8. Das zweite Pessachfest (9,1-14)

In diesem Abschnitt geht es in einem doppelten Sinne um das zweite Pessachfest: 1. Die IsraelitInnen feiern das zweite Pessach überhaupt (9,1-4), denn das erste haben sie unmittelbar vor dem Exodus aus Ägypten gefeiert. Der Aufbruch vom Sinai wird somit als zweiter Exodus stilisiert, nun freilich unter völlig anderen Bedingungen. 2. Der Anlaß des zweiten Pessachfestes wird sinnigerweise dazu benutzt, das Angebot eines zweiten Pessachfestes zu erörtern, für solche, die das Fest zum üblichen Termin nicht feiern konnten (9,5-14).

Die Erfüllung der Pessachpflicht (9,1-4): Am ersten des Monats fand die Musterung der Israeliten statt (1,1) und am vierzehnten das Pessach (von EÜ mit Pascha wiedergegeben, der in neutestamentlicher Zeit üblichen aramäischen Form des Wortes, die als *pas-cha* auszusprechen ist). Dazwischen wurden die Priester geweiht (Lev 8), der Kult inauguriert (Lev 9) und die Leviten gereinigt (Num 8). Daß es in Jerusalem Usus war, die Tempelweihe vor einem großen Wallfahrtsfest, Pessach oder Sukkot, zu vollziehen, ist mehrfach bezeugt. Den Termin vor Pessach wählten die Reformkönige Hiskija (2 Chr 29-30) und Joschia (2 Kön 23,21-23). Da sich mit letzterem die Gesetze des Deuteronomiums verbinden, könnten die priesterlichen Reformen eng mit der Regierung Hiskijas verbunden gewesen sein.
Möglichkeit einer Nachfeier (9,5-14): In erzählender Form – typisch für »H« (vgl. Lev 10 und die Wendung »Fremde und Einheimische« in 9,14) – wird ein Fall vorgetragen, der zu einer Gesetzeserweiterung führt. Männer, die unabsichlich unrein wurden, da sie einen Toten berührt hatten, möchten trotzdem das Pessachfest feiern und gelangen mit dieser Bitte an Mose. Dieser führt eine Gottesbefragung durch, die einen neuen Gesetzesarikel zur Folge

hat: Sonderbestimmungen für das Pessachfest. Wer wegen eines Toten an Pessach unrein ist oder sich auf einer Reise befindet, darf das Pessachfest am vierzehnten Tag des folgenden Monats feiern. Wer aber rein ist und das Fest nicht feiert, soll ausgemerzt werden (*karet*; vgl. Kommentar zu Lev 7,19-21). Fremde, die das Fest feiern wollen, haben sich an dieselben Vorschriften zu halten.

Bei dieser Gelegenheit werden die Grundregeln des Festes nochmals wiederholt:

– Zum *Pessachlamm* gehören *ungesäuerte Brote* und *Bitterkräuter*. Ob das Lamm nach priesterlicher Tradition gegrillt (Ex 12,8) oder nach deuteronomistischer Laientradition gekocht (Dtn 16,7) werden soll, wird nicht präzisiert. Dies könnte ein Hinweis darauf sein, daß »H« diesen Text zu einer Zeit verfaßte, da beide Traditionen lebendig waren und keine bevorzugt werden sollte. Der Hinweis auf die weiteren Bestimmungen im Pessachgesetz (9,12) ist ebenso doppeldeutig. Die ungesäuerten Brote des Pessachfestes haben nichts mit dem Mazzenfest zu tun. Sie werden später mit der Eile beim Aufbruch in Ägypten begründet. Die Bitterkräuter sollen an die Bitternis der HebräerInnen in Ägypten erinnern. Beide Hinweise finden sich in der Pessach-Haggadah (Pessacherzählung; 10. Jh. n.Chr.), die jährlich beim jüdischen Sedermahl gelesen wird.

– Es darf *nichts übriggelasse*n werden. Bei diesem Gebot geht es vor allem darum, vorzubeugen, daß mit Heiligem Schindluder getrieben wird. Gleiches gilt für das Dank- und das Einsetzungsopfer (Lev 7,15; 22,30), so daß diese Opfer als heiliger betrachtet werden müssen als die übrigen Heilsopfer.

– Es dürfen *keine Knochen* des Tieres *zerbrochen* werden, »denn von den IsraelitInnen soll kein Bein zerbrochen werden«. So begründet das Jubiläenbuch (2. Jh. v.Chr) dieses Tabu (Jub 49,13f), das evtl. mit der Auferstehungshoffnung der IsraelitInnen zusammenhängen mag, die intakte Gebeine voraussetzte (vgl. Ez 37,1-14).

9. Signale für das ganze Lager (9,15-10,10)

Die letzte Vorbereitung vor dem Aufbruch vom Sinai betrifft die Signale zum Aufbruch und zum Lagern. Zwei verschiedene Arten von Signalen finden Erwähnung: 1. Die Gegenwart des göttlichen Glanzes in der Wolke (9,15-23). 2. Die priesterlichen Trompetensignale (10,1-10). Durch *siebenfaches* »auf den Befehl Jahwes hin« (9,18a.b.20a.b.23a.b.c) werden die beiden Themen zu einer Einheit verwoben.

1. Die Gegenwart des göttlichen Glanzes in der Wolke (9,15-23): Num 9,15-23 ist eine wiederholungsreiche Entfaltung von Ex 40,36-38. Zusammen mit dieser Passage bildet der Text eine Klammer um die priesterlichen Weisungen am Sinai. Gottes sichtbare Erscheinungsform, sein Glanz *(kavod)*, ist in einer leuchtenden Wolke gegenwärtig. Das Leuchten wird erst nachts sichtbar, wenn die Sonne untergegangen ist, die ja selber ein Realsymbol Gottes, besonders seiner Gerechtigkeit, ist. Feuer und Wolke werden seit alters mit Theophanien, Gotteserscheinungen, verbunden. Der Sitz im Leben dieser Metaphorik mag das Arbeiten an Schmelz- oder Backöfen gewesen sein. In Ex 19,18 wird der Sinai mit einem Schmelzofen und in Gen 15,17 Jahwes Erscheinen mit Feuer und Rauch eines Backofens (vgl. Abb. 4) verglichen. Auch Fackeln können Gottes Erscheinen signalisieren (Ex 20,18; Ri 7,16.20). Die Tradition, daß Israel gehorsamst der göttlichen Feuerwolke folgte, steht in Spannung zur Auffassung, daß die Lade den IsraelitInnen vorausging und den nächsten Lagerort suchte (10,33-36). Der Glanz Gottes ist auf das Engste mit seiner Wohnstätte *(mischkan)* verbunden. Der Begriff *mischkan* kommt genau *sieben Mal* in diesem Abschnitt vor. Die Konstellation Feuerwolke-auf-Wohnstätte-ruhend symbolisiert die ruhige, geordnete und einträchtige Welt der IsraelitInnen.

2. Die priesterlichen Trompetensignale (10,1-10): Zum letzten Mal ergeht das Wort Gottes am Sinai an Mose. Die Bewegungen der Feuerwolke müssen in hörbare Trompetensignale im Sinne militärischer Befehle übersetzt werden. Der Text beantwortet eine Reihe von Fragen. Wie sahen die Trompeten *(chazozerot)* aus (10,2)? Sie waren aus Silber getriebenen; nach Josephus (Ant. 3,291) ca. 40-50 cm lang, also nicht so lang wie im Titusbogen dargestellt (Abb. 40). Nach rabbinischer Überlieferung waren sie mit folgender Aufschrift versehen: »Gottes mächtige Tat, um den Feind zu zerstreuen, und um alle Widersacher der Gerechtigkeit in die Flucht zu

schlagen, eine schändliche Strafe für die Widersacher Gottes« (vgl.
Num 10,35). Wie tönten die Signale und was bedeuteten sie? Vier
Signale werden unterschieden, deren Charakter die mangelhafte
Übersetzung der EÜ jedoch nicht erkenntlich macht: 1. Langer Ton
mit beiden Trompeten (10,3.7): Sammlung der Gemeinde beim
Heiligtum. 2. Langer Ton mit einer Trompete (10,4): Sammlung der
Offiziere beim Heiligtum. 3. Kurze Töne (10,5), eigentlich ein
Kriegs- oder Freudensignal (vgl. Jos 6,5; Ps 47,2 u.ö.): Aufbruch des
Ostlagers (Juda, Issachar, Sebulon und Priesterschaft) in Marsch-
ordnung. 4. Zum zweiten Mal kurze Töne (10,6): Das südliche
Lager bricht auf etc. Wer war befugt, die Trompeten zu blasen?
Ausschließlich die Priester. Das unterscheidet die Instrumente, die
in Jos 6,4.6.8.13a Jubelhörner (*schoferot hajovelim*; EÜ: Widder-
hörner) genannt werden, von den (Widder-)Hörnern (*schoferot*;
EÜ: Hörner) des Volkes (Jos 6,9.13b.20). Nur im priesterlichen
Schrifttum werden die Instrumente Trompeten genannt. Bei welchen Gelegenheiten wurden die Trompeten außerdem geblasen? 1.
Bei feindlichen Angriffen zum Alarm und zur Erinnerung der Isra-
elitInnen bei Gott. 2. Bei Freudenfesten, z.B. bei Königssalbungen
(vgl. 1 Kön 1,39.41). 3. An den Kalenderfesten (vgl. Lev 23,4-38).
Am Neujahrstag, dem klassischen »Tag des Blasens« (Num 29,1) ist
es aber das Volk, das auf den Widderhörnern bläst. 4. An den Neu-
mondtagen. 5. Bei der Darbringung von Brand- und Heilsopfern.
Zur Zeit des zweiten Tempels wurden auch die Gebetszeiten, sowie
Anfang und Ende des Schabbat durch Trompetenstöße signalisiert.
Bei den Ausgrabungen der Tempeltrümmer fand man vor einigen
Jahren einen beschrifteten Stein, der den Ort für den Trompeten-
bläser bezeichnete (Abb. 41).

VI. Wanderung vom Sinai nach Kadesch (10,11-19,22)

Nach Abschluß aller Vorbereitungen bricht das Volk Israel auf und durchquert die Wüste Paran Richtung Kadesch, wo es längere Zeit bleibt.

1. Aufbruch des Lagers (10,11-36)

Nach der ersten Wandernotiz (10,11f) folgt eine Beschreibung der Marschordnung (10,13-28), ein diplomatisches Gespräch Moses mit Hobab (10,29-32) und eine Beschreibung der Funktion der Lade während der Wanderung (10,33-36).

Wandernotiz (10,11f): Die in 9,15-23 breit geschilderte Wolkensäule bewegt sich zum ersten Mal, und zwar zur Wüste Paran hin, die sich nach den heutigen Geographen Israels im südlichen Negev, nordwestlich von Elat, östlich der Wasserscheide, auf einer Hochfläche, befindet, die vom Paran-Tal (neuhebr. *nachal paran*) zerfurcht wird, das ins Tote Meer mündet. Nach Gen 16 und Num 13,26 wird so aber die Gegend um Kadesch bezeichnet, und Gen 21,21 denkt wohl an ein noch weiter nordwestlich gelegenes Gebiet, so daß man annehmen muß, daß für »P« die Wüste Paran den ganzen Südsinai umfaßt, wenn nicht sogar noch den nördlichen Teil der Sinaihalbinsel. Unwahrscheinlich ist eine Identifikation mit der größten Oase des südlichen Sinai, Feran, die sich weit von Kadesch entfernt befindet. Der arab. Name Feran, vielleicht eine Stammesbezeichnung, ist sehr häufig und nicht für die Identifikation alter Ortsbezeichnungen geeignet.

Marschordnung (10,13-28): Die Marschordnung wiederholt weitgehend die Reihenfolge der Lagerordnungsliste von Num 2 (zu den Namen s. Kommentar zu Num 1), birgt aber ein interessantes logistisches Detail. Nach den Stämmen im Osten des Heiligtums brechen die Gerschoniter und Merariter auf, die die Bestandteile des Heiligtums transportierten (10,17), um sie am neuen Lagerplatz zu montieren, noch bevor die Kehatiter mit den heiligen Geräten eintreffen (10,21).

Die Hobabepisode (10,29-32): Die Bitte Moses an Hobab, doch
die IsraelitInnen als ortskundiger Reiseleiter zu begleiten, um dafür
an Gottes Wohltaten für Israel teilzuhaben, also ebenfalls im Gelobten Land zu siedeln, widerspricht der Auffassung, daß Gott selber in
Gestalt der Wolke (9,15-23), bzw. durch das Ladenorakel (10,33-36)
die neuen Rastplätze aufsucht. Ortskundige Reiseleiter haben im
Sinai eine uralte Tradition (vgl. Abb. 30). Noch heute ist, wer diese
trockene, von Bergen und Tälern zergliederte Gegend durchqueren
will, auf gute Führung oder Karten als »Auge« (10,32) angewiesen.
»Hobab (»Liebling«; vgl. noch das Arabische *habibi,* »mein
Schatz«), der Sohn Rëuels, des Midianiters« ist nach Rëuel (Ex 2,18)
und Jitro (Ex 18) der dritte Mann, der als Schwiegervater Moses
bezeichnet wird, nach Ri 1,16 (Septuaginta) und 4,11 aber kein
Midianiter ist sondern ein Keniter. Die Widersprüche erklären sich
am besten folgendermaßen: Midian ist der Name der Landschaft östlich des Golfes von Aqaba und südlich von Edom, also der nord-
westlichste Ausläufer des heutigen Saudi-Arabien. Rëuel ist ein
midianitischer Sippenname. Jitro und Hobab sind zwei sich widersprechende Namenstraditionen. Die Keniter sind ein midianitischer
Wanderstamm (vgl. Ri 4; Jos 15,57; 1 Sam 27,10; 30,29), der sich in
der kupferreichen Gegend der Arava (Num 24,21f) auf Bergbau (vgl.
Gen 4,22) und das Betreuen von Heiligtümern (Timna; Arad) spe-
zialisiert hat und dem die Söhne Rëuels angehören. Israel erinnerte
sich, daß Mose den Gott Jahwe bei den Midianitern kennenlernte,
die ihn schon früher verehrten (Ex 18,10ff). Tatsächlich ist der Gottesname Jahwe eine frührabische Form. Eine ägyptisch-nubische
Tempelinschrift des 14. Jh. v.Chr. kennt ein Land der Jahwe-Schasu,
und eine zeitgleiche aus Amarna weiß, daß die Schasu im Lande
s'arer'a, dem biblischen Seïr (Num 24,18), wohnen. Und auch die
Bibel erinnert sich an diese alten Tage (Ri 5,4f; vgl. Dtn 33,2):»Jahwe
bricht auf aus Seïr, zieht aus aus Edoms Gefild, die Erde zittert und
die Himmel triefen, die Wolken regnen Wasser aus. Die Berge
fließen hin vor Jahwe, dem vom Sinai, vor Jahwe, Gott Israels.« In
der späteren israelitischen Geschichtsschreibung wurde Midian
mehr und mehr zum Inbegriff des Erzfeindes (vgl. Num 31), wor-
unter die älteren Erinnerungen an die Freundschaft zu leiden hatten.
So fehlt auch in der Hobabepisode das Ende: Wir wissen nicht, wie
Hobab auf Moses geschickte Diplomatie eingegangen ist.

Das Ladenorakel (10,33-36): Die Verse berichten nach der theologischen Feuerwolkenkonzeption und der Reiseleitervariante von einer dritten Möglichkeit des Auffindens eines neuen Rastplatzes durch die Bundeslade (Sprachgebrauch von »D«!). 10,34 ist harmonisierend und sekundär und hat wahrscheinlich einen Vers getilgt, der uns mitgeteilt hätte, daß sich die Lade auf einem Transporttier (Esel oder Kamel) befunden hat. Denn solches wird im folgenden Orakelspruch des Mose (10,35b.36b) vorausgesetzt. Der Brauch, den Lagerplatz eines Beduinenclans durch ein Kamel auffinden zu lassen, auf dem das Stammespalladium, die ʿ*otfe*, montiert wird, hat sich unter den Stämmen Südjordaniens und Saudiarabiens bis in neueste Zeit hinein erhalten (Abb. 42). Die ikonographisch dokumentierte Gründungslegende des großen Baaltempels von Palmyra, der nabatäischen Metropole inmitten der syrischen Wüste, zeigt, wie der Ort zur Grundsteinlegung des Tempels von einem Esel und einem Kamel, beladen mit dem transportablen Heiligtum der nabatäischen Stämme, der *qubbe*, aufgefunden wird (vgl. NSK-AT 7, Abb. 10f). Der eigentliche Orakelspruch muß unabhängig von der »P«Überlieferung bekannt gewesen sein. Er wird fast wörtlich in Ps 68,2 und in verdichteter Form in Ps 132,8 wiederholt. Ps 132 bietet eine tempelkultische Variante dieses offensichtlich alten, nomadischen Brauches.

2. Schwierigkeiten und Widerstände I (11,1 – 12,16)

Die Kapitel 11 und 12 vereinigen auf äußerst kunstvolle literarische Weise vielgestaltigen Stoff zum Thema Schwierigkeiten und Widerstände auf der Wanderung. Den Höhepunkt des literarischen Bogens und gleichzeitig einen moralischen Tiefpunkt der Exodusüberlieferung bildet der Unglaube des Mose in 11,26f. Er steht in der Mitte einer Einheit, die zwei Klagen, nämlich jene des Volkes über das Ausbleiben von Fleisch und jene des Mose über die unerträgliche Last des Volkes, miteinander verbindet. Gerade weil Mose im ersten Teil der Einheit eine schwache Figur abgibt, besteht der zweite Teil aus einer Apologie seiner Person:

Murrgeschichte von Kibrot-Taawa:
A Klage des Volkes: Fleisch (11,4-10a)
  B Klage des Mose: Last des Volkes (11,10b-15; in sich eine kunst-
  volle Introversion; s.u.)
    X Antwort Gottes an beide Klägerparteien (11,16-23)
     a Gottes positive Antwort (11,16-20)
     <u>*x Ungläubige Reaktion des Mose (11,21f)*</u>
     a' Gottes restriktive Antwort (11,23)
  B' Gott verteilt die Autorität des Mose auf die Ältesten (11,24-30)
A' Gott schickt Fleisch und bestraft das Volk (11,31-34)

Die zentrale Stellung dieser doppelten Murrgeschichte wird durch
die Flankierung zweier weiterer, parallel strukturierter Murrgeschichten hervorgehoben:

Murrgeschichte von Tabera	*Murrgeschichte von Hazerot*
a Klage des Volkes (11,1a)	**a'** Klage Mirjams und Aarons (12,1-2a)
b Gott hört, wird zornig, straft (11,1b)	**b'** Gott hört, wird zornig, straft (12,2b.4-5.9-10)
c Volk gelangt an Mose (11,2a)	**c'** Aaron gelangt an Mose (12,11f)
d Mose interveniert (11,2b)	**d'** Mose interveniert (12,13)
e Gott reagiert (11,2b)	**e'** Gott reagiert (12,14)
f Wandernotiz (vgl. 11,3)	**f'** Wandernotiz (12,15f)

Das Feuer von Tabera (11,1-3): Die Episode vereinigt auf engstem
Raum alle Elemente einer Murrgeschichte, deren Schema ziemlich
fix ist, eng verwandt mit den Rettergeschichten im Richterbuch
(vgl. z.B. Ri 3,7-11): Klage des Volkes – Zorn und Strafe Gottes –
Volk bittet Mose um Abwendung der Strafe – Mose vermittelt bei
Gott für das Volk – Gottes gnädige Reaktion – Schluß. Die geraff-
te Form einer Murrgeschichte bereitet die LeserInnen geschickt auf
die langen, ausgeschmückten Murrgeschichten vor, die nun folgen.
Andererseits steht sie in krassem Gegensatz zu der vorausgegangenen Hobabepisode (10,29-32). Wurde dort Gottes gutes Handeln
an Israel beschworen, so wird er jetzt als den IsraelitInnen böse
gesonnen angeklagt. Welcher Art ist das Feuer, mit dem Gott die
IsraelitInnen bestraft? Der Text läßt keine Schlüsse zu, sondern
greift sehr allgemein ein göttliches Strafmotiv auf (vgl. Lev 10,2;
Num 16,35; 2 Kön 1,10.12) und betont das wunderhafte Wirken
Gottes. Der Ortsname Tabera, »Weidegrund«, wurde wegen der-

selben Lautung im Hebräischen in »Feuerbrand« umgedeutet. Der Name fehlt in der Liste von Num 33, weil er wahrscheinlich mit Kibrot Taawa identisch ist, findet doch zwischen den beiden Orten keine Wanderung statt.

Die Fleischgier der IsraelitInnen (11,4-6): Der Vergleich mit der Murrgeschichte in Ex 16, wo Gott dem Volk Manna und Wachteln schickt, zeigt, daß es sich um zwei ursprünglich unabhängig voneinander überlieferte Varianten handelt. Für die in Num überlieferte Variante sind die Wachteln neu, und das Manna wird anders erklärt. Angezettelt wird der Aufstand angeblich von einem Mischmasch (*'asafsuf*) von Leuten, Gesindel, das sich den IsraelitInnen angeschlossen hatte (evtl. ein Verweis auf die Hobab-Sippe in 10,29-32 und damit auf die MidianiterInnen, die in der späteren israelitischen Geschichtsschreibung gerne schlecht gemacht werden). Das Volk sehnt sich zurück nach dem Überfluß in Ägypten, wo noch die Ärmsten mehr hatten als sie alle in der Wüste. Ägypten, die immergrüne Flußoase, galt als riesiger Gemüsegarten (Dtn 11,10). Die Gegenüberstellung des irdischen Knoblauchs etc. und des himmlischen Mannas stellt die blasphemischen Züge der israelitischen Quengelei heraus, allerdings nicht ohne Komik.

Die Mannaglosse (11,7-9): Eine späte Glosse erklärt die Beschaffenheit des Manna. Sie wirkt etwas aufgesetzt, weil Manna in diesem Abschnitt keine Rolle mehr spielt. Ihr Sinn ist es, die Klage des Volkes als unbegründet darzustellen. Ihrzufolge sah Manna in der Form wie Koriandersamen, also kugelrund, und farblich wie Bdelliumharz, das in Südarabien (Jemen) vom Balsamodendron (*Commiphora mukul* Engler) ausgeschwitzt wird, aus, und es schmeckte wie Ölkuchen, war also eine Delikatesse. Was für die IsraelitInnen als wunderbare Gabe des Himmels, die über Nacht wie Tau fiel, angesehen wurde, erklärt man heute als Zuckerüberproduktion der Larven zweier Schildlausarten: *Najacoccus serpentinus minor* Green und *Trabutina mannipara* (Ehrenberg) Bodenheimer (Abb. 13)

Die Klage des Mose (11,10-15): Die Quengelei des Volkes reizt Jahwe zum Zorn. Nun ist die Geduld des Mose erschöpft. Er ist nicht länger bereit, zwischen einem mürrischen Volk und einem zornigen Gott zu vermitteln. »In den Augen Moses war es böse« (EÜ: Mose aber war verstimmt) läßt offen, ob er damit das Verhalten der IsraelitInnen, Gottes oder beider Parteien meint. Seine Klage ist eine Rede in kunstvoller Symmetrie (11,11-15):

A Warum hast du deinen Knecht so schlecht behandelt,
    B und warum habe ich nicht deine Gnade gefunden,
        C daß du mir die Last mit diesem ganzen Volk auferlegst?
        D Habe denn ich dieses ganze Volk empfangen (EÜ: in meinem Schoß getragen) oder habe ich es geboren, daß du zu mir sagen kannst: Nimm es an deine Brust, wie eine Amme (EÜ: der Wärter) den Säugling, und trag es in das Land, das ich seinen Vätern mit einem Eid zugesichert habe?
            X *Woher soll ich Fleisch nehmen*
        D' für dieses ganze Volk? Sie weinen vor mir und sagen zu mir: Gib uns Fleisch zu essen!
        C' Ich kann dieses ganze Volk nicht allein tragen, es ist mir zu schwer. Wenn du mich so behandelst, dann bring mich lieber gleich um,
    B' wenn ich überhaupt keine Gnade gefunden habe.
A' Ich will mein Elend nicht mehr ansehen.

A/A': Mose kommt sich mißbraucht vor und wünscht sich den Tod (vgl. **C'** und Elija in 1 Kön 19,4).

B/B': Mose fragt, ob Gott ihm überhaupt wohlgesonnen sei, ob er seine Sympathie habe.

C/C': Mose distanziert sich von *diesem* Volk, dessen Probleme ihm über den Kopf wachsen.

D/D': Mose schiebt die Verantwortung für dieses Volk Gott zu. Dabei greift er auf ein klassisches patriarchales Entlastungsargument zurück: So wie sich der Mann von seinen unfolgsamen Kindern distanziert, indem er die Mutterschaft der Frau betont, schiebt Mose Gott die Rolle der Frau zu, die die Verantwortung für die Kinder zu übernehmen hat. Die Frau/Gottheit hat empfangen und geboren. Sie soll es nun auch stillen und nach Hause tragen. Mose distanziert sich unmißverständlich von einer Funktion als Ernährer. Die quengelnden Kinder Israels sind ihm lästig, wie kleine Kinder patriarchalen Vätern lästig sind.

X: Die ganze Klage spitzt sich in der Frage zu, die sie überhaupt ausgelöst hat: Woher Fleisch nehmen, mitten in der Wüste? Es ist zum Verrücktwerden!

Die Antwort Gottes (11,16-23): Sie zerfällt in eine Antwort an Mose und eine an das Volk. 1. Die Antwort an *Mose*: Die Überforderung Moses durch das Amt soll durch Verteilung der Verantwortung auf siebzig Männer (Älteste und Listenführer), die Mose persönlich bekannt sind, behoben werden. Die Zahl siebzig ist ein klarer Hinweis darauf, daß das ganze Gottesvolk repräsentiert werden soll (vgl. Ex 24,1; Ez 8,11). Sie symbolisiert auch in anderen Zusammenhängen Ganzheit einer großen Menge (Völker: Gen 10; Nachkommen Jakobs: Ex 1,5; Dtn 10,22; unterworfene Könige: Ri 1,7 etc.). Die Tora überliefert nicht weniger als drei Varianten dieser *Demokratisierung der Autorität*, Macht und Verantwortung, die auf Mose ruht, und zwar immer an bedeutender Stelle. In Ex 18,17-23, unmittelbar vor der großen Gotteserscheinung am Sinai, ist es der midianitische Schwiegervater Jitro, der Mose den Rat gibt, das Volk im Gesetz zu unterrichten und unbestechliche Männer als Richter über tausend, hundert, fünfzig und zehn einzusetzen, während er sich selber nur mit unklaren Fällen, die Gott vorgelegt werden müssen, beschäftigen solle. Es gibt gute Gründe, in dieser Geschichte einen literarischen Reflex der Rechtsreformen unter Joschafat (vgl. 2 Chr 19,5ff) zu sehen. Diese Einrichtung lokaler Gerichte (Tore) und Richter wird gleich zu Beginn des Deuteronomiums (Dtn 1,9-18) bestätigt. Allerdings mit einer bezeichnenden Akzentverschiebung: Die Richter werden lokal gewählt und nur noch von Mose, bzw. dem Obergericht (vgl. dazu Einleitung) bestätigt. Num 11,16f bietet nun also eine Variante mit einem utopisch-prophetischen Akzent (s.u. 11,24-30). 2. Die Antwort an das *Volk*: Während in Ex 16 Gott dem Volk ohne Wenn und Aber in väterlicher Güte die Wachteln schickt, um sie im Vertrauen auf ihn zu stärken, schickt er sie nun zur Strafe, bis sie den IsraelitInnen zum Hals heraushängen. Zwischen diesen beiden unterschiedlichen Reaktionen liegt der Bundesschluß am Sinai. Jahwe erwartet vom Volk mehr Vertrauen und Zuversicht. Der Wunsch, nach Ägypten zurückzukehren, ist ein *Mißtrauensvotum* gegenüber Gott und der Kernpunkt der Rebellion gegen das Projekt »Israel«: auserwähltes Volk im Gelobten Land. Es ist das infantile Verhalten der IsraelitInnen, die egoistische Abhängigkeit von ihren oralen Begierden, welche die revolutionäre Vision zu Fall zu bringen droht. Deshalb kommt es gerade hier zur Geistübertragung auf die 70 Ältesten: Es ist notwendig, daß möglichst viele das Projekt geistig mittragen. Revolution setzt Aufklärung und aktive Beteiligung voraus. Sie setzt voraus, daß möglichst viele nicht bloß vom Brot, sondern auch vom Wort leben. Der Unterschied zum ersten Wachtelwunder wird noch auf andere Weise dokumentiert. Die Voraussetzung dafür, daß die IsraelitInnen Fleisch essen können, ist, daß sie sich heiligen, d.h., daß sie kultisch rein sind (vgl. Ex 19,10-15). Gott setzt nun die Kenntnis und Anwendung der Reinheitsgebote, insbesondere die Reinigung nach sexuellem Kontakt (Lev 15,18) voraus. – Num 11f ist Teil einer Tradition, die das Zelt außerhalb des Lagers und nicht in seiner Mitte sucht. Vgl. zu diesen beiden Traditionen den Kommentar zu Lev 1,1-2a.

Gottes Antwort für das Volk wird von Mose mit Unglauben quittiert. Es ist, als stünden sich hier ein unverbesserlicher Utopist und ein rational kalkulierender Revolutionär gegenüber. Mose rechnet Gott vor, wie unsinnig, wohl aus dem Zorn heraus gesprochen, seine Worte sind, und wie er sie in die Realität umzusetzen gedenke. Moses Unglauben wird nur noch einmal in Meriba überboten (20,12). Gottes Replik besteht aus einer knappen rhetorischen Gegenfrage: Meinst du etwa, der Arm des Herrn sei zu kurz? Der Bildhintergrund dieser Metapher ist die ägyptische Königspropaganda, die den Pharao als siegreichen Krieger darstellt, indem sie ihn mit erhobener Rechter zeigt, in der ein Schlagstock ist, im Begriff auf die neun traditionellen Feinde niederzusausen, die er mit seiner Linken am Haarschopf gepackt hat. Der machtvolle Arm Gottes ist das Schlüsselwort des Schilfmeerwunders und in diesem Sinne des ganzen Exodus (vgl. bes. die Entfaltung des Motivs in der Pessach-Haggadah). Gottes Antwort läßt keinen Platz für menschlichen Widerspruch: Die Geschichte allein wird zeigen, was Gottes Wort wert ist.

Die Verteilung des Geistes auf die 70 Ältesten (11,24-30): Die Verteilung des Geistes, sonst nur noch bei der Geistübertragung von Elija auf Elischa (2 Kön 2,15) und von Gott auf den König der Zukunft (Jes 11,2) überliefert, wird vor dem Heiligtum ausgeführt. Gott erscheint in der Wolke, und die Auserwählten treten prophetisch auf. Daß sie in Verzückung fallen, wie es EÜ übersetzt, ist unwahrscheinlich, denn es gibt verschiedene Formen, als Prophet aufzutreten und die ekstatische ist im Falle der Aufgaben, die es von

Mose, bzw. Richtern, zu bewältigen gilt, nicht gefragt. Im übrigen ist auch für das ekstatische Prophetentum die Ekstase nur ein Mittel zum Zweck der prophetischen Offenbarung in einer Rede. Von besonderer Bedeutung ist die Tatsache, daß auch Eldad und Medad, zwei Männer, die aus irgendwelchen Gründen nicht zum Heiligtum gekommen sind, als Propheten auftreten. Diese Episode ist gegen zu enges priesterliches Denken gerichtet, wie es in der Erzählung von Josua zum Ausdruck gebracht wird, der sich über diese Unordentlichkeit aufregt und bereits Auswüchse befürchtet, jedoch von Mose scharf zurechtgewiesen wird, ganz im Sinne von Joh 3,8: Der Geist weht, wo er will. Der Wunsch des Mose, daß doch alle zu ProphetInnen werden mögen, zeigt, worum es geht, sind doch die ProphetInnen jene, die die Weisungen im Herzen tragen und danach handeln. Das Ziel ist eine Gemeinschaft, die keine Richter mehr braucht, weil alle die Gebote und die Achtung der Nächsten verinnerlicht haben, eine Gemeinschaft also, in der keiner mehr den andern belehrt (Jer 31,34).

Die Wachteln (11,31-35): Die Verheißung des Fleischüberflusses erfüllt sich durch die Ankunft eines Wachtelschwarms. Wachteln gehören zu den Zugvögeln, die im März und im September die Sinai-Halbinsel auf dem Weg von Europa und Südasien in den Sudan und Äthiopien und zurück überfliegen. Besonders die Schwärme, die den Weg über das Mittelmeer wählen, sind bei ihrer Ankunft über dem Sinai oft ganz erschöpft. Plinius berichtet, daß erschöpfte Wachtelschwärme, die im Altertum sehr groß gewesen sein müssen, Schiffe, auf denen sie sich niederließen, zum Sinken gebracht hätten (Nat. Hist. 10,65). Das Wachtelwunder ist also gewiß nicht frei erfunden. Andererseits hat es den Menschen einen derartigen Eindruck hinterlassen, daß es nur durch Übertreibungen angemessen wiedergegeben werden konnte (vgl. Ps 78,27). Gottes Zorn ist mit der Erfüllung seiner Verheißung allerdings nicht genüge getan. Vielmehr bestätigt die Gier, mit der sie das Fleisch essen, die Gier, mit der sie danach verlangten und die Gott erboste. Ein Teil des Volkes wird deshalb mit einer tödlichen Plage geschlagen. Nach der Ansicht des mittelalterlichen jüdischen Kommentators Ibn Ezra sterben sie, weil sie sich überfressen haben. Der unidentifizierte Ortsname Kibrot-Taawa wird volksetymologisch mit Giergräber erklärt.

Kritik Mirjams und Aarons an Mose (12,1-3): Vordergründig kritisieren Mirjam und Aaron, daß Mose eine Kuschiterin geheiratet hat. Normalerweise bezeichnet das Land Kusch Äthiopien. Nach Hab 3,7 konnte es aber auch für Midian stehen. Die Kritik bezöge sich dann auf die Midianiterin Zippora (Ex 2,21) und nicht auf eine irgendwann später geheiratete Äthiopierin. Sie paßte gut in die Tendenz später israelitischer Geschichtsschreibung, alles Midianitische zu verunglimpfen. Im andern Fall müßte man annehmen, daß die Geschwister Aarons die Tatsache kritisieren, daß er sich eine zweite Frau genommen hat. Die Spekulationen erübrigen sich mit 12,2, denn es geht um etwas ganz anderes. Mirjam und Aaron verlangen, vielleicht ermutigt durch die eben erlebte Geistverteilung, aktive Teilhabe an Moses Führungsamt mit der Begründung, daß Gott auch zu ihnen gesprochen habe. Überlieferungen von Worten Gottes direkt an Aaron sind in der Bibel höchst rar (vgl. Kommentar zu Lev 10,10), von jenen, die an Mirjam ergangen sind, erfahren wir überhaupt nichts, wie ja auch ein Priesterinnentum, im Unterschied zur gesamten Umwelt, in Israel zu fehlen scheint (vgl. Exkurs II). Es ist zu befürchten, daß eine reiche Tradition weiblicher Überlieferungen durch die patriarchale Selektion der Tora nicht auf uns gekommen ist, wie auch die Fülle der Midrasche über Mirjam vermuten läßt. Daß es vor allem um Mirjam geht, zeigt nicht nur die Tatsache, daß der hebräische Text die weiblichen Verbformen braucht, sondern auch der weitere Verlauf, der ein schreckliches Zeugnis dafür liefert, wie gewalttätig das Patriarchat mit Frauen umgeht, die Teilhabe an Macht und Autorität beanspruchen.

Gottes Antwort (12,4-9): Dieser weitere Verlauf wird durch die offensichtlich redaktionelle und für die Exoduserzählungen außergewöhnliche auctoriale Bemerkung gerechtfertigt, daß Mose der demütigste *('anav)* aller Menschen war. Das Wort bezeichnet besonders die Armen, Ausgebeuteten und Gottesfürchtigen in den Psalmen. Die Gottesrede (12,6-8) an Aaron und Mirjam vor dem Offenbarungszelt betont in kunstvoll poetischer Symmetrie die Einzigartigkeit des Prophetentums Moses:

Einleitung: Und der Herr sprach: Hört meine Worte!
A Wenn es bei euch einen Propheten des Herrn gibt,
  B so gebe ich mich ihm in Visionen zu erkennen
    C und rede mit ihm im Traum.
      D Anders bei meinem Knecht Mose.
      D' Mein ganzes Haus ist ihm anvertraut.
    C' Mit ihm rede ich von Mund zu Mund,
  B' von Angesicht zu Angesicht, nicht in Rätseln.
A' Er darf die Gestalt des Herrn sehen.
Schluß: Warum habt ihr es gewagt, über meinen Knecht Mose zu reden?

Nach dieser Gegenüberstellung erscheint Gott den gewöhnlichen ProphetInnen in Träumen (Nachtträume) und Visionen (Tagträume, bzw. Einsichten). Ein altes Wort für Prophet *(nabi')* ist deshalb Seher *(ro'äh*; vgl. 1 Sam 9,9). Der Wille Gottes wird ihnen nur über Medien vermittelt, die erst noch der Deutung bedürfen. Mose hingegen kommuniziert akustisch (Mund) und visuell (Angesicht; Gestalt) direkt mit Gott. Nach rabbinischer Ausdrucksweise: Mose sieht alles wie in einem klaren Spiegel, die übrigen ProphetInnen wie in einem trüben (M. LR. 1,14). Diese archaische Konzeption ist für »P« undenkbar (vgl. 7,89). Andererseits gleicht das Profil, das das Deuteronomium von den ProphetInnen entwirft, eher dem Mose als den ProphetInnen dieses Gedichtes (Dtn 18,14-20).
Die Bestrafung Mirjams (12,10-16): Mirjam wird schwer bestraft, Aaron nur gerügt. Die Bestrafung mit Aussatz kommt einem Todesurteil gleich, wie es die Fürbitte Aarons an Mose zum Ausdruck bringt (vgl. weiterhin den Kommentar zu Lev 13f). Moses Bittgebet zu Gott ist eine äußerst knappe, symmetrische Formel aus lauter einsilbigen Wörtern, ein sprechendes Zeugnis für Moses kühle Haltung gegenüber seiner Schwester; wörtlich: »Gott, ach, *heil'* doch sie!« Eine Weisung, wonach eine Tochter, die vom Vater bespuckt wird, sich eine Woche lang zu schämen hat, ist weder biblisch noch außerbiblisch bezeugt. Der Reinigungsritus und die Wiedereingliederung Aussätziger findet eine Woche nach Ende der Krankheit statt. Es ist also anzunehmen, daß Mirjam auf der Stelle wieder geheilt wurde, es sei denn, man wolle annehmen, daß sie an Typ 5 (vgl. Lev 13,12f.16f) erkrankt sei, also an einer reinen Form des Aussatzes, der den Körper ganz weiß macht (vgl. 12,10). Nebst Aaron ist es das Volk, das sich mit Mirjam solidarisiert, indem es auf

die Prophetin wartet. Zur Lokalisierung der Wüste Paran s. Kommentar zu 10,11f.

3. Die Kundschaftergeschichte (13,1 – 14,45)

Die Kunschaftergeschichte präsentiert sich wie die vorausgegangenen Murrgeschichten als kunstvoll aufgebaute redaktionelle Einheit:

> A Die Expedition der Kundschafter (13,1-24)
> B Der Bericht der Kundschafter (13,25-33)
> X Die Antwort des Volkes (14,1-10a)
> B' Die Antwort Gottes (14,10b-38)
> A' Die Expedition des Volkes (14,39-45)

Es ist jedoch nicht zu übersehen, daß eine alte Erzählung durch verschiedene Glossen, Ergänzungen und Varianten kommentiert wurde. Einige gehen sogar von unabhängig voneinander überlieferten Erzählungen aus. Auch sprachlich deutlich als kommentierende und präzisierende Ergänzung erkennbar sind 14,1-10.26-38.

Einleitung (13,1-2): Gott beauftragt Mose, das Land Kanaan durch Männer aus jedem Stamm auskundschaften zu lassen. Im Gegensatz zur Parallelüberlieferung in Dtn wird nicht das stärker militärisch behaftete Wort »ausspionieren« verwendet. Die Tatsache, daß die Auswahl nicht wie bei den Ältesten vor dem Offenbarungszelt stattfindet, deutet schon auf die göttliche Skepsis gegenüber der Aktion.

Bestimmung der Kundschafter (13,3-16): Die Liste der als Kundschafter ausgesandten Stammesführer (13,4-16a) unterscheidet sich radikal von den bisher genannten, identischen Listen (Num 1f; 7; 10). Viele Namen kommen nur in dieser Liste vor. Während einige besonders archaisch wirken, werden andere nur noch in jungen Listen genannt. Entscheidend für den weiteren Verlauf ist die Nennung der beiden Helden: Kaleb ben Jefunnes aus dem Stamme Juda und Hoschea ben Nun aus dem Stamme Efraim, der durch eine Glosse (13,16b) mit Josua identifiziert wird.

Beauftragung der Kundschafter durch Mose (13,17-20): Wiederaufnahme des Gedankenganges von 13,3. Die Kategorien, auf die hin das Land erkundet werden soll, werden einzeln genannt: Größe und (militärische) Stärke der Einheimischen, klimatische Beschaffenheit des Landes, Konstruktionsweise der Städte, Fruchtbarkeit des Landes, Art der Vegetation. Durch die Aufforderung, Früchte mitzubringen, wird der Akzent auf die beiden letzten Kategorien gelegt. Es geht also darum, zu überprüfen, ob es sich denn auch wirklich lohne, das Land zu erobern – ein weiterer Mißtrauensantrag an Gott. Ein redaktioneller Einschub teilt mit, daß es die Zeit der ersten Trauben war, und bereitet so den Expeditionsbericht vor.

Glosse I (13,21): Die Wüste Zin wird nach 33,36f unmißverständlich mit Kadesch identifiziert (vgl auch 20,1; 27,14). Im heutigen Israel wird damit ein imposantes Tal verbunden, das bei Avdat seinen Anfang hat und den höheren vom niedrigeren Negev trennt. Rehob bei Lebo-Hamat steht für den äußersten Norden des Gelobten Landes. Lebo-Hamat, das sowohl in assyrischen wie ägyptischen Quellen genannt wird, befindet sich in der Beqa'-Ebene, im Gebiet der Wasserscheide zwischen Litani und Orontes. Mit dieser Notiz wird ein extrem großes Gebiet als Kanaan beansprucht (vgl. Num 34 mit Karte).

Expedition (13,22-24): Eine wesentlich ältere Überlieferung weiß nur von einer Erkundung des Negev und Judas bis Hebron zu berichten, das angeblich sieben Jahre vor Zoan (= Tanis, das Awaris der Hyksos, 1720-1570 v.Chr.) erbaut worden war. Mit Hebron werden zwei Überlieferungen verbunden: jene der Anakiter und die vom Traubental. Die *Anakiter*, vielleicht die »Halskettenleute«, können ethnisch nicht genau eingeordnet werden. Die genannten Namen sind jedoch semitisch. 13,33 verbindet mit ihnen die Vorstellung von Riesen. Sie werden nach Ri 1,20 und Jos 14f von den Kalebitern vertrieben, existieren aber in den Philisterstädten fort (Jos 11,21f). Das *Traubental (nachal 'eschkol)* ist nach der Lokalisierung des Ortes Eschkol in Gen 14,13.24 in der Nähe von Mamre zu suchen, vielleicht das Wadi Haske. In dieser Gegend wird noch heute intensiv Wein angebaut. Zwei bis drei Kilo schwere Trauben sind keine Seltenheit. Kein Bild in ganz Lev/Num ist so populär geworden wie dasjenige der Kundschafter, die eine riesige Traube zu zweit auf einer Stange herbeitragen, um die Fruchtbarkeit des Landes zu demonstrieren. Christlicherseits wurde es gerne zur Illustration jenseitiger Lebensfülle verwendet (Abb. 44), ab dem Mittelalter als Typos für die Kreuztragung, die Kreuzigung oder die Taufe Christi und seit der Aufklärung auch zur Illustration des Herbstes in Jahreszeitendarstellungen. Im modernen Israel hat es die offizielle Tourismusorganisation zu ihrem Emblem gemacht.

Der Bericht der Kundschafter (13,25-33): Die Kundschafter kehren nach vierzig Tagen nach Kadesch zurück und bestätigen die Verheißung Gottes. Aber das ansässige Volk sei stark, und ihre befestigten Städte seien sehr groß – eine Beschreibung, die die mittelbronzezeitlichen Verhältnisse Palästinas besser trifft als die spätbronzezeitlichen. Die Einwohner des Negev werden als Amalekiter, jene des Gebirges als Hetiter, Jebusiter und Amoriter, die der Ebene als Kanaaniter bezeichnet (vgl. dagegen 14,45, wonach die Amalekiter und Kanaaniter im Gebirge wohnen). Mit dieser Aufzählung werden ganz unterschiedliche Größen auf einen Nenner gebracht:

- *Amalekiter:* protobeduinischer Stamm des Negev, der seine Überlegenheit gegenüber Israel der Kamelzucht verdankt (vgl. 1 Sam 30,17).
- *Hetiter:* Das Reich der Hetiter wurde um 1200 v.Chr. zerstört, doch existierte hetitische Kultur in Zellen Syriens und der Levante fort.
- *Jebusiter:* Urbevölkerung Jerusalems.
- *Amoriter:* Von den akkadisch sprechenden Assyrern im Zweistromland übernommener Begriff für die aramäisch sprechende Bevölkerung Syriens, der soviel wie »Wessis« bedeutet, die als Siedler in Palästina für die IsraelitInnen aber »Ossis« waren.
- *Kanaaniter:* Kanaan war im 15.-12. Jh. v.Chr. eine ägyptische Provinz, die von Gaza aus, das »Stadt Kanaans« hieß, kontrolliert wurde. Die in diesem Gebiet lebende einheimische Bevölkerung war in Stadtstaaten organisiert, die meistens in Ebenen lagen.

Kaleb ist trotzdem zuversichtlich und ermutigt das Volk hinaufzuziehen. Die übrigen Kundschafter raten aber mit viel Rhetorik davon ab: Die Einheimischen sind stärker; das Land frißt seine Bewohner auf (Anspielung auf die geopolitisch sensible Lage Palästinas im Schnittpunkt der Großmächte des Vorderen Orients); das Land ist von Riesen bevölkert, denen gegenüber die IsraelitInnen Heuschrecken, die kleinsten der eßbaren Tiere (vgl. Lev 11,22), sind.

Die Antwort des Volkes (14,1-4): Die Rhetorik der Ungläubigen
verfehlt ihre Wirkung beim Volk nicht. Erneut erheben die Israelit-
Innen ein Geschrei und wünschen sich in einem durch kreuzweisen
Aufbau hervorgehobenen Vers lieber den Tod, als daß sie in dieses
Land hinaufziehen möchten (14,2):

A Wenn wir doch bloß gestorben wären
   B im Lande Ägypten
   B' oder in dieser Wüste;
A' wenn wir doch bloß gestorben wären!

Da unter den Argumenten des Volkes besonders die Sorge um
Frauen und Kinder, die von den Feinden versklavt werden könnten,
hervorsticht, liegt die Annahme nahe, die Opposition in ihren Reihen und in Männern, die auf ihre Stimme hörten, zu suchen. Das
Volk pfeift auf zweckoptimistisches, männliches Heldentum im Stile eines Kaleb, wenn es dabei zugrundegeht. Es will dazu übergehen, sich einen Führer zu wählen, der bereit ist, sie nach Ägypten
zurückzuführen.

Die Reaktion der Führer (14,5-10a): Mose und Aaron sehen in
dieser Situation äußerster Bedrohung der Mission »Exodus« keine
andere Möglichkeit, als sich selbst vor dem Volk durch eine Huldigung zu erniedrigen – im wahrsten Sinn des Wortes – und es so zu
besänftigen. Das Volk nimmt die Stelle Gottes ein, aus der Theokratie droht eine Demokratie zu werden. Im Rahmen der vorliegenden Erzählkomposition erhält nun Kaleb Unterstützung durch
Josua. Ursprünglich lagen aber zwei unabhängige Erzähltraditio-
nen vor. Sie reagieren auf den *Unterwerfungsgestus* der beiden
Volksführer, die einer Verhöhnung Gottes gleichkommt, mit einem
Bußgestus, der Gott besänftigen und das Volk zur Vernunft bringen
soll. Sie preisen das Land als »sehr sehr gut« (14,7; EÜ: überaus
schön), beschwören das Volk, nicht zu rebellieren, und versichern
es, daß Gott mit ihnen ist und sein (schützender) Schatten von den
Leuten des Landes gewichen ist. Hinter der Metapher des Schattens
steht die Vorstellung der geflügelten Sonnenscheibe. Die Kombination dieses Bildes mit der göttlichen Schutzmacht vor Feinden findet sich auch auf Siegeln (Abb. 45). Die Gemeinde läßt sich nicht
besänftigen. Im Gegenteil: Sie droht mit der Steinigung Moses und
Aarons.

Antwort Gottes und Intervention Moses (14,10b-25): Nun erscheint Gottes Glanz (EÜ: Herrlichkeit) selber. Sein Geduldsfaden ist gerissen. Er wünscht, das Volk durch eine Pest auszuradieren und Mose zum Stammvater eines neuen Volkes zu machen, also wieder auf der Stufe Abrahams zu beginnen. Das doppelte »ich will« ruft geradezu nach Mose in seiner Funktion als Vermittler. In der Folge hält Mose Gott einen komplexen theologischen Vortrag, in seiner Wirkung jenem Abrahams angesichts der bei Gott beschlossenen Zerstörung Sodoms und Gomorras vergleichbar (Gen 18,23-33). Wie dort und in den langen Vorträgen der Freunde Ijobs geht es um das Problem der Theodizee: um die Rechtfertigung der Gerechtigkeit Gottes vor den Völkern. Mose gibt Gott zwei Argumente zu bedenken:

1. Wenn Gott sein Projekt nicht zu Ende führt, wird er in den Augen der Völker als Versager dastehen. Ja mehr noch: als Eidbrüchiger, der den Bundesschluß nicht eingehalten hat, wird er der Verachtung preisgegeben sein. Nach Ex 3,8.17 hat Gott den Eid, den er Abraham geleistet hat (Gen 15,18; 22,16; 26,3), durch ein Versprechen bekräftigt.

2. Gott ist bekannt für seine Barmherzigkeit. Zur Unterstreichung dieses Argumentes wird Gott selber (verkürzt: siehe kursiv Gedrucktes) zitiert, wie er sich Mose in der zweiten Erscheinung am Sinai zu erkennen gab (Ex 34,6-7): »*Jahwe ist* ein barmherziger und gnädiger Gott, *langmütig, reich an Huld* und Treue. Er bewahrt Tausenden Huld, *nimmt Schuld, Frevel* und Sünde *weg, läßt aber nicht ungestraft; er verfolgt die Schuld der Väter an den Söhnen* und Enkeln, *an der dritten und vierten Generation.*« Diese Theologie bedarf der Erklärung, da sie auf den ersten Blick widersprüchlich erscheint. Straft er nun oder straft er nicht? Er straft. Aber er verteilt die Strafe auf mehrere Generationen, da eine komprimiert vollzogene Strafe die völlige Ausrottung Israels zur Folge hätte. Die Vorstellung, daß die Strafe für eine Schuld von mehreren Generationen abgetragen werden muß, ist im Alten Orient weit verbreitet und verständlich für Gesellschaften, in denen viel stärker kollektiv als individuell gehandelt wird. Zwei moderne Beispiele mögen dies verdeutlichen: Der Frevel des Nazitums in Deutschland wurde nicht nur von der Kriegsgeneration gebüßt. Die Teilung Deutschlands, die Wiedergutmachungszahlungen an Israel oder

Vorurteile gegenüber Deutschen treffen auch die jüngeren Generationen. Der Frevel des französischen Kolonialismus in Algerien wurde nicht nur von der Kriegsgeneration gebüßt, sondern trifft auch jene, die heute unter dem Fundamentalismus-Terror in Algerien oder den Unruhen in den Vorstädten von Paris zu leiden haben. Die Barmherzigkeit wird durch Verteilung der Strafe auf viele ausgeübt, ohne die Gerechtigkeit aufzuheben. Die nachexilische Prophetie empfand gerade die Verteilung der Strafe auf Unschuldige als ungerecht und lehrte demgegenüber eine individuelle Sündenvergeltung (bes. Ez 18; Joel 2,13; Jona 4,2; Neh 9,17f; Ps 86,15), worin ihr das rabbinische Judentum gefolgt ist. Jeremia und das Deuteronomium versuchten die beiden Theologien zu harmonisieren (Jer 32,18f; Dtn 5,9f vs. 7,9). Das Christentum löste das Dilemma zunächst mit christologischen Sühnetheologien (Römerbrief: Christus als Sühnmahl, Hebräerbrief: Christus als Hoherpriester; Johannes: Christus als Lamm Gottes; s. Exkurs IV), besonders in der mittelalterlichen Praxis aber auch mit individueller ewiger oder zeitlicher Abgeltung der Strafe im Jenseits (Hölle, Fegefeuer).

Gott läßt sich überzeugen. Der Herr verzeiht dem Volk, d.h.: er tilgt einen Teil seiner Schuld durch Verteilung auf spätere Generationen. Doch er schwört bei sich selber (eine andere Möglichkeit gibt es für Gott nicht), daß die Männer die ihn auf die Probe gestellt haben, noch in der Wüste umkommen werden. EÜ gibt eine frühe rabbinische Tradition wieder, die in die Septuaginta eingegangen ist, wonach diese Männer Gott insgesamt zehnmal in der Wüste versucht haben. Der Masoretische Text liest: viele Male. Die IsraelitInnen müssen also noch so lange, für die Dauer einer Generation, vierzig Jahre, durch die Wüste wandern. Statt von Kadesch (13,26) aus weiter nordwärts durch den Negev zu ziehen, müssen die IsraelitInnen sofort wieder Richtung Schilfmeer umkehren. Nach 20,1 und 33,38 tun sie das nicht, sondern bleiben bis zum vierzigsten Jahr in der Umgebung von Kadesch. Nur Kalebs Sippe wird von dieser Strafe ausgenommen. Die *Kalebiter* gehören ursprünglich zu den Kenisitern, einem edomitischen Clan (32,12; Gen 36,11.15.42). Sie gehen später in den Judäern auf (1 Sam 27,10; vgl. die Hobabepisode 10,29). Vor allem die Tatsache, daß David Abigajil, die frühere Frau des Kalebiters Nabal (1 Sam 25,2f), heiratet und sich in

Hebron, dem Stammland der Kalebiter, zum König ausrufen läßt, dürfte dazu beigetragen haben, daß Kaleb als erster Sohn Judas an die Stelle Nachschons trat (Num 34,19; 1 Chr 2,50f). Die Kalebiter scheinen ihren Wohnraum um Hebron vom Negev her erobert zu haben. *Eine Erzählvariante (14,26-38):* 13,26 schließt inhaltlich an 14,10 an. Die wesentlichen Elemente von 14,10b-25 werden wiederholt, ergänzt und präzisiert. Es handelt sich also um einen frühen Kommentar. Die Gottesrede ergeht auch an Aaron, der damit von Gottes Eid ausgenommen wird. Die Männer, die umkommen müssen, bevor Israel ins Gelobte Land eintritt, sind jene, die gemustert wurden (Num 1). Es widerfährt ihnen, was sie sich selber gewünscht haben (14,2b). Die Kinder (und Frauen?!) aber, von denen sie fürchteten, daß sie den Feinden in die Hände fallen werden (14,3), werden das Land betreten. Außer Kaleb wird auch Josua (vgl. 14,6) eine Ausnahmegenehmigung erteilt. Das vierzigjährige Umherziehen der zweiten Generation, die damit einen Teil der Strafe auf sich nimmt, wird mit den vierzig Tagen Auskundschaftung des Gelobten Landes begründet. Gottes Eid ist unwiderruflich. Die zehn schuldigen Kundschafter fallen auf der Stelle tot zu Boden. *Die Expedition des Volkes (14,39-45):* 14,39 schließt an 14,25 an. Das Volk bereut sein Verhalten und will nun hinaufziehen, um das Land zu erobern. Trotz einer eindringlichen Warnung Moses lassen sie sich nicht davon abbringen und marschieren ohne Bundeslade (hier und noch in 10,33 liegt die »D«-Bezeichnung für die Lade vor!) als Kriegspalladium (vgl. 1 Sam 4) los, was sie mit einer verheerenden Niederlage bei Horma bezahlen müssen. Die Ortsangabe bei Horma wurde wohl gewählt, weil man sie auch als »bis zu ihrer Vernichtung« lesen kann und weil sie nach Ri 1,16f von den Söhnen Hobabs gegründet wurde. In der Vernichtungsnotiz der IsraelitInnen liegt demnach bereits die Erfüllung der Verheißung für die NichtisraelitInnen verborgen.

4. Gesetzesmiszellen (15,1-41)

Das Kapitel bietet eine sehr heterogene Sammlung von Weisungen. Warum wurde sie hier, den Erzählzusammenhang unterbrechend, eingefügt? Jüdische Ausleger geben zwei Gründe an: Die Weisungen im Hinblick auf das Leben im Gelobten Land versichern die Generation, die noch in der Wüste sterben muß, daß ihre Kinder das Land erben werden, und trösten sie über den Verlust hinweg. Die Weisungen betonen die Fremden im Land und nehmen so auf die Belohnung Kalebs Bezug.

Opfertarif für Mehl, Öl und Wein (15,1-16): Fleisch von offiziellen Brand- und persönlichen Heilsopfern (außer bei Dankesopfern) wurde zum beruhigenden Duft für den Herrn (vgl. Kommentar zu Lev 1,3-9) zusammen mit Speise- und Trankopfern dargebracht (vgl. 28,2.29-39; 29,39; Lev 7,16; 22,18.21; 23,4-37). Die Terminologie für die Opfertiere nach EÜ stiftet Verwirrung: 15,3 spricht von Groß- und Kleinvieh, nicht von Rind und Schaf, und gibt die allgemeine Opferkategorie an. Die Vorschriften für Lämmer gelten auch für junge Ziegen (vgl. 15,11). Somit ergibt sich folgender Tarif:

pro Opfertier	Mehl	Öl	Wein
Lamm/ Ziegenböcklein	Zehntel (Efa)	Viertel Hin	Viertel Hin
Widder	Zwei Zehntel (Efa)	Drittel Hin	Drittel Hin
Kalb	Drei Zehntel (Efa)	Halbes Hin	Halbes Hin

1 Efa = 11,75 Liter; 1 Hin = 1,17 Liter (Priesterliche Maße nach Susan Rattray's Rekonstruktion)

Trankopfer (Libationen) gehören zu den ältesten Opfern überhaupt. Sie wurden meistens aus Schnabelkrügen, die nicht selten ornamental oder figürlich verziert waren, dargebracht (Abb. 45). Der Weingenuß bzw. das Weinopfer im Speziellen ist Teil der Kulturen des Mittelmeeres und von da, vermittelt über das griechische Symposion, in die Pessachliturgie (vgl. Jub 49,6) und in die christliche Eucharistiefeier eingegangen. Mt 26,28 nimmt bei der Deutung des Pessachbechers ausdrücklich Bezug auf die alten Trankopfer, die christologisch umgemünzt werden: »Das ist mein Blut des Bundes, das für viele vergossen wird, zur Vergebung der Sünden.« Zur Zeit des zweiten Tempels bildete das Weinopfer den Höhepunkt des Opferkultes, wie Jesus Sirach in seinem Hymnus auf den Hohenpriester Simeon bezeugt (Sir 50,15ff):

Dann streckte er die Hand nach dem Becher aus
und opferte von dem Blut der Trauben;
er goß es aus an den Fuß des Altars
zum beruhigenden Duft für den Höchsten, den König des Alls.
Jetzt stießen die Söhne Aarons in die getriebenen Trompeten,
sie bliesen mit gewaltigem Schall zur Erinnerung vor dem Höchsten.
Alle Versammelten beeilten sich
und warfen sich auf ihr Gesicht zur Erde nieder.

Im Überfüllen des Kidduschbechers am Sabbat hat sich im Judentum das Trankopfer erhalten.

Mit großer Emphase wird betont, daß diese Weisung auch für die Fremden im Lande gilt. Wer sind die *Fremden*? Gemeint sind die NichtisraelitInnen, die im Gelobten Land leben. Sie stehen unter dem Schutz der IsraelitInnen, so wie diese früher als Schutzbürger unter den KanaanäerInnen (z.b. Gen 14,13) und ÄgypterInnen (z.b. Ex 2,22) lebten. Dafür haben sie sich den geltenden Regeln zu unterwerfen (z.b. Lev 24,22). Das bedeutet, daß sie jene Gesetze, die – wie im vorliegenden Fall – für Fremde verpflichtend sind, zu befolgen haben. Die Regel gilt also nicht generell. Besonders deutlich wird dies etwa beim Verbot des Blutgenusses (Lev 17): Fremde unterstehen nur dem Blutgenußtabu, sind aber nicht zum rituellen Schlachten verpflichtet. Diese Unterscheidung hat das Deuteronomium im Zusammenhang mit der joschijanischen Kultreform dazu inspiriert, das für die Fremden geltende Recht auf alle Israeliten zu übertragen und die Profanschlachtung zuzulassen. Wenn Fremde aber rituell schlachten wollen, dann ist es ihnen nur im Rahmen des Jahwe-Kultes erlaubt. D.h. sie haben die Wahl zwischen keiner Religion oder der israelitischen. Nach dem Exil wird den Fremden die Öffnung des Kultraumes in Aussicht gestellt (Jes 56,7), eine Perspektive, die für die christliche Interpretation des Judentums maßgebend wird (Mt 21,13 ‖ Mk 11,17; Lk 19,46).

Die kunstvolle *abschließende Formel* unterscheidet den Überbegriff Regeln für alle Formen geltenden Rechts *(chuqqah)* vom geschriebenen Gesetz *(torah)* und dem im Einzelfall gültigen Rechtsspruch *(mischpat)*. Das Wort Fremder *(ger)* kommt fünfmal vor: je zweimal im Rahmen und nochmals in der Mitte. Dadurch wird das »Weilen bei euch« als ein »Weilen vor Gott« interpretiert.

Letzteres ist die Begründung dafür, warum die Beachtung der
Gesetze durch die Fremden so wichtig ist: Wenn sie sie mißachten,
sündigen sie gegen Gott. Er·zürnt und verläßt im schlimmsten Fall
das Heiligtum (Num 15,15f):

Versammlung!
A Einerlei Regeln *(chuqqah)* gelten für euch und für den Fremden, der als
Fremder bei euch weilt,
  B Regeln *(chuqqah)* für ewige Zeiten, durch alle Geschlechter,
    X wie für euch, so für den Fremden, der vor Gottes Ange-
    sicht weilt.
  B' Einerlei Gesetz *(torah)* und einerlei Recht *(mischpat)*
A' gelte für euch und für den Fremden, der als Fremder bei euch weilt.

Das Brotteigopfer (15,17-21): Das Beste von allen Erstlingsfrüchten
haben die IsraelitInnen den Priestern abzugeben. Dazu gehört auch
als Spezialfall (vgl. Ez 44,30) der erste, vom neuen Getreide gekne-
tete Teig *(challah).* Er wird als Abgabe für den Herrn *(terumah*;
sonst von EÜ mit »Erhebungsritus« widergegeben; vgl. Kommentar zu Lev 7,11-18) abgesondert, wie die Erstlingsgabe des Getreides. Eine Mindestmenge wird nicht angegeben. Die Rabbinen
haben sie später auf ein Omer (= ein Zehntel Efa; 1,75 l) festgelegt.
*Sühneriten für die Gemeinde und einzelne nach unabsichtlichen
Vergehen (15,22-31):* Es liegt eine Alternativtradition zu Lev 4,3-21
vor, die jenen Gesetzestext zugleich in wichtigen Punkten ergänzt.
– Die *Unterschiede:* Das Gesetz kennt nur das Opfer der Gemeinde und der einzelnen. Die Sündopfer des Priesters und des Sippen-
oberhauptes fehlen. Vorgeschrieben wird für die Gemeinde ein
Jungstier als Brand- und ein Ziegenbock als Sündopfer (Lev 4,14:
Ziegenbock als Sündopfer). Das Sündopfer ist möglicherweise
sekundär, weil das Brandopfer ursprünglich sühnende Funktion
hatte (s. Kommentar zu Lev 1). Für die einzelnen ist eine einjährige
weibliche Ziege als Sündopfer (Lev 4,28.32: eine fehlerlose Ziege
oder ein Schaf) Vorschrift. – *Ergänzungen:* 1. Das Gesetz gilt für
Fremde ebenso wie für Einheimische. Dies impliziert zugleich, daß
die Unterscheidung von rein und unrein in Israel auch für die Fremden gilt, denn diese Gebote sind es ja vor allem, die unvorsätzlich
übertreten werden. 2. Das Gesetz bezieht sich nicht bloß auf Vergehen gegen Verbote, sondern auf Vergehen gegen alle Weisungen,

auch die Gebote. 3. Vorsätzliche Sünden (wörtl.: solche, die »mit erhobener Hand« ausgeführt wurden), bisher in keiner Weisung erwähnt, gelten als unsühnbar durch ein Sündopfer, sie ziehen die *karet*-Strafe nach sich (vgl. dazu Kommentar zu Lev 7,19-21). Zur Möglichkeit der Tilgung am Versöhnungstag siehe Kommentar zu Lev 16.

Holzsuchen am Sabbat (15,32-36): Wenn schon das Sammeln von Manna am Sabbat verboten ist (Ex 16,22-30), das man immerhin am Sabbat essen darf, so erst recht das Sammeln von Holz, das man am Sabbat nicht anzünden darf (Ex 35,2f). Auf Verletzung der Sabbatruhe (Ex 31,14f) steht sowohl die Todesstrafe *(mot jumat)* als auch die Ausmerzung *(karet;* vgl. dazu Kommentar zu Lev 7,19-21). Die Strafkombination findet sich sonst nur noch bei der Moloch-Verehrung (Lev 20,1ff). Dieser narrativen Gesetzesauslegung zufolge bedeutet das, daß die Entscheidung, ob Menschen *(mot jumat)* oder Gott *(karet)* die Strafe zu vollziehen haben, dem göttlichen Orakel überlassen bleibt. Dieses entscheidet in diesem Fall für Tod durch Steinigung:

A Der Herr sprach zu Mose:
　B Der Mann ist mit dem Tod zu bestrafen.
　　C Steinigen soll ihn
　　　D die ganze Gemeinde draußen vor dem Lager.
　　　D' Da führte die ganze Gemeinde den Mann vor das Lager hinaus
　　C' und steinigte ihn
　B' zu Tod,
A' wie der Herr es Mose befohlen hatte.

Das Ungewöhnliche daran ist, daß ein Vergehen gegen Gott durch Menschen geahndet wird. Dies dürfte mit der hohen gesellschaftlichen und religiösen Bedeutung des Sabbats in Israel zusammenhängen, dem an Heiligkeit nur noch der Versöhnungstag gleichkommt. Vorausgesetzt wird in diesem Fall, daß es sich um ein absichtliches Vergehen handelt, denn ein unabsichtliches wäre ja durch das Sündopfer sühnbar. Gerade aus diesem Grunde wurde der Fall hier zur Illustration von 15,30f eingefügt.

Die Quastenvorschrift (15,37-41): Der Saum eines Gewandes war im Alten Orient Ausdruck der Autorität des Menschen, der das Gewand trug. Es galt, was noch heute gilt: je mehr Streifen, desto höher der Grad. Säume waren offenbar durch die Verzierungen so genau definiert, daß man sie sogar anstelle eines Siegels in den weichen Ton eines Keilschriftbriefes pressen konnte. Die Fürsten Palästinas der Mittelbronzezeit werden in bombastischen Wulstsaummänteln dargestellt (NSK-AT 7, S. 19, Abb. 1). Ägyptische Darstellungen der Fremdvölker charakterisieren die in Palästina ansässigen Schasu und Philister mit Kleidern, an deren Saum sich *Quasten*, immer zu dreien, befinden (Abb. 46). Diese lokale Sitte wurde von den Priestern Israels aufgegriffen und in zweifacher Weise theologisch instrumentalisiert: 1. Die Quasten erhielten die Bedeutung von Erinnerungszeichen für die Weisungen Gottes. 2. Durch das Einweben eines Purpurfadens erhalten alle Israeliten (auch die Israelitinnen?) hohepriesterliche Würde, denn *Purpur* wurde ausschließlich für die Ausschmückung des Zeltes (Ex 26,1) und der hohenpriesterlichen Gewänder (Ex 28,6.15.31.33) verwendet. Purpurgarn war wegen der enorm aufwendigen Herstellung extrem teuer. Ein Gramm eingefärbte Wolle würde heute ca. DM 150,- kosten. Die Farbe wurde aus drei verschiedenen Meeresschnecken (*Murex trunculus* und *brandaris*, sowie *Thais haemastoma*), die noch heute an der Ostküste des Mittelmeeres vorkommen, gewonnen. Purpur galt im römischen und byzantinischen Reich als kaiserliche Farbe. In Israel war es ferner die Aristokratie, die Purpurstoffe trug (Ez 23,6; Est 1,6). Die hohenpriesterlichen Gewänder waren auch die einzigen, die aus Mischstoffen hergestellt waren, die nach Lev 19,19 für das Volk verboten sind. Um das allgemeine Priestertum des Volkes zu betonen, haben die Rabbinen nach dem Untergang des zweiten Tempels und des Priestertums die Herstellung der Quasten aus Wolle und Leinen *(scha'atnetz)* angeordnet. Bis heute tragen die Juden beim Gebet einen Gebetsmantes *(tallit)* mit sog. Schaufäden *(zizit)*, die den Quasten der alten Israeliten entsprechen. Vor dem Segen pflegen sie in der Synagoge mit einer Ecke des Gebetsmantels die Tora zu berühren, gleichsam um sie mit ihrem Namen zu siegeln. Dem eigentlichen Sinn der Quasten als Erinnerungszeichen würde es entsprechen, sie nicht *beim* Gebet, sondern *zwischen* den Gebeten zu tragen, wie der mittelalterliche Bibelkommentator Ibn Ezra sehr scharfsinnig bemerkt hat.

5. Schwierigkeiten und Widerstände II (16,1-17,28)

Ein zweites Mal kommt es zu einer Zerreißprobe unter den IsraelitInnen, und wieder geht es um Autoritätsprobleme (vgl. schon 11,1-12,16). Wurde im vorangehenden Abschnitt (15,37-41) das allgemeine Priestertum der IsraelitInnen hervorgehoben, ja durch Erinnerungszeichen ständig sichtbar gemacht, so bemühen sich die folgenden Geschichten, allzu konkrete Auswirkungen dieses allgemeinen Priestertums zu verhindern und die Vorherrschaft der Aaroniden zu sichern. Dabei ist ihnen jedes Mittel recht. Die berichteten Ereignisse gehören zu den gewalttätigsten im Ersten Testament. Leider erfahren wir nur bruchstückhaft, welche Argumente die Kritiker der Autoritäten vorbrachten.

Der vorliegende Text läßt deutlich ein literarisches Wachstum erkennen. Unter dem Stichwort »Korach & Co.« wurde offenbar diverses Material zum Thema Rebellion gegen zadokidische Priesterschaft und Obergericht, bzw. Aaron und Mose, gesammelt und in mehreren Stufen zu einer Einheit komponiert. Mit Gewißheit läßt sich die Geschichte des vorliegenden Textes nicht rekonstruieren. Aber einige Vermutungen legen sich nahe: Eine vorletzte Redaktion könnte etwa so ausgesehen haben:

Einleitung (16,1-4)
A Datan und Abiram gegen Mose (16,12-15)
  B Korach und sein Anhang gegen Aaron (16,16-18)
    C Korach und die Gemeinde gegen Mose und Aaron (16,19-22)
    C' Die Gemeinde wird beim Heiligtum verschont (16,23f.26a.27a)
  B' Korach und sein Anhang werden beim Heiligtum eingeäschert (16,35)
A' Datan und Abiram werden von der Erde verschlungen (16,25f.27b-34)

»P« überliefert die Geschichte des Aufstandes eines kehatitischen Leviten namens Korach, der von einigen Stammesführern maßgebliche Unterstützung erfährt und zusammen mit diesen in einem Ordal durch göttliches Feuer umkommt (B/B'). Eingebaut in diese Geschichte wird die Hauptaussage des ganzen Komplexes: Gott straft nur die Schuldigen und rettet die Gemeinde vor der Auslöschung (C/C'; bes. 16,22ff; vgl. Gen 18,23ff). Unter Einfluß von

»D«, wo eine ähnliche Geschichte von den Leviten Datan und Abiram überliefert wird, die von der Erde verschlungen werden (Dtn 11,6), wird in gut orientalischer Erzähltradition eine zweite Rebellionsgeschichte um die erste gelegt (A/A'). Der rhetorische Effekt dieser Methode ist klar: Durch die Anhäufung der Fälle werden die Leviten zum aufständischen, undankbaren Geschlecht stilisiert, die eine unbarmherzige Strafe verdient haben. Diese Absicht wird durch einen zusätzlichen Steigerungseffekt noch verstärkt: Datan und Abiram opponieren gegen Mose. Korach gegen Aaron und schließlich Korach mit der ganzen Gemeinde gegen Mose *und* Aaron.

Diese Komposition wird im Hinblick auf ihre Einbettung in die Tora folgendermaßen erweitert und umgestaltet: 1. Ein *Vorspann* (16,5-11) nimmt die Haupthandlung voraus und führt durch eine Strafpredigt Moses an die Leviten ins Thema ein. 2. Korach wird zusammen mit Datan und Abiram von der *Erde* verschlungen und stirbt nicht mehr durch das göttliche *Feuer*. In diesem Punkt ist zwar der Text selber nicht eindeutig, da nur von dem die Rede ist, was zu Korach gehörte (16,32), doch wird die Tradition unmißverständlich durch 20,9f bezeugt. Die samaritanische Überlieferung dieser Stelle wetzt den Widerspruch zur Feuertradition durch Tilgung Korachs an dieser Stelle aus. Durch den neuen Verlauf der Ereignisse bedingt, wird die Wohnstätte *(mischkan)* Gottes in völlig singulärer Weise in die Zelte der Rebellen umfunktioniert (16,24.27). 3. Der Schlußvers der Gottesfeuererzählung wird ans *Ende* der ganzen Vernichtungsaktion versetzt (16,35), um die ätiologische *Nachgeschichte* einzuleiten, die die Funktion des kupfernen Altarüberzuges erklärt (17,1-5). Das brutale Vorgehen an den Leviten und Volksführern löst neue Kritik an Mose im Volk aus, die wiederum durch eine Plage gestraft wird, die durch das sühnende Eintreten Aarons aufgehalten werden kann (17,6-15). Die Sonderstellung Aarons wird zusätzlich durch die Wundergeschichte vom Erblühen von Aarons Stab untermauert (17,16-26). Damit nimmt die Erzählung voraus, was die folgenden Weisungen rechtlich verankern: die Leviten unter der Vorherrschaft der Aaroniden sind verantwortlich für die Sicherheit des Volkes (17,27-18,7), dafür profitieren sie von den Steuerabgaben des übrigen Volkes (18,8-32).

Der Aufstand von Korach & Co. (16,1-35): Die traditionellerweise »Rotte Korachs« genannte Gruppe von Aufständischen umfaßt bei genauerer Lektüre unterschiedliche Parteien, die sich gegen Mose, Aaron oder beide wenden: Leviten gegen Aaron; Datan und Abiram gegen Mose; 250 Stammesführer gegen Aaron und die ganze Gemeinde gegen Mose und Aaron.

– *Korach* folgt in der genealogischen Rangfolge der Leviten als ältester Sohn des zweiten Sohnes Kehats auf Mirjam, Aaron und Mose, die Kinder des ältesten Sohnes Kehats, Amram (vgl. Ex 6,16-22). Neben dieser genealogischen Stellung dürfte auch die edomitische Abstammung Korachs (Gen 36,16) dafür verantwortlich sein, daß er als Aufrührer dargestellt wird (vgl. Kommentar zu 20,14-21). Erklärt die eine Genealogie die Bezüge unter den Berufsgilden, so die andere geographische und geschichtliche Zusammenhänge. Das chronistische Geschichtswerk rechnet die Korachiter zu den Tempelsängern (vgl. 2 Chr 20,19; Ps 42-49; 84-85; 87-88).

– Von *On,* Sohn des Pallus, erfahren wir weder vorher noch nachher je etwas.

– Dadurch, daß *Datan* und *Abiram* als Abkömmlinge Rubens identifiziert werden, soll angetönt werden, daß der erstgeborene Jakobs mehr Macht gegenüber Mose beanspruchte, aber auch, daß die Rubeniter von den Kehatitern zum Rebellieren angestiftet wurden, lagern sie doch direkt neben dieser Levitengruppe (s. Lagerordnung, Fig.7).

– Die *Sippenführer (nasi';* vgl. dazu Kommentar zu Lev 4,22-26) stammten aus verschiedenen Kreisen des Volkes. Die Töchter Zelofhads werden sich später dagegen verwahren, daß ihr Vater bei der Rebellion mitgemacht hat (27,3). Daraus wird deutlich, daß die Gunst der Rechtsprechung abhängig war von der Loyalität gegenüber den Richtenden.

Mose reagiert auf die Anklagen zunächst, indem er auf sein Gesicht fällt. Der weitere Verlauf macht es fraglich, ob damit wieder ein Unterwerfungsgestus gemeint ist wie in 14,5. Vielleicht war es ein Ausdruck der Verzweiflung (M. NR. 18,6) oder eine Kontaktaufnahme mit Gott. Dem Vorwurf der Aufständischen gegenüber Mose und Aaron »Ihr nehmt euch zuviel heraus!« (16,3) steht der Vorwurf Moses an die Leviten gegenüber »Ihr nehmt euch zuviel heraus, ihr Leviten!« (16,7). Was Mose von den Leviten erwartet, ist Dankbarkeit für das Privileg, in Gottes unmittelbarer Nähe arbeiten (vgl. Kommentar zu Num 4) zu dürfen. Er verlangt, daß die Rebellierenden mit einer Räucherschaufel (*machtah*; Abb. 47; EÜ: Räucherpfanne), auf denen Feuer und Weihrauch ist, antreten. Das Gottesurteil (Ordal), soll entscheiden, wer recht hat. Bevor es zur Ausführung kommt, wird Datans und Abirams Protest eingeschoben. Sie weigern sich, der autoritären Aufforderung Moses Folge zu leisten, und reizen damit seine Nase. Für die hebräische Anthropologie ist das Organ des Schnaufens und Schnaubens auch Sitz des Zorns. Ihre Antwort »Wir kommen nicht« rahmt kunstvoll eine doppelte Begründung: Du hast uns nicht ins Land, wo Milch und Honig fließen, gebracht, sondern aus einem solchen herausgeführt, statt Weinberge umgibt uns Wüste, und du spielst dich auf (16,12ff):

A Wir kommen nicht.
  B Ist es nicht genug, daß du uns aus einem <u>Land, in dem Milch und Honig fließen</u>, hergeholt hast, um uns in der <u>Wüste</u> sterben zu lassen?
    X Willst du dich auch noch als unser Herrscher aufspielen?
  B' Du hast uns nicht gebracht in ein <u>Land, in dem Milch und Honig fließen</u>, und hast uns keine Felder und <u>Weinberge</u> zum Besitz gegeben. Hältst du diese Männer hier etwa für blind?
A' Wir kommen nicht.

Mose verteidigt sich gegenüber den Vorwürfen dieser Leviten durch die Beteuerung, ihnen nicht einmal einen Esel genommen zu haben. Diese Redensart war sprichwörtlich, wie aus einem Verteidigungsbrief des kanaanäischen Vasallen Schuwardata von Qiltu an seinen ägyptischen Herrn, Pharao Echnaton, hervorgeht: »Der König, mein Herr, möge sich durch eine Untersuchung überzeugen. Wenn ich ihm einen Menschen, ein einziges Rind oder einen Esel genommen habe, ist er im Recht!« (Amarnabrief Nr. 280; vgl. die Verteidigungsrede Samuels; 1 Sam 12,3). Der Haupterzählfaden wird wieder aufgegriffen, Korach versammelt sich mit den 250 Männern und der ganzen Gemeinde um sich vor dem Offenbarungszelt. Mose und Aaron stehen ihnen alleine gegenüber. Gott will alle auf einen Schlag vernichten. Mit einem Bittgebet versuchen die beiden Führer das Schlimmste zu verhindern. Sie richten sich auffälligerweise an »Gott, Gott der Geister *(ruchot)* in allem Fleisch!« und appellieren damit schon in der Anrede an Gottes Kraft, die Geister zu unterscheiden, (1 Kor 12,4; vgl. Hebr 5,14) und nicht die Frommen zusammen mit den Frevlern umzubringen. Nicht das Fleisch ist schlecht gegenüber dem Geist, sondern es gilt zu unterscheiden zwischen gutem und schlechtem Geist, der das Fleisch erfüllen kann. Die Vorstellung setzt voraus, daß es auch böse Geister gibt, die von Gott zu stammen scheinen (vgl. 1 Sam 16,15f). Hier nun kommt es zum szenischen Bruch. Aus dem Offenbarungszelt werden die Zelte der Übeltäter Datan und Abiram, von denen die übrige Gemeinde wegkomplimentiert wird. Der singuläre Gebrauch des für das Offenbarungszelt reservierten Wortes *(mischkan)* für die Zelte der Rebellen (16,24) ist im Rahmen der redigierten Komposition sarkastisch zu verstehen. Die Bestrafung wird zuerst von Mose angekündigt als etwas Unerhörtes, wörtl. eine Neukreation, etwas, das die gewöhnliche Ordnung der Dinge außer Kraft setzt und somit Gottes eigenes Walten beweist. Mit letzter Konsequenz wird Mose damit entlastet und gerechtfertigt als einer, der nicht eigenmächtig und machtlüstern handelt. Es ist einzig und allein Gott, der das Gericht vollzieht. Die Vorstellung der Unterwelt *(schö'ol)*, die den Rachen aufreißt (vgl. Jes 5,14; Ps 18,5; 73,9), ist da, wo sie uns ikonographisch begegnet, im Totenbuch der Ägypter, tatsächlich mit dem Gericht verbunden. Der krokodilsköpfige Totenfresser wartet dort ungeduldig auf die Herzen der Verstorbenen, die gegen die Gerechtigkeit *(ma'at)* aufgewogen und für zu leicht befunden wurden (Abb. 48). Der aufgerissene Rachen der Erde als Eingang zur Unterwelt wurde im christlichen Mittelalter zur Darstellung des Höllenschlundes in der Szenerie des jüngsten Gerichts über den Kathedraleingängen wieder aufgegriffen. Nach dieser grausamen Szene werden die 250 Männer mit den Räucherschaufeln von Gottes Feuer verbrannt. Der Unterschied zwischen den beiden Todesarten besteht darin, daß die 250 Männer tatsächlich umkommen, nämlich verbrennen, während Datan, Abiram und ihre Angehörigen lebendig begraben werden, was als Überbietung der vollständigen Vernichtung durch Feuer, zur Strafe für ihre Unbotmäßigkeit, verstanden wurde. Daß diese Vergeltung den Rabbinen übertrieben vorkam, bezeugt eine Stelle im Talmud: »Hanna betete für sie. Das ist die Meinung von Rabbi

Jehoschua ben Levi, denn Rabbi Jehoschua ben Levi sagte im
Namen von Rabbi Jossi: So sank und fuhr (die Sippe des) Korach
hinab, bis Hanna auftrat, für sie betete und sagte: 'Der Herr tötet
und macht lebendig, er führt in die Unterwelt hinab, und er erhebt'«
(1 Sam 2,6; j.Sanh 10,1).

Ätiologie des kupfernen Altarüberzuges (17,1-5): Eleasar, der
Sohn Aarons, verteilt die Glut, was voraussetzt, daß sie nicht vom
Altar kam, wie es für Priester vorgeschrieben ist (Lev 10,1ff). Käme
sie vom Altar, müßte sie vollständig verbrannt werden und die
Asche an dem dafür vorgesehenen Ort deponiert werden. Dann
sammelt er die 250 Räucherschaufeln ein und hämmert sie zu einem
bronzenen Bezug für den Altar. Der in Ex 27,2 und 38,2 genannte
Kupferbezug wird damit mit einer Geschichte verbunden, wie die
Septuaginta (Ex 38,22) ausdrücklich verdeutlicht. Der Kupferüber-
zug des Altares diente fortan der Mahnung zur Untertänigkeit für
die IsraelitInnen und speziell für die LevitInnen. Die Erzählungen
von Korach & Co. haben damit einen ganz präzisen Sitz im kultischen Leben der IsraelitInnen erhalten. Erklärt die Geschichte, wie
es zum kupfernen Altarbezug kam, ist der kupferne Altarbezug
Anlaß dazu, die Geschichte von Korach & Co. zu erzählen. Damit
hat die Geschichte, zumindest pädagogisch betrachtet, ein glückli-
ches Ende gefunden, doch sie hat ein Nachspiel.

Die Plage und Aarons Sühne für das Volk (17,6-15): Trotz aller
Gewalt hat sich das Volk noch nicht vollständig einschüchtern lassen. Es murrt gegen Mose und Aaron und wirft ihnen vor, daß sie
die Leviten, hier als *Volk des Herrn* in ihrer theologischen Bedeutung hervorgehoben (vgl. 8,13ff), getötet haben. Aufgrund dieses
ungeheuerlichen Vorwurfs muß angenommen werden, daß das
Volk die Steinigung der beiden beabsichtigte. Doch jene haben
einen mächtigen Verbundeten, Gott, der nun zornentbrannt gegen
das Volk vorgeht. Fürbitte, Intervention auf der mentalen Ebene,
nützt in diesem Fall des bereits ausgebrochenen Zorns nichts mehr.
Es bedarf des Ritus'. Es ist die Nase (*'af*), der Sitz des Zorns (*'af*),
die durch den beruhigenden Duft des Weihrauchs besänftigt, bzw.
versöhnt werden muß. Die Konstellation des Hohenpriester
Aarons, der durch Räuchern den über sein Volk hereingebrochenen
Zorn Gottes besänftigen muß, hat eine genaue Entsprechung auf
ägyptischen Darstellungen der Bestrafung rebellischer Städte in

Kanaan durch den Pharao (Abb. 49). Tatsächlich erreicht Aaron
eine Beruhigung Gottes, doch sind bereits 14700 Menschenleben zu
beklagen. Als einzelner autorisierter Räucherer erwirkt er – so lehrt
die Geschichte – Segen, wohingegen die anmaßenden 250 räuchern-
den Männer Fluch bewirkten.

Aarons Stab (17,16-26): Die rechtmäßige Autorität Aarons, auf
die die Erzählung hinauswollte, wird durch eine Wundergeschichte noch bekräftigt. Sie beruht auf dem Doppelsinn des Wortes
matteh , das sowohl Stab als auch Stamm bedeutet, denn der Stab
symbolisierte als Zepter in der Hand des Führers den Stamm. Auf
die Stäbe werden die Namen der Stämme geschrieben (zum Begriff
Großfamilie in EÜ vgl. Kommentar zu 1,1-4). Auf den levitischen
Stab wird aber der Name Aaron geschrieben und so dessen Vorherrschaft über die Leviten im wahrsten Sinn des Wortes festge-
schrieben. Ein Gottesorakel wird in Aussicht gestellt, das das Mur-
ren in Sachen Autorität ein- für allemal zum Schweigen bringen
soll: Der Stab des erwählten Stammes wird Blätter treiben. Wie
nicht anders zu erwarten war, treibt der Levitenstab mit Aarons
Name und ist aus ihm über Nacht ein Mandelbaum geworden, der
schon Früchte trägt. Wie der Bronzeüberzug des Altares soll auch
dieser Baum künftig ein Zeichen der gegebenen Ordnung im Heiligtum sein. Bäume als Symbole herrschaftlicher Ordnung sind im
Alten Orient fast allgegenwärtig (vgl. Ri 9,7-21; Ez 17; Dan 4; Abb.
50). Die Geschichte von Aarons Stab hat einer Pflanze in den feuch-
ten Laubmischwäldern der gemäßigten Zonen zu ihrem Namen
verholfen. Aronstab *(Arum maculatum)* heißt eine Pflanze mit auf-
fälligem keulenförmigem Kolben, der wie ein Stab aussieht. Der
Aasgeruch, der ihm entströmt, zieht Fliegen an, die die eingekessel-
ten Blüten befruchten und nicht mehr heraus können. Die Blätter
sprießen erst, nachdem die Blüte schon erschienen ist. Die ganze
Pflanze enthält das Gift Aroin.

Die Furcht des Volkes vor dem Heiligtum (17,27-28): Nun endlich ist das Volk an dem Punkt angelangt, daß es das Heilige fürchtet. Es wagt nicht mehr, in die Nähe des Heiligtums zu kommen,
aus Angst, umzukommen. Die Frage an Mose, was zu tun ist, bereitet die vier folgenden Gottesreden vor.

6. Besteuerung des Volkes und priesterliche Gegenleistung (18,1-32)

Die Antwort lautet: Ihr habt für eure Sicherheit Steuern zu zahlen.
Sie ergeht in drei Reden an Aaron. Die vierte richtet sich via Mose
an die Leviten. Nur hier und in Lev 10,8 spricht Gott direkt zu
Aaron. In den vier Reden werden die Pflichten und Rechte der Priester und Leviten geregelt. Priester und Leviten sind verantwortlich
für die kultische Sicherheit der IsraelitInnen im Bereich des Heiligtums (18,1-7). Ihnen gehören genau geregelte Abgaben: das Eßbare
des hochheiligen Opferfleisches, Weihegaben und Erhebungsopfer
des heiligen Opferfleisches, das Beste und die Erstlingsgaben
(18,8-19). Den Leviten gehört der Zehnte des Volkes (18,20-24).
Davon haben sie wiederum den Zehnten den Priestern abzugeben
(18,25-32).

Die Verantwortung der Priester (18,1-7): Die Priester werden für
allfällige künftige Übertretungen in bezug auf Heiligtum (lokal)
und Priestertum (personal) verantwortlich gemacht; wörtl.: sie
haben die Sünde *('awon)* zu tragen, wenn sich eine ereignet. Die
Ordnung garantiert das Leben des Volkes. Um sie aufrechtzuerhal-
ten, kann schlimmstenfalls auch die Todesstrafe zur Anwendung
kommen. Nochmals wird der Vorrang der Priester gegenüber den
Leviten ausdrücklich festgehalten (Distanz). Er äußert sich räum-
lich darin, daß die Leviten den Altarraum im engeren Sinne, der in
Dan *(tell el-qadi)*, wie die Ausgrabungen zeigten, eigens mit einer
Mauer umgeben war, und das Innere des Heiligtums mit dem Räucheraltar nicht betreten dürfen. Aber auch die Zuordnung der Leviten zu den Priestern wird hervorgehoben (Nähe). Sie sollen sich
Aaron anschließen *(jillawu).* Dieses Wortspiel soll wohl die Bedeutung des Stammesnamens Levi (die Angeschlossenen) erklären (vgl.
schon Gen 29,34).
Die Besteuerung des Volkes zuhanden der Priester (18,8-19): Für
ihr sachgerechtes Walten in den heiligsten, nur ihnen erlaubten
Bereichen des Heiligtums steht den Priestern die Verwaltung, bzw.
der Konsum der Abgaben ans Heiligtum zu, seien sie vorgeschrieben oder freiwillig. Dazu gehören:
    1. Alles zum Genuß Erlaubte der Speise-, Sünd- und Schuldopfer,
die, weil sie Gott gehören, als *hochheilig* gelten. Das Hochheilige

darf nur von Männern und nur im hinteren Teil des Hofes verspiesen werden. Vgl. Kommentar zu Lev 1-3.

2. Die *Weihegaben* (*terumah*; vgl. Kommentar zu Lev 7,8-10), einschließlich des Darbringungsopfers (*tenufah*; Lev 7,28-36). Die Übersetzung von EÜ (18,11) weicht erheblich von dem für Lev 7 gewählten Wortgebrauch ab und stiftet Verwirrung. Der Genuß dieser Abgaben setzt rituelle Reinheit voraus (vgl. Lev 7,20f).

3. Die *Erstlingsgaben* (*r'eschit*). Im Unterschied zu den Erstlingsfrüchten handelt es sich um von Menschen verarbeitete Produkte, namentlich um das Beste, wörtl. das Fett, von Öl, Most und Getreide. Gemeint ist im wörtlichen Sinne die erste Pressung des Öls und des Mostes und das erste gebackene Brot der neuen Ernte.

4. Die *Erstlingsfrüchte* (*bikkurim*). Der erste Schnitt des Getreides und aller anderen Feldfrüchte. In Lev 23,17 wird auch das erste gebackene Weizenbrot so bezeichnet.

5. *Geweihtes* (*cheräm*; vgl. das arabische Wort »Harem«: ausgegrenzter, heiliger Bezirk – zur Bezeichnung eines Heiligtums und des Frauenteils in Zelt und Haus). Das umfaßt alles, was Gott geweiht ist, sei es aus dem Mutterschoß von Mensch oder Tier oder aus dem Schoß der Erde (Lev 27,28; vgl. Dtn 7,25f; Ez 44,29). Geweihtes, z.B. Banngut eines heiligen Krieges (Dtn 13,18; Jos 6-7; 1 Sam 15,8f), gehört dem Tempel und ist unveräußerliches Gut (Lev 27). Tiere, die auf Tempelpfründen leben, dürfen nur im Heiligtum zuhanden der Priester geopfert werden, so z.B. die Heilsopferlämmer des Wochenfestes (Lev 23,20). Dem Tempel geweihtes Gut kann nie mehr ausgelöst werden. Unbefugte Aneignung von Geweihtem wird als Sakrileg geahndet (Jos 7,1; 1 Chr 22,20).

6. *Erstgeborenes* aus dem Mutterleib (nach Ex 13,12b; 34,19b nur Männliches). Was den Mutterschoß bei Mensch oder Tier als erstes durchbricht, gehört nach alter Auffassung Gott. Dahinter verbirgt sich einerseits das menschliche Gefühl der Schuldigkeit gegenüber der Gottheit, die Leben schenkt, was zu einem Gegengeschenk für die gnädige Gottheit führt (vgl. dazu auch Exkurs I). Andererseits kommt darin die orientalische Sitte der Bevorzugung, aber auch der Verpflichtung der Erstgeborenen zum Ausdruck. Im Zweistromland war der Erstgeborene der Erbe der Hausgötter und hatte demzufolge priesterliche Funktionen im familiären Ahnenkult. Da dieser im religiösen System von »P« wegfällt, wird die Heiligkeit der

Erstgeburt klassisch monotheistisch mit dem Willen Gottes begründet. Kol 1,15.20 betrachtet Christus als den Erstgeborenen der ganzen Schöpfung, durch dessen Blut Gott mit der Welt versöhnt wird. Nach 18,15b muß die menschliche Erstgeburt jedoch, wenn sie mindestens einen Monat alt geworden ist, ausgelöst werden, d.h. es wird an ihrer Stelle die Summe von fünf Schekeln, nach dem Gewicht/Kurs des Heiligtums bezahlt. Im Judentum findet diese Sitte noch heute Anwendung im *pidjon ha-ben*-Ritus. Der Vater bringt am 31. Tag nach der Geburt das Kind zum Abkömmling einer Priesterfamilie. Er gibt ihm das Kind und erhält es gegen fünf Silberdollars wieder zurück. Im Grunde handelt es sich um einen Fall von Doppelbesteuerung, da ja schon die Leviten anstelle der Erstgeburt Gott gegeben wurden (8,16). Die Auslösung unreiner Tiere (vgl. dazu Lev 27,27) zum Marktpreis ist freiwillig, was EÜ allerdings nicht deutlich werden läßt. Rinder, Schafe und Ziegen hingegen müssen dargebracht werden und gehören als Heilsopfer vollständig den Priestern.

Die Besteuerung des Volkes zuhanden der Leviten (18,20-24): Garantieren die Priester für die Sicherheit des Heiligtums selber, der Priesterschaft und der Leviten, so haben die Leviten dafür zu sorgen, daß sich nicht Unbefugte des Volkes dem Heiligtum nähern und so sich und andere in Gefahr bringen. Für ihre Arbeit in Diensten des Heiligtums erhalten die Leviten den Zehnten des Volkes. Der Zehnte ist im gesamten Vorderen Orient bezeugt. Der Tempel stellte den Staatsschatz dar. Der Zehnte, den der König erhebt (1 Sam 8,15.17) ist identisch mit dem Zehnten für die Leviten. Von daher können die vielen »*für-den-König*«-Stempel, die die Archäologie auf Gefäßhenkeln in Palästina zutage gefördert hat (Abb. 51) als Zeugnisse für den Zehnten gewertet werden. Die Bibel stilisiert *Abraham* zum idealen Steuerzahler des Südreichs zugunsten der Zentralverwaltung in Jerusalem, personifiziert in Melchisedek (»Mein König ist gerecht«), Priesterkönig von Schalem (= Jerusalem), der Abraham segnet (Gen 14,18-20). *Jakob* ist sein Gegenstück für das Nordreich. Er verspricht den Zehnten an das Gotteshaus von Bet-El zu bezahlen (Gen 28,21b-22). »...wenn ich wohlbehalten heimkehre in das Haus meines Vaters und der Herr sich mir als Gott erweist, dann soll der Stein, den ich als Steinmal aufgestellt habe, ein Gotteshaus werden, und von allem, was du mir

schenkst, will ich dir den zehnten Teil geben.« Darüber, was genau
besteuert wird, sind sich die biblischen Quellen uneinig. Nach Lev
27,30f wird sowohl die Herde als auch die Erdfrucht besteuert.
Dtn 14,23 nennt nur Korn, Wein und Öl. Für das *Deuteronomium*
nimmt der Zehnte eine Schlüsselrolle ein. Der Hauptteil dieses
Gesetzes wird durch Verlautbarungen zu dieser Steuer gerahmt
(Dtn 14,22-29; 26,12-15). Der Zehnte wird in jedem dritten Jahr zur
ersten bekannten Sozialsteuer umfunktioniert, von der neben den
Leviten auch die Fremden, Waisen und Witwen profitieren können
sollen. In den beiden anderen Jahren ist es eine Steuer, die von den
Besitzern selber im Gemeinschaftsmahl im Tempel verzehrt wird.
In dieser Umfunktionierung widerspiegelt sich die joschijanische
Kultreform, die den Tempelbetrieb auf Jerusalem reduzierte. Der
dadurch entstehende Überfluß an Steuergütern kommt sinniger-
weise den Bedürftigen zugute. Aufgrund der verschiedenen Auffas-
sungen vom Zehnten kommt es später zur Erhebung von zwei
Zehnten: der erste ist der Levitenzehnte, der zweite der deuterono-
mische Zehnte (vgl. Tob 1,6-8; Jub 32,9ff). Manchmal wird sogar
ein dritter, der Armenzehnte, erwähnt. In persischer Zeit wird der
Zehnte nebst der persischen Staatssteuer eingetrieben (Neh 5,4).
Die hasmonäischen Könige beanspruchten den Zehnten für sich.
Die Alte Kirche griff auf die Idee zurück, und die heutige Kirchen-
steuer ist ihr modernes Echo.

*Die Besteuerung der Leviten und deren Verantwortung (18,25-
32):* Wie heikel Steuerangelegenheiten sind, wird schon daraus
deutlich, daß nun, wo es um die Besteuerung der Leviten zuhanden
der Priester geht, Gott zu Mose und nicht mehr zu Aaron spricht,
um mögliche Interessenkonflikte zu vermeiden. Sie werden verpflichtet, den Zehnten des Zehnten an die Priesterschaft abzugeben.
Wie Dtn 14,23 wird nur die Abgabe von Korn, Wein und Öl vorausgesetzt. Da es sich um Gaben zuhanden der Priester handelt,
sind es heilige Gaben. Ein Vergehen gegen das Gesetz würde demnach als Sakrileg geahndet (vgl. Lev 10,1-2; 22,14-16).

7. Verunreinigung durch Leichen (19,1-22)

Das Thema Verunreinigung durch Leichen wurde schon in Lev
21,1-4.10; 22,4-7 angesprochen. Daß die Herstellung von Reini-

gungswasser und dessen Anwendung gerade hier beschrieben
wird, kann am ehesten mit der Hauptfunktion *Eleasars* begründet
werden. Er kam schon in der Korachgeschichte vor (17,2-4). In
beiden Geschichten ist er der Handelnde, weil Aaron als Hoherpriester nicht mit Leichen in Kontakt kommen darf. Bereitet so
Num 17 Num 19 vor, so ist dieses Kapitel wiederum eine Vorbereitung auf den Tod Aarons in Num 20, der durch Eleasar abgelöst
wird.

Abgesehen von der Schlußnotiz und einer kleinen Ergänzung am
Schluß des Kapitels ist der Text aus *zwei parallel strukturierten
Einheiten* aufgebaut. In der ersten Einheit geht es um die Herstellung des Reinigungswassers und dessen Zweck, in der zweiten um
die Fälle und die entsprechende Anwendung des Reinigungswassers:

Teil I	Teil II
A Dies ist das Ritualgesetz (19,2)	A'$_1$ Dies ist das Gesetz (19,14)
B Vorbereitung der Asche macht unrein (19,2-10)	B' Berührung einer Leiche macht unrein (19,14-16)
C Reinigungsprozedur (19,11-12)	C' Reinigungsprozedur (19,17-19)
D Strafe für Nichtreinigung (19,13)	D' Strafe für Nichtreinigung (19,20)
	A'$_2$ Schluß (19,21a)
	[Ergänzung (19,21b-22)]

Daß das Kapitel geradezu den Charakter einer geheimnisvollen,
machtvollen *Formel* hat, belegt ein zweites Strukturelement: die
Quadrierung der Siebenzahl. Sieben Themen werden siebenmal
genannt: 1. Die Kuh und ihre Asche wird siebenmal genannt. 2. Sie-
ben Gegenstände werden verbrannt: Fell, Fleisch, Blut, Magenin-
halt, Zedernholz, Ysop, Karmesin. 3. Siebenmal wird gesprengt. 4.
Die drei handelnden Priester waschen sich siebenmal. 5. Sieben
Dinge werden verunreinigt: im Zelt die, die hereinkommen, die
schon drinnen sind und offene Gefäße; auf freiem Feld die, die einen
Erschlagenen, einen Verstorbenen, menschliche Knochen oder ein
Grab berühren. 6. Sieben Dinge werden gereinigt: das Zelt, Gefäße,
Menschen im Zelt, wer Knochen berührt, wer einen Erschlagenen
berührt, wer einen Verstorbenen berührt, wer ein Grab berührt.
7. Siebenmal wird ein Priester genannt.

Teil I (19,1-13): Die Worte ergehen an Mose und Aaron, weil es
einerseits eine neue Weisung ist, deren Durchführung andererseit
Aaron obliegt. **A**: Der Ausdruck *chuqqat ha-torah*, hier von EÜ
mit »Ritualgesetz« übersetzt, kommt nur noch in 31,21 vor, wo er
von EÜ treffender mit »gesetzliche Weisung« wiedergegeben wird.
In beiden Fällen spielt das Reinigungswasser eine Rolle. **B**: Da das
Hebräische kein Wort für braun kennt, könnte die rote Kuh im
Deutschen auch als (rot-)braune Kuh wiedergegeben werden. Rot
betont die Analogie zum Blut und verstärkt wie die drei beigefüg-
ten Elemente den sühnenden Charakter des Opfers. Ebenso wichtig wie der Farbton war nach rabbinischer Interpretation, daß sie
einwandfrei rot, also ohne andere Farbflecken, war (vgl. zur Ein-
heitlichkeit als Reinheitskriterium den Kommentar zu Lev 13,2-
44). Auch durfte sie, wie alle anderen Opfertiere, nicht als Arbeits-
tier verwendet worden sein. Wie beim Sündopfer für die Gemeinde
(Lev 4,1-23) oder beim Versöhnungstag (16,3-28) ist der Hohepri-
ster der Haupthandelnde, bzw. der, der das Opfer genau überwacht
(vgl. Abb. 2; 23). Der Text setzt wohl voraus, daß Aaron dazu
bereits nicht mehr in der Lage war. Das Vorgehen entspricht genau
jenem des Sündopfers (Lev 4), bis auf zwei Punkte: 1. Das Blut, das
nicht zur Bespritzung des Vorhangs verwendet wird, wird mitverbrannt und nicht am Fuß des Altars ausgeschüttet. 2. Wie beim Reinigungsopfer der Aussätzigen werden zusätzlich zum Opfertier
Zedernholz, Ysop und Karmesin verbrannt (vgl. zur Bedeutung
Kommentar zu Lev 14,1-9). Das gilt auch für die Reinigung jener,
die das Opfer durchführen. Die Asche des Opfers wird aufbewahrt,
denn sie dient der Herstellung des Reinigungswassers (*mei niddah*;
vgl. Lev 12,2; 15,19ff). Das Subskript hält ausdrücklich fest, daß es
sich um ein Sündopfer (*chattat*; vgl. Lev 4) handelt. **C**: Die Reini-
gungsprozedur mit Reinigungswasser ist für alle, die im Lande
Israel leben, verpflichtend, auch für die Fremden, denn die Verunreinigung gefährdet die göttliche Gegenwart im Heiligtum. Sie findet am dritten Tag nach der Verunreinigung statt. Am siebten ist
der oder die Betreffende wieder rein. Die Regel erklärt noch die
heutigen Trauersitten bei den Juden: drei Tage weinen, sieben Tage
klagen, dreißig Tage Trauerkleider tragen. Von da an ist der Mensch
durch den Verlust von Angehörigen nicht mehr in Mitleidenschaft
gezogen als Gott selber (b. MQ 27b). **D**: Wer sich nicht an die

Regel hält, untersteht der *karet*-Strafe (vgl. Kommentar zu Lev 7,19-21).

Teil II (19,14-20): **A'**: Das Folgende ist eine verpflichtende Weisung *(torah)*. **B'**: Zunächst wird gesagt, wer und was durch Leichen verunreinigt wird. Grundsätzlich gilt es zu unterscheiden, ob sie sich im Freien oder unter einem Dach, wörtl. Zelt, befinden. Damit sind alle gedeckten Orte gemeint. **C'**: Dann folgt die Beschreibung des eigentlichen Reinigungsrituals für den dritten und siebten Tag. Es muß von einem (kultisch) reinen Mann, also nicht notwendigerweise von einem Priester, ausgeführt werden. Die Handlung ist denkbar einfach: Alles Kontaminierte wird mit einem Ysop-Büschel, der ins Reinigungswasser, eine Mischung von Quellwasser (wörtl. Lebenswasser; vgl. Kommentar zu Lev 15,2b-15) und Asche der roten Kuh getaucht wird, besprengt. Wasser ist das Lebenssymbol par exellence, hervorragend dazu geeignet, die mit dem Tod kontaminierten Menschen vollständig ins Leben zurückzuholen. Besonders deutlich wird die Symbolik in einer ägyptisch beeinflußten, syrischen Darstellung der Reinigung eines Mannes, wo das Wasser mit einer Kette von Lebenszeichen symbolisiert wird (Abb. 52). Die vollständige Reinigung bei Menschen ist erst mit der Waschung der Kleider und einem Bad abgeschlossen. **D'**: Wer sich der Prozedur nicht unterzieht, untersteht der *karet*-Strafe (vgl. Kommentar zu Lev 7,19-21).

Beschluß und Nachtrag(19,21f): Das Subskript schreibt das Prozedere als Regel für ewige Zeiten fest. Ein Nachtrag präzisiert die Bestimmungen dahingehend, daß auch sekundäre Verunreinigungen möglich sind, falls jemand Menschen, die eine Leiche anfaßten, berührt oder von ihnen berührt wird. Vor allem aber offenbart der Nachtrag ein Paradox: Diejenigen, welche die Reinigung durchführen, werden dadurch unrein und müssen ihre Kleider waschen. Die Reinigung der Verunreinigten verunreinigt die Reinen! Wie ist das zu erklären? Die Besprengung der Verunreinigten mit Reinigungswasser ist eine Verlängerung des Sündopfers *(chattat;* vgl. Lev 4; 6,17-23). Aus diesem Grunde wurde das Blut nicht ausgegossen, sondern mitverbrannt. Es ist das eigentlich sühnende Medium (vgl. Kommentar zu Lev 17 und Exkurs IV). Demzufolge gilt für das Reinigungswasser, was auch für das Sündopfer gilt, von dem gesagt wird, daß es die Töpfe, in denen es gekocht wird, verunreinigt (Lev

6,21). Die Tatsache, daß hier nicht nur Gegenstände, sondern auch Menschen mit einer Substanz gereinigt werden, die Blut, wenngleich in Aschenform, enthält, widerspricht dem priesterlichen Denken, das peinlichst darauf achtet, magische Praktiken, im Sinne des Monotheismus, ihres heidnischen Charakters zu entledigen, bevor sie ins eigene System integriert werden. Blut wird deshalb immer nur an Teile des Heiligtums geschmiert, nie an Menschen. Der exorzistische Charakter des Reinigungswasserritus kann aber schlecht geleugnet werden und wird noch von Rabbi Jochanan ben Zakkai (1. Jh. n.Chr.) indirekt zugegeben, wenn er die Reinigung eines durch eine Leiche verunreinigten Menschen mit einer Dämonenaustreibung vergleicht (Pesikta de-Rav Kahana 4,7). Hinter dem Fortleben des Exorzismus verbirgt sich die tiefverwurzelte Furcht vor der Welt des Todes, der bewußt oder unbewußt ein dämonisches Eigenleben zugestanden wird. Andererseits ist der Ritus weniger archaisch als die verwandten Riten der Reinigung der Aussätzigen (Lev 14) und des Versöhnungstages (Lev 16), wo das Übel auf lebende Tiere (Vogel, Ziegenbock) übertragen wird, die es davontragen. Auch der Verzicht auf ein Reinigungsopfer kann als Versuch, das Eigenleben der Totenwelt herunterzuspielen, interpretiert werden, sofern sich darin nicht einfach eine praktische Überlegung zeigt, da der Kontakt mit Toten relativ häufig vorkommt. Zu einer skurrilen Auslegung des Kapitels im Barnabasbrief s. S. 354 f.

VII. Wanderung von Kadesch nach Schittim (20,1-26,65)

Der Aufenthalt des Volkes in Kadesch bringt das Drama des Auszugs auf den Tiefpunkt. Die Führer des Volkes versündigen sich gegen Gott und müssen deshalb sterben, bevor sie in das Gelobte Land kommen. Doch der Tiefpunkt ist auch Wendepunkt. Die IsraelitInnen erobern unvorhergesehenerweise einen Teil des Ostjordanlandes. Die Landnahme beginnt früher als erwartet.

1. Wanderungsepisoden (20,1 – 22,4a)

Der vielgestaltige Stoff rund um die Sünde der Führer und die Eroberung des Ostjordanlandes erweist sich in der Grobstruktur als sorgfältig gegliederte Zwillingsform:

Das Scheitern der Führer (Num 20)	Das Scheitern des Volkes (Num 21)
A Ominöser Tod Mirjams (20,1)	**A'** Ominöser Mutverlust des Volkes (21,4)
B Das Volk murrt mangels Wasser (20,2-6), und die Führer rebellieren gegen Gott (20,9-11a)	**B'** Das Volk murrt mangels Wasser und rebelliert gegen Gott (21,5)
C Gott läßt Wasser fließen (20,7-8.11b)	**D'** Das Volk wird bestraft (21,6)
D Die Führer werden bestraft (20,12-13)	**C'** Gott heilt und läßt Wasser fließen (21,7-9.16-18)
E Drei Rückschläge (20,14-21.22-29; 21,1-3)	**E'** Drei Siege (21,21-31.32.33-35)

Mirjams Tod in Kadesch (20,1): Im ersten Monat, möglich ist auch die Übersetzung beim ersten Neumond, womit auch der Tag bestimmt wäre, erreichen die IsraelitInnen die Wüste Zin (vgl. dazu 13,21), wo sie sich in Kadesch niederlassen. Nach 13,26 sind sie längst dort angekommen. Die redaktionelle Unstimmigkeit wird etwa so erklärt, daß Israel zweimal nach Kadesch kam. Es zeigt sich hier wie oft in der Exodusüberlieferung, daß sich aufgrund der biblischen Ortsangaben keine vernünftige Reiseroute rekonstruieren läßt. Kadesch, »der heilige (Ort)«, vgl. arab. *el-quds*, »die heilige (Stadt)« (= Jerusalem), wird mit dem heutigen *en-el-quderat* (Töpfchenquelle) identifiziert, der bedeutendsten Quelle des nördlichen Sinai, wo man eisenzeitliche Ruinen gefunden hat. Der Name hat sich in der 7 km entfernten Quelle *en-qudes* erhalten. Die eindrücklichen eisenzeitlichen Ruinen einer Festung weisen auf die strategische und wirtschaftliche Bedeutung des Ortes für das königszeitliche Israel als Karawanenstation auf der Route Gaza-Elat hin. Man beanspruchte ihn als Festung gegen die Edomiter (s.u. 20,14-21). Von daher läßt sich die Bedeutung des Ortes in den Exodusgeschichten erklären (vgl. auch Dtn 1,19-26). Mit Kadesch wird die Tradition von *Mirjams Grab* verbunden. Daß sie bei dieser bedeutenden Quelle begraben liegt, ordnet sie diesem lebenspendenden Element zu, während ihr Bruder Aaron auf einem hohen Berg bestattet wird (s.u. 20,22ff). Die lapidare Todes- und Grabesnotiz unterscheidet sich schmerzlich von den ausgeschmückten Todesnachrichten Aarons und erst recht Moses. Daß sie von den dreien als erste stirbt, setzt sie einerseits in der Hierarchie (Mose, Aaron, Mirjam) herab, andererseits nimmt sie an der folgenden Sünde ihrer Brüder nicht teil. Die Tatsache, daß man den Tod der Prophetin nicht einfach totschweigen konnte, weist darauf hin, daß sie im Volk hohes Ansehen genoß (vgl. auch Mi 6,3f) und mit Überlieferungen verbunden war, die bis auf das sog. Schilfmeerlied (Ex 15,20f) aber leider keine Gnade in den Augen der Redaktoren der Tora gefunden haben. Die Haggadah füllt die Lücken teilweise aus. So wird etwa erzählt, Mirjam sei die Frau Kalebs gewesen (nach 1 Chr 2,18, hieß jene Asuba) und damit die Urgroßmutter Bezalels, auf den ihre Weisheit gekommen sei, mit deren Hilfe er das Heiligtum erbaut habe (M. ER 1,17). Auch David sei aus ihrem Stammbaum hervorgegangen (M. ER 48,3-4). Mohammed identifizierte sie mit Mirjam, der Mutter Jesu (Sure 19,19f). Wie Mose und Aaron starb sie durch einen Kuß Gottes, weil der Todesengel keine Macht über sie hatte (b. BB 17a).

Die Wasser von Meriba (20,2-13): Die Erzählung bildet eine Klammer mit der Parallelüberlieferung in Ex 17,1-17 (vgl. Fig. 1). Erneut murrt das Volk. Es will wenigstens gutes Wasser, wenn es schon auf Korn, Feigen, Wein und Granatäpfel verzichten muß, womit nicht die klassischen Produkte Ägyptens, sondern Palästinas aufgezählt werden (vgl. 11,5). Mose und Aaron, dieser wohl sekundär in dieser Erzählung, holen ein Gottesorakel ein. Es empfiehlt in

dieser Situation ein Wasserwunder mit dem Stab. Die Rede des
Mose und Aaron wird ihnen zum Fallstrick, denn sie schreiben sich
selbst das Wunder zu, »können *wir* euch wohl aus diesem Felsen
Wasser fließen lassen?«, obwohl es von Gott stammt. Die Wüsten-
wanderungsgeschichten zeichnen einen Mose, der immer egozen-
trischer wird. Es beginnt damit, daß er Gott empfiehlt, ihn doch
gleich umzubringen, wenn er ihn so schlecht zu behandeln gedenkt
(11,15). Er mißtraut Gottes Verlautbarung, das Volk mit Fleisch zu
versorgen (11,22), läßt das Gelobte Land im Hinblick auf die
Eroberung durch Kundschafter erkunden (13,17-20), ordnet selber
an, wie Gott seine Feinde, die Leviten, zu bestrafen hat (16,5ff) und
schreibt sich nun gar selber ein gottgewirktes Wunder zu, womit er
sich an Gottes Stelle setzt (20,10). Die Tatsache, daß Gott erst an
dieser Stelle mit einer Sanktion reagiert, nämlich mit der Ankündigung, daß Mose und Aaron das Gelobte Land nicht betreten werden, weil sie Gott nicht als den Heiligen bezeugten (20,12), wird
vom Midrasch (M. NR 19,10) damit begründet, daß es sich bisher
um eine Auseinandersetzung zwischen Gott und Mose, also unter
Freunden, handelte, nun aber eine öffentliche Angelegenheit, vor
der Zeugenschaft des Volkes, wurde. Die Verkündung der Strafe
für Mose (und Aaron) signalisiert den Tiefpunkt der Exodusüberlieferung. Nun ist auch das Scheitern des Führers offenkundig
geworden. Dieses denkwürdige Ereignis beschließt aber auch
gleichzeitig die Elendszeit. Von nun an beginnt die Eroberung des
Gelobten Landes.

VII: Die Sünde des Mose und der Monotheismus
Mit seinem Verhalten hat Mose den Nerv des Monotheismus
getroffen. Mit seinem faux pas sind restlos alle Menschen der
Exodusgeneration an Jahwes Ansprüchen gescheitert. Diese
lassen keine Worte oder Handlungen zu, die den Eindruck
erwecken, daß eine Macht außerhalb des einen Gottes am
Werk ist. Jede Form der Magie wird strikt abgelehnt. So wer-
den Mose und Aaron in den Plagenerzählungen gegen die
Magier des Pharao abgehoben, und Elischa erfüllt mit seiner
Verhaltensweise nicht das Image, das der aussätzige Syrer
Naaman von einem Heiler hat (2 Kön 5,11). Allerdings über-

spielt die priesterliche Konzeption eines einzigen, völlig transzendenten, lebendigen Gottes vor der Negativfolie der Götzen in Israels Umwelt drei Dinge:

1. Die außerisraelitischen Religionssysteme sind nicht so plump, wie sie in der Götzenkritik der Bibel karikierend dargestellt werden. So hatten etwa die ÄgypterInnen ein hohes Bewußtsein für die Einheit und Transzendenz des Göttlichen. Dies bezeugt nicht bloß der singuläre, intolerante und exklusive Monotheismus Echnatons (1352-36 v.Chr.), der den einzig erlaubten Sonnenkult zu einem königlichen Privileg machte und damit die Königsherrschaft an die Stelle Gottes setzte. Mehr noch zeigt es sich in der Reaktion der ÄgypterInnen auf seine gewalttätige Reform, in Texten der Ramessidenzeit. Vordergründig gesehen, kehren die Ramessiden zum Polytheismus zurück, doch die bunte Götterwelt wird nur als sichtbarer Aspekt des verborgenen und unergründbaren Gottes verstanden. Es entwickelt sich so etwas wie eine »pantheistische Transzendenz-Theologie« (J. Assmann). In, durch und hinter den Namen, Symbolen und Erscheinungsformen Gottes waltet das »heilige Ba der Götter und Menschen«, die verborgene Macht Gottes. Sie kann gedanklich nur durch sich ergänzende Aspekte erfaßt werden: Gott zeigt sich im Kosmos, aber auch in der Geschichte, im Zorn, aber auch in der Gnade, in Verkörperungen, aber auch in seiner Transzendenz. Auch die Ägypter waren in der Lage, eine *negative Theologie* zu entwickeln. So heißt es von Amun (ASSMANN, J., a.a.O. 275):

Einzig ist Amun, der sich vor ihnen verborgen hält,
der sich vor den Göttern verhüllt, so daß man sein Wesen nicht kennt.
Er ist ferner als der Himmel,
er ist tiefer als die Unterwelt.
Kein Gott kennt seine wahre Gestalt,
sein Bild wird nicht entfaltet in den Schriften,
man lehrt nichts Sicheres über ihn.

2. Umgekehrt kommt die biblische Religion nicht ohne eine *positive Theologie* aus, die von Gott in Bildern und irdischen Erscheinungsformen spricht. Wo Gott für eine Gemeinschaft

Bedeutung erhalten soll, muß die Rede von Gott auf gemeinsame Erfahrungen zurückgreifen können. Gott muß bis zu
einem gewissen Grad verfügbar werden. Dies kommt besonders deutlich in den Psalmen zum Ausdruck. Hier ist von Gott
in einer Fülle von Bildern die Rede: Gott ist Fels (Ps 18,3), Feuer (Ps 66,10), Baum (Ps 36,8f), Licht (Ps 56,14) und Lampe
(Ps 18,29), Quelle (36,10a). Er hat Flügel (Ps 17,8; 36,8; 61,5;
63,8; 91,4 u.ö.), Ohren (Ps 116,1f; 130,1f), einen Mund (60,8;
108,8). Er verhält sich wie ein Vater (Ps 103,13) oder eine Mutter (Jes 49,15), ein Gastgeber, der die Menschen als Gäste in
seinem Heiligtum bewirtet mit Getränken, Salböl (Ps 23,5) und
Fleisch (Ps 63,6). Er ist Arzt (Ps 103,3), treuer Begleiter und
Beschützer (Ps 43,3), Hebamme (Ps 22,10), Töpfer (Ijob
33,6), Bewässerer (Ps 104,13.16), Kommandant (Ps 33,6.8),
Richter (Ps 75,3f.8; 94,2f). Er wirkt in der Sonne (Ps 80,19f),
im Donner (Ps 29,3), in Wolken, im Blitz und Sturm (Ps 135,7),
im Vulkanausbruch (Ps 18,8f). Und schließlich ist er ein krie-
gerischer Held (Ps 24,8; 35,1-3; 78,65f), einer der Krankheiten
wie Pfeile abschießt (Ps 38,3f; 64,8), aber auch Schild (Ps
119,114 u.ö.) und Hirt (Ps 23,1).

3. Der biblische Monotheismus als patriarchale Theologie ver-
mochte die weiblichen Aspekte Gottes aber nur mangelhaft zu
integrieren. Es ist eine gewisse Diskrepanz zu konstatieren
zwischen beeindruckendem theologischem Anspruch: Jahwe
als unverfügbare Gottheit, und geschichtlicher Wirklichkeit:
Jahwe als Überhöhung männlicher Macht auf Erden, auch
dort, wo in seinem Namen solche Macht mit männlichen Kategorien kritisiert wird. Einen historischen Monotheismus hat es
denn auch in der Wirklichkeit nie gegeben; denn »kaum ist das
Bekenntnis zum einzigen Gott deutlich formuliert, erhält der
Einzige schon Gesellschaft: den Menschensohn im Daniel-
buch, die Weisheit in den Weisheitsschriften, Heerscharen von
Engeln und Zwischenwesen (vgl. im Judentum dann die Sche-
china u.a.). Das Christentum hat mit seiner Trinitätslehre andere Wege gesucht, die Problematik eines rein monotheistischen
Symbolsystems zu mildern. Heiligenverehrung und Marien-
frömmigkeit, die theologisch Systemwidrigkeiten darstellen,

zeigten in der religiösen Praxis zudem immer die Bedürfnisse der Menschen an, denen diese Religion nicht entsprechen konnten (Silvia Schroer).

Literatur: *Assmann, Jan*, Ägypten. Theologie und Frömmigkeit einer frühen Hochkultur (Urban-Taschenbücher 366), Stuttgart u.a. 1984, bes. 258-282; *Hornung, Erik*, Der Eine und die Vielen, Darmstadt 1971, bes. 247-255; *Keel, Othmar*, Die Welt der altorientalischen Bildsymbolik, Zürich-Einsiedeln-Köln 1980, bes. 157-209; *Schottroff, Luise/Schroer, Silvia/Wacker, Marie-Theres*, Feministische Exegese. Forschungserträge zur Bibel aus der Perspektive von Frauen, Darmstadt 1995, 161-164.

Die Wasser von Meriba, in der Ätiologie als Streitwasser gedeutet, sind mit der Quelle von Kadesch gleichzusetzen. Der Name deutet wie bei En-Mischpat (»Quelle des Rechtsentscheids«; Gen 14,7), das wohl ebenfalls mit Kadesch gleichzusetzen ist, darauf hin, daß an diesem Ort Gericht abgehalten wurde. Er wäre ein Hinweis darauf, daß in Kadesch Rechtsnormen gebildet wurden.

Erfolglose Verhandlungen mit dem König von Edom (20,14-21): Edom, »Rotland«, heißt das Gebiet der Hochebene über dem *wadi l-hasi*, östlich der Araba. Andernorts (vgl. Ez 35,15) wird es auch Seïr, das »haarige Land«, genannt. Die historisch gesehen wertlose Episode muß auf dem Hintergrund der judäisch-edomitischen Geschichte gelesen werden (zu Details vgl. NSK-AT 29, 142ff). Diese wird durch die Jakob-Esau-Brudergeschichte in der Genesis bereits treffend charakterisiert. Hinter der Rivalität der Bruderschaft steht das Gerangel der beiden Völker um die Kontrolle des Handels im Raume des Negevs und der Araba, also um die wichtige Verbindung der Weihrauchstraße mit der Küstenstraße. Die Bruderschaft gründet auf gemeinsamen geschichtlichen, vor allem kultischen Wurzeln. Korach (vgl. Kommentar zu 16,1) und Kaleb (vgl. Kommentar zu 10,24) sind Abkömmlinge der Edomiter. Der edomitische Gott Qaus wird nie unter die Greuel der Nachbarn Israels gerechnet. »D« weiß, daß auch Jahwe aus Edom kam (Dtn 33,2; vgl. Ri 5,4f), vielleicht also denselben Gott unter anderem Namen meint, gewährt den EdomiterInnen als Kultgeschwistern Zutritt im Heiligtum zu Jerusalem (Dtn 23,8) und erzählt im Widerspruch zu Numeri, daß die EdomiterInnen und MoabiterInnen die IsraelitInnen sehr wohl durch ihr Land ziehen ließen. Diese Ambivalenz spiegelt sich auch in unserem Text, allerdings in wesentlich distanzierteren Tönen: Israel spricht als Bruder zum König von Edom. Die Kurzfassung der bisherigen Exodusgeschichte appelliert an die Barmherzigkeit des edomitischen Bruders. Die selbstauferlegten Restriktionen Israels betonen die eigene Rechtschaffenheit und lassen die Hartherzigkeit der Edomiter in umso schlechterem Licht erscheinen. Israel will für das Wasser bezahlen und nur auf der Königsstraße ziehen. Der Ausdruck »Königsstraße« widerspiegelt assyrisch-babylonische Herrschaftsgeschichte. Die Kolonialmächte aus dem Zweistromland bezeichneten als Königsstraßen (akk. *charran scharri*) jene Straßen, die die Zentralverwaltung mit den unterworfenen Provinzen verbanden. Edom zahlte spätestens ab ca. 800 v. Chr. Tribute an die Assyrer, verstand sich aber mit der Großmacht gutzustellen, die ihrerseits am lukrativen Handel mit Arabien interessiert war, so daß Edom unter assyrischer Herrschaft Glanzzeiten erlebte. Der Text bewahrte außerdem die Erinnerung, daß Edom als territoriale Einheit älter ist als Israel. Dies wird durch ägyptische Quellen bestätigt. Wird Israel erstmals auf einer Stele von Merenptah (1322-1295 v.Chr.) erwähnt, so Edom unter dem Namen Seïr bereits in geographischen Listen aus der Zeit Amenophis III. (1391-1353 v.Chr.) als Territorium der Schasu, einer größtenteils nomadischen Bevölkerung.

Aarons Tod am Berg Hor (20,22-29): Der feierliche Abgang Aarons zur Strafe für seinen Ungehorsam (20,10.12) am Ende des Kapitels steht in scharfem Kontrast zur lapidaren Todesnotiz Mirjams zu Beginn des Kapitels. Hor, der Berg, wo Aaron begraben wird, ist der Berg schlechthin, wie bereits im Namen anklingt, der in außergewöhnlicher Weise immer der Gattungsbezeichnung vorausgeht *(hor ha-har).* Der Ort des Priesters zwischen Himmel und Erde wird damit über seinen Tod hinaus deutlich hervorgehoben. Eine historisch zuverlässige Lokalisierung des Berges ist aufgrund der biblischen Angaben wie beim Sinai nicht mehr möglich. Die Tradition hat ihn auf dem *Dschebel Harun* in der Nähe von Petra lokalisiert, wo sich heute auf nabatäischen und byzantinischen Ruinen ein bescheidenes, weißgetünchtes beduinisch-muslimisches Heiligtum erhebt. Die Ausdrucksweise »mit seinen Vorfahren vereint werden« (20,24) ist ein Privileg der ehrwürdigen Väter Israels

(Abraham, Ismael, Isaak, Jakob, Mose und Aaron). Vor seinem Tod findet auf Hor, dem Berg, die Investitur (vgl. Kommentar zu Lev 8) seines Sohnes Eleasar statt, die seine Salbung zum Priester voraussetzt. Im Gegensatz zum Prophetentum ist das Priestertum erblich. Eine Zwischenstellung nimmt das Schulprophetentum Elijas und Elischas ein (vgl. 1 Kön 19; 2 Kön 2). Zu dritt steigen die Männer vor den Augen des Volkes auf den Berg, zu zweit kommen Mose und Eleasar zurück und das Volk hält während dreißig Tagen, nicht nur während der üblichen sieben (Gen 50,10; 1 Sam 31,13), die Totenklage. Die Tatsache, daß das Volk nicht Augenzeuge der Ereignisse auf dem Berg ist, gibt nach einem Midrasch im Volk Anlaß zur Vermutung, daß Aaron gar nicht eines natürlichen Todes starb (M. NR 19,20): »Als Mose und Eleasar vom Berge herabkamen, lief die ganze Gemeinde zusammen und fragte: Wo ist Aaron? Sie antworteten ihnen: Er ist gestorben. Da fragten sie: Wie konnte nur der Todesengel sich an einen Menschen machen, der wider ihn sich erhoben und ihn bedrängt hat, wie es heißt (17,11): 'Und Aaron stand zwischen den Toten und den Lebenden'? Bringt ihr ihn wieder, so ist es gut, wo nicht, so steinigen wir euch. In dieser Stunde betete Mose und sprach: Herr der Welt, ziehe uns aus dem Verdacht! Da öffnete Gott die Höhle und zeigte ihnen denselben, wie es heißt (20,29): 'Und als die ganze Gemeinde sah, daß Aaron verschieden war'.«

Aaron hat im jüdischen Andenken einen Ehrenplatz erhalten. Die mündlichen Traditionen versuchen ihn von der Schuld am Goldenen Kalb zu entlasten: er sei nicht wegen einer Sünde gestorben, sondern wegen der Machenschaften der Schlange (Sifr. Dtn 338f). Er wird als ein gegenüber Mose neidloser Mensch, als Friedensstifter zwischen Menschen, bes. zwischen Mann und Frau, dargestellt. Hillel macht ihn zum Vorbild für alle Lehrer der Tora: »Sei ein Jünger Aarons, der den Frieden liebt und fördert, der den Nächsten liebt und ihn der Tora näher bringt!« Ganz in dieser Tendenz liegen auch die muslimischen Versionen über Aaron, der als Wesir Moses bezeichnet wird und deshalb zum Vorbild der Wesire aller islamischen Staaten wurde. Das Christentum betont das vormosaische Priestertum Melchisedeks gegenüber demjenigen Aarons (vgl. eucharist. Hochgebet), das von Christus wieder aufgegriffen worden sei und dasjenige Aarons überboten habe (Hebr 5,2-5; 7,11f; 8,23-27).

Die (zweite) Ätiologie von Horma (21,1-3): Der Name Horma
wird abgeleitet von *chäräm,* Banngut, womit das im »heiligen
Krieg« Erbeutete bezeichnet wurde, das dem Heiligtum geweiht
werden mußte (vgl. Kommentar zu Lev 27,28f). Die kurze, völlig
unerwartete Episode enthält viele interessante Details, gibt aber
auch unzählige Probleme auf. Offensichtlich wurde der Name
Horma mit einem beachtlichen Ruinenfeld verbunden, das, wie
jenes von Jericho (Jos 2; 6) und dasjenige von Ai (Jos 7f), da für die
IsraelitInnen der Königszeit erklärungsbedürftig, ätiologische
Geschichten produzierte (vgl. schon 14,39-45). Der Weg von Atarim führte quer durch den Negev und verband Kadesch im Süden
mit Arad im Norden. Arad lag wie Ai schon seit der Frühbronze-
zeit in Trümmern und umfaßte ein beachtliches Territorium. Horma wäre demnach ein Erklärungsname für die frühbronzezeitlichen
Trümmer von Arad. Sie hätten den KanaanäerInnen des Negevs
gehört, die von den IsraelitInnen besiegt wurden. Die Keniter
haben den Ort im 12./11. Jh. v.Chr. wieder besiedelt und dort ein
Jahweheiligtum gebaut, das bis zur joschijanischen Reform in
Gebrauch war. Die Israeliten bauten den Ort zu einer Festung
gegen die Edomiter aus. Der »König von Arad« wurde sekundär,
aufgrund dieser späteren Bedeutung Arads eingefügt. Nach der
Liste eroberter kanaanäischer Städte des Pharao Scheschonk von
924 v.Chr. gab es allerdings zwei Städte namens Arad im Negev:
»Arad die Große« und das »Arad des Hauses Jerocham« (vgl. 1 Sam
27,10; 30,27). Das Arad des Hauses Jerocham ist vielleicht mit Tell
Machata identisch, 12 km südwestlich von Arad. Der Name dieser
Mittelbronzestadt wäre dann von den Kenitern für ihre Siedlung
auf den frühbronzezeitlichen Ruinen 12 km nordöstlich übernommen worden. Ein weiteres Problem ergibt sich dadurch, daß nach
Jos 12,14 Horma eine tatsächlich besiedelte Stadt war, die nach Ri
1,17 früher Zefat hieß. Es könnte so gelöst werden, daß Horma mit
der *chirbet el-mschasch* identifiziert wird, unweit westlich vom *tell
malchata.* Der Name der Stadt wäre nach ihrem Untergang um 1000
v.Chr. auf den nahen *tell 'ira* übergegangen, der aufgrund seiner
überragenden Lage in der Gegend den Namen Zefat, »Wachposten«,
verdient hätte. Wahrscheinlich aber erlaubt der Text keine konkreten Identifikationen. Es ist ja ausdrücklich von *den* Städten der
kanaanäischen Negevbewohner die Rede, also nicht von einem ein-

zelnen Ort, sondern einer Gegend. Da nun im vegetationskargen Negev Ruinen viel offensichtlicher zutage liegen als in den nördlicheren Gebieten Israels, kann es durchaus sein, daß diese Erzählung sehr pauschal das Phänomen der Zeugenschaft vergangener mittelbronzezeitlicher Kultur entlang des Weges von Atarim erklären will. Bleibt nur die Frage: Warum haben die Redaktoren diese Notiz gerade hier eingeschaltet? Zum einen galt es wohl, die Scharte von 14,39-45 auszuwetzen. Zum andern schien dem geographisch nicht sehr bewanderten Redaktor die Episode hier besonders gut zu passen, und zum dritten eröffnet sie eine Folge von drei erfolgreichen Taten zum Ausgleich der drei Rückschläge, die die IsraelitInnen zu verzeichnen hatten (s. Schema oben).

Die Schlangenplage (21,4-9): Die letzte Murrgeschichte nach dem klassischen Schema (vgl. Kommentar zu 11,1-3) löst zwischen dem Berg Hor und dem Schilfmeer eine Schlangenplage *(naschaschim sörafim)* aus. Mose bannt sie auf Anweisung Gottes durch die Aufrichtung einer kupfernen Schlange *(saraf)* an einer Stange. Der Analogiezauber gegen feindliche Mächte, die Vertreibung des Übels durch etwas dem Übel Ähnliches, war im Alten Orient weit verbreitet. So wurde etwa in Mesopotamien das Bild der Krankheitsdämonin Lamaschtu (vgl. Abb. 18), ein Mischwesen aus Löwe, Schwein, Schlangen, Hunden, Esel und Greif, durch ihr ähnliche Bilder zu vertreiben versucht. Die Schlangengeschichte paßt aus zwei Gründen gut in die Gegend, in welcher sich die IsraelitInnen zu diesem Zeitpunkt befanden: zum einen ist die Schlange *(nachasch)* im Negev und der Araba zahlen- und artenmäßig häufig, zum andern gibt es am Rande der Araba, in Timna (arab. *wadi mene'ije)* und Punon (arab. *fenan)* Minen mit Kupfer *(nöchoschät)*, die im 14.-12. Jh. v.Chr. von den Ägyptern, später von den Midianitern und Edomitern ausgebeutet wurden. Die lautliche Verwandtschaft von Schlange und Kupfer gab nicht erst den biblischen SchriftstellerInnen Anlaß, die beiden Dinge miteinander zu verbinden. Unter den Weihgaben des midianitischen Heiligtums in Timna fand sich u.a. eine schöne Kupferschlange (Abb. 53). Die biblische Geschichte ist die in die Wüste zurückprojizierte Ätiologie eines Kultbildes, das bis zur Reform unter Hiskija in Jerusalem stand, dem geräuchert wurde und das *Nehuschtan* hieß (2 Kön 18,4). Unsere Geschichte präzisiert das allgemeine Wort Schlange als Serafen. Was Serafen, wörtl. »Verbrenner«, sind, wissen wir dank ihrer häufigen Darstellung auf judäischen Siegeln, und zwar insbesondere auf solchen, die jahweverehrenden Menschen gehörten, sehr genau: es handelt sich um meistens doppelt geflügelt dargestellte Kobraschlangen, die in Ägypten Uräus genannt werden (Abb. 54). Eine göttliche Macht in Gestalt einer Schlange zu verehren, und habe sie noch so viele Flügel, das paßte offenbar den monotheistischen Reformkreisen in Jerusalem nicht. So wurde der Nehuschtan wie viele andere sinnenträchtige Symbole der Gottheit hinweggefegt. Den puritanischen Reformern zum Trotz hat sich das uralte Tiersymbol im Sanctuslied der Kirche, die in den Lobgesang Gottes der Serafim (vgl. Jes 6,6) und Cherubim einstimmt, bis heute erhalten.

Wegstationenverzeichnis (21,10-20 und Num 20f passim): Ein Vergleich der in Num 20f genannten Wegstationen mit der Liste in Num 33,37-49 zeigt erhebliche Unterschiede:

Num 20f		Num 33,37-49	
Biblischer Name	*Heutiger Name*	*Biblischer Name*	*Heutiger Name*
Hor, der Berg	*dschebel harun*	Hor, der Berg	*dschebel Harun*
»Schilfmeer«	*Golf von Aqaba*		
		Zalmona	*rudschm; tilat az-zalma*
Obot	*'ain husb*	Obot	*'ain husb*
Ije-Abarim	*chirbet 'aj*	Ije-Abarim	*chirbet 'aj*
Bach Sered	*wadi l-hasi*		
Jenseits d. Arnon	*wadi l-mudschib*		
Beer			
Mattana	*el-mudejine (?)*		
Nachaliel	*(?)*		
Bamot	*quwedschija*		
		Dibon-Gad	*dibon*
		Almon-Diblatajim	*chirbet dulelat*
Gipfel des Pisga		Abarim-Gebirge, gegenüber des Nebo	nahe *ras es-sijagha*
Steppen Moabs jenseits des Jordan		Steppen Moabs von Bet-Jeschimot bis Abel-Schittim	

Wie lassen sich diese Unterschiede erklären? Eine neuere Theorie vertritt folgende Ansicht: Der Ausgangspunkt beider Listen ist Hor, der Berg. Es besteht die Möglichkeit, daß er durch die Verbindung mit dem Grab Aarons schon früh zu einem Pilgerort der JudäerInnen wurde. In Num 33,37-49 läge ein Wegstationenverzeichnis des Pilgerweges (Karte I) aus der frühen Königszeit vor, unter Umgehung des edomitischen Siedlungsraumes. In Num 20f wurde diese Liste überarbeitet, weil die Route im 6. Jh. v.Chr. verlagert werden mußte, als Edom sein Herrschaftsgebiet vergrößerte. Dabei wurden einige aus der alten Liste übernommene Orte falsch verortet. Doch ist es vorstellbar, daß in der gleichen Zeit, da die EdomiterInnen in Jerusalem als Kultgeschwister willkommen waren, den IsraelitInnen die Pilgerreise zum Aaronsgrab durch edomitisches Gebiet verboten war?

Mit dem Wegstationenverzeichnis werden *zwei Zitate* verknüpft. Anlaß für das erste war das Stichwort Arnon. Es stammt aus dem »Buch der Kriege Jahwes«, das sonst nie mehr erwähnt wird. Andernorts wird auch ein »Buch des Aufrechten« erwähnt (Jos 10,13; 2 Sam 1,18). Offenbar enthielt es Grenzbeschreibungen der eroberten Gebiete, wahrscheinlich in Form von Liedern und Sprüchen. Daß die Jahwekriege wie alle Kriege ein Thema waren, das viel zu verarbeiten gab, wissen wir besonders aus den Büchern Josua und 1 Samuel. Der Text ist sehr schlecht überliefert und deshalb rätselhaft. Es ist jedoch anzunehmen, daß es sich um Poesie handelt, wie in den beiden folgenden Fällen von eingeschobenen Zitaten (Brunnenlied und Heschbonlied). Statt wie EÜ könnte man auch lesen:

Jahwe kam in einem Wirbelwind,
kam zu den Tälern des Arnon;
er schritt durch die Täler,
wandte sich zum Sitz von Ar,
gegen die Grenze von Moab hin.

Das zweite Zitat stammt aus mündlicher Tradition. Es ist ein *Brunnenlied*, das sich aufgrund des Ortsnamens Beer (Brunnen) aufdrängte, ein Hoch auf den Brunnen und die, die ihn gruben. Daß der Bau von Brunnen in trockenen Zonen ein großer Segen ist, versteht sich von selbst. Das Auffinden von Quellen (Gen 36,24) und der Streit um Brunnen (Gen 26,18-33; Ri 1,15) ist deshalb auch sonst ein Thema. Dieser Text spielt mit der Doppelbedeutung der Zepter und Stäbe der Noblen. Vordergründig tönt es, als hätten sie den Brunnen mit diesen Werkzeugen gegraben. In den Händen der Noblen werden sie aber zum Befehlen und nicht zum Graben gebraucht. Sie ließen also den Brunnen auf ihren Befehl hin graben. Erst gesungen im Mund des Volkes, zeigt sich die satirische Pointe. Die Septuaginta hat den Spruch bereits symbolisch verstanden und den Brunnen auf die Königreiche bezogen: »Prinzen haben ihn gegraben/Könige der Völker haben ihn vertieft/ in ihrem Königtum,/in ihrem Reich.« Eine weitere symbolische Variante findet sich bei den Rabbinen, die in der Quelle die Tora sehen und in den Schriftgelehrten, allen voran Mose, die grabenden Zepter. Eine frühe Auslegung der Stelle, die beide Traditionen vereint, bietet das Damaskusdokument der Qumran-Essener (6,2-11):

Aber Gott gedachte des Bundes mit den Vorfahren, und er erweckte aus Aaron Verständige und aus Israel Weise. Und er ließ sie hören, und sie gruben den Brunnen, den Brunnen, den Fürsten ausgehoben, den die Edlen des Volkes mit dem *Zepter* gegraben. Der Brunnen, der ist das Gesetz, und die ihn gruben, das sind Israels Büßer (= die Essener), die auszogen aus dem Lande Juda und im Lande Damaskus weilten, welche Gott allzumal »Fürsten genannt, denn sie suchten Ihn, und nicht ward verändert ihr Ruhm (?) durch einen Mund. Das *Zepter*, das ist der Gesetzeslehrer, wovon Jesaja (54,16) sagt: »Der ein Gerät hervorbringt für sein Werk.« Die Edlen des Volkes sind die, welche kommen, den Brunnen zu graben mit den *Zeptern*, welche das *Zepter* vorgeschrieben (wörtl. *gezeptert*) hat, in ihnen zu wandeln in der ganzen Zeit des Frevels.

Eroberung Moabs und Heschbonlied (21,21-32): Wie mit dem König von Edom tritt Israel in Verhandlungen über Durchzugsrechte mit Sihon, dem Amoriter (vgl. zu diesem Begriff 13,29; Parallelüberlieferungen in Ri 11,19 und Dtn 2,27ff). Sihon reagiert wie der edomitische König, doch Israel bietet ihm diesmal die Stirn. Man fragt sich natürlich innerhalb der Logik der Geschichte, warum Israel nicht auch diesmal umkehrte und zum Beispiel weiter die Araba hinaufzog, dem Toten Meer entlang nach Jericho. Doch die Exodusgeschichten beschreiben keinen in sich logischen Ablauf, sondern erklären eine Fülle von geschichtlichen Einzelheiten, was immer wieder zu Brüchen innerhalb der erzählten Geschichte führt. Eine solche geschichtliche Einzelheit ist die Tatsache, daß israelitische Stämme auch im Ostjordanland siedelten. Wie es dazu kam, wird nun erklärt. Gleichzeitig gibt die Überlieferung zu erkennen, daß sie, anders als »D«, diesen Teil des Ostjordanlandes nicht als Gelobtes Land betrachtet. Jahwe wird im ganzen Abschnitt nie genannt (vgl. die Landesgrenzen nach Num 34). Bei Jahza kommt es zur Schlacht, und Sihon wird mit »scharfem Schwert«, d.h. erfolgreich, geschlagen. Die Meschastele aus der Mitte des 9. Jh. v.Chr. setzt tatsächlich voraus, daß Israeliten in Jahza (= Jahaz) leben, und berichtet von einer Revanche: »Der König von Israel hatte Jahaz gebaut; so blieb er darin, während er mich bekämpfte. Kamosch aber vertrieb ihn vor mir. Ich nahm aus Moab zweihundert Mann, seine ganze Anführerschaft, brachte sie nach Jahaz und nahm es ein und gliederte es Dibon an.« Wir erfahren, daß der Amoriter Sihon seinerseits das Land der Moabiter erobert und besetzt hatte. Wann diese Ereignisse stattgefunden haben sollen, läßt sich z.Z. nicht sagen. Ausgrabungen des *tell hesban*, 9 km nördlich von Madaba, haben eine Stadt zutage gefördert, die erst ab ca. 1000 v.Chr. bedeutend wurde. Vielleicht aber ist das alte Heschbon, die Hauptstadt Sihons (21,26), nicht damit, sondern mit *tell dschalul* oder *tell el-'umeri* gleichzusetzen, oder ein Wiederaufbau an neuem Ort anzunehmen. Jedenfalls setzt die Abfolge Moabiter-Amoriter-Israeliten-Moabiter eher einen längeren Zeitraum voraus als 150 Jahre. Daß das Heschbon-Lied die Eroberung der moabitischen Stadt durch den Amoriterkönig kommentierte, wie es die biblischen Redaktoren sahen, ist unwahrscheinlich, denn besungen wird ja gerade der Wiederaufbau der abgebrannten Stadt Sihons, die, entsprechend zu »Stadt Davids« für Jerusalem, nach ihrem Dynastiegründer betitelt wurde. Der Vers 21,29, der die Töchter der Stadt als Gefangene des Amoriterkönigs Sihon identifiziert, ist also sekundär. Dies bestätigt Jeremia, der dasselbe Lied ohne diesen Zusatz zitiert (Jer 48, 46). Jeremia tut dies im Rahmen seines Kommentars zu den Verwüstungen, die die Assyrer bei einer Strafaktion in Moab anrichteten, und bemerkt dabei (Jer 47,11): »Ungestört war Moab von Jugend an, ruhig lag es auf seiner Hefe. Es wurde nicht umgeschüttet von Gefäß zu Gefäß: Nie mußte es in die Verbannung ziehen.« Außerdem widerspiegelt der Titel Ar-Moab, »Stadt Moabs« und die Nennung der Höhen (= Kultplätze)

Kamoschs eine längere moabitische Siedlungsgeschichte der Stadt. Sollte demnach das Heschbonlied aus der Zeit Jeremias stammen, und ist es an dieser Stelle von einem späten Redaktor in einen alten Eroberungsbericht eingefügt worden? Die Beziehungen zwischen Israel und Moab waren sehr eng. Von keinem Nachbarn Israels erfahren wir soviel Details wie von Moab. Zwar wird der Kult Kamoschs, der schon in den Archiven von Ebla aus dem 3. Jt. v.Chr. erwähnt wird, aus der Perspektive von »D« scharf kritisiert (1 Kön 11,7.33; 2 Kön 23,13; Jer 48), doch war Moab für die JudäerInnen immer ein Land der Zuflucht (Rut 1), und die Teiche Heschbons am Stadttor Bat-Rabbim werden in einem judäischen Liebeslied sogar als Vergleichsgröße für die Augen der Geliebten gebraucht (Hld 7,5), verraten somit genaue Ortskenntnisse und heimatliche Gefühle für die Stadt. Es könnte deshalb sein, daß Erzählung und Lied in der vorliegenden Fassung den Sinn haben, zu beweisen, daß Israel das Land nicht den MoabiterInnen, sondern einem anderen Usurpator, dem Amoriter Sihon, wegnahm. So jedenfalls sind die rabbinischen Kommentare zu dieser Stelle zu verstehen (z.B. M. NR 19,35). Neben Jahza und Heschbon wird als dritte Stadt, die samt Tochterstädten, d.h. unbefestigten Dörfern erobert wird, Jaser genannt. Zu den Lokalisierungen, Landschafts- und Ortsnamen vgl. NSK-AT 29, 128ff mit Abb. 9.

Eroberung des Baschan (21,33-35): Anders als Moab wird der Baschan als Teil des Gelobten Landes betrachtet, das Jahwe zu erobern befiehlt. Doch die Überlieferung von der Schlacht bei Edreï (das heutige *der'a* an der syrischen Grenze zu Jordanien) gegen Og, den König des Baschan, bleiben sehr summarisch. Baschan bedeutet flaches Land, was für das Tafelhochland des Hauran, bzw. Golan, sehr zutreffend ist. Die Gegend war bekannt für die üppigen Weiden (Jer 50,19; Mi 7,14) und die sprichwörtlich fetten Kühe (vgl. Dtn 32,14; Am 4,1; Ez 27,6).

Letzte Wandernotiz (22,1): Von wo die IsraelitInnen aufbrechen ist nicht klar. Jedenfalls führt sie die letzte Etappe unmittelbar vor das Gelobte Land, in die Steppen Moabs, gegenüber von Jericho. Hier kommt es zum Abfall zu Baal-Pegor und ergehen nochmals eine Reihe von Anweisungen an das Volk, bevor die Eroberung des Westjordanlandes beginnt. Der Faden der Erzählung wird am Schluß von Numeri (36,13) wieder aufgenommen.

2. Die Bileamsgeschichte (22,2-24,25)

Die in sich abgeschlossene Bileamsgeschichte ist wahrscheinlich auf einer separaten Rolle überliefert worden, bevor sie bei der Redaktion der Tora hier eingefügt worden ist. Anlaß zur Einfügung an dieser Stelle gab Israels Lager in den Steppen Moabs (22,1), bzw. in Schittim (25,1). Die Vermutung ist naheliegend, daß die Gestalt Bileams mit dieser Gegend in enger Verbindung stand (vgl. dazu Exkurs VII). Abhängig von dieser redaktionellen Textvernetzung ist die negative Erwähnung Bileams in 31,16.

Die Bileamsgeschichte selber besteht aus vier formal unterschiedlichen Elementen: 1. Die Geschichte wird redaktionell eingeleitet. 2. Eingebaut in die Prosaerzählung von der Verfluchung Israels durch Bileam im Auftrag Balaks, die auf Gottes Geheiß hin zu einer Segnung wird, finden sich 3. drei Segnungen Israels in poetischer Form sowie ein poetischer Block mit einer Verheißung und drei Flüchen über die Fremdvölker Israels. Ob in diesen poetischen Abschnitten Texte enthalten sind, die tatsächlich auf Bileam zurückgehen, und ob sie teilweise dem Prosatext schon vorlagen, läßt sich nicht mehr entscheiden, da sie sehr eng mit der übrigen Erzählung verwoben wurden. Sicher ist aber, daß diese poetischen Abschnitte im Laufe der Zeit noch ergänzt wurden. 4. Das dritte Element der Geschichte ist ein später, volkstümlicher Midrasch (erzählerischer Kommentar) über Bileam und seine Eselin auf dem Weg zu Barak. Er versucht, den ausländischen Seher lächerlich zu machen.

1. Die redaktionelle Einleitung (22,2-4a): Während der Bericht über die Eroberung Moabs (21,21-32) darauf abzielt, die MoabiterInnen selber auszuklammern, werden sie hier als KonspiratorInnen mit den MidianiterInnen dargestellt, die von hier bis zum Ende des Buches Numeri in immer schwärzerer Farbe gezeichnet werden, ganz im Widerspruch zur Verwandtschaft, die sie mit Mose und damit mit Israel verband.

2. Die Prosaerzählung (22,4b-21.36-23,7.11-18.25-24,3.10-15.19a. 20a.21a.23a.25): Die Initiative für die Erzählhandlung geht von Balak (Bedeutung ungewiß; im Hebräischen schwingt das Wort »verwüsten« mit; der Name ist in Assur, Babylon, Aram und Arabien bezeugt), Sohn Zippors (Vogel), aus, der als König Moabs eingeführt wird. Aus außerbiblischen Quellen ist uns kein moabitischer König dieses Namens bekannt. Er heuert Bileam, den Sohn Beors aus Petor (wahrscheinlich Pitru am Eufrat, über 600 km von Moab entfernt), an, um Israel, das sein Land (wie eine Heuschreckenplage) zu überschwemmen droht, verfluchen zu lassen. Bileam war dafür bekannt, daß seine Verfluchungen oder Segnungen eintrafen. Dies kann im Sinne Balaks so verstanden werden, daß er die Zukunft günstig oder ungünstig zu beeinflussen imstande ist. Es kann aber auch im Sinne Bileams und der biblischen Erzähler so verstanden werden, daß Bileam die Zukunft in Einheit mit dem göttlichen Willen offenbart. Auf dieser Differenz in der Auffassung prophetischer Rede fußt die Spannung der folgenden Geschichte, deren Thema nun durch die beiden Stichworte *segnen* und *fluchen* (22,6) gegeben ist. Bileam muß aus dem Land seiner Stammesgenossen (EÜ), nach anderer Lesart aus dem Land der Söhne von Ammaw oder Ammon (Vulgata), geholt werden. Die Boten, die ausziehen, um Bileam für diese Aufgabe zu gewinnen, ziehen aus mit »Wahrsagung in ihren Händen«. Nach EÜ bezieht sich das auf den Wahrsagerlohn, nach anderer Auslegung meint dies, daß die Boten auch Wahrsager sind und ihn als Berufskollegen zu gewinnen versuchen. Für letztere Deutung spricht die Art der Steigerung in 22,15 und der andere Sprachgebrauch für Entlöhnung in 22,17. Wahrsagung *(kösamim)* wird von »D« verboten (Dtn 18,10.14). Eine negative Bedeutung des Wortes wird in der Prosaerzählung jedoch noch nicht vorausgesetzt. Über eine erste Methode, die Bileam als Seher anwendet, gibt seine Reaktion auf das Ansinnen der Boten Klarheit: Er will Gottes nächtlichen Rat, also einen Traum, abwarten. Der Rat fällt für die Boten negativ aus. Bileam erfährt von Gott, daß das Volk, das verflucht werden soll, von Gott gesegnet ist. Ähnliche göttliche Weisungen ergehen nur noch in Gen 20,3 (Abimelech) und 31,24 (Laban) an Nichtisraeliten, jedoch immer in nächtlichen Visionen. Bileam fügt sich dem abschlägigen Rat Gottes, und die Boten ziehen unverrichteter Dinge nach Hause, um Bericht zu erstatten. Eine zweite Delegation, die Balak ausschickt, hat Erfolg. Zwar gibt ihr Bileam gleich zu wissen, daß er ohne göttliche Genehmigung nichts ausrichten kann, doch erhält er diesmal im Traum positiven Bescheid, unter der Bedingung, daß er nur tut, was Gott ihm befiehlt. Das Motiv, daß eine Angelegenheit durch einen zweiten göttlichen Ratschlag im Traum geklärt wird, findet sich noch in Gen 41,5. Der Traum gilt den israelitischen Propheten jedoch als minderwertiges Medium (vgl. 12,6). Kommt schon in dieser zweimaligen Anfrage des Sehers eine gewisse Respektlosigkeit gegenüber Gottes Willen zum Ausdruck, so erst recht in den folgenden Versuchen, Israel zu verfluchen. Die Rabbinen sahen im Zugeständnis Gottes einen Hinweis auf die Freiheit der Menschen, sogar wenn sie auf dem Weg sind zu sündigen. Balak empfängt den Seher am Arnon, an der Nordgrenze seines Landes, und bewirtet ihn und die Hofleute mit einem Gelage. Am folgenden Tag werden auf den Baalhöhen von Kirja-Huzot auf sieben Altären sieben Opfer von sieben Rindern und sieben Widdern dargebracht. Die Häufung der Siebenzahl hat beschwörenden Charakter (vgl. Lev 4,3-12; Num 19). Das Aufstellen mehrerer Altäre für eine Reihe von Opfern ist in Israel unbekannt. Abseits von Balak, der beim Opfer bleibt, empfängt Bileam die Offenbarung. Dadurch wird deutlich, daß es Balak ist, der die Opfer für sich darbringt, während Bileam nur als Medium funktioniert. Vor Balak und seinen Leuten verkündet er den Spruch (*maschal*; EÜ: Orakelspruch), der ein Segen über Israel ist, statt ein Fluch. In sprachlich stilvoll steigernder Variation wiederholt sich dasselbe Prozedere auf dem Gipfel des Pisga und ein drittes Mal auf dem Gipfel des Pegor. Während Bileam durch die Sprüche selber tiefer in Gottes Geheimnis eindringt, um vor der dritten Segnung ganz auf das divinatorische Suchen von Zeichen zu verzichten und direkt vom Geist Gottes erfaßt zu werden, regt sich Balak immer mehr auf. Nach der dritten Segnung ist er so außer sich vor Zorn, daß er Bileam ohne den in Aussicht gestellten Lohn dorthin schickt, woher er gekommen ist. Er schreibt die Verhinderung des Lohnes in ironischer Weise eben jenem Jahwe zu, den Bileam in seinen Segnungen immer wieder erwähnt hat. Bileam ist einverstanden, doch zuvor muß sich Balak einen vierten Spruch anhören. Die Erzählung endet mit der lapidaren, aber nicht minder aussagekräftigen Feststellung, daß beide, Bileam und Balak, ihres Weges gehen.

Die Prosaerzählung, die mit den vier poetischen Segnungen eng verknüpft ist, macht sich lustig über Balak und zeichnet einen gottesfürchtigen und lernfähigen Bileam. Immer wieder gibt er Balak oder dessen Boten leitmotivisch zu bedenken, daß er nur sagen oder tun kann, was Gott ihm zu sagen oder zu tun befiehlt. Er widersteht allen Lohnversprechungen und entwickelt sich vom Traumdeuter und Orakelleser zum Propheten, der ohne weitere Medien direkt von Gottes Geist *(ruach)* erfaßt wird. Dieses positive Bileamsbild findet ein Echo schon bei Micha (6,5; vgl. auch Jos 24,9f), wo seine Prophezeiungen als wichtige heilsgeschichtliche Ereignisse für Israel in Erinnerung gerufen werden. In einigen Midraschen wird Bileam deshalb als Mose ebenbürtig oder sogar überlegen dargestellt.

3. Die vier poetischen Teile (A-D):

A (23,7b-10): Der Spruch faßt zunächst die Ereignisse der Erzählung zusammen. Die Heimat Bileams wird dabei mit Aram, also wohl dem Reich der Aramäer, identifiziert, die ab dem 13. Jh. v.Chr. am oberen und mittleren Eufrat bezeugt sind und ab ca. 1000 v.Chr. in Syrien kleine Stadtstaaten bilden. Pitru am Eufrat verweist auf die vorstaatlichen Aramäer. Die Bileamsinschrift vom *tell der 'allah* (s. Exkurs VIII) stammt jedoch aus der Zeit der Aramäerreiche. Israel wird in diesem und den folgenden Segnungen oft auch als Jakob angesprochen. Unweit des Lager der Israeliten in den Steppen Moabs und in unmittelbarer Nähe des *tell der 'allah*, an der Furt des Jabbok, wurde Jakob nach Gen 32,29 zum ersten Mal Israel genannt. Israel wird als Volk *('am)* charakterisiert, das sich nicht unter die Nationen *(gojim)* rechnet. Dieses Selbstverständnis Israels entspricht seiner geographischen Lage in der Levante, einer Brücke zwischen großen Nationen wie Ägypten, Hatti und Assur, jedoch am Rande des fruchtbaren Halbmondes, in einem unzugänglichen Hügelland, Juda und Efraim. Im Gegensatz zu Syrien, wo sich die Völker begegnen, sich synkretistische Prozesse vollziehen und dabei mitunter große Reiche, wie jenes von Ebla, entstehen, setzt sich Israel vom Geschehen ringsum dezidiert ab, beschränkt sich auf kritische Kommentare nach außen und konzentriert sich nach innen. In einer gewissen Spannung zu dieser Sonderstellung Israels steht die Betonung seiner Menge. Die Segnung gipfelt in Bileams Wunsch, der gleichzeitig ein Lobpreis ist, den Tod der Gerechten Israels zu sterben.

B (B:23,18b-24): Anders als im ersten Spruch, der unmittelbar anfing, beginnt Bileam hier mit einer Anrede Balaks. Auch dieser Spruch bezieht sich eng auf den Text der Prosaerzählung. Bileam rechtfertigt zunächst in einer rhetorischen Frage (vgl. Ijob 38ff) Gott, der nicht lügt (vgl. Hebr 6,18) wie Menschen und sich selber als einen Menschen, der zu seinem Wort steht. Übel und Unheil, nicht im moralischen Sinn zu verstehen, sind in Israel abwesend, der Segen, der auf ihm ruht, ist sichtbar, denn: Gott, Israels König, beschützt das Volk. Der Spruch gipfelt in zwei sich ergänzenden Bildern: Gott wird mit den Hörnern eines Wildstiers verglichen und Israel mit einem Löwen, der nicht ruht, bis er seine Beute gerissen hat. Beide Tiere werden in Mesopotamien nur vom König gejagt. Sie stehen seit ältester Zeit für höchste antagonistische Mächte und Kräfte und werden in diesem Sinne oft auf Siegeln dargestellt (Abb. 55). Der durch die Bilder eingemittete Vers (23,23) hält fest, daß es in Israel weder Zeichendeutung *(nachasch)* noch Wahrsagerei *(käsäm)* braucht, sondern daß Gott das Volk direkt mit seinen Plänen vertraut macht. Eine m.E. weniger sinnvolle Übersetzungsvariante bietet EÜ.

C *(24,3b-9):* Der dritte Spruch wird, wie auch der letzte, durch eine Formel eingeleitet, die nicht den Adressaten wie im zweiten Spruch, sondern den Absender kennzeichnet. Bileam identifiziert sich nun selber mit der Angelegenheit, in der er gerufen worden war. Er fungiert nicht mehr bloß als Medium, sondern als göttlicher Sprecher. Mit einer ganz ähnlichen Wendung werden Davids letzte Worte eingeleitet, die ebenfalls göttlichen Ursprungs sind (2 Sam 23,1f), während die Sprüche der Propheten Israels immer als Sprüche Gottes etikettiert werden. Bileam charakterisiert sich als Mann mit »erschlossenen« Augen (so Buber/Rosenzweig im Anschluß an die rabbinische Lesart) und als Hörer der Worte Gottes. Daß Bileam geschlossene Augen hatte, wie EÜ mit ein paar griechischen Übersetzungen überträgt, ist unwahrscheinlich, betont doch der folgende Satz nochmals, daß er Visionen sieht und entschleierte Augen hat. Bileam war auch nicht blind, wie 24,2 verdeutlicht. Die Visionen kommen von Schaddai (ËU mit Septuaginta: Allmächtiger). Der Gottesname wird auch in der Bileaminschrift vom tell der 'allah verwendet (s. Exkurs VII), dort im Plural. Inhaltlich entwickelt dieser dritte Spruch ein eigentliches Segensbild. Die Zelte *('oholim)* Israels werden auf vierfache Weise mit der Vegetation an einem wasserreichen Ort verglichen. Sie sind wie Talgrün (EÜ: Bachtäler; gemeint ist aber die Vegetation, die noch in den

Wadis grünt, wenn der Bach längst nicht mehr zu sehen ist), wie Gärten, wie Aloepflanzungen (*'ahalim* als Wortspiel zu den Zelten; das Lehnwort stammt aus dem Sanskrit; Aloebäume, nämlich Aquillaria vera, succotrina und barbadensis, wurden zur Parfümherstellung auch in Israel kultiviert; EÜ: Eichen; anderer Vorschlag: Eiskraut, *Mesembrianthemum nodiflorum L.*, das üppige Rasen bildet), wie Zedern. Mit einem Baum auf wasserreichem Grund wird auch der Gerechte im programmatischen Ps 1 verglichen. Das Bild wird wiederum zur Illustration des himmlichen Jerusalem verwendet (Offb 22,2). Es wird in 24,7 in variierter Form fortgesetzt. Die Schöpfeimer (EÜ), mit denen man in Palästina aus den Brunnen und Zisternen Wasser zur Bewässerung der Gärten schöpfte, waren bis in neueste Zeit lederne Beutel. Dann wechselt das Thema abrupt zum Königtum, das als Agag, dem Amalekiterkönig zur Zeit Sauls (1 Sam 15,8), überlegen gepriesen wird. Die Amalekiter galten als Erzfeinde Israels (vgl. Ex 17,8-16; Dtn 25,17f). Die Septuaginta gibt eine ganz andere Variante dieses Verses wieder: »Ein Held geht hervor aus seiner Nachkommenschaft, er herrscht über zahlreiche Völker. Mächtiger als Agag/Gog ist sein König, reckt sich empor sein Königtum.« Die messianische Verheißung kann auf Saul oder David gemünzt werden, die die Amalekiter unter ihre Herrschaft brachten. Die Lesart Gog, ein lydischer Herrschaftstitel, statt Agag widerspiegelt wahrscheinlich eine aktualisierende Lektüre des Textes, nachdem die Lyder unter Alyattes um 600 v.Chr. ihre Herrschaft Richtung Syrien/Palästina ausdehnten (vgl. Ez 38,14-16). Dann wird das Bild vom Wildstier und vom Löwen (s. B) aufgegriffen und variiert. Die Segnung gipfelt schließlich in der Formel: »Wer dich segnet, ist gesegnet, und wer dich verflucht, ist verflucht.« Mit dieser deutlichen Anspielung auf den Abrahamssegen (Gen 12,3) wird vom nichtisraelitischen Seher, gleichsam von neutraler Instanz, am Ende von Israels Wanderschaft die Erfüllung der Verheißungen an die Väter und Mütter Israels attestiert. Aber auch Bileam selber gehört damit zu den Gesegneten.

D (24,15b-24): Bileams Zugabe, nachdem ihn Balak schon mit Schimpf und Schande aus seinem Dienst entlassen hatte, wird in den Handschriften sehr unterschiedlich überliefert. Dies dürfte ein Hinweis darauf sein, daß dieser Anhang über längere Zeit hin Zuwachs erfuhr, wobei sich unterschiedliche Traditionen aussprägten. Nach der selben Einleitung wie im dritten Spruch folgen eine Königsverheißung über Jakob (a) und drei Fremdvölkersprüche (b-d).

a (24,15b-19): Die Verheißung verkündet einen aufgehenden Stern in Jakob, der die Moabiter, die Söhne Seths (wahrscheinlich die nomadischen Schutu der ägyptischen Texte des zweiten Jahrtausends v.Chr.), Edom, Seïr (vgl. Kommentar zu 10,29-32) und die Leute der Stadt (*'ir;* gemeint ist wohl Ar-Moab, vgl. 21,15.28) besiegt. Vielleicht war damit ursprünglich David gemeint. Die möglicherweise sekundäre Einleitung hat aber einen fernen, zukünftigen Stern im Blick. Mit dem *Stern* werden gerne siegreiche Herrscher designiert. In Jes 14,12 wird der Morgenstern in einem spöttischen Leichenlied Jesajas auf den in der Schlacht umgekommenen Sargon II. bezogen. Früh hat sich der von den griechischen Dioskuren übernommene Stern zu den seit hellenistischer Zeit auf Münzen geprägten Herrscherbildern gesellt. Jüdische Herrscher haben das Motiv auf Münzen in drei historisch wichtigen Momenten aufgegriffen: 1. *Alexander Jannäus* (103-76 v.Chr.), der die im Namen der Theokratie begonnene Revolte der Makkabäer zu höchster weltlicher Macht führte, läßt seinen Namen in einen Stern einschreiben, den er der seleukidischen Münzemblematik entlieh (Abb. 56a). 2. *Herodes d.Gr.* ließ seinen Stern 37 v.Chr., den er römischer Protektion verdankte, von Lorbeer flankiert über einer Dioskurenmütze aufgehen (Abb. 56b). 3. Als *Simon Bar Kosiba* 132-135 v.Chr. den zweiten jüdischen Krieg gegen die Römer anführte, wurde er auch von rabbinischen Kreisen durch Auslegung von 24,17 als Sternensohn gefeiert: »Rabbi Schimon ben Jochai lehrte: Mein Meister Akiba legte aus: 'Ein Stern tritt hervor aus Jakob' (24,17) – Kosiba tritt hervor aus Jakob. Als Rabbi Akiba Bar Kosiba sah, sagte er: Das ist der messianische König! Rabbi Jochanan ben Torta sagte zu ihm: Akiba! Gras wird über deinem Kiefer wachsen, und immer noch wird der Sohn Davids nicht kommen« (jTa'an 4,6). Simon ließ sich auf den Münzen als Stern über dem Tempelportal, das sein Name flankierte, abbilden (Abb. 56c). Auch der Evangelist Matthäus griff die Tradition auf (Mt 2), verband sie in origineller Weise mit der Micha-Verheißung (Mi 5,1.3) und setzte so das *Jesus-Kind* in Betlehem in Konkurrenz zu Herodes d.Gr. Der Stern führt in seiner Geschichte als Leitbild zum Zielbild Christus. Die Wirklichkeit löst das Symbol ab. Dieser neue König erweist sich aber spätestens am Kreuz, auf dem die Inschrift »König der Juden« angebracht wird (Mt 27,37), als Antikönig. Daß man sich im frühen Christentum durchaus des ersttestamentlichen Hintergrundes dieses matthäischen Midrasches bewußt war, zeigen die frühesten Bileamsdarstellungen in den römischen Katakomben, wo er mit seiner rechten Hand auf einen Stern (Christus) weist. Auf Sarkophagreliefs, die die Anbetung des Christuskindes durch die drei Weisen zeigen, ist er manchmal neben Maria zu sehen.

b (20b): In gewisser Weise war schon der erste Spruch ein Fremdvölkerspruch über Edom und Moab, die Feinde des Ostens. Nun folgt einer über Amalek, den Erzfeind im Süden, dessen Vorherrschaft (über Juda in der Frühzeit?; vgl. die Amalekiterfeldzüge unter David 1 Sam 27; 2 Sam 8) ein definitives Ende entgegengesetzt wird: Die Ersten werden die Letzten sein.

c (21b-22): Die Keniter waren ein mit Israel verbundener, nomadischer Wanderstamm, der das Schmiedehandwerk ausübte. In diesem Kontext ist aber eher an das ursprüngliche Siedlungsgebiet der Keniter als einer Untergruppe der Midianiter im Süden Palästinas zu denken (vgl. Kommentar zu 10,29-32). Das sichere Nest *(ken)* auf den Felsen spielt auf die Fluchtfelsen jener Gegend an, die praktisch uneinnehmbar waren (vgl. noch die Belagerung der Masada in römischer Zeit) und bildet ein Wortspiel zu den Kenitern *(keni)*. Ob die Assyrer die Keniter in die Verbannung führten, ist fraglich, suchten sie doch zu den die südlichen Handelsstraßen kontrollierenden Völkern eher den freundschaftlichen Kontakt. Außerdem gingen die Assyrer gegen nichtstädtische Bevölkerungsschichten im Kriegsfall sehr brutal vor und ließen ihnen nicht die zuvorkommende Behandlung einer Deportation zukommen, wie uns etwa die Reliefs Assurbanipals aus Ninive drastisch vor Augen führen (Abb. 57). Vielleicht war dieser Spruch ein verzweifelter Wunsch gegen die Keniter, die wie die Edomiter von der Deportation der Judäer profitiert haben mochten (vgl. Obadja).

d (23b-24): Eine noch spätere Erfahrung, nämlich die Eroberung des Orients durch die Griechen oder gar die Römer aus Italien (so der Targum und die Vulgata!; vgl. Dan 11,30), setzt der letzte Spruch voraus. Mit den Kittäern sind ursprünglich die BewohnerInnen der Stadt Kition (heute Larnaka) auf Zypern gemeint (vgl. Flav. Jos. Ant. 1,128), aber später auf alles bezogen worden, was auf

Schiffen von Westen aus den Orient erreichte. Da die Zyprioten die
Assyrer nie bedroht haben, muß hier schon an die Makedonier
unter Alexander d.Gr. (vgl. 1 Makk 1,1; 8,5) gedacht werden. Eber
(vgl. Gen 10,21) steht wohl für die übrigen Völker des semitischen
Ostens, die außer den Assyrern von den Griechen unterworfen
wurden.

4. Der volkstümliche Midrasch (22,22-35): Die eingeschobene
Episode läßt das Zugeständnis an Bileam, daß er der Einladung
Balaks doch Folge leisten soll, rückblickend wie eine Prüfung Bileams erscheinen, von dem Gott erwartete, daß er die erste Weisung,
zu Hause zu bleiben, ohne Wenn und Aber akzeptiert. Weil er die
Prüfung nicht besteht, schickt Gott einen Engel als Gegner (*lösatan*;
wörtl.»zur Anschuldigung«; später im Satan/Ankläger personifiziert; vgl. 1 Chr 21,1; Sach 3,1f; Ijob 1,6-12; 2,1-7) aus. Bileam zieht
auf einer Eselin (*'aton*; EÜ: Esel ist falsch), dem bevorzugten Reittier der Vornehmen in Syrien und Palästina (vgl. Gen 49,11; Ri 5,10;
Sach 9,9; 2 Kön 4,22.24), begleitet von zwei Knechten, wie es sich
für bedeutende Männer gehörte (vgl. Gen 22,3; 1 Sam 28,8; Abb.
30), von dannen. Die Knechte sind für die weitere Geschichte nicht
mehr vorhanden, dienten also nur der ironischen Unterstreichung
der Bedeutung Bileams. Der Engel stellt sich Bileam dreimal mit
gezücktem Schwert (vgl. Gen 3,24; Jos 5,15; 1 Chr 21,16) in den
Weg, aber nur die Eselin erblickt ihn. Das erste Mal weicht sie ihm
auf offenem Feld aus, das zweite Mal in einem Weinbergweg, so daß
sie Bileams Bein an die Mauer drückt, das dritte Mal gibt es für sie
keine Möglichkeit auszuweichen, so daß sie sich hinlegt. Jedesmal
wird der Seher wütend und schlägt sein Reittier mit dem Stock, bis
es der Eselin zu bunt wird und sie sich bei Bileam beschwert. Der
kurze, aber kunstvolle Dialog, der sich zwischen dem Tier und dem
Seher entspinnt, entbehrt nicht der Komik und enthält einige satirische und weisheitliche Gedanken: Der Seher, der die Zukunft sehen
will und auszieht, um ein ganzes Volk zu verfluchen, sieht nicht einmal Gottes Engel, der vor ihm steht. Die Eselin hingegen, auf der er
reitet, erweist sich als gottesfürchtig (vgl. Jes 1,3). Der Mann
reagiert tobsüchtig und gewalttätig, die Eselin hingegen erweist sich
als treu, sanft und vernünftig. So wie Gott der Eselin den Mund öffnete, öffnet er Bileam die Augen, und so, wie Bileam die Eselin mit
dem Schwert umbringen wollte, hätte Gott den Seher umgebracht,

wenn die Eselin nicht gewesen wäre. Bileam muß sowohl gegenüber der Eselin als auch gegenüber dem Engel sein Fehlverhalten eingestehen und holt sich nochmals ausdrücklich die Genehmigung für seine Mission ein, die unter derselben Bedingung wie im zweiten Traum erteilt wird.

Die Episode trägt viele märchenhafte und damit volkstümliche Züge: der Engel, das sprechende Tier, der naive Anti-Held, das dreifache, sich steigernde Ereignis, die lineare Erzählstruktur. Damit verleiht sie der ganzen Erzählung hohen Unterhaltungswert. Vor allem aber rückt sie den Helden in ein schiefes Licht und eröffnet damit eine weitreichende negative Wirkungsgeschichte Bileams in der rabbinischen Literatur. Sein Name wird als »Volksverschlinger« gedeutet. Er gehörte zu den Magiern, die am Hofe des Pharao in Ägypten dessen Träume deuteten und ihm den Rat gaben, die Knaben der Hebräerinnen in den Fluß zu werfen. Er ist der Gegenspieler Moses auf dem Exodus, gibt den Amalekitern den Rat, gegen Israel zu ziehen, und klärt die Heidenvölker über die Gebote am Sinai auf. Er wollte Israel tatsächlich verfluchen und Gott überzeugen, sich von den siebzig Heidenvölkern statt von Israel verehren zu lassen. Ja, es wird ihm schließlich sogar Unzucht mit der Eselin untergeschoben. Die negative Wirkungsgeschichte läßt sich schon in der Bibel selber festmachen, wo behauptet wird, daß es erst Jahwe war, der Bileams Fluch in Segen verwandelt (Dtn 23,5f; Neh 13,2) und Israel aus den Händen des Sehers errettet habe (Jos 24,9f), daß die Midianiterinnen die Israeliten auf den Rat Bileams hin verführt hätten, wofür er von den Israeliten umgebracht wurde (31,8.16) und einer weiteren rabbinischen Tradition zu Folge in siedendem Samen in der Hölle gekocht wird. Bileam war für diese Interpreten der Inbegriff des Gott ungefälligen Wahrsagers (Jos 13,22) und Manipulators und deshalb nach Dtn 18,9ff ein Greuel. Auch im Zweiten Testament wird diese Linie fortgeführt, wenn Bileam zum Typos des geldgierigen, käuflichen Propheten und libertinistischen Gnostikers stilisiert wird, der Israel zur Unzucht und zum Essen von Götzenopferfleisch verführen wollte (2 Petr 2,15f; Jud 11; Offb 2,14).

VIII: Die Bileam-Inschrift vom *tell der 'allah*

Der evangelische Alttestamentler Martin Noth schrieb 1966 in seinem Numerikommentar (S. 154): »Wie auch immer die Bileamgeschichte im Laufe der Zeit ausgestaltet worden sein mag, den Kern dürfte gebildet haben das in die Frühzeit Israels zu versetzende Auftreten eines von weit her gekommenen 'Gottesmannes' namens Bileam an einem der südostjordanischen Heiligtümer (vgl. 'Gipfel des Peor' 23,28), von dem man zu berichten wußte, daß er Segensworte über das benachbarte Israel ausgesprochen hatte.«

Ein Jahr darauf wurde unter der Leitung von H.J. Franken im jordanischen Jordantal, unweit nördlich der Einmündung des Jabbok in den Jordan, auf dem *tell der 'allah* (möglicherweise das biblische Sukkot; vgl. z.B. Gen 33,17; Jos 13,27; 1 Kön 7,46), eine mit schwarzer und roter Tinte auf Verputz geschriebene Inschrift entdeckt, leider in viele Einzelstücke zerfallen. Sie befand sich ursprünglich wohl auf einer verputzten Stelle (vgl. Dtn 27,1-4.8), die in einem Heiligtum des Ortes aufgestellt wurde, das am Ende des 9. Jh. v.Chr. durch ein Erdbeben zerstört wurde. Aus den Fragmenten haben die AusgräberInnen insgesamt zwölf Kombinationen rekonstruiert. Die erste und längste, welche sechzehn Zeilen umfaßte (Fig. 8), wird hier in Übersetzung geboten. Dabei ist zu bedenken, daß es sich in vielen Punkten um höchst unsichere Lesarten handelt. Im Original rot geschriebene Passagen sind kursiv gedruckt:

[Dies ist die In]schrift über [Bilea]m, [den Sohn Beo]rs, den Götterseher. Zu dem kamen die Götter in der Nacht [und sprachen zu ih]m gemäß dem Ausspruch Els. Und sie sprachen zu Bileam, dem Sohn Beors, so: *Eine Glut, die nicht löscht, will ich anzünden, ein Feuer, das nicht [...] und sie sagten zu [...].* Da stand Bileam am Morgen auf [...], indem er bitterlich weinte. Da kam zu ihm Eliqa und [...], [und sie sprachen zu Bileam, dem Sohn Beors:] W[ar]um weinst du? Er sprach zu ihnen: Setzt euch! Ich werde euch verkünden, was Schag[ar tun wird,] und kommt, seht das Tun der Götter! [Die Gött]er versammelten sich, indem die Schaddai-Gottheiten zur Versammlung zusammentraten und zu Scha[gar] sprachen: Du magst die Riegel des Himmels zerbrechen, in deiner Wolke mag Finsternis sein und nicht Lichtglanz, Dunkel und nicht dein [...], du magst

Schrecken bereiten [mit der] dunklen [Wol]ke- aber grolle nicht ewig!
Denn die Turmschwalbe wird den Gänsegeier verhöhnen, die Jun-
gen des Mönchgeiers den Strauß [...]. [...] Not und Bedrängnis. Die
Brut des Regenpfeiffers (?), der Schwalbe, des Gänsegeiers, der
Taube, des Sperlings [...] und [...] Stab. Wo der Stecken Schafe
weidete, werden Hasen das [G]ras fressen. [...] [Die...]en trinken
becherweise Wein. Hört die Mahnung, ihr Gegner der Scha[gar]!
[...] [Eine Torin] wird die weise Frau verlachen, die arme Frau wird
Myrrhensalbe bereiten, und die Priesterin [...] Bedenkt ein Bedenken! Ja, bedenkt ein Be[denken!] [...] Die Tauben hören von ferne
[...], und alle sehen die Bedrückung (durch) Schagar und 'Aschtar
[...] der Leopard verjagt das Ferkel, [...]

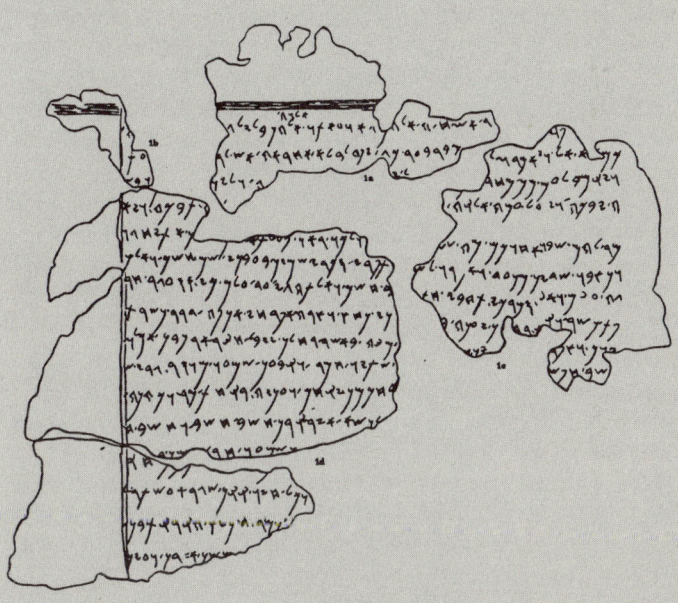

Fig. 8: Kombination I aus dem Tempel vom *tell der 'allah* mit der sog.
Bileamsinschrift [ZDPV 98 (1982), S. 80, Abb. 1, sowie in: G. van der
Kooij, ATDA 99f und Taf. 29]

In einem nächtlichen Gesicht werden dem Götterseher Bileam ein Unheilsbild und Sprüche Els zuteil, die ihn weinen lassen (ein Motiv, das schon im ugaritischen Keret-Epos vorkommt): Die Göttin Schagar zürnt den Menschen und will sie bestrafen. Zusammen mit 'Aschtar will sie Unheil, das in apokalyptischen Bildern beschrieben wird (vgl. den »Tag Jahwes«, Ez 32,7f; Joel 2,2.10; Zef 2,14f), herbeiführen. Doch die versammelten Schaddai-Gottheiten mahnen die Göttin, es nicht zu weit zu treiben, und beschreiben mit eindringlichen Bildern die verkehrte Welt (vgl. Jes 3,5.24; 29,18; Joel 3,1; Sach 13,4-6), die der Zorn der Göttin herbeiführen wird.

Alle Namen von Gottheiten, die im Text vorkommen, sind auch im Ersten Testament bezeugt. El (Gott) und Schaddai (Herr/Herrin der Tiere?; vgl. 1,5-16) werden als Titel Jahwes verwendet. Schagar und 'Aschtar treten in entgöttlichter Form als »*Wurf* deiner Rinder und *Zuwachs* deines Kleinviehs« auf (Dtn 7,13; 28,4.38.51; EÜ: Frucht des Leibes und des Ackers). Nichts könnte die patriarchale Funktion des Monotheismus im Ersten Testament besser illustrieren: die männlichen Gottheiten werden zu Beinamen Jahwes, die weiblichen werden profanisiert. Jahwe kommt in der Inschrift nicht vor. Vielleicht ein Hinweis darauf, daß der Ort im 9. Jh. v.Chr. nicht unter israelitischer Kontrolle war.

Was trägt die Inschrift zum Verständnis der Bileamserzählung in Num 22 – 24 bei? Wir wissen nun, daß Bileam, der Sohn Beors, im 9. Jh. v.Chr. ein auch in der östlichen Nachbarschaft Israels bekannter Seher, wahrscheinlich aramäischen Ursprungs, war. Seine Art der Prophetie unterscheidet sich in nichts von der israelitischer ProphetInnen, außer daß die im Ersten Testament monotheisierte Götterwelt noch ihre alte Lebendigkeit aufweist. Sollte die biblische Erzählung auf eine authentische Bileam-Überlieferung zurückgehen und sich nicht einfach des Namens Bileam im geographischen Umfeld seiner Herkunft bedienen, so wäre sie nachträglich monotheistisch gereinigt worden. Nimmt man an, daß Bileam im Heiligtum vom *tell der 'allah* gewirkt hat, wäre damit Noths Vermutung über den Sitz im Leben der Figur Bileams bestätigt worden.

Literatur: TUAT II, 138-144; *Milgrom, Jacob*, Numbers (JPS Torah Commentary), Philadelphia-New York 1990, 473-476; *Noth, Martin*, Das vierte Buch Mose. Numeri, Göttingen 1966; *Weippert, Helga und Manfred*, Die »Bileam«-Inschrift von Tell Der ʻAlla, in: ZDPV 98 (1982) 77-103.

3. Der Abfall zu Baal-Pegor (25,1-18)

Innerhalb der Gesamtkomposition der Tora geht mit den Ereignissen von Baal-Pegor die durch Jahwe nach dem Abfall Israels zum Goldenen Kalb zurückgehaltene aber noch in Aussicht gestellte Strafe (Ex 32,34) in Erfüllung. Anlaß dazu gibt ein erneuter Abfall der Israeliten zu einem Fremdkult. Sie lassen sich von den Moabiterinnen, bzw. Midianiterinnen (vgl. zum Verhältnis der beiden Größen 22,2-4a und Kommentar) zur Teilnahme am Kult des Baal-Pegor einladen. Sie verkehren mit den fremden Frauen, essen vom Kultmahl und verehren ihre Götter. Diese Infragestellung des monotheistischen Konzeptes der Jahwe-Religion durch synkretistisches Verhalten wird von Gott und Mose (25,1-5) und Pinchas (25,6-9) in beispielloser Härte geahndet. Letzterer wird für seinen fundamentalistischen Eifer mit dem ewigen Priestertum belohnt (25,10-13). Die MidianiterInnen werden hingegen für ihr Vergehen mit einem Krieg bestraft (25,14-18). Aber auch zur Kundschaftergeschichte (Num 13f) lassen sich Verbindungen ziehen: in beiden Fällen geht es um einen Ungehorsam des Volkes, unmittelbar vor dem Eintritt ins Land, der mit einer Plage geahndet wird. Während dort Kaleb (und Josua) als einzige »vorbildlich« handeln, ist es hier Pinchas. In geschichtlicher Perspektive betrachtet, begründet die Erzählung das ewige Priestertum der Sippe des Pinchas und den Haß gegen die MidianiterInnen durch zwei Ätiologien und warnt das Volk vor dem benachbarten Kult des Baal-Pegor.

Die Ahndung des Synkretismus mit Baal-Pegor (25,1-5): Der Ort in den Steppen Moabs (22,1), wo die Israeliten dem Baal-Pegor huldigen, wird Schittim, bzw. Abel-Schittim (33,49) genannt. Er konnte bis heute nicht identifiziert werden. Josephus sucht ihn 60 Stadien vom Ufer des Jordan entfernt. Es habe dort Palmen gegeben (Flav.

Jos., Ant. 4,176; 5,1). Wie fast immer wenn es um Fremdkult, bzw. kultische Übertretungen geht, spielen (fremde) Frauen eine entscheidende, negativ bewertete Rolle (vgl. 1 Kön 11; Esra 10; Neh 13). In der Darstellung der fremden Frau (Spr 7,10-27) wird dieser Zusammenhang folgendermaßen dargestellt: Anläßlich eines Heilsopfers, das ja mit einem kleineren oder größeren Fest verbunden war, kommt die fremde Frau auf den Mann, den sie verführen will, zu und umgarnt ihn mit einschmeichelnden Worten. Gibt er ihr nach, so gerät er in die Fallen des Todes, denn er bricht die Ehe und profaniert das Heilige, sofern der sexuelle Verkehr sich vor dem Eintritt ins Heiligtum ereignet (vgl. Lev 15,16-18; 18,20). Hier sind es die Moabiterinnen, bzw. Midianiterinnen, die die Israeliten zum Abfall verführen. Über Details im Kult des Baal-Pegor können wir nur spekulieren, weil wir über keine Quellen dazu verfügen. Sakrale Prostitution hat es jedenfalls, soweit wir wissen, nur in den Köpfen der griechischen Geschichtsschreiber, nicht aber im Orient gegeben. Aber um Details fremder Kulte geht es hier ja gar nicht. Die Geschichte will einzig und allein unmittelbar vor Israels Eintritt ins Gelobte Land durch ein Exempel illustrieren, welches die größte Sünde in Israel ist: die *Vermischung mit anderen Völkern*, die mit der Heirat zwischen den Völkern anfängt und beim religiösen Synkretismus endet. Genau in diesem mahnenden Sinne hat sich das Ereignis auch im kulturellen Gedächtnis der toraüberliefernden Kreise festgesetzt, wie Dtn 4,3; Hos 9,10; Ps 106,28 und noch 1 Kor 10,8 zeigen. Jahwe ahndet das Sakrileg durch eine Plage. Er verlangt zur Sühne die Pfählung der Anführer des Volkes im Angesicht der Sonne. Die Sonne verkörperte in der Jerusalemer Theologie den Aspekt der Gerechtigkeit Gottes. Sie bringt Gut und Böse an den Tag und bestraft die Frevler (Gen 19,15.23; Ps 101,8; Zef 3,5; vgl. ferner Kommentar zu 6,22-27). Mose handelt ohne Rücksprache mit Gott als Vermittler, indem er diese Kollektivstrafe durch den Befehl an die durch Gott Verurteilten und ihre Untergebenen ersetzt, die Übeltäter zu strafen.

Die Pinchas-Episode (25,6-9): Doch dazu kommt es durch den Einsatz eines Eiferers nicht. Pinchas, der Enkel Aarons, verfolgt ein israelitisch-midianitisches Liebespaar bis ins Hochzeitszelt (*qubbah*; rotes, geschmücktes Lederzelt; bei den arabischen Beduinen bis in neueste Zeit speziell für diesen Zweck in Gebrauch; EÜ:

Frauenraum gibt nicht den richtigen Sinn wieder) und ermordet es in flagranti mit einem Speerstoß durch ihre Genitalien (*äl-qovatah* von *nöqevah* = weibliches Geschlecht; EÜ beschönigt: auf ihrem Lager). Die Art der Ahndung soll der Art der Sünde entsprechen. Diese Tat, aus der Perspektive des Baal-Pegor-Kultes, aber auch des Volksbrauchtums überhaupt, ein Sakrileg ersten Ranges, führt die unmittelbare Versöhnung Jahwes herbei. Innerhalb der Logik der biblischen Geschichte wird die Untat des Pinchas deshalb als Veranlassung eines göttlichen Gnadenaktes verstanden, da Gott auf die angeordneten Sanktionen verzichtet – abgesehen davon, daß angeblich vierundzwanzigtausend Menschen bereits an der Plage gestorben waren.

Das ewige Priestertum des Pinchas (25,10-13): Mit seiner levitischen Heldentat als Wächter über das, was Jahwe heilig ist (vgl. Kommentar zu 3,5-10), hat Pinchas für seine Sippe das erbliche Exklusivrecht des Priesterdienstes im Heiligtum, das »ewige Priestertum« erworben. Die Geschichte von der Ahndung des Abfalls zu Baal-Pegor begründet also die erbliche Priesterdynastie der Zadokiden (Ez 44,15-16), die zusammen mit den Daviden im Königsamt Juda regierten (vgl. Jer 33,19-22; Ps 89,29-38). Allerdings scheint die Tatsache, daß sie auch den Hohepriester stellten, nicht unbestritten gewesen zu sein, da die hohepriesterlichen Eliten sich auf Pinchas' Onkel Ithamar zurückführten (vgl. 1 Chr 24,3.6). Möglicherweise diente diese Ätiologie des ewigen Priestertums Pinchas' sogar dazu, Rivalitäten im levitischen Priestertum Jerusalems zugunsten der Zadokiden zu entscheiden. Die Rabbinen ihrerseits bekundeten mit dem Gewaltakt des Pinhas Mühe, da die Belohnung für einen Mord einen juristischen Präzedenzfall schuf. Ausgehend von Ps 106,30f, wo es heißt, daß Pinhas *Gericht hielt* (*jöpallel*), legten sie deshalb aus, daß Pinhas auch *betete* (*jöpallel*; gleichtönendes Wort) und so die Seuche stoppte: »Als Pinhas hinauskam und sah, daß der Engel mehr vernichtete als notwendig war, warf er (die beiden) auf den Boden und trat hin und betete. Denn es heißt: 'Pinhas aber trat hin und betete. Da ward der Seuche Einhalt getan. Und das wurde ihm zur Gerechtigkeit angerechnet' (Ps 106,30f; Sifre Num §131).« Die brutale Ätiologie der zaddokidischen Priesterdynastie enthüllt *vier charakteristische Züge des biblischen Priestertums:* 1. die latente Frauenfeindlichkeit: vgl. dazu

Exkurs II; 2. den Anspruch auf Kontrolle der sexuellen Beziehungen in der Bevölkerung: vgl. z.b. Lev 15; 18; 20; Num 5,11-31; 3. den Hang zum Fundamentalismus, wie er besonders in der hiskijanischen und joschijanischen Kultreform zum Ausdruck kommt, in den exilischen Konzepten Ezechiels und in der nachexilischen Restauration unter Esra; 4. die Bereitschaft, Konflikte unter Anwendung von Gewalt zu lösen: vgl. z.B. Lev 10; Num 16f.

Die ÜbeltäterInnen und ihre Bestrafung (25,14-18): Die von Pinhas Gerichteten werden namentlich genannt und als Simeonit und Midianiterin aus führenden Familien identifiziert. Der Sinn dieser Identifikation ist es, die Verführung als eine von der midianitischen Führung geplante Aktion darzustellen, die nun ihrerseits einen israelitischen Rachefeldzug gegen die MidianiterInnen legitimiert. Damit wird deutlich auf Num 31 verwiesen, das Kapitel, das ursprünglich an dieser Stelle folgte. Die Tatsache, daß der Sünder ein Simeonit war, erklärt, weshalb der Stamm Simeons, nach den Daniten der stärkste Stamm, bei der ersten Musterung, in der Wüste soviel Volk verlor (37'100 Männer), und leitet zum folgenden Kapitel über, das diese Differenzen statistisch aufzeigt. Ein weiterer Grund für die Bestrafung der Simeoniten ist ihr frevelhaftes Verhalten gegenüber den Sichemiten, zusammen mit den Leviten (vgl. dazu Exkurs VI).

Das theologische Programm der Baal-Pegor-Geschichte findet in der Restauration unter *Esra und Nehemia* ihr historisches Echo. Nichts erschütterte die beiden nachexilischen Reformer mehr als die Tatsache, daß es Israeliten gab, die sich Frauen aus Aschdod, Ammon oder Moab, also aus nächster Nachbarschaft, genommen hatten (Esra 9,1-4; Neh 13,23-31). Esra reagiert depressiv. Nehmia kann in dieser Situation aber genau wie Pinhas nicht mehr an sich halten und wird gewalttätig, schlägt die Übeltäter und nimmt sie bei den Haaren. Er sieht durch die Mischehen die Reinheit des Volkes, des Priester- und des Levitentums und somit den Bund mit Gott gefährdet. Das Büchlein *Rut* liest sich dagegen wie eine Gegengeschichte zum Abfall von Baal-Pegor: In Moab findet die betlehemitische Familie Elimelechs und Noomis Zuflucht vor der Hungersnot. Ihre Söhne heiraten moabitische Frauen. Eine der beiden, Rut, erweist sich gegenüber Noomi als treu und hilfsbereit. Sie identifiziert den Gott Israels mit ihrem Gott und das Volk Israel mit ihrem

Volk. Ihre Freundlichkeit und Solidarität garantiert den Fortbestand der Sippe Noomis. Sie schafft mit ihrem Verhalten neues Leben und wird von der Tradition sogar zu einer Ahnmutter Davids (und Jesu) stilisiert. Eine Funktion dieser Erzählung ist ihr Gegengewicht zur fremden- und frauenfeindlichen Erzählung in Num 25. In ihr melden sich möglicherweise gebildete Stimmen aus nachexilischen Frauenkreisen zu Wort. Sie setzen dem Abgrenzungsprogramm der Jerusalemer Zaddokiden ein Ethos der Solidarität gegenüber. Es gründet auf der Erfahrung von Frauen, daß religiöser und nationaler Fundamentalismus die Leiber und Seelen der Menschen zerstört, während sie durch echte Gottesfurcht geheilt werden (vgl. auch NSK-AT 6).

4. Musterung II (26,1-65)

Die Einfügung der zweiten Musterung an dieser Stelle verdeutlicht, daß mit der Plage von Baal-Pegor der Rest der Generation des Auszugs für ihre Sünden gestorben ist (26,64f). Damit schließt das Kapitel den Bogen, der mit der ersten Musterung (Num 1) eröffnet wurde. Ging es dort um eine Musterung mit militärischen Interessen, so hier um eine mit Landverteilungsinteressen, weshalb die Stämme nun nach Sippen differenziert werden. Diese beiden Erhebungsarten finden sich schon in Dokumenten der Archive von Mari (19. Jh. v.Chr).

Einleitung (26,1-4a): Wie bei der ersten Erhebung werden nur die Männer über zwanzig Jahre gezählt. Dazu und zur Bedeutung der im Text genannten sozialen Einheiten s. Kommentar zu Num 1.

Volkszählung (26,4b-51): Die Sippenordnung Israels wurde schon in Gen 46,8-27 dargelegt. Wurden sie dort als einzelne Personen dargestellt, so nun als ganze Sippen. Den siebzig Personen, die nach Ägypten kamen (Gen 46,27) entsprechen die siebzig Sippen dieser zweiten Musterung. Die Zahl siebzig ist eine Sinnzahl heiliger Vollkommenheit: Israel hat sich, wie Abraham verheißen wurde, vermehrt und wurde durch den Bundesschluß mit Gott am Sinai zu einer heiligen Ordnung, die nun dabei ist, ins Land einzuziehen:

	Num 26	Gen 46		Num 26	Gen 46
		Jakob		*> Zelofhad:*	
	Rubeniter	**Ruben**	36	• *Machla*	
1	Henochiter	Henoch	37	• *Noa*	
2	Palluiter	Pallu	38	• *Hogla*	
	> Eliab:		39	• *Milka*	
	• *Nemuël*		40	• *Tirza*	
	(Datan, Abiram)				
3	Hezroniter	Hezron		**Efraimiter**	**Efraim**
4	Karmiter	Karmi	41	Schutelachiter	
	Simeoniter	**Simeon**	42	*Eraniter*	
5	Jemuëliter	Jemuël	43	Becheriter	
6	Jaminiter	Jamin	44	Tahaniter	
		Ohad		**Benjaminiter**	**Benjamin**
8	Jachiniter	Jachin	45	Belaiter	Bela
9	Serachiter	Zohar	46	*Arditer*	Becher
10	Schauliter	Schaul	47	*Naamiter*	Aschbel
	Gaditer	**Gad**	48	Aschbeliter	Gera
11	Zifjoniter	Zifjon	49	Ahiramiter	Naaman
12	Haggiter	Haggi	50	Schufamiter	Ehi
13	Schuniter	Schuni			Rosch
14	Osniter	Ezbon			Muppim
15	Ariter	Eri	51	Hufamiter	Huppim
16	Aroditer	Arod			Ard
17	Areliter	Areli		**Daniter**	**Dan**
	Juda	**Juda**	52	Schuhamiter	Schuham
18	Schelaniter	Schela		**Ascheriter**	**Ascher**
19	Pereziter	Perez	53	Jimnaiter	Jimna
20	*Hezroniter*	*Hezron*			Jischwa
21	*Hamuliter*	*Hamul*	54	Jischiwiter	Jischwi
22	Serachiter	Serach	55	Beriaiter	Beria
	Issachariter	**Issachar**	56	Heberiter	*Heber*
23	Tolaiter	Tola	57	Malkiëliter	*Malkiël*
24	Puwaniter	Puwa	58	Serach	Serach
25	Jaschubiter	Jaschub		**Naftaliter**	**Naftali**
26	Schimroniter	Schimron	59	Jachzeeliter	Jachzeel
	Sebuloniter	**Sebulon**	60	Guniter	Guni
27	Serediter	Sered	61	Jzeriter	Jezer
28	Eloniter	Elon	62	Schillemiter	Schillem

Num 26	Gen 46		Num 26	Gen 46
29 Jachleeliter	Jachleel		**Levi**	**Levi**
Josefstämme	**Josef**	63	Gerschoniter	Gerschon
Manassiter	**Manasse**	64	Kehatiter	Kehat
Machiriter:			> Amram/ Jochebed	
>Gileaditer:			- Aaron:	
30 - *Iëseriter*			• (Nadab, Abihu) • Eleasar • Itamar	
31 - *Helekiter*			- Mose - Mirjam	
32 - *Asriëliter*		65	Merariter	Merari
33 - *Schechemiter*	**Dina**		**Leviten**	
34 - *Schemidaiter*		66	Libniter	
35 - *Heferiter:*		67	Hebroniter	
		68	Machliter	
		69	Muschiter	
		70	Korachiter	

fett: Söhne und Töchter Jakobs, bzw. Stammesnamen
normal: Sippennamen erster Generation/Ordnung
kursiv: Sippennamen zweiter und folgender Generationen/Ordnungen

Aus dieser Tabelle ergeben sich u.a. folgende Beobachtungen:
- Weder die *Rubeniter,* noch die *Korachiter* starben bei der Rebellion in der Wüste. Der Liste zufolge wurde Korach zusammen mit Datan und Abiram von der Erde verschlungen (anders die samaritanische Lesart; vgl. zu Details Kommentar zu Num 16f).
- Die *Josefstämme* werden im Gegensatz zur Liste in Gen 46 sehr differenziert dargestellt. Es handelt sich um die vierte Generation nach Josef. Manasse belegt in der Liste den bedeutenden siebten Platz unter den Stämmen. Während die Söhne Stämme repräsentieren, stehen die Töchter für Städte. Iëser, Helek, Asriël, Schechem, Schemida, Noa und Hogla werden auch als Regionen und Städte in den Ostraka (beschriftete Tonscherben) von Samaria (um 800 v.Chr.) genannt. Die Liste repräsentiert demnach frühkönigszeitliche, wenn nicht sogar vorstaatliche Verhältnisse. Tirza (*tell el-far'a* Nord) ist bekannt als kanaanäische Stadt (Jos

12,24) und als Hauptstadt des Nordreiches vor Samaria (1 Kön 14,17; 15,21). Schechem, eigentlich auch eine Stadt (*tell el-balata*), scheint das Anrecht einer Sippe genossen zu haben. Machir, nach dieser Liste der Großvater der Sippen Gileads, die im Westjordanland siedelten, siedelt nach 33,39 im Ostjordanland, dem eigentlichen Gilead. Jos 17,2 stellt ihn deshalb als einen neben andern Söhnen Manasses dar. Hefer ist als Landschaftsname der fünf Städte zu verstehen, die Töchter Zelofhads genannt werden. Zelofhad seinerseits ist vielleicht als Begründer dieser Städte zu sehen. Ein weitaus großräumigerer Städtebund, die Dekapolis, ist aus hellenistischer Zeit bekannt.
– Teile Benjamins scheinen in Efraim aufgegangen zu sein.
– Serach ist der einzige weibliche Name nebst den Töchtern Zelofhads. Gemäß der Logik des Systems muß es sich um eine selbständige Stadt im Siedlungsgebiet Aschers gehandelt haben, die dieselben Rechte genoß wie jene in Manasse.
– Zu den Leviten s.u.

Landverteilungsschlüssel (26,52-56): Zwei Prinzipien scheinen sich zu widersprechen: die Verteilung des Landes entsprechend der Größe des Stammes und die Verteilung durch Losentscheid. Die mittelalterlichen jüdischen Kommentatoren haben das logische Problem auf je unterschiedliche Weise gelöst: 1. Das Land wurde in unterschiedliche Teile aufgeteilt und Gott sorgte dafür, das die Lose die Stämme in gerechter Weise trafen (Raschi). 2. Das Land wurde in zwölf gleiche Teile aufgeteilt und unter den Stämmen verlost, die es dann in gerechter Weise unter den Sippen aufteilten (Ramban). 3. Die Verteilung der Stämme im Land wurde durch das Los bestimmt, die genaue Größe des Gebietes aber aufgrund der Sippengrößen (Abravanel). Dies entspricht auch der Sicht der Rabbinen und dem, was wir aus anderen antiken Quellen wissen, wonach nicht nur die Quantität, sondern auch die Qualität des Landes eine Rolle spielte: »Hiernach muß man zuerst die Stadt möglichst in der Mitte des Landes anlegen (...) Darauf muß man eine Zwölfteilung [in Analogie zu den Monaten und den Kreisläufen des Alls] vornehmen (...) Diese zwölf Teile müssen aber dadurch gleich werden, daß die aus gutem Boden bestehenden klein und die aus schlechterem größer ausfallen. Ferner muß man fünftausendundvierzig Lose abteilen, davon jedes wiederum in zwei Teile zerlegen... « (Platon,

Gesetze 745b-c). Zu weiteren Landverteilungsregelungen vgl. 33,54.

Levitenzählung (26,57-62): Da die Leviten weder Militärdienst leisteten, noch Land bekamen, müßten sie eigentlich nicht gemustert werden, ginge es nicht auch um eine Erhebung ganz Israels nach den schwierigen Jahren der Wanderung, um eine Art Fazit. Der Unterteilung der Levisippen, wie sie Num 4 bot, steht hier eine alte Tradition von fünf Levitensippen gegenüber, deren Zuordnung zu den bekannten Levisöhnen unklar ist. Wahrscheinlich liegt eine sehr alte Liste vor, die noch erkennen läßt, daß die Leviten Reste eines ursprünglich großen Stammes waren, der sich nach einer Auseinandersetzung (Gen 34) und Dezimierung in Juda niedergelassen hatte, denn die Libniter und Hebroniter waren offensichtlich Bewohner dieser judäischen Städte. Die Muschiter scheinen sich direkt von Mosche/Mose abzuleiten (vgl. den Stammbaum des Leviten in Ri 18,30!). In den unterschiedlichen Traditionen mögen sich Machtkämpfe widerspiegeln, wie sie ja in Num 16f ausführlich thematisiert wurden, und innerhalb derer die Sippe Korachs, die als letzte genannt wird, unterlag (vgl. zu weiteren Zusammenhängen Exkurs VI). Nach der Notiz in 26,59, wonach Jochebed, die Frau Amrams, eine Tante ihres Gatten war, wären Aaron, Mose und Mirjam Kinder einer Beziehung gewesen, die gemäß den Gesetzen vom Sinai (Lev 18,12; 20,19) als inzestuös verboten wurde.

Subskript (26,63-65): Es wird festgehalten, daß niemand von der Exodusgeneration, der bei der ersten Musterung älter als zwanzig Jahre war, am Leben war. Ausnahmen bilden Mose, Kaleb und Josua. Die Bevölkerung nahm insgesamt um 2180 Personen ab (vgl. 1,46; 26,51), die Leviten nicht mitgerechnet. Am meisten Mitglieder verloren die Simeoniten, am meisten zuwachs bekamen die Manassiten.

D Die Einzugsgeneration (27,1 – Jos 24,33)

War das Ende der Auszugsgeneration durch eine Kaskade von Abfällen und Rebellionen gekennzeichnet, so betritt die Einzugsgeneration das Parkett der Geschichte, geläutert durch die Leiden ihrer Eltern, in Treue zu Gott, wert, das Land glorreich und siegreich zu erobern. Damit wird ein neuer Bogen eröffnet, der erst am Ende des Buches Josua, mit dem sog. Landtag zu Sichem und der Beerdigung Josuas, Eleasars und der mitgeführten Gebeine Josefs ebenda, einen feierlichen Abschluß findet. Diese Komposition zeigt, daß die ersten sechs Bücher der Bibel, von der Forschung Hexateuch genannt, eine redaktionelle Einheit bilden.

VIII. Die Eroberung des Ostjordanlandes
(27,1-36,13)

Der letzte Teil des Buches Numeri wird gerahmt durch Erbschafts-
fragen, die Frauen betreffen (Num 27; 36). Innerhalb des Rahmens
finden sich kultische Weisungen und Regelungen der Landverteilung, also sehr disparate Themen, so daß insgesamt der Eindruck
einer Sammlung von Nachträgen zu Fragen des Rechts (Erbschaft,
Kult, Immobilien) entsteht.

1. Erbschaft I (27,1-23)

Die in der zweiten Musterungsliste aufgeführten Töchter Zelofhads
geben Anlaß, Grenzfälle in punkto Erbschaft innerhalb des rigid
väterlichen Erbrechtes Israels zu regeln (27,1-11). Auch Mose muß
an die Regelung seiner Hinterlassenschaft denken, nachdem er das
Gelobte Land gesehen hat (27,12-14). Er setzt Josua zu seinem
Nachfolger ein (27,15-23). So vereinigt das Kapitel zwei ganz unterschiedliche Überlieferungen zum Thema Erbschaft.

Grenzfälle des väterlichen Erbrechts in Israel (27,1-11): Der Fall
der Töchter Zelofhads ist der letzte von vier Rechtsfällen, die außerhalb der Gesetzgebung durch Gott am Sinai, nämlich durch göttliches Orakel, entschieden werden (vgl. 1. Der Gotteslästerer:
Lev 24,10-22; 2. Das Pessachopfer: Num 9,6-14; 3. Sabbatverlet-
zung: 15,32-36). Im Ersten Testament ungeschriebenes, aber überall
vorausgesetztes Recht ist die patrilineare Erbschaftsordnung.
Grundbesitz und Vermögen wird vom Vater an den (ältesten) Sohn
vererbt, der auf diese Weise den Namen des Vaters erhält. Die Tatsache, daß die Männer das Land ihrerseits von Gott bekommen
haben (Lev 25,29), ist vielleicht der beste Beweis dafür, daß man
sich Gott fast immer als Mann vorgestellt hat (vgl. Hos 11,9). Was
aber, wenn der Mann keine Söhne hat? Soll sein Name aus dem
Andenken Israels verschwinden und er so einen zweiten Tod sterben? Genau das ist das Problem, mit dem die Töchter Zelofhads das
Obergericht konfrontieren. Es geht also primär nicht um sie,
sondern um ihren Vater, bzw. seinen Namen. Mit dem Hinweis

darauf, daß ihr Vater nicht an der Rebellion Korachs beteiligt war, schließen sie aus, daß Zelofhads Land vom Tempel, bzw. vom Staat konfisziert wird, wie es im Falle von Gotteslästerern geschah (1 Kön 21,10-13). Dann fordern sie von Mose Grund und Boden. Sie bekommen Recht. Der Erbbesitz ihres Vaters muß auf seine Töchter *übertragen (he'ewir)* werden, bis er wieder in normaler patrilinearer Folge vom Vater auf den Sohn *weitergegeben (natan)* werden kann. Nach 1 Chr 2,34f wird zu diesem Behuf die Tochter mit dem Sklaven des Haushalts verheiratet. Das Erbe geht an die Söhne weiter, die sie gebiert. Sie erben also nicht im eigentlichen Sinne, sondern sorgen dafür, daß das Erbe bis zum nächsten männlichen Erben in der Familie, deren Namen sie bewahren, erhalten bleibt. Nachdem der Einzelfall entschieden ist (27,7), folgt die verallgemeinerte Regel (27,8ff): In absteigender Linie folgen den Töchtern als nächste Erben die Brüder des Verstorbenen, die Onkel väterlicherseits, die nächsten (männlichen) Verwandten in der Sippe. Das israelitische Erbrecht scheint nomadischen Ursprungs zu sein. Es findet sich jedenfalls in ähnlich rigid patriarchaler Form nur noch bei den arabischen Beduinen (wo allerdings der Erstgeborene weniger stark bevorzugt wird) und unterscheidet sich deutlich vom städtischen Recht der Israel benachbarten Hochkulturen seit ihrer Frühzeit. Im Erbrecht des Codex Hammurapi (18. Jh. v.Chr.) etwa wird konsequent von Kindern und nicht von Söhnen oder Töchtern gesprochen. In Ägypten hat die in der Kultur tief verwurzelte Vorstellung von der Individualität jedes Menschen auch im Erbrecht Spuren hinterlassen. Schon sehr früh finden sich Eheverträge, die die Art und Weise der Erbschaft individuell regeln. Es dürfte aber kein Zufall sein, daß sich gerade die Königin Hatschepsut besonders durch erbrechtliche Regelungen in ihrer Stellung als Pharaonin legitimieren mußte. Dabei pocht sie auf die für Ägypten typische Bestimmung, daß der Erbe oder die Erbin des Erbes auch würdig sein muß, daß sie eine fähige Sachwalterin ist. Dies hängt wiederum damit zusammen, daß der Erblasser als Toter weiterlebte und auf seine Versorgung nach dem Tod angewiesen war. Eine latente Bevorzugung der Männer ist aber auch im fortschrittlicheren Niltal nicht zu übersehen. Ijob hält sich nicht an die altväterlichen Regeln und verteilt seinen Erbbesitz auch unter seinen Töchtern (Ijob 42,15). Die Karäer sind ihm in seinem Beispiel gefolgt mit der durchaus systemkonformen Argumentation, daß sich die patrilineare Erbordnung nur auf den Grundbesitz im Lande Israel beziehe. Auch den in städtischen Milieus beheimateten und oft nicht mehr in Sippenstrukturen lebenden Rabbinen war das eigene Erbrecht nicht geheuer. Andererseits wagten sie es nicht, sich über diese »heilige« Ordnung hinwegzusetzen, bzw. die männlichen Privilegien aufzugeben. Dies führt mitunter zu Merkwürdigkeiten, die unter den Rabbinen selber nicht unbestritten blieben: Hinterläßt z.b. ein Mann eine Tochter und eine Enkelin, deren Vater bereits tot ist, so erbt die Enkelin alles. Andererseits: Hinterläßt ein Mann Söhnen und Töchtern ein großes Vermögen, erben die Söhne alles und müssen die Töchter unterhalten. Hinterläßt er wenig, so erben die Töchter zu ihrem Unterhalt, und die Söhne müssen betteln gehen, was postwendend zum Vorwurf der Männer führt: »Muß ich leiden, weil ich ein Mann bin?« (M. Ket 13,3). Ganz in der Linie dieser männlichen Angst, zu kurz zu kommen, liegt das Nachspiel der Regelung zugunsten der Töchter Zelofhads in Num 36.

Ankündigung des Todes Moses (27,12-14): »Wie kommt es, daß dieser Abschnitt nach dem des Erbrechtes folgt? Weil unser Lehrer Mose gehört hatte: 'Du sollst ihnen (den Töchtern Zelofhads) geben' (27,7), so dachte er, daß Gott nun mit ihm versöhnt sei. Da sprach er: Siehe, ich werde das Land an die Israeliten verteilen. Da sprach Gott zu ihm: Mein Beschluß steht fest. 'Steige auf diesen Berg Abarim.' So, wie Aaron, dein Bruder, zu seinen Vorvätern versammelt worden ist, denn du bist nicht besser als dein Bruder« (M. NR 21,13). Mose muß für seine Sünde an den Wassern von Meriba (vgl. Kommentar zu 20,12) büßen, indem er noch in Transjordanien stirbt. Vom Abarimgebirge (nicht mehr lokalisierbar; wahrscheinlich eine Bezeichnung für den Gebirgszug, zu dem auch der Nebo gehört) aus darf er das Gelobte Land anschauen. Auf dem Nebo wird von ChristInnen und Juden/Jüdinnen auch das Grab des Mose verehrt. Einer muslimischen Legende zufolge habe sich Mose aber, da es ihm im Grab von Dschebel Musa unter den vielen anderen Leichen nicht gefiel, selbst unter dem Erdboden hinweg in sein neues Grab bei Nebi Musa, südwestlich von Jericho, in der judäischen Wüste gewälzt. So hat er den muslimischen PilgerInnen die Verehrung im Gelobten Land ermöglicht, in das er selbst nicht einziehen durfte.

Die Einsetzung Josuas als Heerführer (27,15-23): Mose fügt sich dem Willen Gottes und bittet Gott in väterlicher Sorge für das Volk um einen zuverlässigen Anführer, indem er ihn wie in 16,22 als Gott der Geister anspricht (s. Kommentar dort). Er vergleicht ihn mit einem Hirten für die Schafe (vgl. 2 Sam 5,2; 1 Kön 22,17; Ez 34,5). Gott empfiehlt Mose Josua, den Sohn Nuns, als einen Mann, in dem Geist wohnt. Damit ist am ehesten ein Geist des Mutes gemeint, wie er für Kämpfer erforderlich ist (vgl. Jos 2,11; 5,1) und wie ihn Josua bereits gegen die Amalekiter (Ex 17,9-13) und als Kundschafter (14,6-10) bewiesen hat. Die Einsetzung Josuas als Nachfolger des Mose hat durch Auflegung beider Hände (vgl. 8,10; im Gegensatz zur Handaufstemmung bei der Identifizierung des Opfertiers) und eine Beauftragung vor dem Hohenpriester und dem versammelten Volk zu erfolgen. Dadurch soll ein Teil der Autorität (*hod*; EÜ: Würde) auf den neuen Führer übergehen (vgl. die Geistübertragung von Elija auf Elischa vor den Augen von fünfzig Prophetenjüngern; 2 Kön 2).

2. Die Opferfeste und ihr Tarif (28,1-30,1)

Das erste Thema nach der Eroberung des Landes und seiner Verteilung sind die Festzeiten. So fügt sich die Ordnung der *Zeit* an die Ordnung (durch Verteilung) des *Raumes* (vgl. Lev 23,9; Ez 45,1). Es ist jedoch unnötig, einen neuen Kultkalender zu entwerfen. »P« kann auf Lev 23 (zu den einzelnen Festen siehe Kommentar dort) zurückgreifen. In sehr bürokratischer und schematisch-trockener Weise werden nunmehr die Tarife für die Opferfeste, bzw. die Menükarte Jahwes (vgl. Kommentar zu 6,1-6) während eines Jahres festgelegt. Auch dafür liegen bereits einige Daten vor (15,1-12), die »P« in sein System aller festgeschriebenen Opferfeste einbauen kann, das er zu einem eindrücklichen Kosmos, basierend auf der Siebenzahl, erweitert. Neben den sieben Festen (vgl. Lev 23) mit Hauptakzent im siebten Monat und den Sabbaten an jedem Siebten, werden am Hüttenfest insgesamt siebzig Stiere (markierter Bereich) geschlachtet, ferner insgesamt 7x7x2 Lämmer, 7x2 Widder, 7x10 Stiere und 7 Ziegen:

Anlaß	Lämmer	Widder	Stiere	Ziegen
täglich (28,3-8)	2	–	–	–
Sabbat (28,9f)	2	–	–	–
Neumond (28,11-15)	7	1	2	1
Mazzenfesttage (28,16-25)	7	1	2	1
Wochenfest (28,26-31)	7	1	2	1
Neujahr (29,1-6)	7	1	1	1
Versöhnungstag (29,7-11)	7	1	1	1
1. Hüttenfesttag (29,12-16)	14	2	13	1
2. Hüttenfesttag (29,17ff)	14	2	12	1
3. Hüttenfesttag (29,20ff)	14	2	11	1
4. Hüttenfesttag (29,23ff)	14	2	10	1
5. Hüttenfesttag (29,26ff)	14	2	9	1
6. Hüttenfesttag (29,29ff)	14	2	8	1
7. Hüttenfesttag (29,32ff)	14	2	7	1
8. Tag: Feierlicher Beschluß (29,35-38)	7	1	1	1

Die Opfer sind kumulierbar. Fällt also der Neujahrstag auf einen Sabbat, so müssen nebst den für das Fest vorgeschriebenen Opfern und den Neumondopfern auch die Sabbatopfer und die Tagesopfer dargebracht werden.

Einleitung (28,1f): Es geht um festgelegte Zeiten (vgl. Kommentar zu Lev 23,2) zur Speisung Gottes (vgl. Kommentar zu Lev 6,1-6) und zur Besänftigung seiner Nase (= Zorn) durch den beruhigenden Duft (vgl. Kommentar zu Lev 1,3-9) des Opfers.

Das Tamid-Opfer (28,3-8): Das Gesetz schreibt täglich eine morgendliche und eine abendliche Gottesspeisung vor. Man scheint aber in der Praxis die Brandopfer morgens und die Mehlopfer *(minchah)* abends, bzw. nachmittags dargebracht zu haben. Die Namen Tamid und Mincha gingen auf das Morgen- und Nachmittagsgebet über, und zwar schon vor der Verunmöglichung des Kultes durch die Tempelzerstörung (vgl. Dan 9,21). Die Anweisung, am Heiligtum Gott berauschendes Getränk auszugießen (28,7b), bezieht sich vielleicht auf die Libation im Innern des Tempels, im sog. Heiligen. Weiteres zu Tamid im Kommentar zu Lev 6,1-6.

Das Sabbat-Opfer (28,9-1): Am Sabbat verdoppeln sich die Opfer, dem Kumulationsprinzip entsprechend. Ezechiel schreibt noch mehr Opfer vor (Ez 46,4ff). Nach ihm müssen die Fürsten und nicht das Volk für die außergewöhnlichen Opfer aufkommen.

Das Neumond-Opfer (28,11-15): Das Neumondfest war ursprünglich ein wichtiges Sippenfest, das an den lokalen Heiligtümern begangen wurde (vgl. 1 Sam 20,5f.26), ein Ruhetag (Am 8,5), an dem man auch Gottesmänner besuchte (2 Kön 4,23). Die Tatsache, daß es später nicht mehr feierlich begangen wurde, sondern nur noch durch Opfer am Heiligtum erinnert, könnte damit zusammenhängen, daß das Fest von den Frauen in Verbindung mit ihrem Menstruationszyklus gefeiert wurde. Zur negativen Bewertung der Menstruation vgl. Kommentar zu Lev 15).

Pessach und Mazzot-Opfer (28,16-25): Pessach wird nur erwähnt, erfordert als Familienfest aber keine öffentlichen Opfer. Der erste Tag des Mazzenfests wird als Wallfahrtsfest *(chag)* bezeichnet. Was EÜ mit »heilige Versammlung« übersetzt, ist eher als »Gelegenheit zur Heiligung« wiederzugeben.

Tag der Erstlingsfrüchte (= Erntedank- oder Wochenfest; 28,26-31): Der Tag der Erstlingsfrüchte *(jom ha-bikkurim)* ist in Übereinstimmung mit Lev 23,15 terminlich nicht festgelegt. Das Garbenfest (Lev 23,9-14) hingegen wird nicht aufgeführt, weil es keine öffentlichen Opfer erfordert. Der Kalender der Essener kannte zwei weitere vom Garben- und Wochenfesttermin abhängige Feste: das Fest des neuen Weins, fünfzig Tage nach dem Wochenfest, und das Fest des neuen Öls, weitere fünfzig Tage darauf.

Tag des Blasens (29,1-6): vgl. Lev 23,23ff und Num 10,1-10.

Zehnter Tag des siebten Monats (29,7-11): Der Ausdruck Versöhnungstag (vgl. Lev 16; 23,26ff) wird nicht gebraucht.

Fünfzehnter bis einundzwanzigster Tag des siebten Monats (29,12-34): Der Ausdruck Hüttenfest (vgl. Lev 23,34ff) wird nicht gebraucht. Das Fest ist ein Wallfahrtsfest *(chag)* wie das Mazzenfest, jedoch während der ganzen Dauer des Festes. Es übertrifft alle anderen Feste an Dauer und Aufwand. Die einundneunzig Lämmer, die geopfert werden, versteht der Midrasch als Sühne für die einundneunzig Flüche in Dtn 28. Die siebzig Stiere, die geopfert werden, repräsentieren möglicherweise die siebzig Völker der Erde. Diese globale Dimension der Feier wird von Sacharja in einer eschatologischen Vision betont (14,16): »Wer dann (nach dem Tag des Herrn) übrigbleibt, von allen Völkern, die gegen Jerusalem gezogen sind, wird Jahr für Jahr hinaufziehen, um den König, den Herrn der Heere, anzubeten und das Hüttenfest zu feiern.«

Der achte Tag (29,35-38): Dem siebentägigen Hüttenfest wird ein achter Tag hinzugefügt (vgl. schon Lev 23,36), ein feierlicher Beschluß (*'azärät*) oder eine feierliche Versammlung (vgl. 2 Kön 10,20; Jes 1,13; Am 5,21; Joel 1,14). Der Ursprung des Festes ist unklar. Ein Midrasch begründet es nachträglich damit, daß nun, nachdem Israel Opfer für alle Völker dargebracht habe, was ihm mit Undank gelohnt worden sei, es für sich selber opfere, was noch da sei: ein Stier (M. NR 21,24).

Subskript (29,39-30,1): Die Feste bieten Gelegenheit, Gelübde einzulösen. Die Opfertarife werden dem Volk mitgeteilt.

Exkurs IX: Kalender und Feste im Ersten Testament

Der hebräische Kalender kennt zwölf Mondmonate. Da das *Mondjahr* (354 d 8 h 48 m 36 s) kürzer ist als das *Sonnenjahr* (365 d 5 h 48 m 46,43 s), müssen zum Ausgleich von Zeit zu Zeit Schaltmonate eingefügt werden. Man spricht deshalb von einem lunisolaren Kalender. Daß das Sonnenjahr bekannt war, zeigen zwei Stellen in der Genesis: Die Dauer der Sintflut wird mit zwölf Monaten und elf Tagen angegeben, was genau einem Sonnenjahr entspricht (Gen 7,11; 8,14), und das Alter des vollkommenen Mannes Henoch wird auf 365 Jahre angegeben (Gen 5,23). In Mesopotamien hat man offiziell ab dem 4. Jh. v.Chr. sieben Schaltmonate in 19 Jahren festgelegt, die das Mondjahr mit dem Sonnenjahr versöhnen. In Israel hat man allerdings noch im 1. Jh. n.Chr. die Einschaltung aufgrund von Erfahrungswerten vorgenommen, wie ein Brief Rabbi Gamaliels II. an die Gemeinden in der Diaspora zeigt: »Die Lämmer sind noch zu zart und die Hühnchen noch zu klein;

das Korn ist noch nicht reif. Daher haben wir es für gut befunden, wir und unsere Kollegen, diesem Jahr dreißig Tage hin-
zuzufügen.« Das Jahr begann für Kanaan/Israel mit dem
Herbst, wenn die Ernte eingebracht war und das dürre Land
sehnsüchtig auf den Winterregen wartete. Dies bezeugt schon
der sog. Bauernkalender von Gezer (10. Jh. v.Chr.):

Okt./Nov.	Zwei Monate des Einbringens
Dez./Jan.	Zwei Monate der Saat
Februar	Ein Monat Spätsaat
März	Ein Monat Flachsschnitt
April	Ein Monat Gerstenschnitt
Mai	Ein Monat des Schnittes und Messens
Juni/Juli	Zwei Monate der Weinlese
August	Ein Monat der Sommerfrucht

Die Monate (*jerach*: wörtl. Mond oder *chodesch*: wörtl. Neumond) werden von Eins bis Zwölf durchnummeriert und dauern abwechslungsweise 29, bzw. 30 Tage. Der erste des
Monats, der Neumondtag, wurde in der Sippe feierlich begangen. Der erste Monat entspricht nach der biblischen Zählung
ungefähr unserem April. In dieser Ansetzung des Jahresbe-
ginns dürfte sich assyrische Sitte widerspiegeln, die sich im
Nordreich spätestens mit der Besetzung am Ende des 8. Jh.
v.Chr. durchgesetzt hat, im Südreich spätestens, als es unter
Jojakim (608-598 v.Chr) zum Vasall Babylons wurde. Erst
nach dem Exil und gegen viel Widerstand aus religiösen Kreisen hat man auch die babylonischen Monatsnamen (Nisan,
Ijjar, Sivan, Tammuz, Ab, Elul, Tischri, Marheschwan, Kislew,
Tebet, Schebat, Adar) übernommen und an die Stelle der Zif-
fern gesetzt. Darin zeigt sich, daß der Gebrauch eines Kalenders ein politisches Bekenntnis ist. Dies wird besonders von
jenen oppositionellen priesterlichen Kreisen Jerusalems zum
Ausdruck gebracht, die einen reinen Sonnenkalender verwen-
deten, wie er im Jubiläenbuch (6,22-38) dargestellt wird. Er
umfaßte 364 Tage à 52 Wochen und hatte den Vorteil, daß das
Jahr immer am selben Wochentag begann und somit die Feste
immer am selben Wochentag stattfanden. In 28 Jahren muß-

ten fünf Wochen zugeschaltet werden. Mit dem absoluten Verzicht auf den Mondrhythmus führte dieser Kalender die durch den Sabbat eingeführte israelitische Neuerung des Siebenerrhythmus zur Vollkommenheit. Der Kalender hatte dadurch eine streng antikanaanäische aber auch antiweibliche Note, denn der Zusammenhang zwischen Menstruations- und Mondzyklus war den Frauen immer bewußt. Es erstaunt deshalb nicht, daß der Kalender von der patriarchalen Protestbewegung der Essener verfochten wurde. Damit ist gesagt, daß die Geschichte des israelitischen Festkalenders eng mit der Einführung des Sabbats zusammenhängt. Es beginnt damit, daß die von den Jahreszeiten abhängigen kanaanäischen Erntedankfeste mit dem Sabbat verbunden und so von Natur- zu Jahwe-Festen werden. Diese und weitere Entwicklungen kommen in den sechs Kultkalendern des Ersten Testamentes zum Ausdruck:

1. Bäuerlich-israelitischer Kalender (Ex 34,18-26): Der älteste Kalender innerhalb einer frühen Sammlung kultischer Vorschriften aus Israel zeigt, daß die Feste tief in der bäuerlichen Arbeitswelt verwurzelt sind. Das Mazzenfest im Ährenmonat (z.Z. der Gerstenernte), das Fest der Erstlinge der Weizenernte und das des Einsammelns zur Jahreswende werden genannt, also drei Erntedankfeste, an denen das Beste und Erste der Ernte Gott geschenkt wird. Durch die Verbindung mit dem Sabbatrhythmus bei der Bestimmung des Wochenfestes (Weizenernte) werden die schon in Kanaan gefeierten Erntefeste aus ihrem herkömmlichen Jahres- und Mondzeitenrhythmus herausgenommen und mit einem spezifisch israelitischen Brauch, dem Siebentagerhythmus, verbunden.

2. Erste Kodifizierung (Ex 23,12-17): Im Bundesbuch, der ältesten Rechtssammlung des Ersten Testamentes, wird der Sabbat dem Festkalender bereits vorangestellt und mit der Alleinverehrung Jahwes ausdrücklich verbunden. Das Mazzenfest wird erstmals mit dem Exodus in Verbindung gebracht. Daneben werden das Fest der Ernte und das Fest des Sammelns genannt. Es bleibt bei den drei Erntedankfesten des Jahres, an denen man zum örtlichen Heiligtum zieht, um zu feiern.

3. Das priesterliche System (Lev 23): Am Heiligtum von Jerusalem werden die alten Festtraditionen zusammen mit dem Sabbat und drei weiteren Festen, dem Garbenfest, dem »Neujahrstag« und dem Versöhnungstag, zu einem System von sieben Festen verbunden, das für die jüdische Tradition maßgeblich geworden ist. Auch das Pessachfest wird genannt, das dem Mazzenfest vorangestellt wurde. Da es aber familiären Charakter hat und enger als die anderen Feste mit dem Exodus (Ex 12f) verbunden wurde, fristet es ein Sonderdasein unter den Festen. Das Wochenfest wird durch seine Stellung und Begehung herausgehoben. Das Fest des Sammelns wird nun Hüttenfest genannt und in einem Anhang späterer Zeit mit neuen und alten Festtraditionen verknüpft. Auch dieses Fest wird nun wie Pessach- und Mazzenfest mit dem Exodus in Beziehung gebracht.

4. Der laizistische Kalender (Dtn 16,1-17): Der deuteronomische Kalender ist Teil des Reformprogrammes, das unter König Joschija (640-609 v.Chr.) von den tragenden Volksschichten des judäischen Landes durchgesetzt wurde. Im Gegensatz zu den priesterlichen Kreisen, die den Kalender unter dem Druck der Kolonialmacht mehr und mehr dem assyrischen anpaßten, durch den Jahresanfang, das Versöhnungsfest mit seinen Entsprechungen zum babylonischen Neujahrsfest und eine Verallgemeinerung der Festinhalte, betont das Deuteronomium die drei alten Wallfahrtsfeste, die nun nur noch in Jerusalem und nicht mehr in den lokalen Heiligtümern abgehalten werden dürfen. Allerdings wird das Mazzenfest dem Pessachfest untergeordnet, das als Familienfest und Gründungsfest der israelitischen Schicksalsgemeinschaft (Exodus) eine prominente Stellung bekommt. Die Mazzen werden ein Teil der Pessachfeier und mit der Hast beim Auszug begründet. Das Wochen- und das Laubhüttenfest haben einen betont fröhlichen und sozialen Charakter. Die Bedeutung des letzteren wird gegenüber der priesterlichen Konzeption heruntergespielt.

5. Ein priesterlicher Akzent aus exilischer Zeit (Ez 45,18-25): Ezechiel bietet keinen eigenen Festkalender, sondern einen Kommentar zu Lev 23. Seine Sorge gilt der Reinheit des Heiligtums. Es wird mit zwei Sündopfern zu Beginn des Kalenderjahres vorsorglich gereinigt, worin sich babylonische Kultsitte widerspiegelt. Aus demselben Grund werden auch während der beiden siebentägigen Wallfahrtsfeste im Frühjahr und Herbst Sündopfer dargebracht. Die Unterordnung des Mazzenfestes unter das Pessachfest zeigt den Einfluß des Deuteronomiums auf Ezechiel. Das Wochenfest wird nicht eigens erwähnt.

6. *Der priesterliche Opfertarif (Num 28f):* Im Hinblick auf die Festlegung der Opfer für die einzelnen Feste wird der Kalender von Lev 23 durch den normalen Wochentag und die Neumonde erweitert. Die Opfertarife stehen in engem Zusammenhang mit der für Israel identitätsstiftenden Siebenzahl. Die Weisungen setzen die Erweiterungen in Lev 23 voraus: Das Hüttenfest ist nun das unbestrittene Hauptfest des Jahres. Die Art seiner Begehung im Opferkult gibt dem Festkalender eine kosmische Dimension. Insgesamt ist der theologische und kosmosstiftende Charakter der Feste wichtiger geworden als ihre Verwurzelung im Lebensalltag der Menschen.

Die jüdische Tradition kennt außer den in diesen Kalendern genannten Festtagen noch *Purim* (vgl. Est 9,20-28) und *Chanukka* (1 Makk 4,36-59; 2 Makk 10,1-8; vgl. Kommentar zu Lev 9). Beide Feste dienen der Stärkung jüdischer Identität unter Bedrohung durch Feinde und wurden in hasmonäischer Zeit (2. Jh. v.Chr.) eingeführt.

Literatur: *Crüsemann, Frank*, Die Tora. Theologie und Sozialgeschichte des alttestamentlichen Gesetzes, München 1992, 157-162.166f; *Levine Baruch, A.*, Leviticus (The JPS Tora Commentary), New York 1989, Excursus 8; *de Vaux, Roland*, Das Alte Testament und seine Lebensordnungen, Freiburg 1960, 286-313; NBL II 129-32; TRE 11,96-106.

3. Die Gelübdeverordnung (30,2-17)

Gelübde wurden anläßlich der Wallfahrt zum Tempel eingelöst (vgl. Lev 23,38; Num 29,39). Deshalb werden sie im Anschluß an die Festopfertarife behandelt. Die Verordnung, aufgebaut nach streng kasuistischen Regeln, kennt zwei Hauptfälle: das Gelübde eines Mannes und das Gelübde einer Frau. Während der Mann für seine Gelübde selbst verantwortlich ist, müssen sie im Falle der unverheirateten Frau vom Vater, im Falle der verheirateten vom Gatten genehmigt werden. Für den Mann gibt es nur eine Regel zu beachten (30,3), für die Frau deren vier (30,4-13).

Einleitung (30,2): Das Gotteswort ergeht von Mose an die Stammeshäupter, was sehr selten ist. Ihnen obliegt es, für die Einhaltung der patriarchalen Spielregeln in ihrem Stamm zu sorgen.

Regel für den Mann (30,3): Angesprochen sind volljährige Männer, die in religiösen Dingen bewandert sind, wie der Midrasch anschaulich zeigt: »Ein Kind kam zu Rabbi Akiba und sagte: 'Rabbi, ich weihte meine Schaufel'. Er fragte: Hast du sie vielleicht der Sonne oder dem Mond geweiht?' Es sagte: 'Rabbi, hab keine Sorge. Ich weihte sie dem Einen, der sie schuf.' Er sagte: ' Geh, mein Sohn, deine Weihe ist gültig'« (Sif. Zut. v.4). Wer ein Gelübde nach den Regeln von Lev 27 oder einen Eid (s. Kommentar zu Lev 5,20-25) für eine Enthaltung (*'issar*) leistet, ist dafür verantwortlich. Er hat Gott zum Mitwisser gemacht. Hält er das Versprechen nicht, muß er die Strafe für sein Vergehen, das in die Kategorie des Sakrilegs fällt, selber tragen. Da Gelübde meistens in Krisensituationen geleistet werden, geraten sie nach überstandener Krise leicht in Vergessenheit.

Regeln für die Frau (30,4-13): Es werden vier Fälle unterschieden. 1. *Ledige Frauen* unterstehen der Autorität des Vaters. Sie haben dem Vater das Gelübde oder den Enthaltungseid mitzuteilen. Er wird nur bindend, wenn der Vater nicht am gleichen Tag das Gelübde auflöst. Tut er das, so vergibt Gott der Frau, d.h. das Gelübde wird als nicht verpflichtend betrachtet, die Frau ist nicht mehr dafür verantwortlich. Hat der Vater keine Einwände, so ist die Frau dafür verantwortlich. Die Rabbinen haben diese Regel nur bis zum Ende der Pubertät für verpflichtend betrachtet. 2. Bei *verlobten Frauen* übernimmt der künftige Gatte die Autorität und muß seine stillschweigende Zustimmung oder Ablehnung bekunden, am Tag da er davon erfährt. In diesem Zusammenhang ist nicht nur von Gelübden, sondern auch von einem »voreiligen Wort« die Rede. Dies deutet darauf hin, daß es um Selbstbindungen der Frau geht, die dem Verheiratungswillen des Vaters oder des künftigen Gatten widersprechen könnten. 3. *Witwen* und *Verstoßene (= Geschiede-ne)* sind für ihre Gelübde selbst verantwortlich. Der Fall unter-bricht die rechtliche Logik, erweist sich also als sekundär. Tatsäch-lich findet er sich in den Schriften der Qumran-Essener am Ende des Abschnittes, der sich als ganzes an völlig anderem Ort, nämlich nach Dtn 12,26, findet. 4. *Verheiratete Frauen* unterstehen der Autorität des Gatten, der über die Gültigkeit des Gelübdes ent-scheidet. Wie das obige Zitat aus dem Midrasch zeigt, wurden diese Frauen damit zu den Unmündigen gezählt. Es wurde der Frau insbesondere verunmöglicht, durch einen freien Enthaltungs-eid zur Ehelosigkeit der Autorität der Männer zu entgehen oder sich ohne Einwilligung der Männer dem sexuellen Verkehr durch eine Weihe zu entziehen. In diesem Sinne freie Frauen waren nur entweder Verstoßene oder Witwen, gehörten also zu verachteten Randgruppen. Außerdem – auch das zeigt das Midraschzitat – fürchtete man, daß sie das Gelübde möglicherweise nicht Jahwe lei-steten, sondern der Himmelskönigin (Jer 44,25). Daß es diesen Ver-haltensregeln darum gehe, daß der Inhalt des Gelübdes die Tora nicht verletzt, also um die Orthodoxie, betont jedenfalls auch die Auslegung von Qumran: »Niemand soll einen Eid aufheben, von dem man nicht weiß, ob er zu erfüllen oder ob er aufzuheben ist. Wenn er zur Übertretung des Bundes führt, soll er ihn aufheben und nicht erfüllen. Ebenso gilt die Bestimmung (auch) für ihren Vater« (CD XVI,10ff). Einmal mehr zeigt sich die enge Verbindung von Jahwe-Monotheismus, Tora und patriarchaler Gesellschafts-ordnung.

Verallgemeinerung (30,14-16): 30,14 faßt nochmals alle Fälle außer den der Witwen und Geschiedenen (30,10) aus der Sicht des Mannes zusammen: Der Mann kann jedes Gelübde und jeden Eid hinsichtlich einer Enthaltsamkeitsverpflichtung einer Frau anerken-nen oder aufheben. Wahrscheinlich war dies der älteste Schluß der Weisung. 30,15 wiederholt die Aussage in der Form eines komple-xen Chiasmus:

A Schweigt ihr Mann dazu von einem Tag bis zum andern,
    B dann erkennt er
        X alle Gelübde und Verpflichtungen zur Enthaltung an.
    B' Er hat sie anerkannt,
A' denn er hat an dem Tag, an dem er davon erfahren hat, geschwiegen.

30,16 schließlich hält fest, daß der Mann, der das Gelübde oder den Eid der Frau nach der festgelegten Frist eines Tages aufhebt, ein Sakrileg begeht und die entsprechende Strafe zu tragen hat, die nur durch ein Schuldopfer beglichen werden kann (vgl. dazu Lev 5,20-25). *Subskript (30,17):* Der Schlußsatz beschließt, nochmals in chiastischer Form, den durch 30,2 eröffneten Fall.

> Dies sind die Gesetze, die der Herr dem Mose aufgetragen hat; nämlich:
> A Der Fall der Tochter unter der Autorität des Vaters
> B und der Fall der Frau unter der Autorität des Mannes.
> B' Sie gelten für den Mann und seine Frau,
> A' für den Vater und seine ledige Tochter, solange sie noch im Haus ihres Vaters lebt.

Er läßt den Fall der Witwen und Geschiedenen unbeachtet, weil dieser sekundär eingefügt worden ist.

Auf dem Hintergrund dieser objektiven Entmündigung der Frau im einzigen Bereich, wo sie kultisch frei hätte handeln können, ist die Charakterisierung der *fremden Frau* zu lesen, die stolz darauf ist, daß sie selber die Heilsopfer darbringen ließ, zu denen sie durch ein Gelübde verpflichtet war (Spr 7,14). Das Darbringen von Opfern ist ein Ausdruck der Würde der Besitzenden, die die gesetzgebenden Männer der Bibel den Frauen zuzugestehen ungern bereit waren. Taten sie es doch, mußten sie sich im Bilde der fremden Frau wiederfinden, deren emanzipatorisches Verhalten als Frechheit empfunden wurde. Als besonderer Akt weiblichen Selbstbewußtseins ist den Rabbinen vielleicht deshalb das Gelübde einer reichen Mutter in Erinnerung geblieben, die ihre Tochter in Gold aufwägen ließ: »Einst sagte die Mutter der Domitia: 'Ich weihe das Gewicht meiner Tochter.' Und sie ging nach Jerusalem hinauf und wog sie und bezahlte ihr Gewicht in Gold (m. Ar 5,1)«.

4. Der Feldzug gegen Midian (31,1-54)

Das Kapitel nimmt den Erzählfaden von 25,18 auf und erzählt, wie die Israeliten die »Verführung« des Simeoniten Simri durch die Midianiterin Kosbi an ganz Midian ahnden. Nach Ex 2,15-22 hilft der geflohene Mose sieben Midianiterinnen beim Wasserschöpfen, von denen er eine, Zippora, heiratet. Mit seinem Schwiegervater, der bald Rëuel (EÜ: Reguël), bald Jitro heißt, scheint er sich gut zu verstehen (vgl. auch Ex 18). Er hütet dessen Schafe und lernt dabei den midianitischen Berg- und Windgott Jahwe kennen (Ex 3; vgl. Ri 5,4f; Dtn 33,2). Nach Num 25,6ff hingegen bringt die Freundschaft eines Israeliten mit einer Midianiterin den Priester Pinhas derart in Rage, daß er beide auf dem Hochzeitslager umbringt und dafür mit dem ewigen Priestertum belohnt wird, während diese offenbar verbotene Beziehung, die als Verführung zum Götzendienst (25,2) und als geplanter Angriff (25,18) verstanden wurde, am ganzen Volk Midian gerächt wird. Im Schema:

Text	Ex 2f; 18	Num 25; 31
Beziehungsebene	Mose/Zippora	Simri/Kosbi
religiöse Ebene	Begegnung mit Jahwe	Huldigung vor Götzen
soziale Ebene	Freundschaft mit Jitro	Rache an Midian

Wie ist dieser harsche Gegensatz zu verstehen? Midian ist durch Israel im Verlauf der Geschichte ähnliche Ungerechtigkeit widerfahren wie dem Judentum durch das Christentum. Man konnte in Israel weder die Herkunft Jahwes aus Midian, noch die Existenz midianitischer Stämme (Hobab/Keniter; vgl. 10,29-32) in Israel leugnen. Was weder integriert noch mit guten Gründen bestritten werden kann, muß bekämpft werden. Was steht historisch hinter der Haßliebe? Midian ist archäologisch seit dem 13. Jh. v.Chr. als Gesellschaft mit seßhaften und nomadisierenden Elementen bezeugt. Typisch für die MidianiterInnen ist die *Kamelzucht*, was auf ihre Kontakte zu südarabischen Stämmen zurückweist und voraus auf ihre führende Rolle im *Weihrauchhandel*, der ab dem 8. Jh. v.Chr. blühte. Sie engagierten sich ferner im *Kupferabbau* in der Araba (vgl. Kommentar zu 21,4-9). Diese drei Elemente machten sie international interessant und konnten den Neid anderer wecken. Auch ihre *Keramik* war, wie später die nabatäische, berühmt und begehrt. Die Tatsache, daß umgekehrt Midian das Alphabet von Kanaan übernommen und nach Arabien weitervermittelt hat, zeigt, daß die Bevölkerungen der beiden Gegenden in ständigem Austausch standen. Sie profitierten von ihren Beziehungen, fürchteten andererseits im Partnervolk immer auch die Konkurrenz. So trifft auch für Midian zu, was die israelitische Epik für das Bruderverhälnis Esau/Jakob (= Edom/Israel) auf den Punkt gebracht hat, mit dem bedeutenden Unterschied allerdings, daß die Geschichte nicht in der *Versöhnung* (vgl. Gen 25; 27), sondern im *Haß* und damit in der *Gewalt* endet. Den Redaktoren dieses Kapitels lagen die Berichte über Auseinandersetzungen mit MidianiterInnen aus Jos 7, Ri 6 – 8 und 1 Sam 15,30 entweder vor oder es waren ihnen ähnliche mündliche Überlieferungen bekannt. In diesen Geschichten erfahren wir z.b., daß die MidianiterInnen, dank ihrer Überlegenheit durch die Kamele, Razzien in die bäuerlichen Gebiete Israels oder des Philisterlandes wagten und dabei die Ernten der Bauern zerstörten. So wie die MidianiterInnen in diesen Texten mit den AmalekiterInnen und KeniterInnen, in Gen 37,28.36 auch aktualisierend mit den IsmaeliterInnen identifiziert werden, werden sie in Num 25 mit den MoabiterInnen in Verbindung gebracht. Einen midianitischen Stämmebund, der alle diese Völker umfaßt hätte, gab es – entgegen entsprechenden Vermutungen – nicht.»Midian« war offenbar zur Chiffre für»Feind« geworden, wie im europäischen Mittelalter und später »Jude« von rassistischen ChristInnen als Schimpfwort verwendet wurde.

Im vorliegenden Kapitel ist»Midian« nur noch *Chiffre* und die Auseinandersetzung ohne konkreten historischen Hintergrund, wobei nicht auszuschließen, aber eher unwahrscheinlich ist, daß es je zu Razzien Israels in Midian gekommen ist. Daß in der Erzählung nicht der Bericht über eine historische Schlacht, sondern ein priesterliches Konzept über den Umgang mit *dem Feind* und der Beute im Krieg geht, zeigen folgende Elemente: 1. Es fehlen Ortsangaben (vgl. dagegen die Schlachten gegen Sihon und Og; 21,22ff.33f); 2. Mehr als Dreiviertel der Geschichte beschäftigen sich mit der Beuteverteilung und nicht mit der Schlacht. 3. Die Schlacht wird mit einer unproportional zur Bevölkerungszahl der Stämme erhobenen Truppe mit der Symbolzahl von 12'000 Mann geführt. 4. Die Schlacht wird nur von einem Priester begleitet, statt auch von einem Feldherrn geführt. 5. Kein einziger Israelit kommt in der Schlacht ums Leben, was unglaubwürdig ist. 6. Die Beutezahlen sind übertrieben. 7. Der Text folgt nicht der Logik eines Schlachtberichts, sondern einem priesterlichen Konzept, wie sein Aufbau zeigt:

A Schlacht (31,1-12)
   [B Hinrichtung der nichtjungfräulichen Menschenbeute (31,13-18)]
     X Reinigung der Kämpfer (31,19f.24)
   [& Reinigung der anorganischen Beute (31,21-23)]
  B' Verteilung der lebenden Beute (31,25-47)
A' Rückblick auf die Schlacht und das Lager (31,48-54)

Brüche im Text weisen außerdem auf ein Wachstum hin. Ein ursprünglicher Schlachtbericht A, B', A' wurde durch die neue priesterliche Idee der Reinigung der Beute (B und als nochmals sekundärer Zusatz X) erweitert und zu einer symmetrischen Komposition gefügt.

Schlacht (31,1-12): Die Erzählung greift verkürzt die Anweisung Jahwes in 25,16-18 auf und verweist außerdem auf 27,13 zurück, wo Jahwe Mose bereits mit seiner Absicht vertraut gemacht hat, ihn mit seinen Vorfahren zu vereinen. Das Heer hat eine symbolische Größe und Zusammensetzung. Die Schlacht selber bleibt profillos. Die einzige historisch interessante Notiz ist die Erinnerung an die Hinrichtung der fünf midianitischen Könige. Auch Gen 25,4 nennt fünf Söhne Midians, d.h. Stämme oder Distrikte. Vielleicht lassen sich die genannten Namen auf Orte entlang der nabatäischen Handelsstraße im Hedschas beziehen: Ewi (?); Reqem (= ar-Raqam/Petra); Zur (= Chirbet Dschor); Hur (= Haura/Humaima); Reba (= Rabigh/an Küste des Hedschas). Wenn diese Identifikation stimmt, wäre es ein weiterer Hinweis auf den späten, konstruierten Charakter der Erzählung. Zusammen mit den Königen wird der Seher Bileam umgebracht, der die Midianiterinnen angeblich dazu angestiftet hatte, die Israeliten zu verführen (31,16). Damit wird die Erzählung posthum im Sinne der negativen Beurteilung Bileams, wie sie schon dem Eselinnenmidrasch innewohnt (vgl. Kommentar zu 22,22-35), mit der eingefügten Bileamrolle verzahnt. In den Jahwekriegen der vorstaatlichen Zeit zog Israel mit der Lade (vgl. Kommentar zu 10,33-36) als Kriegspalladium in den Kampf (1 Sam

4), eine Sitte, die bei den Beduinen Arabiens bis in jüngste Zeit in Gebrauch war. Doch Pinhas zieht mit seinen Utensilien als Orakelpriester mit, wie die assyrischen Priester, die ihre Armeen begleiteten (zu den Trompeten vgl. Kommentar zu 10,1-10).

Hinrichtung der nichtjungfräulichen Menschenbeute (31,13-18): Auch das Niederbrennen der Zeltdörfer (31,10) und das Abschlachten der Zivilbevölkerung mit Ausnahme der jungfräulichen Frauen (31,17f) entspricht assyrischer Kriegspraxis gegen nomadisierende Feinde wie die Araber (Abb. 57). Die männlich-priesterlichen Phantasien finden im Midrasch in der Beantwortung der Frage, wie die Jungfräulichkeit der Frau festgestellt wurde, eine Fortsetzung: »Jedes weibliche Kind sollst du vor die heilige Krone (Teil der Kleidung des Hohenpriesters; Lev 8,9) stellen und ins Kreuzverhör nehmen. Jede, die schon mit einem Mann geschlafen hat, wird erbleichen; jede, die noch nie mit einem Mann geschlafen hat, wird feuerrot werden, und du sollst sie verschonen« (Targ.Jon. Jev. 60b).

Reinigung der Kämpfer (19f.24): Um das Lager nicht zu verunreinigen, müssen alle, die mit Toten in Berührung kamen, während einer Woche draußen bleiben (vgl dazu 5,1-4). Zur Reinigung der organischen Materialien vgl. die entsprechenden Vorschriften in 19,14-18 und Lev 11,32. Diese strengen Vorschriften galten in den Wohnorten Israels nicht. Nur die Hautkranken (Lev 13f) mußten außerhalb der Wohnorte wohnen.

Reinigung der anorganischen Beute (31,21-23): An dieser im Gesamt des Kapitels zentralen Stelle wird eine zusätzliche Vorschrift, ein Ritualgesetz (vgl. Kommentar zu Lev 19,2) eingefügt, anorganische Kriegsbeute betreffend. Sie muß durch Feuer geläutert und außerdem noch mit Reinigungswasser (19,9) gereinigt werden.

Verteilung der lebenden Beute (31,25-47): Die Beute wird unter Kriegern und Zivilisten je hälftig geteilt. Die Beutebesteuerungsformel für Jungfrauen und Vieh lautet mathematisch ausgedrückt (nach J. Milgrom) folgendermaßen: für Krieger $x/2-1/500\bullet(x/2) = 499x/1000$ zugunsten der Priester; für Zivilisten $x/2-1/50\bullet(x/2) = 490x/1000$ zugunsten der Leviten. Das Ergebnis der Beuteverteilung wird beispielshalber vorgerechnet. Die Regelung widerspricht der älteren Sitte (1 Sam 30,20-25), wonach Krieger und Zivilisten gleich viel bekommen. Die Kriegsrolle der Qumran-Essener harmonisiert, indem die Steuer vom Total abgezogen wird, bevor der

Rest hälftig auf Krieger und Zivilisten verteilt wird. *Rückblick auf die Schlacht und das Lager (31,48-54):* Die Anführer der Tausendschaften bringen unerwartet den Schmuck der Kriegsbeute zu ihrer Entsühnung Mose und Eleasar. Wovon müssen sie entsühnt werden? Von der Verunreinigung, die die Musterung mit sich brachte, denn Musterungen sind Sache Gottes. Werden sie doch (notwendigerweise) von Menschen durchgeführt, so schreibt Ex 30,12-16 ein Lösegeld zur Wiedergutmachung vor. Es handelt sich also um eine Form des Schuldopfers, da Gott von der Sache betroffen ist. Um künftige Generationen an diese Pflicht zu erinnern, wird die Beute im Heiligtum aufbewahrt.

Die Qumran-Essener haben die Idee des heiligen Krieges gegen *den Feind* in der sog. *Kriegsrolle* aufgegriffen und noch weiter entwickelt zum (eschatologischen) Kampf der »Söhne des Lichts« gegen die »Söhne der Finsternis«. Das Verhältnis zwischen Freude an konkreten Details und der Unmöglichkeit einer geschichtlichen Umsetzung nimmt dort noch absurdere Ausmaße an. Das war den Verfassern durchaus bewußt, wenn sie den Text an den Verständigen richten, d.h. an den, der zwischen den Zeilen zu lesen weiß und die Bezüge zu den alten Schriften kennt, und an den, der das Ganze als ein verzweifeltes, inbrünstiges Gebet einer verfolgten Minderheit um Frieden versteht, das durch seine martialische Sprache gleichzeitig die aufgestauten Aggressionen abbaut. Je ohnmächtiger das Volk, umso mächtiger die Heilsarmeephantasien. Der Anfang der Kriegsrolle nennt das Heer Belials (Dämonenheer) in einem Atemzug mit einer Reihe konkreter Völker aus Israels Nachbarschaft, die das Erste Testament als Feinde nennt. Auffälligerweise fehlen die MidianiterInnen. Offenbar galt dieser Fall mit Num 31 für erledigt (1QM 1,1-3):

> Für den Verständigen: die Ordnung des Krieges. Der Anfang, da die Söhne des Lichts Hand anlegen, um anzufangen gegen das Los der Söhne der Finsternis, gegen das Heer Belials, die Schar Edoms und Moabs, der Ammoniter und der Amalekiter und das Volk der Philister und die Scharen der Kittäer von Assur und mit ihnen sind zur Hilfe die Frevler am Bunde. Die Söhne Levis, die Söhne Judas und die Söhne Benjamins, die Emigration der Wüste, kämpfen gegen sie (…) nach all ihren Scharen, wenn die Emigration der Söhne des Lichts zurückkehrt aus der »Wüste der Völker« (Ez 20,34ff), um zu lagern in der Wüste von Jerusalem (Lev 26,40-45?).

5. Verteilung des Ostjordanlandes (32,1-42)

Das Kapitel schließt an 22,1 an, setzt aber auf der redaktionellen Stufe die Ruhe im Land und damit den Sieg über die Midianiter (Num 31) voraus, der seinerseits die Bileamsgeschichte (Num 22-24) und den Abfall von Baal-Pegor (Num 25) voraussetzt. Das Kapitel ist eine breit ausladende, erzählerische Spielerei, deren Inhalt durch die Erzählung selber zusammengefaßt wird: *Fünf Begriffe* werden *siebenmal* verwendet (besitzen/teilen, Gad und Ruben, überqueren, Vorhut, vor dem Herrn). Sie ergeben die Quintessenz des Kapitels: *Wenn Gad und Ruben (den Jordan) überqueren als Vorhut vor dem Herrn (= der Lade), werden sie das Land (, das sie wünschten) besitzen.* Diese Abmachung steht denn auch in der Mitte der symmetrischen Gesamtkomposition (**X**):

A Gad und Ruben fordern Land (32,1-6)
    B Gad und Rubens zweiter Vorschlag und Moses Formulierung (32,16-24)
        X Gad und Ruben akzeptieren Moses Formulierung (32,25-27)
    B' Moses Formulierung wird von Gad und Ruben vor Zeugen wiederholt (32,28-32)
A' Mose vergibt das Land (32,33)

Gad und Ruben fordern das Ostjordanland, um darin zu siedeln, und bekommen es schließlich auch (**A/A'**). Mose gibt ihnen zu bedenken, daß es ungerecht wäre, ihnen das Land zu überlassen, während die übrigen Stämme für ihr Land weiterkämpfen. Gad und Ruben schlagen selber vor, als Vorhut der IsraelitInnen ins Westjordanland mitzuziehen, wenn sie dafür das Ostjordanland bekommen. Mose greift den Vorschlag der beiden Stämme auf und ist mit ihrer Forderung einverstanden (**B**). Dies wird sprachlich durch einen Chiasmus in wiederholter Rede (32,16.24) zum Ausdruck gebracht:

    A »Wir errichten hier Pferche für unser Vieh, unsere Schafe und Ziegen,
      B und bauen Städte für unsere Kinder.«
      B' »Baut euch Städte für eure Kinder,
    A' und errichtet Pferche für eure Schafe und Ziegen!«

Vor Priestern, Heerführern und Stämmedelegierten wiederholt Mose die Abmachung, die ihrerseits von Gad und Ruben wiederholt wird (**B'**). Damit ist der Handel perfekt.

Diese Erzählung wurde in zweierlei Hinsicht erweitert: 1. durch eine von »D« eingefügte Schimpfrede an Gad und Ruben angesichts ihres frechen Ansinnens. 2. durch zwei siedlungsgeschichtliche Anhänge:

D«-Interpolation (32,7-15): Die mosaische Schimpfrede vergleicht das Handeln midraschartig mit dem der Kundschafter (Num 13f). Die damaligen Ereignisse werden in der typischen Sprache von »D« repetiert. Besonders die Namen entsprechen dem »D«-Gebrauch: Kadesch-Barnea statt Kadesch (vgl. Dtn 1,19; 2,14; 9,23; Jos 10,41; 14,6f); Traubental (Dtn 1,24); Kaleb, Sohn Jefunnes, der Kenisiter (Dtn 4,25; 9,18). Den beiden positiven Gestalten Kaleb und Josua der Kundschaftergeschichte entsprechen die beiden negativen Gestalten Gad und Ruben in der Landnahmegeschichte. Auch Jos 22,16-20 und das Debora-Lied (Ri 5,16) setzen sich kritisch mit den beiden Stämmen auseinander, deren Verhältnis zum israelitischen Stämmebund vielleicht lockerer war als das der cisjordanischen Stämme. Noch in den Midraschen gibt das Ansinnen der Stämme Gad und Ruben viel zu reden. Ihre Haltung wird als eigensüchtig apostrophiert und die Tatsache, daß sie als erste, nämlich schon unter Tiglat-Pileser III. (745-727 v.Chr.), in die Verbannung ziehen mußten (vgl. 1 Chr 5,26) als Strafe für ihr Verhalten gewertet. Eine positivere und besonders weisheitliche Deutung fand Rabbi Simeon ben Chalafta:»Eine Matrone fragte Rabbi Simeon ben Chalafta: In wieviel Tagen hat Gott die Welt erschaffen? Er gab ihr zur Antwort: In sechs Tagen, wie es heißt (Ex 20,11): 'Denn in sechs Tagen hat der Ewige den Himmel und die Erde gemacht.' Sie sprach zu ihm: Was macht er von dieser Stunde ab bis jetzt? Er antwortete: Er sitzt umd macht Leitern. Den einen läßt er hinaufsteigen, den andern hinabsteigen, und darum heißt es: ›Der Ewige ist Richter, den einen erniedrigt er, den andern erhebt er‹ (Ps 75,8). Du kannst es auch daraus erkennen. Als er die Kinder Rubens und Gads reich werden lassen wollte, stürzte er die Midianiter vor den Israeliten, damit die Kinder Gads und Rubens reich würden. Was steht vorher? ›Und die Kinder Israels nahmen gefangen die Weiber Midians und ihre Kinder‹ (31,9). Gleich darauf heißt es: ›Die Kinder Rubens und Gads hatten viele Herden‹ (32,1)« (M. NR 22,8).

Anhang I (32,34-38): Sinnvoll an die Erzählung der Verteilung des Ostjordanlandes anschließend findet sich ein Städteverzeichnis jener Gegend. Neun der vierzehn Städte Gad und Rubens wurden schon in 32,3 genannt, dort vielleicht sekundär eingefügt. Sie liegen alle in einem recht begrenzten Gebiet nördlich des Arnon, das dem in 32,1 genannten nicht genau entspricht, und sind fast alle mit heutigen Orten identifiziert worden: Dibon (= *diban*); Atarot (*'attaruz*); Aroër (*chirbet 'ara'ir*); Atarot-Schofan (?); Jaser (*tell el-'areme* ?); Jogboha (*dschbeha*); Bet-Nimra (*tell el-blebil* ?); Bet-Haran (*tell er-rame*); Heschbon (s. Kommentar zu 21,6); Elale (*el-'al*); Kirjatajim (*chirbet el-qureje*); Nebo (*chirbet el-muchajjit*); Baal-Meon (*ma'in*); Sibma (*chirbet qarn el-kibsch* ?). Auffälligerweise siedelt Ruben inmitten Gads. Dies und die Tatsachen, daß er in der Beschreibung Transjordaniens z.Z. Sauls (1 Sam 13,7) fehlt, daß Davids Volkszählung nördlich des Arnon nur Gad nennt (2 Sam 24,5) und daß auch der südlichste Teil Transjordaniens, der nach Dtn 2,43 und Jos 20,8 Ruben zugeteilt wurde, unter Salomo (1 Kön 4,19; Septuaginta) Gad zugeordnet wird, legt die Vermutung nahe, daß der Stamm Ruben in Gad aufgegangen oder gar ausgestorben (vgl. Dtn 33,6) ist. Auch die Meschastele (9. Jh.) nennt nur den Stamm Gad: »Die Gaditer hatten von jeher im Lande um Atarot gewohnt; da hatte der König von Israel ihnen Atarot gebaut. Ich bekämpfte die Stadt, nahm sie ein und tötete die ganze Bevölkerung der Stadt im Angesicht Kamoschs und für Moab.« Andererseits nimmt Ruben als erstgeborener Jakobs im Stämmesystem eine prominente Position ein und wird noch in der Liste der unter Tiglatpileser III. (745-727 v.Chr.) Deportierten genannt (1 Chr 5,6.26). In diesem Zusammenhang steht die Anmerkung: »Die Rubeniter wohnten in Aroër bis Nebo und Baal-Meon. Ostwärts wohnten sie bis an den Rand der Steppe, die sich vom Eufrat her erstreckt; denn sie besaßen große Herden im Land Gilead.« Mit anderen Worten: Die Rubeniter waren vorwiegend *nomadisierende Viehzüchter* am Rande der syrischen Wüste und deshalb siedlungsgeschichtlich weniger gut erfaßbar als die Gaditer, doch deshalb nicht weniger bedeutend. Dies bestätigt auch die Charakterisierung des Stammes im Debora-Lied: »Warum sitzt du zwischen den Hürden und hörst bei den Herden dem Flötenspiel zu?«

Anhang II (32,39-42): Das nördliche Ostjordanland, genauer, die Gegenden südlich des Jabbok (heute: *'ard el-'arde*) und nördlich bis zum Jarmuk (heute: *'adschlun*), die biblisch, wie das ganze Ostjordanland nördlich des Arnon, unter dem Begriff Gilead zusammengefaßt wurden, sind von Teilen des Stammes Manasse (Machir, Jaïr und Nobach), einem Josefsstamm, der auch in Cisjordanien siedelte, kolonisiert worden. Dies wird genealogisch in 26,28f zum Ausdruck gebracht. Wann dies geschehen sein soll, ist unsicher. Vielleicht im Rahmen der Expansionen des israelitischen Königs Omri, die in der Meschastele (9. Jh. v.Chr.) bezeugt ist. Möglicherweise bezieht sich der Name Machir (wörtl. »der sich als Lohnarbeiter für Dienst verdingte«) auf einen sozial geächteten Stamm, der neben Efraim, Benjamin und Sebulon im Westjordanland siedelte, dann aber unter sozialem Druck nach Osten auswanderte und unter günstigen politischen Verhältnissen das Land Gilead kolonisierte. Wo die Zeltdörfer Jaïrs und Nobach genau zu suchen sind, ist ebenfalls unsicher. Kenat könnte mit der syrischen Stadt Qanawat im Hauran (Syrien) identisch sein, wäre damit aber das absolut nordöstlichste Siedlungsgebiet der Israeliten.

6. Das Wüstenwegverzeichnis (33,1-49)

Auch dieses Kapitel schließt wie das vorangegangene an 22,1 an. Israel hat die Wüstenwanderung und die Landnahme im Ostjordanland abgeschlossen und steht unmittelbar vor der Eroberung des Westjordanlandes, des Gelobten Landes. Dies ist Grund genug zurückzublicken. Rückblicke sind in Israel immer mit *Geschichte* und dadurch mit *Gotteslob* verbunden. Dies gilt sogar für ein trockenes Wegverzeichnis. Diese Orte sind auf immer mit unvergeßlichen Ereignissen verbunden, sie sind zu Zeichen eines Teils der Heilsgeschichte geworden. Dies drückt ein Midrasch durch ein Gleichnis aus, das die Sache genau trifft: »(Die Sache) gleicht einem König, der einen kranken Sohn hatte. Er führte ihn zu seiner Heilung an einen andern Ort. Als sie zurückkehrten, zählte sein Vater alle Stationen und sprach: Hier haben wir geschlafen, hier haben wir gefroren, hier hast du Kopfschmerzen gehabt...« (M. LR 23,3; vgl.

31,4). Ganz in diesem Sinne erinnern die Geschichtspsalmen an Israels Exodus, indem sie einzelne Stationen erwähnen (z.B. Ps 105f; 135f). Die Liste selber fördert diesen Zweck durch die Einleitung, die an den zuversichtlichen Aufbruch der IsraelitInnen aus Ägypten und das Sterben der ägyptischen Erstgeburt erinnert und durch einzelne Anmerkungen, die das trockene Verzeichnis auflockern. Das Wüstenwanderungsalbum Israels enthält 42 Stationen. 40 Stationen hätten genau den 40 Wanderjahren entsprochen. Vielleicht soll die Zahl die Länge der Wanderung und damit die Mühsal betonen: noch etwas mehr als 40.

Natürlich hat man versucht, die in der Liste genannten Orte zu identifizieren. Dies ist für die meisten in der Wüste liegenden Stationen nicht gelungen. Der Versuch scheitert vor allem daran, daß wir bis heute nicht wissen, wo der Sinai lag. Während die Tradition ihn im *dschebel musa*, im Hochsinai, gefunden zu haben glaubt, gibt es gute historische Gründe, ihn im midianitischen Siedlungsgebiet Nordwestarabiens zu suchen. Teile der Ortsnamen nach Kadesch können mehr oder weniger zuverlässig lokalisiert werden (vgl. 21,10-20). Auch über den Sitz im Leben des Verzeichnisses und ihr Verhältnis zu anderen Stationsverzeichnissen in der Bibel wurde spekuliert. 18 der 42 Namen kommen nur in dieser Liste vor. Diese werden in der Liste unten kursiv wiedergegeben. Nur in 21,10-20 (s. Kommentar und Synopse dort) und in den entsprechenden Passagen von »D« werden noch andere Ortsnamen genannt, die nicht in der Liste vorkommen. Ansonsten kann damit gerechnet werden, daß dies die Mutterliste ist, aus der an anderen Orten der Bibel zitiert wird. So z.B. in Ex 12,37; 13,20; 14,1f; 15,22; 17,1; 19,2; Num 10,12; 20,1; 20,22; 21,10f und 22,1, wo zwischen Ramses und Kadesch insgesamt zwölf Stationen genannt werden, sechs vor und sechs nach dem Sinai. Es handelt sich also um ein leicht einprägbares Exzerpt aus der großen Liste, in Verbindung mit den Erzählungen. Diese zwölf Stationen werden in der Liste unten in Kapitälchen wiedergegeben. Stilistisch entspricht die Liste den im assyrischen Königreich angefertigten Wegverzeichnissen, die ebenfalls jeden Rastort wiederholen, nach dem Schema: von a nach b, von b nach c usw. Es wurde vermutet, daß es sich um das Verzeichnis eines Wallfahrtsweges von Israel zum Sinai handelt, unter Verweis auf Elijas Flucht zum Sinai (1 Kön 19). Doch abgesehen davon, daß diese

Erzählung einen theologischen Gedanken, nämlich die innere Emigration oder Versenkung mit einer äußeren Flucht verbindet, ist die Wallfahrerei für die alten Israeliten nirgends belegt. Der Gedanke ist wie jener von einer Wallfahrt zum Aaronsgrab (vgl. 21,10-20) von christlichen Pilgerideen bestimmt (vgl. auch S. 357).

Die folgende *Liste* der 42 Stationen bietet nebst den modernen Ortsnamen bei den identifizierten Orten Hinweise auf die Nennung des Ortes innerhalb der Erzählung vom Exodus (*kursiv*: nur in dieser Liste genannte Orte; KAPITÄLCHEN: die zwölf Stationen der Erzähltradition in Ex und Num; **fett**: Hauptstationen mit langen Aufenthaltszeiten): 1. RAMSES (*tell el-daba*; Ex 12,37) 2. SUKKOT (im *wadi tumilat*; Ex 13,20) 3. ETAM (vielleicht Variation für Pitom = ägypt. »Haus des Atum«; Ex 13,20) 4. PI-HAHIROT (Ex 14,1.9) 5. MARA (*bir el muwrah* ?; in Ex 15,23 als Bitterwasser gedeutet) 6. ELIM (Ex 15,27) 7. *Schilfmeer* (?; hebr. *jam suf*; Ex 13,18) 8. WÜSTE SIN (?; Ex 16,1) 9. *Dofka* (?) 10. *Alusch* (?) 11. REFIDIM (*wadi refajid* ?; Ex 17,1-7) 12. **WÜSTE SINAI** (?; Ex 19,1 – Num 10,11) 13. KIBROT-TAAWA (s. 11,34f) 14. HAZEROT (*'ain huderat?;* s.12,16) 15. *Ritma* (?) 16. *Rimmon-Perez* (?) 17. *Libna* (?) 18. *Rissa* (?) 19. *Kehelata* (?) 20. *Berg Schefer* (?) 21. *Harada* (?) 22. *Makhelot* (?) 23. *Tahat* (?) 24. *Terach* (?) 25. *Mitka* (?) 26. *Haschmona* (?) 27. Moserot (?; übernommen in Dtn 10,6) 28. Bene-Jaakan (?; übernommen in Dtn 10,6) 29. Hor-Gidgad (?; übernommen in Dtn 10,7) 30. Jotbata (*taba?*; übernommen in Dtn 10,7) 31. *Abrona* (*tell chlefe*) 32. Ezjon-Geber (*ghadjan*, heute Kibbuz Jotbata) 33. **Wüste Zin/KADESCH** (20,1ff mit Kommentar) 34. Berg Hor (20,22ff mit Kommentar) 35. *Zalmona* (21,4 mit Kommentar) 36. *Punon* (21,4 mit Kommentar) 37. Obot (s. Synopse zu 21,10f) 38. Ije-Abarim (s. Synopse zu 21,10f) 39. Dibon-Gad (32,34) 40. Almon-Diblatajim (vielleicht ein Zusammenzug aus Bet-Diblaton (vgl. Jer 48,22) und Bet-Baal Meon, die beide auf der Mescha-Stele genannt werden) 41. Abarimgebirge (s. 27,12) 42. **Steppen von Moab** zwischen Bet-Jeschimot (*tell el'-'aseima* ?; Jos 12,3; Ez 25,9) und Abel Schittim (*tell kefrein* ?; 25,1).

7. Die Landnahmeverordnung (33,50-34,29)

Mit der Landnahme des Ostjordanlandes und seiner Verteilung und dem Wegverzeichnis als Rückblick auf die Wüstenwanderung wurden die Exodusthemen abgeschlossen. Der Blick auf das Gelobte Land und seine Verteilung ist nun frei. Das war zwar schon in 26,52-56 ein Thema, wird nun aber unter der neuen Voraussetzung wieder aufgegriffen, daß zweieinhalb Stämme ihre Wohngebiete schon zugeteilt bekamen.

Einleitung (33,50f): Das Folgende ergeht als Gottesrede im Mund des Mose an die IsraelitInnen.

Das priesterschriftliche Landeroberungsprogramm (33,52-56): Es handelt sich um eine kunstvoll gestaltete (Symmetrie mit meristischer Mitte) Rede mit programmatischem, von »D« beeinflußtem Charakter (vgl. aber auch Lev 18,24-30; 20,22-24:

A *Eroberungsbefehl:*
Wenn ihr den Jordan überschritten und Kanaan betreten habt, dann vertreibt vor euch alle Einwohner des Landes und vernichtet alle ihre Götterbilder! Alle ihre aus Metall gegossenen Figuren sollt ihr vernichten und alle ihre Kulthöhen zerstören.
  X_1 *Inbesitznahme:*
  a Nehmt das Land in Besitz,
    x_1 und laßt euch darin nieder,
  a' denn ich habe es euch zum Besitz gegeben.
  X_2 *Landverteilung:*
  b Verteilt das Land durch das Los an eure Sippen!
    x_2 Einem großen Stamm gebt großen Erbbesitz, einem kleinen Stamm gebt kleinen Erbbesitz!
  b' Worauf das Los eines jeden fällt, das soll ihm gehören.
  Teilt das Land so unter die Stämme eurer Väter auf!
A' *Strafandrohung:*
Wenn ihr die Einwohner des Landes vor euch nicht vertreibt, dann werden die, die von ihnen übrigbleiben, zu Splittern in euren Augen und zu Stacheln in eurer Seite. Sie werden euch in dem Land, in dem ihr wohnt, in eine große Gefahr bringen. Dann werde ich mit euch machen, was ich mit ihnen machen wollte.

Die Rede verknüpft die Themen Land, Gott und Stämmebund zu einer unauflösbaren Einheit. Zunächst wird in **A** die *Landnahme* eng an die *Vernichtung der Götzen* gebunden. Archäologisch-historisch betrachtet, wird damit etwas durchaus Richtiges gesagt: Was das Erste Testament als Landnahme bezeichnet, war keine Volksinvasion, die von Osten nach Kanaan eindrang, sondern eine religiöse Umwälzung im Lande Kanaan, nachdem sich die nomadisierende Bevölkerung der Spätbronzezeit (1550-1150 v.Chr.) in festen Dörfern und Städten etabliert hatte. Die alten kanaanäischen Heiligtümer, zu denen ein Heiligtum mit einer metallüberzogenen Kultfigur und ein Opferaltar gehörten, wurden allmählich beseitigt. Erst unter Joschija (638-609 v.Chr.) konnte sich der von Propheten- und Priesterkreisen vertretene Jahwe-Monotheismus im Rahmen eines Stadtstaates, der immer zentraler, aber auch immer kleiner wurde, definitiv durchsetzen und kurze Zeit darauf ins babylonische Exil retten. Im Rahmen dieser religiösen Propaganda wird jede Alternative, d.h. jede Form des religiösen Synkretismus und damit verbundener sozialer Zusammenarbeit als Fallstrick betrachtet. A' ist der nach Innen gerichtete Teil des fundamentalistischen Programms. Daß Monotheismus nicht notwendig mit Ausgrenzung und Gewalt verbunden zu sein braucht, hat u.a. Deuterojesaja (Jes 40-55) konsequent gezeigt. Seine Theologie, für die das monotheistische Glaubensbekenntnis zentral ist (z.B. Jes 43,11ff), basiert auf der Erfahrung, daß Juden und Jüdinnen auch unter den Völkern ihren Gott verehren konnten. Sie führt zur Einladung der Völker, den Gott des Himmels in Jerusalem zu verehren.

In der Mitte der Rede steht die Aufforderung, das Land in Besitz zu nehmen (X_1) und es nach Los und Größe der Stämme (vgl. zu dieser Kombination den Kommentar zu 26,52-56) zu verteilen (X_2). Landnahme und Landverteilung werden durch diesen Merismus auf das Engste miteinander verzahnt. Aufgrund des archäologischen Befundes könnte man wiederum interpretieren: Die *Landnahme* bestand in der *Landverteilung*, d.h. in der besonderen, stammesmäßig organisierten Besiedlung und nicht in der gewaltsamen Eroberung, die es nur lokal, nicht aber großräumig gegeben hat.

Die Grenzen des Landes Kanaan (34,1-12): Die Grenzen des Landes in der Sicht von »P« ergehen als Gotteswort an Mose (s. zum Folgenden Karte II). Sie widerspiegeln das *Dschahi*, bzw. *Churu* der Ägypter im 14./13. Jh. v.Chr. und nicht das spätbronzezeitliche Kanaan und auch nicht die Grenzverläufe aus frühköniglicher Zeit. Zwar wird in 1 Kön 8,6 (2 Chr 7,8; 1 Chr 13,5) Lebo-Hamat ebenfalls als Nordgrenze angegeben, aber das war noch unter Jerobeam II im 8. Jh. v.Chr. der Fall (2 Kön 14,25), und noch Ezechiel (6. Jh. v.Chr.) sucht hier die Grenze zwischen dem Gebiet von Hama und jenem Israels (Ez 47,15; 48,1). Vor allem aber schließt die Grenze das Philisterland ein und das Ostjordanland aus. Dies trifft genau für die Verhältnisse unter den Ägyptern zu, die sich nicht für das Ostjordanland interessierten, wohl aber für die Sicherung der Küstenstraße mit den Fernzielen der phönizischen Hafenstädte und Damaskus. Die Nordgrenze des Gebietes lag ungefähr bei Qadesch am Orontes. Die Südgrenze stimmt mit der in Jos 15,1-4 genannten in den Grenzfixpunkten überein. Das Grenzkataster Ezechiels (Ez 47,15-20) basiert auf dem Material von »P«, übersetzt es allerdings in die Kategorien der assyrisch-babylonischen Provinzeinteilung seiner Zeit, wohl im Hinblick auf die Rückkehr der IsraelitInnen aus dem Exil. Auch Jos 13 setzt Num 34,1-12 voraus und gibt an, welche Gebiete übriggeblieben sind, d.h. nicht israelitischer Herrschaft unterworfen werden konnten.

Glosse (34,13-15): Dieses Mosewort an die IsraelitInnen soll nachträglich sicherstellen, daß auch die im Ostjordanland eroberten Gebiete (Num 32) zu Kanaan gehören. Deshalb präzisiert Mose, daß die eben gegebene Beschreibung des Landes Kanaan nur auf die neuneinhalb Stämme zutrifft, die westlich des Jordan siedeln sollen. Einfacher wäre es gewesen, die vorliegende Grenzliste im Sinne der neuen Verhältnisse abzuändern, doch dies ließ das kollektive Gedächtnis nicht zu. Es war überall bekannt, welches Gebiet das Land Kanaan vor der Landnahme durch die Stämme Israels umfaßte.

Liste der Landkatasterbeamten (34,16-29): Unter der Leitung des Priesters Eleasar und Josuas sollen zwölf Stammesführer die Landverteilung durchführen. Bis auf Kaleb, Sohn des Jefunnes, sind die Namen neu. Meistens sind es alte El-Namen. Jahwe-Namen fehlen. Die Stämme werden bereits in geographischer Reihenfolge von Süden nach Norden aufgelistet.

8. Levitenstädte und Asylgesetzgebung (35,1-34)

Anweisungen für Leviten folgen immer auf jene für die übrigen Stämme Israels. Die Levitenstädte (35,2-8) stellen einen Sonderfall im Land Israel dar. Einige unter ihnen dienen wiederum als Asylstädte (35,9-15), weshalb die Themen miteinander verbunden sind. Es folgen ausführliche Bestimmungen zum Asylrecht (35,16-32). Das Kapitel endet mit einer allgemeinen Lehre zum Thema Blutvergießen im Gelobten Land (35,33f).

Einleitung (35,1): Dadurch, daß die Ortsangabe von 33,50 wiederholt wird, obwohl das Folgende thematisch eng an das vorangehende Kapitel anschließt, erweist sich das Kapitel als Anhang.

Levitenstädte (35,2-8): Da die Leviten selber keinen Erbbesitz haben, müssen ihnen die Stämme insgesamt 48 *Städte* samt Weideland abgeben. Die Anzahl der abzugebenden Städte wird nach der Stammesgröße berechnet. Ein Vergleich des Asylstädteverzeichnisses in Jos 21 mit der Musterung II in Num 26 zeigt, daß dieses Ideal historisch nicht verwirklicht wurde. Ein weiteres Problem stellt die *Berechnung des Weidelandes* dar. Zwei Angaben des Textes scheinen sich zu widersprechen: 1. Die Stadt liegt in der Mitte einer Landfläche von 2000 Ellen im Quadrat (35,5). Was nicht Stadtgebiet ist, dient als Weidefläche (Fig. 9a). 2. Rings um die Stadtmauer wird Weideland im Umkreis von 1000 Ellen dazugegeben (35,4). Folglich ergibt sich ein größeres Territorium als in der ersten Variante (Fig. 9b). Der Widerspruch kann durch eine dritte Variante (nach J. Milgrom) harmonisiert werden, unter der Annahme, daß sich die Angaben auf ein fiktives Rechteck beziehen, das die Grenzen der Stadt umschreibt (Fig. 9c). Es ergibt sich zwischen den vier Weideflächen à 1000 Ellen im Quadrat eine Weidefläche (schraffiert), die proportional zur Stadt wächst – eine auch logistisch sinnvolle Variante. Sechs dieser Städte sollen als Asylstädte dienen. Was darunter zu verstehen ist, erläutert der folgende Abschnitt.

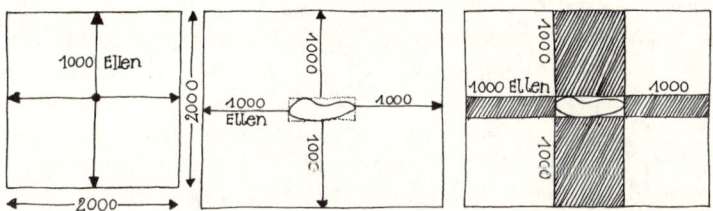

Fig. 9 a–c: Das Weideland der Levitenstädte (Zeichnung: Gabriela Zumstein).

Asylstädte (35,9-15): Asylstädte dienen Menschen, die einen anderen Menschen unvorsätzlich getötet haben, als Zufluchtsort vor dem Bluträcher (*go'el;* wörtl. »Löser«), der das Recht, ja, die Pflicht hat, das vergossene Blut zu ahnden, indem er das Blut dessen vergießt, der Blut vergossen hat. Da das Blut Sitz des Lebens ist, gibt es – so die Theorie – nichts, das Blut sühnen kann außer Blut (vgl. Kommentar zu Lev 17). Die Reihenfolge der *Löserpflicht* entspricht der des Erbschaftsprivilegs (vgl. Num 27; 36). Diese Regeln gelten für alle in Israel lebenden Menschen, gleich welchen Standes. Sie beinhalten gegenüber dem im Orient und im ganzen Mittelmeerraum verbreiteten Blutrachsystem verschiedene Eigenheiten: Nur der Schuldige selber, kein anderes Mitglied seiner Familie, darf vom Löser zur Sühne umgebracht werden. Die Schuldigkeit wird von der Absicht dessen, der getötet hat, abhängig gemacht. Es ist unmöglich, die Tötung durch ein Lösegeld abzugelten. Die Flüchtigen werden von den (staatlich anerkannten) Leviten, die dort leben, vor die Gemeinde, d.h. zum Obergericht, gebracht und daraufhin untersucht, ob ihr Asylgesuch rechtens ist (vgl. 35,13.25). In diesem Punkt gibt es allerdings widersprüchliche Konzepte: Nach Jos 20,4 sind es die Ältesten der Asylstadt, die Gericht halten, nach Dtn 19,12 die der Heimatstadt des Ermordeten. Stellt sich heraus, daß der betreffende Mensch Mord begangen hat, verfällt sein Asylrecht. Er ist des Todes schuldig. Auf diese rechtliche Untersuchung bezieht sich der folgende Abschnitt.

Asylrecht (35,16-32): Der Abschnitt weist Spuren eines längeren Wachstumsprozesses auf. Darin zeigt sich, daß das Gesetz tatsächlich angewendet und gemäß den Erfahrungen ergänzt wurde. Es geht um die schwierige Entscheidung darüber, ob ein Mensch *böswillig* oder *unabsichtlich* getötet hat und damit um sein Leben. Zunächst war zu fragen: Wie wurde der Mensch umgebracht? War das Tötungsinstrument eines aus Eisen, ein schwerer Stein oder ein geeigneter Holzgegenstand, so stand böse Absicht und damit Mord fest (35,16-18). Dann: Unter welchen Umständen wurde der Mensch umgebracht? Wenn es aus einem Hinterhalt geschah oder mit der Hand in der eindeutigen Absicht zu töten, dann liegt ebenfalls Mord vor (35,20f). Schließlich: In welchem Verhältnis stand der getötete Mensch zu dem, der tötete? War es ein feindliches Verhältnis, so besteht Verdacht auf Mord auch in Fällen, die sonst die Unabsichtlichkeit der Tat beweisen (35,23). In diesen Fällen wird der blutschuldige Mensch der Justiz des Lösers übergeben. In allen anderen Fällen, die teilweise exemplifiziert werden (35,22-23), liegt ein Unfall mit tödlichen Folgen vor. Der angeklagte und des Mordes freigesprochene Mensch darf in die Asylstadt zurückkehren. Trifft ihn der Löser allerdings außerhalb der Stadt, hat er nach wie vor das Recht, das Blut seines Verwandten zu sühnen, indem er den Mensch, der getötet hat, umbringt. Dieses Recht erlischt mit dem *Tod des Hohenpriesters.* Der zum höchsten Priester Gesalbte sühnt nicht nur zu Lebzeiten für die Vergehen der ganzen Gemeinde (Ex 28,36; Lev 16,16.21), sondern auch für vergossenes Menschenblut in seinem Tod. Sein Leben wurde von Gott für die Leben der umgekommenen Menschen genommen. Die Menschen, die sich in Asylstädten aufhielten, können nun in ihre Heimat zurückkehren. In anderen Kulturen ist es oft der neue Herrscher, der bei Regierungsantritt eine Amnestie für Inhaftierte erläßt.

Dieses Recht wird durch weitere Zusätze perfektioniert: 1. Anklage auf Mord kann nur aufgrund von *zwei oder mehr Zeugen* erfolgen. 2. Mord kann nur durch *Mord* gesühnt werden (zum ideologischen Hintergrund dieses Satzes s. Lev 17 und Exkurs IV). Das Talionsgesetz (vgl. Lev 24,17-21 mit Kommentar) ist in diesem Fall wörtlich zu verstehen. Lösegeld kann demnach von einem Menschen, der gemordet hat, nicht angenommen werden. 3. Ebensowenig kann der, der unabsichtlich getötet hat, vor dem Tod des Hohenpriesters durch *Lösegeld* aus der »Haft« in der Asylstadt befreit werden.

Verunreinigung des Landes durch Blutvergießen (35,33f): Blutschuld gehört zusammen mit Götzendienst und Inzest (vgl. Ez 36,17f) zu den schlimmsten Verbrechen, die das Land verunreinigen, bis es seine Bewohner ausspuckt (Lev 18,28). Dies wurde durchaus wörtlich verstanden. 2 Sam 21 berichtet, daß David im dritten aufeinanderfolgenden Hungerjahr das Jahweorakel aufsucht, um zu erfahren, womit die IsraelitInnen diese Strafe verdient haben. Er erfährt, daß auf dem Hause Sauls noch eine Blutschuld lastet, weil er die GibeoniterInnen, was biblisch sonst nicht belegt ist, getötet habe, obwohl sie in vertraglich geregelten Verhältnissen mit den IsraelitInnen lebten (Jos 9,3-15; 10,1). Mit der Hinrichtung von sieben Abkömmlingen des Hauses Sauls wird die Blutschuld gesühnt und der Hungersnot ein Ende bereitet.

Nach dem ältesten Asylrecht im *Bundesbuch* (21,13f) ist es das Umfassen der Hörner des Altares eines Heiligtums, was Asyl garantiert. Davon machen Davids Sohn Adonija, der Konkurrent Salomos, und seine rechte Hand, Joab, Gebrauch, nachdem Salomo König geworden ist und sie um ihr Leben fürchten müssen. Joabs Begründung seines Handelns macht deutlich, daß das Heiligtum als Schutzraum, als neutrales Feld, betrachtet wurde: »Ich habe Angst vor dir und habe mich zu Jahwe geflüchtet« (1 Kön 2,29; Septuaginta). Salomo mißachtet das Asylgesuch der beiden und läßt sie umbringen, Joab sogar noch am Altar, weil er ihn als Mörder betrachtet. Vielleicht haben gerade diese in der Bibel überlieferten Vorfälle (vgl. auch 2 Sam 14 mit NSK-AT 7, 174ff) zu der in »P« dargelegten Institution der Asystädte geführt, wonach nun sechs Levitenstädte (namentlich aufgezählt in Jos 20,7), drei in Cis- und drei in Transjordanien als Refugium für Flüchtige dienen sollten. Aber die priesterliche Theologie als Ganze ist unvereinbar mit dem Altar-Asyl. Der Altar gilt ihr als für Laien absolut unberührbar. Tun sie es doch, so geht von ihm nicht Heiligung und Lebenssicherung, sondern Tod aus (vgl. 4,15). »D« übernimmt diese Konzeption, wie seine Formulierungen zeigen, und ergänzt sie in zweierlei Hinsicht: 1. Die Wege zu den Asylstädten müssen in gutem Zustand sein, damit sie von den Flüchtigen leicht erreicht werden können. 2. Sie müssen regelmäßig über das Land verteilt sein; drei in Transjordanien (Dtn 4,41ff) und drei im eroberten Cisjordanien (19,1-7). Werden weitere Gebiete dazuerobert, so müssen dort ebenfalls drei Asylstädte eingerichtet werden (19,8f). Die Geschichte der Asylstädte wirft einiges Licht auf das Verhältnis zwischen »P« und »D«. Es scheint, als hätte der Reformkönig Joschija (638-609 v.Chr.) erstmals die Entwürfe »P«s in die Tat umzusetzen versucht und die dabei entstandenen Konkretisierungen in sein eigenes Gesetz einfließen lassen.

9. Erbschaft II (36,1-13)

Das Kapitel schließt den in Num 27 mit dem Fall der Töchter Zelofhads eröffneten Bogen und ist gleichzeitig eine Ergänzung des vorangehenden Kapitels, indem es nach den Pflichten des Lösers als Bluträcher nun dessen Rechte als Erbe thematisiert. Die Frage, ob es denn Recht sei, daß die Töchter außerhalb der Sippe heiraten und damit den Erbbesitz der Sippe veräußern (36,1-4), wird zugunsten

des Verbleibs des Grundbesitzes in der Sippe entschieden (36,5-12).
Die Regelung beschließt das Buch Numeri in völlig unspektakulä-
rer Weise. Aus dem   eigentlichen Schlußwort der Tora, der
Abschiedsrede des Mose, die man seit 27,23 erwartet, ist ein eigenes
Buch mit einer ganz eigenen Geschichte geworden: das Deuterono-
mium.

*Der Einwand gegen die Erbordnung für die Töchter Zelofhads
(36,1-4):* Das letzte Kapitel des Buches Numeri beschäftigt sich mit
dem Einwand der Familienoberhäupter Gileads, daß im Falle einer
Heirat der Töchter mit fremdstämmigen Männern der Erbbesitz die
Sippe wechselt. Dies wird durch das Jubeljahr bekräftigt, denn nur
verkauftes, aber nicht vererbtes Land geht an die ursprünglichen
Herren zurück (Lev 25,10).
*Die Einschränkung der Heiratsmöglichkeiten der Töchter Zelof-
hads (36,5-12):* Mose, bzw. der Gerichtsentscheid, gibt den Familienoberhäuptern recht und verlangt, daß die Töchter Zelofhads nur
Männer der eigenen Sippe innerhalb des Stammes heiraten dürfen,
gehen also mit dem Entscheid noch über das Ansinnen der Männer
hinaus. Der Fall wird auf alle Töchter sohnloser Väter verallgemei-
nert. Nach Tob 6,13, wo vorausgesetzt wird, daß Rëuel (EÜ:
Reguël) mangels Söhnen seine Tochter einem Sippenverwandten
geben muß, stand auf Zuwiderhandlung gegen diese Regel sogar die
Todesstrafe. Die Rabbinen haben sich allerdings später nicht mehr
daran gehalten, weil das Gesetz in der Diaspora schlicht unprakti-
zierbar wurde. Die Töchter Zelofhads hingegen ratifizierten das
Gesetz, indem sie Vettern heirateten als Beispiele torafrommer
Frauen.
Schlußnotiz (36,13): Mit der Schlußnotiz wird der letzte Gesetz-
zesblock (35,1 – 36,12), der in den Steppen Moabs an Israel erging,
beschlossen.

DRITTER TEIL

Anhang

I. Zur Wirkungsgeschichte

1. Erstes Testament und frühjüdisches Schrifttum

Inwieweit sich bei den Propheten und in den geschichtlichen Büchern des Ersten Testamentes Reaktionen oder Kommentare zu Stellen aus Lev/Num finden, ist umstritten und hängt vom gewählten Modell der Entstehungsgeschichte des Pentateuchs ab. Geht man davon aus, daß die Quellen in Lev/Num weitgehend aus alten, (vor-)königszeitlichen Texten bestehen, kann man bereits in den Predigten der Propheten des 8. Jh. v.Chr. (Amos, Hosea, Micha) Anspielungen auf sie finden. So, wenn Amos von der vierzigjährigen Wüstenwanderung der Israeliten spricht (Am 2,10; 5,25), vom Nasiräertum (Am 2,11f; vgl. Num 6), oder wenn er Kritik übt an den Opfern, die er mit den Fachbegriffen aufzählt (Am 5,21f): »Ich hasse und verwerfe eure Feste und habe kein Wohlgefallen an euren Festversammlungen. Denn bringt ihr mir Brandopfer dar … an euren Speiseopfern habe ich kein Gefallen, und das Opfer eurer Mastkälber sehe ich nicht an.« Betrachtet man die Texte als jünger, so wird man in ihnen eher eine Reaktion auf die prophetische Kritik oder eine systematische Entfaltung ihrer Themen sehen (vgl. Einleitung zu Numeri). Am wahrscheinlichsten ist aber, daß sich priesterliche und prophetische Kreise während einer langen Zeit gegenseitig beeinflußt und korrigiert haben, so daß es für uns unmöglich ist, aufgrund der schriftlichen Dokumente in der Bibel Ursache und Wirkung genau zu unterscheiden.

Den Übersetzern der *Septuaginta* liegen die Stoffe in Lev/Num weitgehend so vor, wie sie auch im masoretischen Text überliefert sind. Ihre Übersetzung der fachterminologisch komplizierten Opfervorschriften stellt eine sprachschöpferische Leistung ersten Ranges dar. Viele ihrer Begriffe wirken bis heute nach. So die Übersetzung von Brandopfer mit *holocautoma* (vgl. Kommentar zu Lev 1). Zum Teil hat freilich das Umfeld der jüdischen Übersetzer in Ägypten Spuren hinterlassen, so, wenn sich unter den unreinen Vögeln plötzlich der in Palästina nicht heimische Ibis findet, der in Ägypten dem Schreibergott Thot heilig und deshalb tabu war.

Eindeutige Anspielungen, Kommentare und Auslegungen zu den Schriften der abgeschlossenen (?) Tora finden sich in einzelnen *Psalmen* (vgl. z.B. Ps 68,2 mit Num 10,35 und 68,7 mit Num 16,35; vgl. die Geschichtspsalmen 78 und 106) und im frühjüdischen Schrifttum. So macht sich der Weise *Jesus Sirach* zu Beginn des 2. Jh. v.Chr. zu den Opfern Gedanken, die stark in der prophetischen Tradition verwurzelt sind, jedoch im Kleide der Weisheit daherkommen (Sir 34,18 – 35,10). Systematisch werden bei ihm die einzelnen Opferarten in Aspekte tätiger Nächstenliebe umgemünzt (35,1-3):

»Wer das Gesetz befolgt, bringt viele Opfer dar,
ein Gemeinschaftsopfer, wer die Gebote beobachtet.
Wer Liebe übt, bringt Speiseopfer dar,
und wer ein Almosen gibt, spendet ein Dankopfer.
Das Wohlgefallen des Herrn ist die Abkehr vom Bösen,
und ein Sündopfer die Abkehr vom Unrecht.«

In dem kleinen »Who ist who« am Ende seines Lehrbuches porträtiert er unter anderen Mose und auffällig ausführlich Aaron, wobei er der Geschichte des Aufruhrs der Rotte Korachs, Datans und Abirams (Num 16f) viel Aufmerksamkeit schenkt. Auch Pinhas (Num 25,7ff) wird erwähnt. Kap. 45 des Sirach-Buches ist damit ein wichtiger Zeuge für die große Bedeutung der zadokidischen Priesterschaft in spätnachexilischer Zeit. Im Buch der *Weisheit* wird die cherne Schlange (Num 21,4-9) bereits allegorisch auf die göttliche Weisheit gedeutet (Weish 16,5-12). *Philos* Buch über die *biblischen Altertümer* ist interessant, weil es zeigt, daß im 1. Jh. n.Chr. schon ein Kanon des Kanons besteht. Von den in Lev/Num erzählten Begebenheiten erwähnt er lediglich die zweimalige Volkszählung und die Bestrafung der IsraelitInnen für den Ungehorsam, den Kundschafterbericht, die Korachepisode, den Stab Aarons und am ausführlichsten die Bileamsgeschichte.

2. Qumran

Die Qumran-Essener haben uns ein für die frühe Wirkungsgeschichte von Lev/Num höchst wichtiges und umfassendes Werk hinterlassen: die vom Erstveröffentlicher sog. *Tempelrolle*. Die Schriftrolle wurde zwischen 125 und 100 v.Chr. in hebräischer Sprache beschrieben. Der Inhalt muß also älter sein. Auf der neun Meter langen Lederrolle wird in insgesamt 66 Kolumnen das kultische Weltbild der Essener entfaltet. Formal ergeht der Text als Gottesrede an ein Du, also wohl an Mose. Während das Deuteronomium die alten Stoffe bündelte, indem es Mose eine Abschiedsrede vor den IsraelitInnen halten läßt, geht die Tempelrolle noch einen Schritt weiter: Die Schrift beansprucht den Wortlaut der Gottesrede an Mose auf dem Sinai. Dabei werden alle bekannten biblischen Texte zum Kult gebündelt, gestrafft und systematisiert, ausgehend vom Altar, wie jedes biblische Rechtskorpus (vgl. Lev 17), ausstrahlend bis zum Vogelnest und Heiratsfragen. Es folgen thematisch das Tempelgebäude, der Opferkult, der Festzyklus, die Tempelhofanlagen, die heilige Stadt (in Numeri das Lager), die Reinheitsgesetze, das Rechtswesen, kultische Gesetze, Götzendienst, Gerichtsordnung, Königsrecht, Priester- und Levitenrecht, Prophetenrecht, Zeugenschaft, Kriegsrecht, Blutrache, Familienrecht, Volksrecht, Sexualrecht. Das Sondergut der Tempelrolle weist darauf hin, daß den Essenern Toratexte vorlagen, die weder im masoretischen Text, noch in der Septuaginta überliefert worden sind. So weiß die Rolle zum Beispiel von einem Holzabgabefest am Tempel, das im Winter als letztes Fest, nach der Olivenernte, begangen wurde. Hinweise auf weitere besonders interessante Stellen für das Verständnis von Lev/Num finden sich vereinzelt in diesem Kommentar. Die deutsche Übersetzung des Textes ist leicht zugänglich.

Lit.: Maier, Johann, Die Tempelrolle vom Toten Meer (UTB 829), München 1978.

3. Philo von Alexandrien

Ganz anderes als die Söhne des Lichtes aus Qumran hat Philo im Sinn, wenn er ausführlich die Schriften des Pentateuch kommentiert. Diesem hellenistisch gebildeten Juden aus dem Alexandrien des 1. Jh. n. Chr. schwebt vor, die Übereinstimmung der ewigen Wahrheiten des Judentums mit denen der griechischen Philosophie aufzuzeigen. Zu diesem Zwecke bedient er sich neben wörtlicher Interpretation auch ausgiebig der *allegorischen* Auslegungsmethode, die er von den Stoikern übernimmt, die sie ihrerseits auf die griechische Mythologie angewendet hatten, und wird darin zum Vorbild der Kirchenväter. Ein eigentlicher Kommentar zu Lev oder Num ist uns von Philo nicht erhalten. Hingegen widmet er sich in seinem Werk »Über die Einzelgesetze« *(Perì ton en mérei diatagmáton)* ausführlich einzelnen Vorschriften aus diesen Büchern. Als Beispiel sei seine Auslegung des in Lev 23,9-14 genannten Garbenfestes zitiert:»Es gibt aber ein Fest im Feste (gemeint ist das Mazzenfest), das unmittelbar auf den ersten Feiertag folgt und von dem an ihm stattfindenden (Opfer) das Garbenfest heißt; denn eine Garbe wird am Altare dargebracht als Erstlingsgabe für das Land, das das (jüdische) Volk zum Wohnsitz erhalten hat, und für die ganze Erde, so daß die Abgabe sowohl für das jüdische Volk im besonderen wie für die ganze Menschheit im allgemeinen dargebracht wird. Der Grund ist dieser: Was für den Staat der Priester, das ist das Volk der Juden für die ganze bewohnte Erde. Denn es nimmt, wenn ich die Wahrheit sagen soll, Priesterrang ein, da es körperlich und geistig in jeder Weise gereinigt und geweiht ist durch die Anweisungen des göttlichen Gesetzes, das die Lüste des Magens und des Unterleibs hemmt und den niederen Teil unserer Seele zügelt, indem es den vernunftlosen Sinnen in dem Geiste einen vernünftigen Lenker gibt, das die willkürlichen und überschüssigen Triebe der Seele aufhält und zurückdrängt, teils durch milde Lehren und philosophische Ermahnungen, teils auch durch strenge, heftige Zurechtweisung und durch die Furcht vor Strafe, die es androht.«

4. Neues Testament

Für die ChristInnen war Jesu Tod am Kreuz das letzte relevante Opfer. Mithin waren für sie die Opfervorschriften in Lev/Num im wörtlichen Sinn bedeutungslos geworden. Schon *Paulus* greift deshalb für die Auslegung solcher Texte zur Allegorese und instrumentalisiert sie für eine christozentrische Theologie, etwa, wenn er das Sühnmahl über der Bundeslade und damit den hohepriesterlichen Blutritus vom Versöhnungstag (vgl. Lev 16) auf Christus bezieht (Röm 3,25). So wie Gott in der *kapporät* (gr. *hilastärion*) im Allerheiligsten den Menschen die Möglichkeit zur Versöhnung mit ihm in der Feier des Versöhnungstages gegeben hat, so hat er durch Jesus Christus in seinem Blut am Kreuz den Menschen ein weiteres Mittel der Versöhnung zur Verfügung gestellt, wenn sie auf ihn vertrauen. Der *Hebräerbrief* legt dieselbe Stelle so aus, daß Christus in Analogie zum Hohenpriester am Versöhnungstag der Liturge ist, der sein eigenes Blut ins Allerheiligste trägt und damit in Gottes Gegenwart gelangt, um Sühne für alle zu erwirken (bes. Hebr 9).

Noch radikaler als im Opferkult, der über die Eucharistie zu einem guten Teil wieder reinstitutionalisiert wurde, wirkt sich die christliche Reform des Judentums bezüglich der Reinheitsvorschriften aus. »Nichts, was von außen in den Menschen kommt, kann ihn unrein machen, sondern das, was aus dem Menschen herauskommt, das ist es, was den Menschen unrein macht« (Mk 7,15). Dieser Satz wird im *Markusevangelium* zu einem eigentlichen Drehpunkt, der die Heidenmission einleitet. Das auf Jesus zurückgeführte Wort führt darüber hinaus zur Elimination aller Reinheitsvorschriften mit Ausnahme des Essens von geschächtetem Fleisch, denn Blutgenuß, Götzenopferfleisch und Ersticktes wird vom Apostelkonzil ausdrücklich verboten (Apg 15,29). Wie wir wissen, wird auch dieses Tabu im Christentum heute nicht mehr beachtet. Andererseits hatten die Vorschriften zur Reinigung der Wöchnerin (Lev 12) ein langes Nachleben (s. Exkurs IV).

Lukas braucht die Tora zunächst als Zitatenschatz, um seinen LeserInnen jüdische Sitten und Gebräuche zu erklären. So stellt er Johannes als Nasiräer dar (Lk 1,15) und zitiert dazu Lev 10,9 und Num 6,3, oder er berichtet vom Speiseopfer der Armen, das Jesu Eltern anläßlich der Reinigung Marias nach dem Wochenbett darbringen (Lk 2,24) und zitiert dazu Lev 5,7 und 12,8. In der Apostelgeschichte bedient er sich der Tora wie einer prophetischen Schrift. Die Strafe für das Nichtfasten am Versöhnungstag (Lev

23,29) kombiniert er mit der Mahnung in Dtn 18,18f, auf die Propheten des Volkes zu hören. Beides wird in der Predigt Petri auf die Juden seiner Zeit bezogen. An anderer Stelle wird der Segen, der schon in alttestamentlicher Zeit über das Volk kam (Lev 26,4) als Bezeugung des Gottes gedeutet, der in Christus endgültig erschienen ist (Apg 14,17).

Johannes braucht das Alte Testament bereits in rein typologischem Sinne:»Und wie Mose die Schlange in der Wüste erhöht hat (Num 21,8ff), so muß der Menschensohn erhöht werden, damit jeder, der glaubt, durch ihn ewiges Leben habe« (Joh 3,14f). Oder er belegt mit Zitaten die Gesetzesfrömmigkeit der Juden. So in der Geschichte von der Ehebrecherin (Joh 8,5; vgl. Lev 20,10; Num 5,12ff) oder in der Erwähnung des Laubhüttenfestes (Joh 7,2.37; vgl. Lev 23,34ff).

Am meisten Nachhall hat aber in den neutestamentlichen Schriften das *Gebot der Nächstenliebe* (Lev 19,18) hinterlassen. Es wird nicht weniger als neun Mal zitiert, bei Lk 10,27‖Mt 22,37ff in Kombination mit der Aufforderung zur Gottesliebe im Schma Jisrael (Dtn 6,5). Daß diese besondere Resonanz kein Zufall ist, sondern eine Folge der Stellung des Satzes in der Gesamtkomposition des Heiligkeitsgesetzes, ja der Tora insgesamt, und daß sie keine christliche Besonderheit ist, sondern schon eine jüdische Tradition hatte, wird im Kommentar zur Stelle gezeigt. Es ist *Matthäus*, der sie am häufigsten zitiert (5,43; 19,19; 22,39), geht es ihm doch darum, zu zeigen, daß christliche Praxis eine toraerfüllende Praxis ist (vgl. Mt 5,17ff). Ironischerweise hat gerade seine Radikalisierung des Gebotes in der letzten Antithese der Bergpredigt (5,43-48) das christliche Überlegenheitsgefühl gegenüber dem Gesetz noch gefördert.

5. Apostolische Väter

Auch den Schriften des 2. Jh. ist noch anzumerken, daß sich die Autoren direkt mit Juden und mehr noch mit dem Judentum nahestehenden Heiden auseinandersetzen. Zur Erklärung christlicher Gebräuche und Anschauungen greift zum Beispiel *Justin d. Märtyrer* oft auf Passagen aus Lev/Num zurück, die er teilweise historisierend weiterführt, teilweise allegorisiert. So ist die Eucharistie für ihn die Fortsetzung des Mehlopfers (Lev 2,1ff). Die Taufe löst die Beschneidung (Lev 12,3) ab. Die beiden Böcke des Versöhnungstages (Lev 16,5-15) deuten auf das zweifache Kommen Christi (in der Zeit und am Ende der Zeiten). Die eherne Schlange an der Stange (Num 21,9) verweist auf Christus am Kreuz. Bileams Stern aus Jakob (Num 24,17) wird auf Christus gedeutet.

Der *Barnabasbrief* geht so weit, zu behaupten, daß das Alte Testament nur für Christen von Bedeutung ist. Dabei wird der Passus über den *Versöhnungstag* (Lev 16) allerdings unter Heranziehung mündlicher (jüdischer?) Traditionen merkwürdig interpretiert. So wird behauptet, die Priester hätten den Bock, der geschlachtet wurde, samt den Gedärmen ungewaschen mit Essig gegessen. Darin sieht der Brief einen Hinweis auf die jüdische Priesterschaft, die Christus umbrachte und ihm am Kreuz Essig und Galle zu trinken gab. Der andere Bock sei bespuckt und mit roter Wolle am Kopf umgarnt worden, die der, der ihn in die Wüste brachte, dort an Dornsträucher hing. Dies wird auf Christus, der in einen Purpurmantel gehüllt, mit einer Dornenkrone gekrönt und von den Soldaten bespuckt wird, gedeutet. Der Ritus der *roten Kuh* (Num 19) wird ebenfalls detailreich allegorisiert und willkürlich mit textfremden Elementen angereichert. Aus der Kuh wird ein Stier gemacht, denn »der junge Stier ist Jesus, die darbringenden sündigen Männer sind die, die ihn zur Schlachtung dargebracht haben. Danach ist es vorbei mit den Männern, vorbei mit der Herrlichkeit von Sündern! Die besprengenden Knaben sind diejenigen, die uns die Vergebung der Sünden verkündigen und die Reinigung des Herzens, denen er die Vollmacht zur Verkündigung des Evangeliums gegeben hat. Zwölf sind es zum Zeugnis der Stämme, denn zwölf Stämme Israels gibt es. Warum aber sind es drei Knaben, die besprengen? Zum Zeugnis für Abraham, Isaak und Jakob, denn diese sind groß bei Gott. Was aber bedeutet es, daß man die Wolle auf das Holz legt? Daß das Reich Jesu auf dem Holz beruht und daß diejenigen, die auf ihn hoffen, ewig leben werden. Warum aber werden die Wolle und der Ysop zugleich erwähnt? Weil in seinem Reich schlimme und trübe Tage sein werden, in denen wir gerettet werden sollen. Denn der leiblich Kranke wird durch den trüben Saft des Ysop geheilt. Und daß es so geschieht, ist uns zwar offenbar, jenen aber deshalb dunkel, weil sie nicht auf die Stimme des Herrn gehört haben« (Barn 8,2-7). Angesichts solcher »Exegese«, die den eigentlichen Inhalt und Sinn der Tora völlig preisgibt, muß man sich fragen, ob nicht Markion zu seiner Zeit den ehrlicheren Weg gewählt hat, wenn er das Erste Testament als irrelevant für ChristInnen und Christen aufgegeben hat.

6. Irenäus v. Lyon

In seiner »*Darlegung der apostolischen Verkündigung*« (Epideixis) faßt Irenäus in knapper Form die wichtigsten Verkündigungswahrheiten des Weges zusammen, der seiner Ansicht nach der einzige ist, der vom himmlischen Licht erleuchtet ist, zuhanden eines Marcian, den er damit im Glauben festigen will. Die Art der Behandlung des Stoffes von Lev/Num innerhalb dieser Kurzheilsgeschichte ist bezeichnend für den Umgang mit ihm in den folgenden Jahrhunderten. »Und in der Wüste empfängt Mose von Gott das Gesetz, die zehn Worte, mit dem Finger Gottes auf Steintafeln geschrieben; der Finger Gottes aber ist das, was vom Vater zum Heiligen Geist ausgestreckt ist; ebenso auch die Gebote und das Recht, welche er den Kindern Israels zu halten aufgetragen hat.« Relevant für die Christen sind die *Zehn Gebote*. Der Rest richtet sich nur an die Juden. Der Finger Gottes scheint als Christus interpretiert zu werden, wenn er als das Bindeglied zwischen Vater und Geist verstanden werden darf. »Und das Offenbarungszelt hat er auf Befehl Gottes hergestellt, als sichtbares Modell auf der Erde für das, was geistig und unsichtbar im Himmel ist, somit die Darstellung der Form der Kirche und die Prophezeiung auf das Zukünftige; desgleichen auch die Gefäße und die Opfertische und die Lade, in welche er die Tafeln legte.« Tatsächlich wird im Mittelalter das *Zelt der Offenbarung* Modell für die Kathedralen stehen und in allegorischer Weise auf das himmlische Jerusalem und die »societas perfecta« ausgedeutet. Es folgt ein Hinweis auf die Berufung der aaronitischen Priesterschaft und der Leviten, wahrscheinlich um damit den in der Kirche nach der Kultkritik Jesu unerwarteten Klerus zu rechtfertigen. Dann folgt überraschenderweise eine sehr ausführliche Darlegung der *Kundschaftergeschichte* (Num 13f). Der Grund dafür ist eine Typologie, die allerdings von Irenäus selber an dieser Stelle nicht aufgeschlüsselt wird. Während das ganze Volk der Angstmacherrede der Kundschafter Glauben schenkt, ermutigen Jesus (griechische Lesart für Josua), der Sohn Nuns, und Kaleb, der Sohn Jefunnes, das Volk, weiterhin auf Gott zu vertrauen. Das ungläubige Volk wird mit dem Tod in der Wüste in den folgenden vierzig Jahren bestraft, die es umherwandern muß, weil die Kundschafter angeblich vierzig Tage lang abwesend waren. Nur Jesus und Kaleb werden für würdig befunden, das Land zu betreten. Mose erhält zwar die Gelegenheit, das zweite Gesetz (Deuteronomium) darzulegen, aber auch er darf nicht in das Land hinein: »Und als Mose seinen Lebenslauf vollendet hatte, wurde ihm von Gott gesagt: Steige auf diesen Berg und stirb, denn du sollst mein Volk nicht in das Land führen. Und er starb nach dem Wort Gottes, und Jesus, der Sohn Nuns, trat an seine Stelle.« Es ist klar, daß in den auf Allegorese geschulten christlichen Ohren dieser Text so verstanden wurde, daß den Juden, die Mose nachfolgen, der Zugang zum Reich Gottes versagt ist, während Jesus (Christus), der an Stelle Moses tritt, hineinführt. Damit ist Irenäus' Rezeption von Lev/Num erschöpft.

7. Origenes und die abendländische Kirche

Origenes, der Gigant unter den frühchristlichen Exegeten, nimmt sich dagegen die Mühe, Levitikus in 16 und Numeri in 28 Homilien zu kommentieren. Sie entstehen um 240 n.Chr. in Caesarea maritima und stehen an Findigkeit, nicht selten auch an Spitzfindigkeit, den rabbinischen Schriftauslegungen in nichts nach, nur daß sie eben aus der Feder eines einzelnen stammen und demnach Anspruch auf Systematik erheben. Für Origenes ist die *Allegorese* nicht bloß ein didaktisches Hilfsmittel, sondern eine durch die Offenbarung geforderte Auslegungsmethode. Denn so, wie das Wort Gottes im Fleisch des Herrn durch Maria sichtbar wurde, dessen Göttlichkeit aber nur von denen erkannt wurde, die hinter das Fleisch zu blicken imstande waren, so muß es dem Exegeten darum gehen, den spirituellen Sinn hinter dem Buchstaben zu offenbaren. »Glückselig sind jene Augen, die den im Innern, unter dem Schleier des Buchstabens versteckten göttlichen Geist sehen; und glückselig die, die dieser Unterweisung die reinen Ohren des inneren Menschen leihen. Wenn nicht, werden sie nur den Buchstaben vernehmen, der tötet« (Hom. Lev. I,1). Da sich in dieser Schau der

Geist des Herrn, der der Geist der Freiheit ist (2 Kor 3,16f), zeigt, muß Origenes auch nicht begründen, weshalb er im *Brandopfer des fehlerlosen Jungstiers* aus der Herde (Lev 1,3a) Christus sieht. Er ist fehlerlos und männlich, d.h. ohne Sünde, die ein Kennzeichen weiblicher Gebrechlichkeit ist. Er stammt aus der Herde, d.h. aus den Abkömmlingen Abrahams. Er wird vor dem Eingang zum Allerheiligsten geschlachtet (Lev 1,3b), d.h., er ist zu den Seinen gekommen, aber die Seinen haben ihn nicht aufgenommen (Joh 1,11). Man stemmt ihm die Hand auf den Kopf, und sein Blut wird rund um den Altar ausgegossen (Lev 1,4), d.h. Annas, Kaiphas und alle andern haben ihn für schuldig befunden. Die Schuld der Menschheit wurde auf ihn, das Haupt der Kirche, gelegt, und sein Blut wurde in Jerusalem, wo alle Propheten sterben müssen, vergossen. Er wird vor dem Herrn geschlachtet. Die Wiederholung deutet auf die versöhnende Wirkung des Opfers Christi bei Gott im Himmel, denn sein Blut versöhnt sowohl was auf Erden als auch was im Himmel ist (vgl. Kol 1,20), wo Christus andauernd vor Gottes Antlitz Sühne für uns erwirkt (vgl. Hebr 9,24). In dieser Weise wird der gesamte Inhalt des Buches minutiös auf Christus und die Kirche hin ausgelegt und die Tora Teil einer christozentrischen Geschichtsphilosophie. Der Auszug der Israeliten aus Ägypten wird nämlich auf den pränatalen Abstieg Christi in das Ägypten dieser Welt hin ausgelegt, aus dem die Christen dank den Heilsmitteln der Kirche wieder emporsteigen. In diesem Sinne werden die *42 Stationen der Wüstenwanderung* (Num 33) auf die 42 Generationen von Abraham bis Christus (Mt 1) hin ausgelegt. Mit dem christlichen Zeitalter brechen die 42 Generationen bis zur Wiederkunft des Herrn an, die einer Stufenleiter der Läuterung und der moralischen Perfektionierung entsprechen. »…Danach wollen wir uns anstrengen, voranzukommen und auf die einzelnen Stufen des Glaubens und der Tugenden heraufzusteigen; und wenn wir uns auf diesen solange aufhalten, bis wir zum Vollkommenen gelangen, wird man von uns sagen, daß wir auf den einzelnen Stufen der Tugenden Station gemacht haben, bis daß, wenn wir zum obersten Gipfel unseres Unterrichts und unserer Fortschritte gekommen sind, das verheißene Erbe erreicht wird« (Hom. Num 27,3).

Lit.: Die Predigten Origenes' sind außer im Urtext, bzw. der lateinischen Übersetzung Rufins, nur in Französisch zugänglich:

- Homélies sur le Lévitique, 2 Bde. (hrsg. u. übers. von M. Borret : SCh 286.287), Paris 1981.
- Homélies sur les Nombres, 2 Bde. (hrsg. u. übers. von A. Méhat : SCh 29), Paris 1951.

8. Aphrahat und die morgenländische Kirche

Die Christen des Orients konnten sich weniger leichtfertig über den wörtlichen Sinn der Heiligen Schrift hinwegsetzen, lebten sie doch in einer Gesellschaft, in der die Juden keine übersehbare Minderheit waren. Außerdem standen ihnen viele in der Tora überlieferte Sitten und Gebräuche als orientalisches Gemeingut plastisch vor Augen. So hat sich der Weise Aphrahat im östlichen Syrien noch hundert Jahre nach Origenes' Homilien in seinen *23 Darlegungen (tachwöjata)* ausführlich mit dem in der Tora grundgelegten jüdischen »way of life« auseinandergesetzt, bevor er mit Allegorien der Texte seine christliche Sichtweise darlegt. Er thematisiert die Beschneidung, das Pascha, den Sabbat, die Unterscheidung der Speisen, die Auserwählung der Völker anstelle des Volkes, die Gottessohnschaft des Messias, die Heiligkeit und eschatologische Fragen in Auseinandersetzung mit jüdischen Positionen. Seine Argumentationsweise sei anhand seiner Interpretation der *Speisegesetze* in Lev 11 erläutert. Für Aphrahat gilt selbstverständlich Jesu Grundsatz, daß nichts, was in den Menschen hineingeht, verunreinigt, sondern was aus ihm hervorkommt (Mt 15,1par.). Ferner ist er der Überzeugung, daß das Befolgen der Tabus zwar keinen Gewinn, aber auch keinen Schaden bringt (vgl. auch 1 Kor 8,8). Und: »Alle Speisen werden geheiligt durch das Wort Gottes und durch das Gebet« (1 Tim 4,5). Warum wurden denn den Juden die Speisegesetze gegeben? Die Israeliten hatten sich in Ägypten von der Götzendienerei der Ägypter anstecken lassen, die Rinder und Kleinvieh nicht aßen, weil sie ihren Göttern heilig waren. Deshalb begannen die Kinder Israels während Moses Abwesenheit auf dem Sinai das goldene Kalb zu verehren. »Als der Heilige sah, daß sie vom Sauerteig der Ägypter noch nicht gereinigt waren und noch in jenem Gedanken der Gottlosigkeit verharrten, da befahl er Mose, für sie die Speisen auszusondern, und erklärte ihnen das für unrein, was sie im Lande Ägypten für rein gehalten hatten. Doch gestattete er ihnen, das zu essen, was sie im Lande Ägypten angebetet und

wovon sie nichts gegessen hatten. Wegen ihres bösen Triebes befahl
er ihnen, ihm genau von dem ein Opfer darzubringen, was sie
früher angebetet hatten, und auch wenn sie nicht wollten, sollten sie
wegen ihrer Opfer das Fleisch von Schafen und Stieren essen« (Dem
15,4). Seine Beweisführung ergänzt er durch biblische Beispiele, die
den Speisegeboten widersprechen. Der Nasiräer Simson ißt Honig
aus einem Löwenskelett und bedient sich einer Eselskinnlade als
Waffe, ohne dafür gerügt zu werden, und der Prophet Elija läßt sich
am Bach Kerit sogar von einem Raben speisen, der als unreiner und
schmutziger gilt als alle andern Vögel.

Lit.: Aphrahat. Unterweisungen. 2 Bde. (FC 5/1,2), Freiburg 1991.

9. Rabbinen

Während die essenischen Schriften darauf ausgerichtet sind, den
Tempelkult zu perfektionieren, sprechen die rabbinischen bereits
zu einer tempellosen Gemeinde. Zwar werden die Texte, die den
Tempel und den Kult betreffen, nicht spiritualisiert wie bei den
Christen (s.o.), jedoch häufig auf ihre *ethische Relevanz* hin ausgelegt und *generalisiert*. Eine Frage, die auch mir in Kursen heute
noch oft gestellt wird, lautete: Gelten die Gesetze der Tora auch für
Frauen oder richten sie sich nur an Männer? In den meisten Fällen
werden die Adressaten nicht ausdrücklich genannt. Weil aber in
Num 5,6 die Frauen ausdrücklich neben den Männern genannt werden, schließt R. Ischmael daraus, daß alle Gesetze, in denen nichts
anderes steht, sich auch an Frauen wenden. Logischer wäre wohl
gewesen, anzunehmen, daß diese Ausnahme die Regel bestätigt, daß
sonst nur Männer gemeint sind. Aber R. Ischmael hat so auf locke-
re Weise ein Problem für die Frauen und Männer seiner Zeit entschieden, an dem sich feministische Exegetinnen und ihre Gegner
heute hermeneutisch die Zähne ausbeißen. Wo sich die Tora über
Themen ausschweigt (weil es damals noch keine Themen waren),
die die Rabbinen brennend interessieren, wird aus der Auslegung
auf *spielerische Weise* eine Hineinlegung. Nur so ist es möglich, daß
die Tora bis heute Grundlage des Rechts der orthodoxen Juden und
Jüdinnen geblieben ist. Daß das Buch Levitikus als Stoff der jüdischen Primarschule dabei sogar eine Sonderstellung einnimmt,

wurde in der Einleitung bereits erwähnt. Im Midrasch zu Levitikus werden z.B. nur wenige ausgewählte, oft recht allgemein gehaltene Sätze kommentiert. Dabei geht der predigtartige Kommentar meistens von einem Psalmvers oder einem Weisheitsspruch aus, der nur sehr locker mit dem grundgelegten Satz verbunden ist. Als Beispiel sei der Anfang der 16. Auslegung angeführt: »Das soll sein die Verordnung für den Aussätzigen (Lev 14,2). Das steht auch Spr 6,16: Sechs sind es, die der Ewige haßt, und sieben sind ein Greuel seiner Seele. R. Meïr und die Rabbinen. R. Meïr sagt: Sechs und sieben macht dreizehn. Die Rabbinen sagen: Es sind nur sieben. Und das siebente ist das schlimmste unter allen. Und welches ist das? Wer Zwistigkeit unter Brüdern anstiftet (Spr 6,19). Die sechs sind folgende: stolze Augen, lügenhafte Zunge und Hände, die unschuldiges Blut vergießen, ein Herz, das unheilvolle Gedanken pflügt, Füße, die nach dem Bösen eilen, wer Lügen verbreitet als falscher Zeuge und wer Zwistigkeit anstiftet unter Brüdern. Und diese alle, sagte R. Jochanan, werden mit Aussatz bestraft.« Diese Behauptung wird in der Folge ausführlich bewiesen mit Bibelstellen, die zu vielen neuen Geschichten, Weisheiten und Anekdoten Anlaß geben. Nicht wenige besonders interessante oder erhellende Passagen aus den rabbinischen Schriften wurden im Rahmen des Möglichen dieses Kommentars eingeflochten (vgl. auch S. 34f).

Lit: Für interessierte Laien liegen in deutscher Sprache u.a. folgende Bücher, die in's rabbinische Schrifttum einführen, vor:
– Der Talmud. Ausgewählt, übersetzt und erklärt von Reinhold Mayer, München 1963 (Goldmann-Taschenbuch 7571; eine unterhaltsame, bewährte Blütenlese).
– Der Jerusalemer Talmud. Sieben ausgewählte Kapitel. Übersetzt, kommentiert und eingeleitet von Hans-Jürgen Becker, Stuttgart 1995 (Reclam UB 1733; die gelungene Übersetzung vermittelt Laien einen besonders intimen Einblick in ausgewählte, aber ungekürzte Passagen des Talmuds).
– Siegfried Bergler, Talmud für Anfänger. Ein Werkbuch (Schalom-Bücher Bd. 2), Hannover 1991 (eine sanfte Hinführung inkl. einer Originalseite aus dem Talmud).

10. Europäisches Mittelalter

Die mittelalterlichen Theologen Europas folgen der allegorischen Auslegung der Tora, weisen vielen typlogischen Bildern einen bestimmten *Ort im Kirchenbau* zu und verfeinern sie in *liturgischer*

Hinsicht. Auslegungen dieser Art finden sich insbesondere bei Durandus, Sicardus, Honorius, Rabbanus Maurus und Ivo von Chartres. Einige Beispiele müssen hier zur Veranschaulichung genügen. Die vier Füße des Schaubrottisches (Ex 25,23-30; Num 4,7) verweisen auf den vierfachen Schriftsinn (den wörtlichen, typologischen, allegorischen und anagogischen). 12 Edelsteine im Rationale (Ephod) des Hohenpriesters (Ex 28,9f; Lev 8,8; eine Zahlenangabe findet sich hier allerdings nicht) weisen auf die zwölf Apostel. Der heiligen Siebenzahl des Sabbat (Lev 23,3f) entsprechen die sieben Horen des Gebetes und das siebenmalige Sprengen bei der Altarweihe (vgl auch Lev 8,11). Der Zweiteilung des Wüstenzeltes in einen Priester- und einen Laienteil entsprechen Chor und Schiff in den Kirchen, die zugleich auf *vita contemplativa* und *vita activa* hin gedeutet werden. Das Gold des Leuchters (Lev 25,31-39; Num 8,2ff) wird auf das Leiden und die Glorie Christi bezogen, der Schaft auf die Kirche, die Arme auf die Prediger der Kirche und die Kugeln daran auf den ungehemmten Lauf des Predigers. Beim Räuchern (Lev 16,12 u.ö.) wird das Rauchfaß auf den Leib Christi, der Weihrauch auf die Gottheit Christi und das Feuer auf den Heiligen Geist gemünzt. Daß die Bilder in der Kirche nicht Gegenstand der Anbetung, sondern lediglich der Verehrung und der Erinnerung an frühere Begebenheiten sind, wird mit einem Hinweis auf Lev 26,1 begründet. Das Zelt der Begegnung und die vierzigjährige Wüstenwanderung ist ein Abbild der Welt, worauf die vierfarbigen Behänge für den Transport (vgl. Num 4), ein Sinnbild der vier Elemente, verweisen. Die Lagerordung (Num 2) ist ein Topos der *ecclesia militans* auf Erden usw. Lev/Num sind nichts anderes mehr als ein Steinbruch. Während die Arbeiter der christlichen Städte die Steine für das Bauwerk zurechthieben, meißelten die Theologen aus dem Konglomerat der Tora ein paar Ornamente für den Kirchenschmuck. Wer dann den Kirchenbau betrat, konnte, wenn er es verstand, nach einem Wort des Bischofs Durandus, Öl aus den Steinen saugen (vgl. Dtn 32,13).

11. Reformation

Bei den Reformatoren blieb die Methode der Tora-Lektüre zunächst die gleiche, nur daß das Ziel ihrer Lektüre nicht mehr der weitere Ausbau des mittelalterlichen Lehr- und Kathedralgebäudes war, das ihrer Meinung nach zum Leer-Gebäude verkommen war. Die Kirche sollte für den Menschen dasein und nicht umgekehrt. Am besten zeigt sich das Gleichbleibende und das Neue im Vergleich der Lutherschen Deutung des Schlachtopfers (Lev 1) mit derjenigen des Origenes (s.o.). »Aber des Hohenpriesters Söne/ die mit dem teglichen Opffer vmbgehen/ soltu auff vns Christen deuten/ die wir fur vnserm Vater Christo im Himel sitzend hie auff Erden mit dem leibe wonen/ vnd nicht hin durch sind bey jm/on mit dem glauben geistlich. Derselben Ampt/ wie sie schlachten vnd opffern/ bedeut nichts anders/ denn das Euangelium predigen/ Durch welchs der alte Mensch getödtet vnd Gott geopffert/ durchs fewr der liebe/ im heiligen Geist verbrand vnd verzeret wird/ Welchs gar wol reucht fur Gott/ das ist/ es macht ein gut/ rein/ sicher Gewissen fur Gott« (vgl. Röm 12).

Luther unterscheidet drei Arten von alttestamentlichen Gesetzen: 1. Weltliche Gesetze oder Wehrgesetze im Gegensatz zu den Lehrgesetzen, die den kaiserlichen Gesetzen seiner Zeit entsprechen. Dazu rechnet er beispielsweise das Recht des Mannes, der Frau einen Scheidebrief auszustellen. 2. Gesetze, die den äußerlichen Gottesdienst betreffen, wozu gerade in Lev/Num sehr viele Gesetze zu zählen sind. 3. Gesetze von Glaube und Liebe. Das sind keine Gesetze im eigentlichen Sinne, sondern Verhaltensweisen, die die Gesetze überbieten, indem Gnade vor Recht ergeht. Ganz in diesem paulinischen Sinne deutet Luther auch das ganze Gesetz. Es war dazu da, der sündigen Natur ihre Sünde vor Augen zu führen, konnte sie aber doch nicht retten: »Das heißt durch das Gesetz die sunde regen/ vnd fur die augen setzen/ vnd zittern vnd verzweiueln treiben. Das der Mensch nicht mehr kan thun/ denn mit den Propheten schreiben/ Jch bin von Gott verworffen/ Oder/ wie man auff Deudsch sagt/ Jch bin des Teufels/ Jch kan nimer mehr selig werden. Das heißt recht in die Helle gefurt« (vgl. 1 Kor 15). Geistlich gelesen sei – so Luther – Mose freilich ein Brunnen aller Weisheit und Verstandes. Den Laien, die die Tora so lesen wollen, empfiehlt er im Anschluß an den Hebräerbrief, aus dem Hohenpriester Aaron Christus zu machen und entsprechend alle andern Figuren umzudeuten.

Als Übersetzer der ganzen Bibel hat Luther natürlich auch die vielen Gesetzeswiederholungen beobachtet und fragt sich, warum die Tora nicht geordneter, systematischer aufgebaut ist. Seine Antwort: »Mose schreibt/ wie sichs treibt«. Die Bücher sind organisch dem Leben abgeschaut. Und: »Gott regiert also alle Gesetze vnternander/ wie die Stern am Himel/ vnd die Blumen auff dem Felde stehen/ Das der Mensch mus alle stunde zum jglichen bereit sein/ vnd thun welchs jm am ersten fur die hand kompt/ Also ist Mose Buch auch vnternander gemenget.«

Lit.: Luther, Martin, Die gantze Heilige Schrifft, Wittenberg 1545 (München, dtv 6031, 1974). Die Zitate entstammen der Vorrede zum Alten Testament.

12. Aufklärung/Gegenwart

Selten konkret hat sich ein Text aus Numeri bei den Rastafari auf Jamaica ausgewirkt. Die AnhängerInnen dieser religiösen schwarzafrikanischen Befreiungsbewegung mit äthiopischen Wurzeln berufen sich direkt auf Num 6, wenn sie auf Wein verzichten und sich die Haare wachsen lassen. Über den Reggae, ihre ureigene Musik, sind ihre »dread locks« auch bei uns bekannt geworden. Aber nicht nur äußerlich folgen die Rastas dem mosaischen Gesetz. Einer ihrer Anhänger, Samuel Elisha Brown: »Wer seinen Kraftquell aus Glauben und Demut speist, wer seit dem Fall Zedekias (2 Kön 25) bis auf diesen Tag gekämpft hat, um unsere Kultur und Dynastie zu bewahren unter der Herrschaft fremder Feinde, er, der Rastafarianer, ist der, der sein Knie beugt vor Gott allein. Wir folgen strengen moralischen und göttlichen Gesetzen, die auf der mosaischen Lehre basieren: 1. Wir lehnen jegliches scharfe Werkzeug ab, das die Gestalt des Menschen entweiht, d.h. Haareschneiden und Rasieren, Tätowieren der Haut (vgl. Lev 19,27f), Zerschneiden des Fleisches. 2 Wir sind grundsätzlich Vegetarier und genießen Tierfleisch nur selten, absolut verboten sind aber der Genuß von Schweinefleisch in allen Formen, von Muscheln, schuppenlosen Fischen, Schnecken etc. (vgl. Lev 11) 3. Wir verehren und anerkennen keinen anderen Gott als Rastafari, jede Form heidnischer Verehrung ist verboten (Lev 19,26ff; 20,1ff), aber wir respektieren alle Gläubigen…«

Die Rastas, welche die ganze christliche Bibel lesen, stellen den interessanten Fall einer Religion dar, der es gelungen ist, Gesetz und Evangelium in befreiender Weise miteinander zu verbinden. Unter den Christinnen und Christen Europas und Nordamerikas hingegen, herrscht immer noch die Meinung vor, daß Gesetz und Evangelium einen unüberbrückbaren Gegensatz darstellen. Dies führte nicht nur zur Abkoppelung der weltlichen Gesetzgebung von Religion und religiöser Ethik einerseits und zum Abheben der christlichen Religion vom realen Leben in mystische, psychische und metaphysische Gefilde andererseits, sondern auch zu einem latent gespannten Verhältnis zwischen Juden und Christen.

Daran hat sich auch in der Ära nach Auschwitz im Großen und Ganzen leider recht wenig geändert. Was Luther noch – nicht unsympathisch – als Abbild des Lebens versteht, nämlich die scheinbare Verworrenheit des Stoffes der Tora, wird in Europa und Nordamerika in den folgenden Jahrhunderten zum Anlaß wissenschaftlicher Untersuchungen, die noch immer andauern (vgl. Einleitung). Seit ca. 40 Jahren interessieren sich nicht nur Exegeten, Theologinnen und Historiker für die Texte, sondern auch Kulturanthropologen und Ethnologinnen. Allerdings hat die intensive wissenschaftliche Auseinandersetzung mit den Stoffen in Lev/Num bislang nicht zu einer breiteren Rezeption in den Kirchen geführt. Zwar hat sich auch die römisch-katholische Kirche von Typologie und Allegorese verabschiedet und die historisch-kritische Methode als eine für den Glauben wirksame Weise der Bibellektüre anerkannt, doch in Liturgie und Verkündigung hat diese Einsicht bezüglich Lev/Num kaum ihren Niederschlag gefunden.

Lit.: Haus der Kulturen der Welt , Berlin (Hg.), Rastafari. Kunst aus Jamaica, Bremen 1992.

13. Kirchliche Leseordnung heute

Diese Situation widerspiegelt sich in der Bedeutungslosigkeit von Lev/Num für den Kanon im Kanon der Leseordnungen der Kirchen.

1. Katholische Leseordnung

Nur gerade vier Perikopen werden im Rahmen der alttestamentlichen Lesung innerhalb von drei Lesejahren vorgetragen:
- Lev 13,1-2.43ac.44ab.45-46: Aussatz; 6. Sonntag i.J. (Lesejahr B)
- Lev 19,1-2.17-18: Das Gebot der Nächstenliebe; 7. Sonntag i.J. (Lesejahr A)
- Num 6,22.27: Aaronitischer Segen; Neujahr (Lesejahre A-C)
- Num 11,25-29: Aussendung des Geistes; 26. Sonntag i.J. (Lesejahr B)

Lit.: Ortkemper, F.-J. (Hg.), Neue Predigten zum Alten Testament. Lesejahre A-C. 3 Bde., Stuttgart 1992ff.

2. Lutherische Leseordnung

Ähnlich sieht es in der lutherischen Kirche aus, die durch die Einbettung der Lesung der ehernen Schlange in die Passionszeit die Allegorese beibehält:
- Lev 13,25-28; 14,1-13.19-24.31: Aussatz; Sonntag nach Neujahr (MG)
- Lev 19,1-3.13-18: Das Gebot der Nächstenliebe; 18. Sonntag nach Trinitatis (III)
- Num 6,22-27: Aaronitischer Segen; Trinitatis (MG)
- Num 21,4-9: Die eherne Schlange; 7. Passionsgottesdienst (MG) und 19. Sonntag nach Trinitatis (II)

II. Musik

Wegen der Bedeutungslosigkeit der Texte in der Liturgie sieht die Bilanz ernüchternd aus. Hermann Stern nennt in seinem Nachschlagewerk zu Bibeltextvertonungen von 1972 kein einziges Werk, das sich mit Themenmaterial aus diesen Büchern beschäftigt. Die einzige Geschichte aus Lev/Num, die eine Grundlage für Oratorien bildete, ist bezeichnenderweise »Die Eherne Schlange«. Mit dem Stoff beschäftigten sich Jan Dismas Zelenka (vor 1745), J.W. von Königslow (1789) und C. Loewe (1845). Im Oratorium »Moses« von Max Bruch zu einem Text von F. Spitta, widmet sich der dritte von vier Teilen der Kundschaftergeschichte. Die meisten Werke, die sich mit Mose oder den Israeliten in der Wüste auseinandersetzen, stellen Texte aus Ex ins Zentrum. Wenigstens sei hier die Oper »Mose und Aaron« des jüdischen Komponisten Arnold Schönberg genannt, an der er von 1928 bis zu seinem Tod 1951 arbeitete, die aber unvollendet blieb. Sie muß zwar als Midrasch zu Ex 32, der Geschichte vom Goldenen Kalb, bezeichnet werden, doch ist die Verarbeitung des Stoffes nur auf dem Hintergrund des Images von Mose und Aaron in der gesamten Tora und der Bedeutung dieser Texte für die jüdische Liturgie zu verstehen, wo die fünf Bücher des Mose während eines Jahres vollständig gelesen werden. Mose verkörpert für Schönberg die Idee oder den Gedanken, während Aaron für die Form steht. Aus diesem Grund ist Mose eine reine Sprechrolle, die durch Aarons oft manirierten Gesang kontrastiert wird. Die Oper thematisiert das Dilemma Schönbergs, der mit der Zwölftonmusik den reinsten Gedanken der Musik gefunden zu haben glaubte, jedoch in der konkreten Darstellung immer wieder Kompromisse zugunsten der Form eingehen mußte – biblisch gesprochen: zum Götzendienst abfiel. Die ganze Oper basiert auf einer einzigen Zwölftonreihe – sie ist aber immer nur in neuen Formen und nie als reiner Gedanke zu vernehmen.

Lit.: Steck, Odil Hannes, Mose und Aaron (Kaiser Traktate) München.

III. Bildende Kunst

1. Levitikus

Der Inhalt des Buches Levitikus entzieht sich weitgehend der Illustration. Vorhandene Bilder zeigen in der Regel Realia aus dem Kult, die irgendwie symbolisch interpretiert wurden.

– Zu Lev 1-7: Das alttestamentliche *Opfer* als solches wird selten dargestellt, wenn, dann aber fast immer als typologische Gegenüberstellung zum neutestamentlichen Opfer Christi, z.B. Christus zwischen einem Altar mit Bock und Schaf und einem mit Kelch und Hostie.

– Die *Priesterweihe* (Lev 8) findet sich in der Bibel v. S. Paolo. Im Anschluß an die Beschreibung der hohenpriesterlichen Kleidung in Lev 8 und Ex 28 werden Hohepriesterfiguren manchmal mit einem *Efod* (Superhumerale) dargestellt. Bestehend aus kostbaren Stoffen bedeckt es Brust und Rücken (so z. B. am Tabernakel der Stadtpfarrkirche St. Peter und Paul / Freising Neustift als Vertreter des Alten Bundes). Der mit zwölf Edelsteinen besetzte Brustschild (Rationale: der Name rührt von der Vulgataübersetzung der Lose Urim und Tummim durch »doctrina et veritas« und bezieht sich auf das Lehramt der Bischöfe und Päpste) des Hohenpriesters findet sich im selben Kontext, z.B. an einem als Papst dargestellten Petrus am Nordquerschiff von Chartres oder auf der Grabstatuette von Clemens II. im Bamberger Dom.

– Ein *Schaubrottisch* (vgl. Lev 24ff) findet sich bereits fragmentarisch auf dem Titusbogen. Cosmas Indikopleustes (um 540) sieht in ihm die Erde mit ihren Früchten. Oft stehen auf den Broten Weihrauchschalen, so auch in einer Illustration der Lutherbibel und Schedels Weltchronik.

2. Numeri

Ein großer *Numerizyklus* mit typologisch verstandenen Illustrationen findet sich zwischen einem Exodus- und einem Deuteronomium-Zyklus an einem Fenster in der St. Chapelle / Paris, bleibt aber die Ausnahme. Einzelne Motive aus Numeri gehören aber zum Standardrepertoire christlicher Ikonogrphie.

- Das *Eifersuchtsordal* wird in apokryphen Schriften thematisiert, denen zufolge Maria und teilweise auch Josef (!) sich dieser Prüfung unterziehen mußten. So findet sich das Motiv auch in bildlichen Darstellungen des Marienlebens, vor allem im Orient und da besonders in den kappadozischen Höhlenkirchen. Die Lutherbibel hat es als Illustration zum entsprechenden Text in Num 5.
- Die *aussätzige Mirjam* (Num 12) wird selten dargestellt. In der Bible moralisée bedeutet ihr Ausschluß aus dem Lager für sieben Tage (12,15) den Ausschluß der Häretiker und Ungläubigen! In der Biblia pauperum ist sie Vorbild der reuigen Sünderin.
- Die *Kundschafter mit den Trauben* sind wohl das am häufigsten bildlich dargestellte Motiv aus Numeri (vgl. dazu den Kommentar zu Num 13).
- Das Motiv der *ehernen Schlange* (Num 21,6-9) ist wegen der allegorischen Übertragung der Schlange auf Gott (Weish 16,5-12), bzw. auf Christus (Joh 3,14) sehr häufig zu finden, allerdings kaum vor dem 12. Jh., da die negative Symbolik der Schlange in der Deutung als Satan eine positive Deutung trotz der biblischen Vorlagen behinderte. Mit zunehmender Kreuzverehrung wird das Motiv neben dem Abrahamsopfer zum bedeutendsten Prototyp des Gekreuzigten (z.B. Biblia pauperum) oder zum Attribut des Mose (z.B. Portal von Sens) und findet sich in fast allen alttestamentlichen Bilderzyklen, ja es kann als Pendant zum Kreuz für das Alte Testament als solches stehen (z.B. Samariterfenster von Senlis). Die Schlange wird entweder als ein auf einem Podest stehender Drache (z.B. auf einer Fußbodenplatte in St. Remi / Reims) oder als eine am Holz hängende Schlange (z.B. auf einer rheinischen Rundscheibe in der Sammlung Ludwig/Aachen und in der Lutherbibel) dargestellt. In der reformatorischen Cranachschule wird das Motiv zur Rechtfertigungsallegorie. Michelangelo greift in der Sixtina auf die Errettungssymbolik des Weisheitsbuches zurück, für Tintoretto in der Scuola die San Rocco / Venedig ist sie ein Symbol der Krankenheilung – Äskulap läßt grüßen. Ab dem 16. Jh. ist das Sinnbild auch beliebt als Ausdruck persönlicher Erlösungshoffnung in Wappenschildern,

Hausfassaden etc. Noch die Romantiker erfinden neue Bezüge.

– Sehr früh finden sich Darstellungen *Bileams* sowohl in seiner positiven wie in seiner negativen Rezeption (vgl. Kommentar zu Num 22-24). So in der römischen Katakombe Pietro e Marcellino (Anfang 4. Jh.), mit seiner Rechten auf einen Stern deutend (vgl. Num 24,17) oder auf der Eselin reitend und vom Engel angehalten in der römischen Katakombe Via Latina (4. Jh.). Auf antiken Sarkophagen findet er sich manchmal in Kombination mit den Hl. Drei Königen. In den romanischen Kapitellskulpturen reitet er meistens auf der Eselin, z.B. in St. Lazare / Autun, in einem Glasfenster von Chartres auch in der Wurzel Jesse. Erst seit Rembrandt wird die Geschichte als Erlebnis-Geschichte dargestellt. Davon abhängig sind etwa auch moderne Kinderbibelgeschichten.

3. Gestalten: Aaron und Mose

– *Aaron* wird im Osten in seiner hohenpriesterlichen Tracht dargestellt, im Westen meistens mit dem blühenden Aaronstab (Num 17,23), so etwa in der goldenen Pforte des Freiburger Münsters oder am Nordportal von Chartres. Die ganze Szene vom Aaronstab (Num 17,16-25) findet sich z.B. in der Bronzetür von San Zeno / Verona (um 1100), im Hildesheimer Taufbecken oder im Rabbula-Codex. Sie wurde nach der Typologie des Origenes in seinen Numeri-Predigten (9,7) auf die Geburt Christi aus der Jungfrau gedeutet, im späten Mittelalter auch auf die Jungfräulichkeit Marias (z.B. Triptychon in St. Martin / Ypern von Jan van Eyck). Die Weihe Aarons durch Mose (Lev 8,22) findet sich in der Bible moralisée als Vorbild für die Bischofweihe durch den Papst, manchmal auch als Typos für die Herabkunft des Heiligen Geistes. Aaron, der Gott nach dem Aufruhr Korachs mit einem Rauchopfer besänftigt (Num 17,12), wird von Botticelli in der Sixtinischen Kapelle als Vorbild für das sieggreiche Papsttum dargestellt. Sein Tod auf dem Berge Hor (Num 20,28ff) findet sich in Oktateuch-Illustrationen und als spätmittelalterlicher Typ der Grabtragung Marias.

– Als Gestalt wird *Mose* als Repräsentant des Gesetzes meistens den Aposteln gegenübergestellt, so monumental in Bern, wo er als Brunnenfigur mit den Gesetzestafeln alleine vor dem hundert Meter hohen Münster steht. Mosezyklen gehen von den christlichen Anfängen bis zu den Bibelillustrationen von Marc Chagall hauptsächlich auf die in Ex berichteten Ereignisse ein. Lev wird kaum illustriert. Aus Num wird regelmäßig Mose mit der ehernen Schlange (s.o.) dargestellt, das Wachtelwunder (meistens Ex 16; seltener Num 11,31ff) als Präfiguration der ebenfalls zweimal überlieferten Brotvermehrung, die Rückkehr der Kundschafter (s.o.), selten die Bedrängung des Mose (Num 14; z.B. S. Maria Maggiore / Rom), die Abgabe von Geist an die 70 Ältesten (Num 11; z.B. Ashburnham-Pentateuch), Mose und die Rotte des Korach (Num 16; z.B. Botticelli).

4. Die Ausmalung der Synagoge von Dura-Europos

Ein Werk verdient hier besondere Erwähnung, weil es Themen aus Lev/Num in seltener theologischer Dichte vereinigt und konstellativ zu anderen biblischen Themen in Beziehung setzt. Es handelt sich um die Ausmalung der Synagoge von Dura-Europos (3. Jh. n.Chr.) am Euphrat, die im Nationalmuseum von Damaskus zu bewundern ist. Über dem Toraschrein befindet sich links eine Darstellung von Aaron, rechts eine von Mose. Jeder Figur ist im mittleren von drei Bildregistern, die sich links und rechts entfalten, je ein viktoriengeschmückter Tempel im hellenistischen Stil hinter einer Heiligtumsmauer zugeordnet. Derjenige Aarons ist offen, hat fünf Säulen und wird, abgesehen von der Person des Hohenpriesters selber, durch fünf Helfergestalten, die rote Kuh und eine Reihe von Kultgegenständen (Menorah, Räucherständer, Leuchter, Bundeslade vor [!] einem Vorhang) belebt. Derjenige auf der Seite Moses ist geschlossen und hat zehn Säulen. Diesem Tempel ist als weitere Szene der Abzug der Bundeslade aus dem Dagonstempel der Philister zugeordnet, dem Aarons die Verwandlung des bitteren Wassers in süßes durch Mose. Erwin Goodenough unterzog diese und alle andern Bilder der Synagoge einer umfassenden Interpretation auf dem Hintergrund der hellenistischen Kunst und der jüdischen Literatur, besonders Philos von Alexandrien. Er kommt zum Schluß, daß hier eine kosmisch-mystische Form des Judentums zur Anschauung kommt. Der Aaronstempel repräsentiert einerseits den zerstörten Tempel von Jerusalem, andererseits den Zugang zum Göttlichen über die fünf Sinne, wie eine allegorische Interpretation der Fünfzahl in diesem Bild ergibt. Der Mosetempel hingegen repräsentiert den Tempel des Gesetzes mit den zehn Geboten, der dem Zugang der Sinne verschlossen ist. In der Tora siegt Jahwe, symbolisiert in der Bundeslade, über die Götzen der Philister (und aller anderen Völker). Aber schon Mose hat sinnenfällige Zeichen gewirkt, wie die Verwandlung des bitteren in süßes Wasser auf der Seite Aarons zeigt. In gewisser Weise klingt bereits das Thema an, das Schönberg auf seine Weise in der Oper des 20. Jh. (s.o) weiterführt.

Lit.: Goodenough, Erwin R., Jewish Symbols in the Greco-Roman Period. Edited and abridged by Jacob Neusner, Princeton 1988.

IV. Dichtung

Werke, die sich größtenteils mit Motiven aus Lev oder Num beschäftigen, sind dem Autor nicht bekannt. Wohl aber sind einzelne Elemente daraus in neuzeitliche Exodus- und Mose-Romane eingeflossen, die sich hauptsächlich an das Buch Exodus anlehnen (s. dazu SKK-AT 2).

V. Didaktische Literatur

Didaktische Literatur, die die Stoffe von Lev/Num für den Unterricht aufarbeitet, existiert meines Wissens nicht. Auch im umfassenden Werk zum Religionsunterricht in der Grundschule von Hubertus Halbfas fehlt eine Auseinandersetzung damit. Dies gilt auch für die Abschnitte »Pentateuch« (7. Schuljahr) und »Exodusgeschichten« (9. Schuljahr), die sich ausschließlich mit Stoffen aus Ex beschäftigen.

VI. Ausgewählte, weiterführende Fachliteratur

Populärwissenschaftliche Fachliteratur zu Lev/Num existiert kaum. Die im Folgenden aufgeführten Bücher setzen deshalb großes Interesse und viel Geduld mit wissenschaftlicher Kleinkrämerei, teilweise auch Fremdsprachenkenntnisse, voraus. Auf Angabe von Artikeln aus wissenschaftlichen Zeitschriften wird verzichtet. Bücher, die sich um Allgemeinverständlichkeit bemühen, wurden mit * gekennzeichnet. Der Autor profitierte in besonderer Weise von den Kommentaren der amerikanischen Juden Jacob Milgrom und Baruch Levine.

1. Kommentare zu Levitikus

Milgrom, Jacob, Leviticus 1-16 (AB 3/1), New York u.a. 1991.
Levine, Baruch, Levites (The JPS Torah Commentary), Philadelphia-New York 1991.
Gerstenberger, Erhard S., Das 3. Buch Mose Leviticus (ATD 6), Göttingen 1993.*
Noth, Martin, Levitikus, Göttingen 1962.

2. Kommentare zu Numeri

Milgrom, Jacob, Numbers (The JPS Torah Commentary), Philadelphia-New York 1990.
Levine, Baruch, Numbers 1-20. A New Translation with Introduction and Commentary (AB 4/1), New York u.a. 1993.
Noth, Martin, Numeri, Göttingen 1966.

3. Zum Thema Opfer und Kult

Rost, Leonhard, Studien zum Opfer im Alten Israel (BWANT 113), Stuttgart u.a. 1981.
Schenker, Adrian, Versöhnung und Sühne. Wege gewaltfreier Konfliktlösung im Alten Testament. Mit einem Ausblick auf das Neue Testament (BB 15), Freiburg 1981.*

Ders. (Hg.), Studien zu Opfer und Kult im Alten Testament. Mit einer Bibliographie 1969-1991 zum Opfer in der Bibel, Tübingen 1992.

Utzschneider, Helmut, Das Heiligtum und das Gesetz (OBO 77), Freiburg/CH-Göttingen 1988.

Voß, Jens, Die Menora. Gestalt und Funktion des Leuchters im Tempel zu Jerusalem (OBO 128), Freiburg/CH-Göttingen, 1993.

Willi-Plein, Ina, Opfer und Kult im alttestamentlichen Israel. Textbefragungen und Zwischenergebnisse (SBS 153), Stuttgart 1993.*

Zwickel, Wolfgang, Räucherkult und Räuchergeräte. Exegetische und archäologische Studien zum Räucheropfer im Alten Testament (OBO 97), Freiburg/CH-Göttingen 1990.

4. Zum Thema Recht , Rechts- und Sozialgeschichte

Crüsemann, Frank, Die Tora. Theologie und Sozialgeschichte des alttestamentlichen Gesetzes, München 1992.* [sehr empfehlenswerte und in vielerlei Hinsicht wegweisende Studie, die in ein Gesamtbild zu bringen versucht, was allzuoft nur bruchstückhaft diskutiert wird; literarkritisch der neueren deutschen Schule verpflichtet, wonach »P« als nachexilisches Werk zu verstehen ist]

5. Zum Thema Bibel und altorientalische Umwelt

Keel, Othmar, Die Welt der altorientalischen Bildsymbolik. Am Beispiel der Psalmen. Göttingen 1996 (5. Auflage).* [ein Klassiker für ikonographisch Interessierte; Kapitel III widmet sich ausführlich der Ausstattung des Tempels in Jerusalem; ein weiterer Abschnitt handelt von Prozessionen und Opferkult]

TUAT = Kaiser, Otto (Hg.), Texte aus der Umwelt des Alten Testaments, Gütersloh 1982ff.

Vaux, Roland de, Das Alte Testament und seine Lebensordnungen, 2 Bde. Freiburg 1964.1966.*

6. Kulturanthropologische Untersuchungen

Douglas, Mary, Reinheit und Gefährdung. Eine Studie zu Vorstellungen von Verunreinigung und Tabu (stw 712), Frankfurt a.M.

1988 (= London 1966).* [besonders zu Lev 11]

Eliade, Mircea, Das Heilige und das Profane. Vom Wesen des Religiösen (st 1751), Frankfurt a.M. 1984 (= Hamburg 1957; bzw. Paris 1965).*

Girard, René, Das Ende der Gewalt, Freiburg 1983 (= Paris 1978).* [besonders zur Wirkungsgeschichte von Lev 16]

Harris, Marvin, Wohlgeschmack und Widerwillen. Die Rätsel der Nahrungstabus, Stuttgart 1988 (= New York 1985).* [besonders zu Lev 11]

Hering, Sabine/Maierhof, Gudrun, Die unpäßliche Frau. Sozialgeschichte der Menstruation und Hygiene 1860-1985, Pfaffenweiler 1991.* [besonders zu Lev 15]

Lang, Bernhard (Hg.), Anthropological Approaches to the Old Testament, Philadelphia-London 1985.

7. Feministische Exegese

Schottroff, L. / Schroer, S. / Wacker, M.-T., Feministische Exegese. Forschungserträge zur Bibel aus der Perspektive von Frauen, Darmstadt 1995.*

8. Zur Entstehung des Pentateuch

Houtman, C., Der Pentateuch. Die Geschichte seiner Erforschung neben einer Auswertung, Kampen 1994.*

Krapf, Thomas M., Die Priesterschrift und die vorexilische Zeit. Yehezkel Kaufmanns vernachlässigter Beitrag zur Geschichte der biblischen Religion (OBO 119), Freiburg/CH-Göttingen 1992. [neuere, vorwiegend von Juden vertretene Theorie]

Zenger, Erich, Die Entstehung des Pentateuch, in: ders. u.a., Einleitung in das Alte Testament, Stuttgart 1995. [neuere, vorwiegend von Christen vertretene Theorie]

Weitere Spezialliteratur finden Sie jeweils am Ende der Exkurse.

VII. Abkürzungen

ARM	Archiv Royal de Mari; ca. 15'000 akkadische Dokumente (2266-1762 v. Chr.)
b. BB	Babylonischer Talmud, Traktat Baba Batra
b. Ber	Babylonischer Talmud, Traktat Berachot
b. Chul	Babylonischer Talmud, Traktat Chullin
b. Git	Babylonischer Talmud, Traktat Gittin
b. Kel	Babylonischer Talmud, Traktat Kelim
b. Ket	Babylonischer Talmud, Traktat Ketubbot
b. Nöd	Babylonischer Talmud, Traktat Nödarim
b. MQ	Babylonischer Talmud, Traktat Möed Quatan
b. Pes	Babylonischer Talmud, Traktat Pessachim
b. BQ	Babylonischer Talmud, Traktat Baba Qamma
b. Sanh	Babylonischer Talmud, Traktat Sanhedrin
b. Schab	Babylonischer Talmud, Traktat Schabbat
m. Naz	Mischna, Traktat Nazir
m. Peah	Mischna, Traktat Peah
C	Chronistische Schule
CD	Damaskusschrift der Qumran-Essener
CIC	Codex Iuris Canonici; röm-kath. Kirchenrecht von 1983
D	Deuteronomisch-deuteronomistische Schule
EÜ	Einheitsübersetzung; deutsche, ökumenische (Psalmen und NT) Bibelübersetzung
Flav. Jos.	Flavius Josephus; jüdischer Historiker (ca. 37-100 n.Chr.)
H	Heiligkeitsschule
j. Ta'an	Jerusalemer Talmud, Traktat Ta'anit
Jub	Jubiläenbuch; frühessenische Schrift (um 150 v.Chr.)
M. ER	Midrasch Exodus Rabba
M. GR	Midrasch Genesis Rabba
M. LR	Midrasch Levitikus Rabba
M. NR	Midrasch Numeri Rabba
m. Ar	Mischna, Traktat Arachin
m. Joma	Mischna, Traktat Joma
m. Ket	Mischna, Traktat Ketubbot

m. Nid	Mischna, Traktat Nidda
m. Sanh	Mischna, Traktat Sanhedrin
m. Sot	Mischna, Traktat Sota
m. Zeb	Mischna, Traktat Zebachim
NSK-AT	Neuer Stuttgarter Kommentar – Altes Testament
P	Priesterschule (auch geschichtet: P 1; P 2)
QM	Kriegsrolle der Qumran-Essener
Sifr. Deut.	Sifre Deuteronomium
Targ.Jon.	Targum Jonatan
TUAT	Texte zur Umwelt des Alten Testamentes, hrsg. von O. Kaiser

VIII. Glossar

Akkadisch	Ostsemitische Sprache der Babylonier und Assyrer in Mesopotamien
Allegorese	Auslegung von Texten, die hinter dem Wortlaut einen verborgenen Sinn sucht
Amalek(iterInnen)	frühbeduinischer Stamm im Negev und Nordsinai
Ammon(iterInnen)	Stadtstaat im Raume des heuten Amman (Jordanien)
Anatolien	Zentralkleinasien (Türkei)
Apologie	Verteidigungsrede
Apostat	Abtrünniger
Aram(äerInnen)	Stadtstaat im Raume des heutigen Damaskus (Syrien)
Aschtarte	weibliche Gottheit der Fruchtbarkeit und des Krieges aus dem kanaanäischen Raum
AssyrerInnen	Volk des nördlichen Zweistromlandes; Hauptstadt: Ninive; dominiert den Vorderen Orient im 10.-7. Jh. v.Chr.
Ätiologie	Erklärungssage

Baal	männliche Gottheit der Fruchtbarkeit und des Krieges aus dem kanaanäischen Raum
BabylonierInnen	Volk des südlichen Zweistromlandes; Hauptstadt: Babylon; dominiert den Vorderen Orient im 7.-6. Jh. v.Chr.
Bann	Ausrottung, Vernichtung
Dagon	westsemitischer Gott (des Getreides?)
Echnaton	Pharao Amenophis IV. (1352-1336 v.Chr.)
Edom(iterInnen)	Staatswesen auf dem Plateau des Wadi-l-Hasi, südöstlich des Roten Meeres
Efa	Hohlmaß (ca. 17,5 l)
Eliminationsritus	Kultischer Akt zur Entfernung eines Übels
Etymologie	Worterklärung
Gera	Metallgewichtseinheit
Hadith	Mündliche Gesetzesüberlieferung im Islam
Haggadah	»Gesprochenes, Erzähung«; unterhaltender Teil der frühjüdischen Literatur
Halacha, halachisch	»Schritt, Gang«; rabbinische Diskussion der Gesetzesüberlieferung
Hammurapi	altbabylonischer König und Gesetzgeber (1792-1750 v.Chr.)
Hin	Hohlmaß (ca. 1,17 l)
Hiskija	judäischer König und Kultreformer (716-687 v.Chr.)
Homer	Hohlmaß (ca. 117,5 l)
imitatio Dei	Nachahmung Gottes
Joschija	judäischer König und Kultreformer (640-609 v.Chr.)
Kaleb(iterInnen)	Stamm im Südosten Judas
Kamosch	Staatsgott der Moabiter
Kanaan(äerInnen)	Kultur autonomer Stadtstaaten im Raume der südlichen Levante
Karäer	jüdische Sekte seit dem 8. Jh. n.Chr., die sich von der rabbinischen Schriftauslegung distanzierte und um eine wörtliche Auslegung bemühte
Karet	Ausmerzung

KeniterInnen	versprengter Stamm midianitischer Herkunft, der umherzog und vom Schmiedehandwerk lebte
Kompendium	thematischer Abriß; kurzgefaßtes Lehrbuch
Konjektur	Textverbesserung mit mutmaßlich richtiger Lesart
Log	Hohlmaß (ca. 0,3 l)
LyderInnen	Volk im westlichen Kleinasien; Hauptstadt: Sardeis; Blütezeit im 7./6. Jh. v.Chr.
Metapher	bildliche Übertragung eines konkreten Begriffs auf einen abstrakten
Miasma	unsichtbarer Ansteckungsstoff
Midian(iterInnen)	Landschaft und ihre teilweise nomadisierenden Bewohner südlich von Edom, im Nordwestzipfel der arabischen Halbinsel
Midrasch	»Gesuchtes, Auslegung«; predigtartige Auslegung eines Teils der Hl. Schrift
MinäerInnen	Volk in Südwestarabien
Mischna	»Wiederholung«; Sammlung und Ordnung der Lehren der frühen Rabbinen durch Rabbi Jehuda um 200 n.Chr.
Moab(iterInnen)	Gegend und ihre Bevölkerung östlich des Toten Meeres
Moloch	westsemitischer Gott, dessen Name soviel wie »König, Herrscher« bedeutet
NasiräerIn	durch Gelübde geweihte Person, die weder die Haare schneidet, noch Wein trinkt, noch Leichen berührt
Ordal	Gottesurteil
Ostrakon	beschriftete Tonscherbe
Rabbinen	gelehrte Autoritäten der jüdischen Kultgemeinden
Sakrileg	Sünde gegen Gott, bzw. religiöse Einrichtungen
Schechina	Gegenwart Gottes nach der jüdischen Tradition
Schekel	Metallgewichtseinheit

Septuaginta	erste griechische Übersetzung des Ersten Testamentes (3./2. Jh. v.Chr.)
Sifre	früher Midrasch zur Tora
Subskript	»Unterschrift«, anstelle einer Überschrift, am Ende einer Erörterung oder eines Gesetzesabschnittes; oft kunstvolle Zusammenfassung
Synkretismus	Verschmelzung verschiedener Religionen oder einzelner ihrer Aspekte
Tabu	polynesisches Wort, das etwas Unantastbares bezeichnet; sittliche, konventionelle Schranke
Talmud	»Lehre«; Mischna und ihre Auslegung durch die späteren Rabbinen
Tamid	Tägliche Speiseopfer
Targum	umschreibende Übersetzung der hebräischen Bibel ins Aramäische
Tenufah	Darbringungsritus; Präsentation des Opfers vor der Gottheit
Terumah	Erhebungsritus; Weiheakt (Trennung der heiligen Gaben vom Profanen)
Theodizee	Rechtfertigung Gottes hinsichtlich des von ihm in der Welt zugelassenen Übels
Theokratie	»Gottesherrschaft«; religiös legitimierte Herrschaftsform
Typologie	Lehre, wonach Figuren und Ereignisse des Alten Testamentes als Vor-Bilder (Typen) für Figuren und Ereignisse des Neuen Testamentes (Anti-Typen) betrachtet werden
Vulgata	Bibelübersetzung des Hieronymus; offizielle lateinische Übersetzung der röm-kath. Kirche
zadokidisch	die Priesterschaft Jerusalems betreffend, die sich auf den jebusitischen (vorisraelitischen) Hohepriester Zadok zurückführt, der nachträglich mit einem israelitischen Stammbaum, der auf Aaron zurückgeht, versehen wurde

IX. Abbildungen und Karten

Abb. 1: Rekonstruktionsversuch des midianitischen Zeltheiligtums von Timna. [ROTHENBERG, B., Timna. Das Tal der biblischen Kupferminen, Bergisch Gladbach 1973, 164, Abb. 44.]

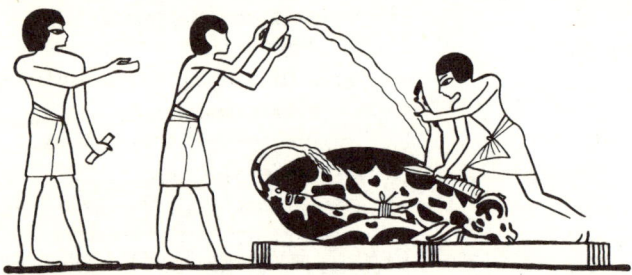

Abb. 2: In Ägypten wurde das Tier für die Schlachtung auf eine Matte gelegt. Die Hinterbeine wurden dem Tier zusammengebunden. Schnittstellen werden sogleich mit Wasser gereinigt. Ein Tempelangestellter mit Schriftrolle in der Hand, überwacht die fachmännische Ausführung der Schlachtung. [KEEL, O., Die Welt der altorientalischen Bildsymbolik, Zürich/Einsiedeln/Köln 1980, 305, Abb. 438.]

Abb. 3a-c: Turteltaube (c) und Türkentaube (b; hebr. *tor*) und Felsentaube (a; hebr. *jonah*). [KEEL, O./KÜCHLER, M./UEHLINGER, C., Orte und Landschaften der Bibel. Ein Handbuch und Studienreiseführer zum Heiligen Land. Bd. 1: Geographisch-geschichtliche Landeskunde, Zürich/Göttingen, 1984, 138, Abb. 67.]

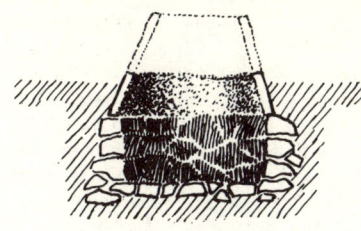

Abb. 4: *Tannur*-Backofen, wie er von palästinischen Araberinnen noch bis in neuste Zeit verwendet wurde.
[GALLING, K. (HG.), Biblisches Reallexikon, Tübingen 1977, 30, Abb. 2.]

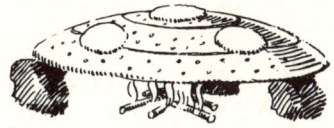

Abb. 5: Tönerne Ofenplatte über offenem Feuer. Auf ihr wurden Fladenbrote gebacken.
[GALLING, K. (HG.), Biblisches Reallexikon, Tübingen 1977, 30, Abb. 1.]

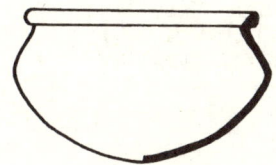

Abb. 6: Spätbronzezeitlicher Kochtopf aus einem Tempel in Lachisch. In ihm konnte u.a. Grütze gekocht werden.
[AMIRAN, R., Ancient Pottery of the Holy Land, Israel 1969, Pl. 42,16.]

Abb. 7: Eisenzeitliches Tonfigürchen einer Judäerln aus Gezor, die der Himmelskönigin einen Opferkuchen darbringt. Die Kuchen wurden in ornamentalen oder figürlichen Formen oder im offenen Feuer gebacken.
[WINTER, U., Frau und Göttin. Exegetische und ikonographische Studien zum weiblichen Gottesbild im Alten Israel und in dessen Umwelt (OBO 53), Abb. 62.]

Abb. 8: Ägyptischer Speiseopfertisch (um 600 v.Chr.) für einen Verstorbenen zwischen seiner Erscheinungsform als Osiris und dem Grabeingang. Auf dem Tisch befinden sich fünf Rundbrote, darüber ein großes Fladenbrot, ganz oben zwei eiförmige Brote und ein Kuchen.
[WÄHREN, M., Brot und Gebäck im Leben und Glauben der alten Ägypter, Bern 1963, 53, Abb. 27]

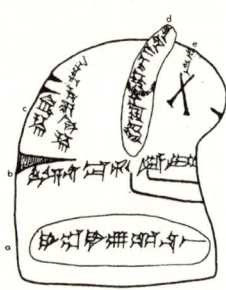

Abb. 9: Spätbronzezeitliche Modellleber aus Hazor. Die einzelnen Teile der Leber wurden im Hinblick auf angehende Leberschauer keilschriftlich beschriftet. Deutlich erkennbar ist der Leberlappen (d), der beim Heilsopfer zusammen mit den Nieren verbrannt werden muß. Auf ihm steht: »Vergebung durch Gott für den Menschen«.
[LANDSBERGER, B./TADMOR, H., Fragments of Clay-liver Models, in: IEJ 14 (1964) 206.]

Abb. 10: Fettschwanzschaf und Ziegen auf einem Ausschnitt eines Reliefs aus der Zeit Tiglatpilesers III (745-727 v.Chr.).
[KEEL, O./KÜCHLER, M./UEHLINGER, C., Orte und Landschaften der Bibel. Ein Handbuch und Studienreiseführer zum Heiligen Land. Bd. 1: Geographisch-geschichtliche Landeskunde, Zürich/Göttingen, 1984, 110, Abb. 48.]

Abb. 11: Der 54,5 cm hohe Hörneraltar aus dem Megiddo der frühen Königszeit hat als Räucheraltar gedient.
[KEEL, O., Die Welt der altorientalischen Bildsymbolik, Zürich/Einsiedeln/Köln 1980, 128, Abb. 195.]

Abb. 12: Altsyrisches Rollsiegel: Ein Fürst weiht einen Gefangenen, den er am Schopf gepackt hat, der Göttin. Der Gefangene erhebt den Finger der rechten Hand, um die befürchtete Bestrafung abzuwehren. [KEEL, O., Wirkmächtige Siegeszeichen im Alten Testament (OBO 5), Fribourg/Göttingen 1974, 197, Abb. 67]

Abb. 13: Mann erhebt Finger gegen eine Gottheit. Fragment eines eisenzeitlichen Kosmetiklöffels in ägyptischem Stil aus Elfenbein, der in Bet-Zur, 6 km nördlich von Hebron, gefunden wurde. [THE NEW ENCYCLOPEDIA OF ARCHAEOLOGICAL EXCAVATIONS IN THE HOLY LAND, New York u.a. 1993, I, 259]

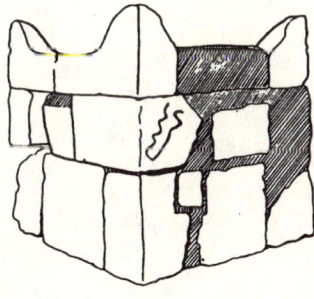

Abb. 14: Der rekonstruierte Hörneraltar von Beerscheba, der der Tempelreform Hiskijas zum Opfer fiel: Die Hörner symbolisieren Kraft und Potenz. Das in die Wand eingeritzte Schlänglein hat apotropäische Funktion. [KEEL O./KÜCHLER, M., Orte und Landschaften der Bibel. Ein Handbuch und Studienreiseführer zum Heiligen Land. Bd. 2: Der Süden, Zürich/Göttingen, 1983, 206, Abb. 164.]

Abb. 15: Der Pharao vollzieht als Priester den Erhebungsritus vor Amun von Karnak.
[MILGROM, J., Leviticus 1-16, New York 1991, 471, Fig. 9]

Abb. 16: Rekonstruktion der hohepriesterlichen Gewandung.
[VAN DEURSEN, A., Biblisches Bildwörterbuch, Basel 1984, 111.1].

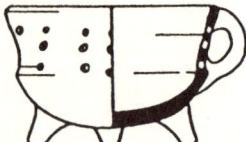  

Abb. 17a,b: Zum privaten Räuchern wurden transportable Räuchertassen mit Henkel (links) oder oft schön verzierte Räucherkästchen (rechts), die irgendwo aufgestellt wurden, verwendet.
[ZWICKEL, W., Räucherkult und Räuchergeräte (OBO 97), Freiburg (CH)/ Göttingen 1990, 49: Tell el-Qedah 7; 101: Tell es-Sa'idiye 1]

Abb. 18: Die löwenköpfige Fieberdämonin Lamaschtu nährt mit ihren Brüsten ein Schwein und einen Hund. In ihren Händen hält sie Schlangen - lauter Tiere, die in ihrer Heimat Mesopotamien und auch in Israel als unrein gelten. Gelbe Alabasterplakette um 580 v. Chr.
[KEEL, O., Die Welt der altorientalischen Bildsymbolik, Zürich/Einsiedeln/Köln 1980, 71, Abb. 94.]

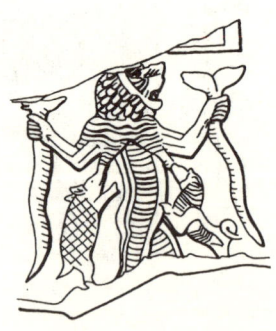

Abb. 19: Heuschrecke auf einem judäischen Namenssiegel. Es gehörte dem »Asarjo, Sohn des Gebah«, zu deutsch: Gotthelf, Sohn der Heuschrecke.
[KEEL, O./KÜCHLER, M./UEHLINGER, C., Orte und Landschaften der Bibel. Ein Handbuch und Studienreiseführer zum Heiligen Land. Bd. 1: Geographisch-geschichtliche Landeskunde, Zürich/Göttingen, 1984, 169, Abb. 93.]

Abb. 20: Ägyptische Frauen verbrachten ihr vierzehntägiges Wochenbett in einer luftigen Wochenlaube außerhalb oder auf dem Dach des Hauses. Die stillende, nur mit einem Schulterumhang bekleidete Mutter auf diesem Scherbenbild wird von einer Amme betreut, die ihr einen Spiegel entgegenhält. Der in Ägypten ausgebildete griechische Gynäkologe Soranus berichtet, daß den Wöchnerinnen »der Gürtel gelöst, die Brust von aller Umhüllung freigemacht und ihr Haar aufgemacht« wurde. Das Bett ist durchgebogen, war also vielleicht von einer Matte bespannt. Drei verschiedene Bes-Figuren zieren die Bettstatt: der linke spielt die Laute, der geflügelte mittlere erhebt in der Linken ein Messer und würgt mit der Rechten eine Schlange, der rechte stützt seine Arme auf die Oberschenkel. Andeutungsweise sind Winden zu erkennen, die die Laube umrankten.
[BRUNNER-TRAUT, E., Die altägyptischen Scherbenbilder (Bildostraka) der deutschen Museen und Sammlungen, Wiesbaden 1956, Taf. XXV, Abb. 65; Beschreibung 68f]

Abb. 21: Ein Bes-Amulett aus Beerscheba um 900 v.Chr. zeigt den Gott als »Herrn der Schlangen«, als der er auch auf den Wochenlauben dargestellt wird.
[KEEL, O./UEHLINGER, C., Göttinnen, Götter und Gottessymbole. Neue Erkenntnisse zur Religionsgeschichte Kanaans und Israels aufgrund bislang unerschlossener ikonographischer Quellen (QD 134), Verlag Herder, Freiburg 3. Auflage 1995, 249, Abb. 226b]

Abb. 22: Ein Mischwesen auf einer Elfenbeinarbeit aus Megiddo (um 1200 v.Chr.), das wohl als Dämon zu deuten ist, hat von einem Ziegenbock Besitz ergriffen.
[KEEL, O., Die Welt der altorientalischen Bildsymbolik, Zürich/Einsiedeln/Köln 1980, 73, Abb. 97.]

Abb. 23: Auch in Ägypten macht die Schlachtung von Tieren die Anwesenheit eines Priesters erforderlich. Der Schlächter, der dem Priester am nächsten steht, sagt: »Sieh dieses Blut!«. Der Priester prüft es und antwortet: »Es ist rein!«
[KEEL, O., Die Welt der altorientalischen Bildsymbolik, Zürich/Einsiedeln/Köln 1980, 306, Abb. 438a.]

Abb. 24: Gerstenernte nach einer Malerei im Grab des vornehmen Ägypters Menna (um 1400 v.Chr.) Der Grabherr sitzt in einer Erntehütte. Vorarbeiter beaufsichtigen die Ernte. Die Halme werden mit Sicheln knapp unterhalb der Ähren abgeschnitten. Zwei arme Frauen sind beim Ährenlesen in Streit um die Reste geraten.
[KEEL, O./KÜCHLER, M./UEHLINGER, C., Orte und Landschaften der Bibel. Ein Handbuch und Studienreiseführer zum Heiligen Land. Bd. 1: Geographisch-geschichtliche Landeskunde, Zürich/Göttingen, 1984, 70, Abb. 20.]

Abb. 25: Ein karthagischer Priester trägt ein (totes?) Kind vor Tanit, um es der Göttin zu opfern.
[KEEL, O., Die Welt der altorientalischen Bildsymbolik, Zürich/Einsiedeln/Köln 1980, 213, Abb. 320.]

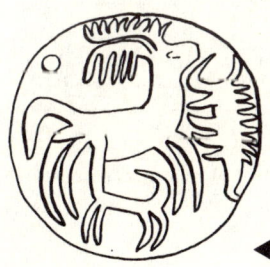

Abb. 26: Konisches Stempel-siegel aus Megiddo (um 1000 v.Chr.) mit einer säugenden Hirschkuh und einem Skorpi-on.
[KEEL, O., Das Böcklein in der Milch seiner Mutter und Verwandtes (OBO 33), Frei-burg (CH)/Göttingen 1980, 116, Abb. 91.

Abb. 27a-d: (a) Nackte Göttin, im Erhörungsgestus dem Beter/der Beterin zugewandt, zwischen Zweigen stehend: sog. Zweiggöttin. (b) Verehrerin mit Zweig. (c) Baal mit Zweigzepter. (d) Seine tanzenden Verehrer mit Zweigen auf der Rückseite desselben Siegels. Mittelbronzezeitliche Stempelsiegel aus Palästina.
[KEEL, O. / KEEL-LEU, H. / SCHROER, S., Studien zu den Stempelsiegeln aus Palästina/Israel Bd. II (OBO 88), Freiburg (CH)/Göttingen 1989, 97 No 5; 100 No 57a; 266 Abb. 73 r/v.]

a   b

c   d

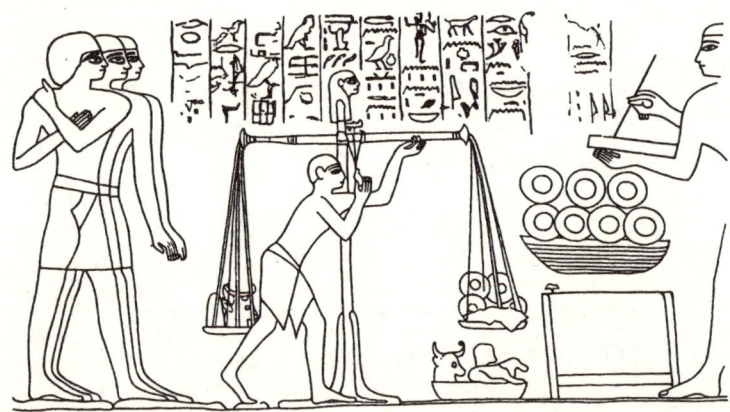

Abb. 28: Wiegen von Goldringen in Ägypten (um 1400 v.Chr.). Die geeichten Gewichtssteine haben z.T. die Form von Tieren. Das Resultat der Wägung wird von einem Schreiber notiert.
[BHH, 539f.]

388

Abb. 29: Sethos I. (1293-1279 v.Chr.) weiht die Kriegsbeute seines Palä-
stinafeldzuges samt Kriegsgefangenen dem Gott Amun von Karnak.
[STAUBLI, T., Das Image der Nomaden im Alten Israel und in der Ikonographie
seiner seßhaften Nachbarn (OBO 107) Freiburg (CH) / Göttingen 1991, Falt-
tafel I, Szene 5.]

Abb. 30: Eselreitender Stammesführer mit Axt als Zeichen seiner Würde, in
Begleitung zweier Diener. Nach der Beischrift führte er die Ägypter zu den Tür-
kisminen im Zentralsinai.
[STAUBLI, T., Das Image der Nomaden im Alten Israel und in der Ikonographie
seiner seßhaften Nachbarn (OBO 107) Freiburg (CH)/Göttingen 1991, Abb. 17.]

Abb. 31: Wächterlöwe vom Tempel H in Hazor.
[KEEL, O., Die Welt der altorientalischen Bildsymbolik, Zürich / Einsiedeln / Köln 1980, 110, Abb. 166.]

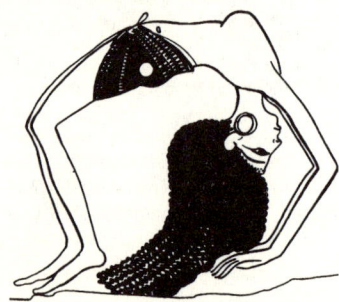

Abb. 33: Silberröllchen mit dem aaronitischen Segen aus einer Grabanlage im Hinnomtal bei Jerusalem (um 600 v.Chr.).
[KEEL, O. / UEHLINGER, C., Göttinnen, Götter und Gottessymbole. Neue Erkenntnisse zur Religionsgeschichte Kanaans und Israels aufgrund bislang unerschlossener ikonographischer Quellen (QD 134), Verlag Herder, Freiburg 3. Auflage 1995, 419, Abb. 354a.]

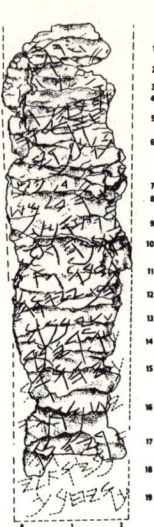

Abb. 32: Akrobatische Tänzerin mit üppiger Perücke. Malerei auf Kalkstein aus *der el-medine* (13. Jh. v.Chr.).
[KEEL, O., Das Hohe Lied (ZBK AT 18), Zürich 2. Auflage 1992, 131, Abb. 74]

Abb. 34: Geflügelter Skarabäus mit Sonnenscheibe auf einem judäischen Siegel aus dem Jerusalem der spätvorexilischen Zeit. Steht die Sonne für das Leuchten, so die mächtigen Flügel des Skarabäus für den Schutz der Himmelsgottheit.
[KEEL, O./UEHLINGER, C., Göttinnen, Götter und Gottessymbole. Neue Erkenntnisse zur Religionsgeschichte Kanaans und Israels aufgrund bislang unerschlossener ikonographischer Quellen (QD 134), Verlag Herder, Freiburg 3. Auflage 1995, 405, Abb. 341a.]

390

Abb. 35: Thronende Göttin der neuassyrischen Felsreliefs von Maltai (7. Jh. v.Chr.). Der ganze Thron wird von einem Löwen getragen. Die Fußplatte wird von Kerub, Sphinx und anbetendem König getragen, während die Sitzfläche von Skorpionmenschen und anbetenden Königen im Profil gestützt wird.
[KEEL, O., Jahwe-Visionen und Siegelkunst. Eine neue Deutung der Majestätsschilderungen in Jes 6, Ez 1 und 10 und Sach 4 (SBS 84/85), Stuttgart 1977, 175 Abb. 115.] ▶

▲

Abb. 36: Ausschnitt aus einer Elfenbeinmöbelintarsie aus Megiddo (13. Jh. v.Chr.): Der König von Megiddo feiert, auf dem Kerubenthron sitzend, einen Sieg. Die Füße ruhen auf einem Schemel, die Armlehnen werden von den Flügeln der Kerubim gebildet.
[KEEL, O., Die Welt der altorientalischen Bildsymbolik, Zürich/Einsiedeln/Köln 1980, 149, Abb. 233.]

Abb. 37: Wandmalerei aus dem sog. Musikantengrab von Marescha (600-400 v.Chr.). Ein großer, als Lotos (?) stilisierter Leuchter mit Schale, auf deren Rand sich die Lampen befinden, verehrt von einer weiblichen und einer kindlichen Gestalt. So ungefähr könnte der Leuchter im vorexilischen Tempel, den Num 8,4 und Ex 25,31 beschreiben, ausgesehen haben.
[KEEL, O., Die Welt der altorientalischen Bildsymbolik, Zürich/Einsiedeln/Köln 1980, 169, Abb. 257, Ausschnitt.] ▶

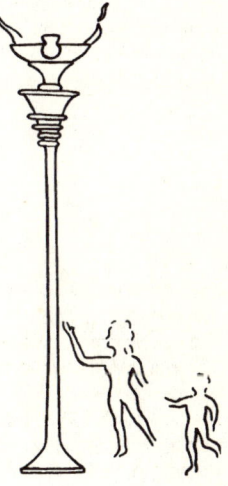

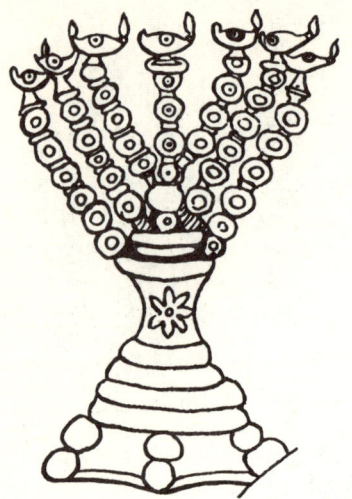 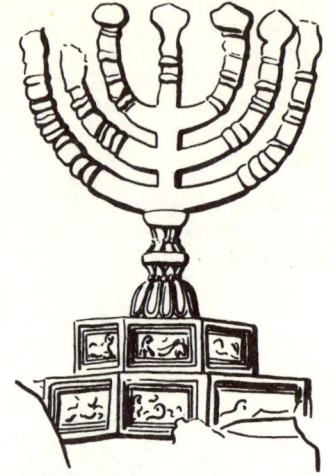

Abb. 38: Wandmalerei aus der Synagoge von Dura-Europos (3. Jh. n.Chr.). Leuchter, wie er wahrscheinlich im nachexilischen Tempel aussah und in der redaktionellen Fassung von Ex 25,31-40 beschrieben wird.
[KEEL, O., Die Welt der altorientalischen Bildsymbolik, Zürich/Einsiedeln/Köln 1980, 146, Abb. 227.]

Abb. 39: Reliefausschnitt aus dem Titusbogen zu Rom (1. Jh. n.Chr.). Der aus dem zweiten jüdischen Tempel von den Römern geraubte Leuchter mit der bis heute klassischen »Menora«-Form.
[KEEL, O., Die Welt der altorientalischen Bildsymbolik, Zürich/Einsiedeln/Köln 1980, 146, Abb. 228.]

Abb. 40: Reliefausschnitt aus dem Titusbogen zu Rom (1. Jh. n.Chr.). Die aus dem zweiten jüdischen Tempel von den Römern geraubten Trompeten.
[KEEL, O., Die Welt der altorientalischen Bildsymbolik, Zürich/Einsiedeln/Köln 1980, 320, Abb. 460.]

Abb. 41: Rekonstruktion des Trom-
peterpostens auf der Zinne des
zweiten Tempels auf der Basis eines
beschrifteten Nischenfragmentes,
das in den Trümmern am Fuß des
Tempels gefunden wurde. Die
Inschrift lautet: »Als Platz für das
Blasen zur Ank[ündigung]« *(lebeit
hatekija lehak[rits])*.
[Nach: BAHAT, D., The Illustrated
Atlas of Jerusalem, Jerusalem 1990,
44]

Abb. 42: Nomadische *'otfe*. Das aus
der Frauensänfte heraus entwickelte Palladium ist die jüngste Form der
Lade. Es wird dem Kamel in heiligen
Kriegen, bei Prozessionen und auf
der Suche nach neuen Weidegrün-
den aufgebunden.
[MAUGER, T., The Ark of the Desert,
Paris 1991, 13. - Zeichnung: Pasca-
le Vantieghen]

Abb. 43: Mannatropfen am Eisack einer Schild-
laus (*Trabutina mannipara*), den diese an einer
Tamariske befestigt hat. Die Larven und Weib-
chen, die noch nicht gelegt haben, saugon Pflan-
zensaft aus der Tamariske, um den für den Aufbau notwendigen Stickstoff zu gewinnen. Den
gleichzeitig in zu großer Menge aufgenommenen
Zucker sondern sie als »Mannatröpfchen« wieder
ab.
[KEEL, O./KÜCHLER, M./UEHLINGER, C., Orto und
Landschaften der Bibel. Ein Handbuch und Studienreiseführer zum Heiligen Land. Bd. 1: Geographisch-geschichtliche Landeskunde, Zürich/Göt-
tingen, 1984, 62, Abb. 13.]

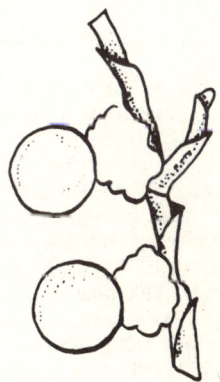

Abb. 44: Byzantinischer Sarkophag aus Karthago (4./5. Jh. n.Chr.) mit Darstellung der Kundschafter und der riesigen Traube.
[KEEL, O./KÜCHLER, M., Orte und Landschaften der Bibel. Ein Handbuch und Studienreiseführer zum Heiligen Land. Bd. 2: Der Süden, Zürich/Göttingen, 1983, 715, Abb. 461.]

Abb. 45: Anatolisches Rollsiegel des 11. Jh. v.Chr. Ein Priester bringt dem menschengestaltigen Wettergott und der in Baum und Taube repräsentierten Göttin aus einem Gefäß mit Schnabel ein Trankopfer (Libation) dar. Unter der geflügelten Sonnenscheibe schlägt ein Mächtiger einen Feind, den er am Schopf gepackt hat, nieder.
[COLLON, D., First Impressions. Cylinder Seals in the Ancient Near East, London 1987, 176, Ill. 828.]

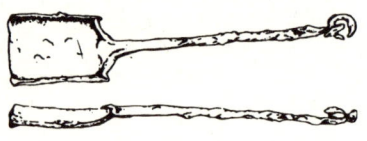

Abb. 46: Darstellung von kriegsgefangenen Fremdvölkern auf einem Relief Ramses III. (1184-1153 v.Chr.) in Karnak. Der Schasu (7) und der Philister (10), beide aus Kanaan stammend, haben Quasten an ihren Schürzen.
[STAUBLI, T., Das Image der Nomaden im Alten Israel und in der Ikonographie seiner seßhaften Nachbarn (OBO 107) Freiburg (CH)/Göttingen 1991, Abb. 46c, Ausschnitt]

Abb. 47: Bronzene Räucherschaufeln vom Tell el-Qadi, dem altisraelitischen Dan, aus einem Haus in unmittelbarer Nähe des Tempels, vom 8. Jh. v.Chr.
[ZWICKEL, W., Räucherkult und Räuchergeräte (OBO 97), Freiburg (CH)/Göttingen 1990, 165, Tell el-Qadi 3.]

Abb. 48: Ägyptische Totengerichtsszene auf Pap. EM Cairo, S.R.IV.982
(Cairo 45). Im »Hintergrund« die Szene des Herzwägens. Neben der Göttin
der Weltordnung und Gerechtigkeit *(ma'at)* und Tot, dem Sekretär, wartet ein
riesiger Totenfresser mit Krokodilsschnauze, Löwenmähne und Hundeohren
auf die für zu leicht befundenen Herzen der Verstorbenen.
[NIWINSKI, A., Studies on the Illustrated Theban Funerary Papyri of the 11th and
10th Centuries B.C. (OBO 86), Freiburg (CH)/Göttingen 1989, 138, Fig. 23.]

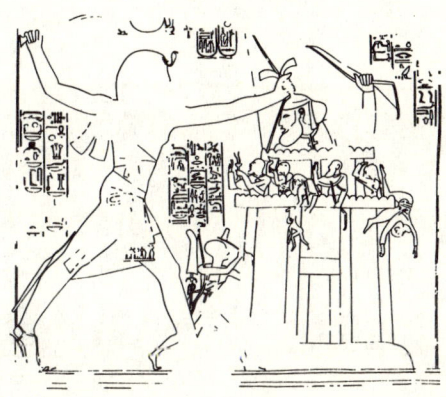

Abb. 49: Relief vom kleinen Felsentempel von Beit el-Wali. Der erzürnte
Pharao Sethos I. (1293-1279 v.Chr.) nimmt eine rebellische kanaanäische
Stadt ein. Der Hohepriester der Stadt versucht den Tobenden mit Räuchern
zu besänftigen (unterc Stadtmauer, links außen). Dazu sagt er gemäß Beischrift: »Ich glaubte, daß da kein anderer wäre wie Baal, aber der Herrscher
ist sein wahrer Sohn für ewig!«
[KEEL, O., Kanaanäische Sühneriten auf ägyptischen Tempelreliefs, in: VT 25
(1975) 421, Abb. 5.]

Abb. 50: Von Cheruben bewachter Baum auf einem Siegel aus Megiddo (8. Jh.). Der Baum als numinoses Machtsymbol steht für den Gottesgarten, den geordneten irdischen Kosmos und damit auch für das Königtum.
[KEEL, O./UEHLINGER, C., Göttinnen, Götter und Gottessymbole. Neue Erkenntnisse zur Religionsgeschichte Kanaans und Israels aufgrund bislang unerschlossener ikonographischer Quellen (QD 134), Verlag Herder, Freiburg 3. Auflage 1995, 267, Abb. 231a.]

Abb. 51: Sog. »*Für den König*«-Stempel aus Palästina. Mit ihm wurden Steuerabgaben gesiegelt. Unter dem geflügelten Skarabäus (vgl. Abb. 34) steht der Ortsname Hebron.
[KEEL, O./UEHLINGER, C., Göttinnen, Götter und Gottessymbole. Neue Erkenntnisse zur Religionsgeschichte Kanaans und Israels aufgrund bislang unerschlossener ikonographischer Quellen (QD 134), Verlag Herder, Freiburg 3. Auflage 1995, 313, Abb. 275a.]

Abb. 52: Altsyrisches Rollsiegel: Es zeigt einen nackten Mann, der von zwei priesterlichen und maskierten Gestalten mit Wasser übergossen wird. Die Krüge sind aus Platzgründen neben ihnen abgebildet worden. Das Wasser besteht, wie auf vielen ägyptischen Darstellungen jener Zeit, aus einer Kette von 'anch-Zeichen. 'anch bedeutet Leben. Die Handlung findet den Segen zweier Göttinnen und eines Gottes.
[UF Bd. 6, Internationales Jahrbuch für die Altertumskunde Syrien-Palästina, hrsg. v. K. Bergerhof, M. Dietrich, O. Loretz, Neukirchener Verlag, Neukirchen-Vluyn 1974, Tafel XIII, Abb. 97]

Abb. 53: Kupferne Schlange als Weihegeschenk aus dem Allerheiligsten des midianitischen Tempels von Timna (*wadi mene'ije*), der in der Mitte des 12. Jh. v.Chr. in Betrieb war. In unmittelbarer Nähe befanden sich Kupferminen und Verhüttungsstätten.
[KEEL, O./KÜCHLER, M., Orte und Landschaften der Bibel. Ein Handbuch und Studienreiseführer zum Heiligen Land. Bd. 2: Der Süden, Zürich / Göttingen, 1983, 303, Abb. 222.]

Abb. 54: Judäisches Stempelsiegel des 8. Jh. v.Chr. mit doppelt geflügelter Schlange, Seraph genannt. Es gehörte, wie die Inschrift verrät, dem jahwefürchtigen »Jeremia, Sohn des Asa«.
[KEEL, O./UEHLINGER, C., Göttinnen, Götter und Gottessymbole. Neue Erkenntnisse zur Religionsgeschichte Kanaans und Israels aufgrund bislang unerschlossener ikonographischer Quellen (QD 134), Verlag Herder, Freiburg 3. Auflage 1995, 313, Abb. 274b.]

Abb. 55: Frühelamisches (3.Jt. v.Chr.) Siegel aus Susa. Der Löwe herrscht über Wildtiere, der Wildstier über Löwen. Wildstier und Löwe stehen für die domestizierte und wilde Tierwelt, vielleicht aber auch für Leben und Tod. Schon dieses uralte Siegel weist durch die schematisch überkreuzte Darstellungsweise einen sehr hohen Abstraktionsgrad des Dargestellten aus. Im biblischen Text werden sie dem starken Gott (Wildstier) und dem starken Volk Israel (Löwe) zugeordnet.
[KEEL, O., Das Recht der Bilder, gesehen zu werden. Drei Fallstudien zur Methode der Interpretation altorientalischer Bilder (OBO 122) 52, Abb. 15.]

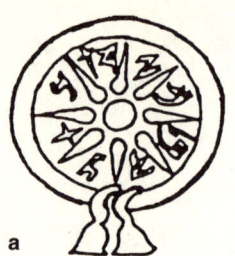  

a   b   c

Abb. 56: a) Münze des Alexander Jannäus (103-76 v.Chr.). Zwischen den Sternenstrahlen steht: »Jehonatan, der König«. b) In Samaria geprägte Münze des Herodes (37 v.Chr.) mit Stern zwischen Lorbeer und über Dioskurenmütze. c) Münze des Simon Bar Kosiba, der sich während des zweiten jüdischen Krieges (132-35 v.Chr.) als Bar-Kochba (Sternensohn) über dem Tempelportal, flankiert von seinem Namen, verewigen ließ.
[KÜCHLER, M., »Wir haben seinen Stern gesehen...« (Mt 2,2), in: BiKi 44 (1989) 179-186, Abb. 7.8.10.]

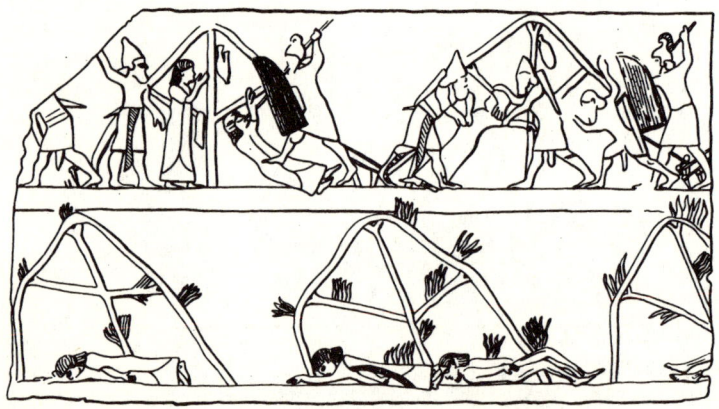

Abb. 57: Verwüstung eines arabischen Zeltdorfes durch assyrische Soldaten: Die Zelte werden verbrannt, die Zivilbevölkerung wird massakriert, die Frauen werden vergewaltigt.
[KEEL, O./KÜCHLER, M./UEHLINGER, C., Orte und Landschaften der Bibel. Ein Handbuch und Studienreiseführer zum Heiligen Land. Bd. 1: Geographisch-geschichtliche Landeskunde, Zürich/Göttingen, 1984, 200, Abb. 105.]

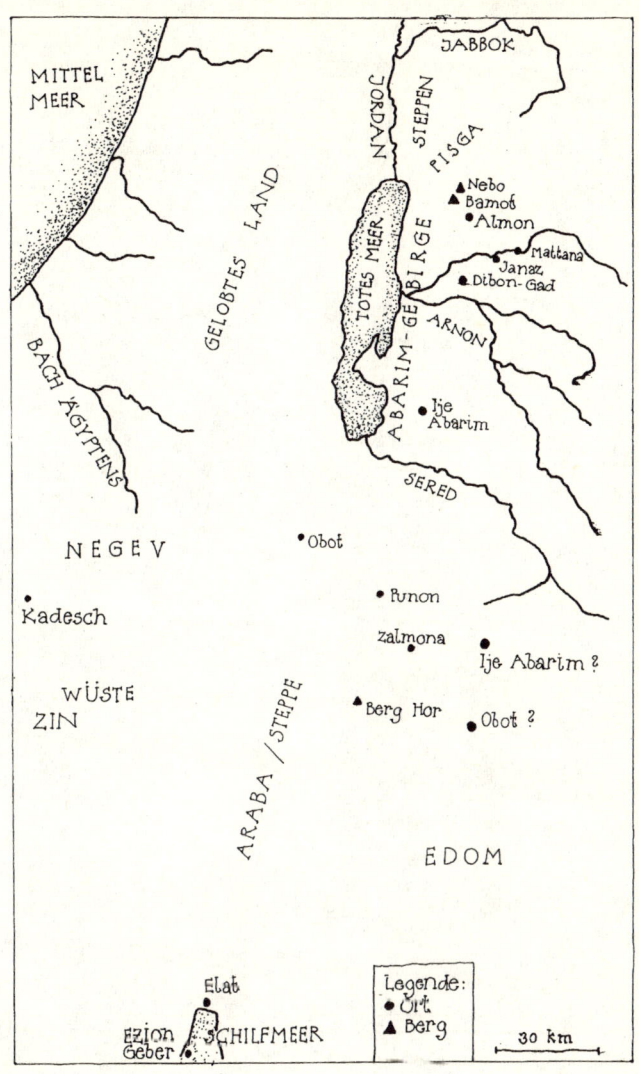

Karte I:
Der Exodus Israels von Kadesch in die Steppen Moabs mit dem »Aarons-Pilgerweg«.
Zeichnung: Gabriela Zumstein

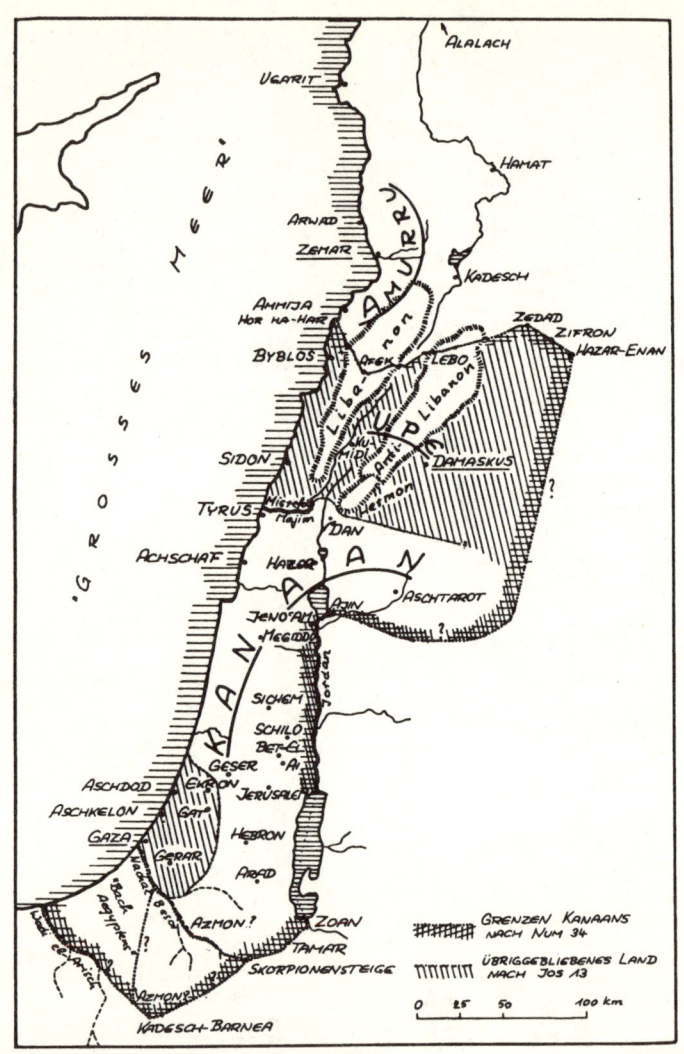

Karte II:
Das »Land Kanaan« nach Num 34 und das »übriggebliebene Land« nach
Jos 13,2-5.
Aus: KEEL, O. / KÜCHLER, M. / UEHLINGER, C., Orte und Landschaften der Bibel.
Ein Handbuch und Studienreiseführer zum Heiligen Land. Bd. 1: Geogra-
phisch-geschichtliche Landeskunde, Zürich / Göttingen 1984, 246, Abb. 119.